**Ciência
para
Educação**
Uma Ponte
entre Dois
Mundos

Nota do Editor: *O autor e a editora procuraram registrar da forma mais completa possível a origem e a propriedade das imagens reproduzidas neste livro. Caso o leitor tenha alguma correção ou informação complementar, pedimos que nos comunique e agradecemos antecipadamente a colaboração, que será utilizado em futuras edições.*

Ciência para Educação

Uma Ponte entre Dois Mundos

Organizadores

Roberto Lent

Augusto Buchweitz

Mailce Borges Mota

Organizadores

Roberto Lent

▶ Formou-se em Medicina e obteve o título de doutorado na Universidade Federal do Rio de Janeiro, e é atualmente professor titular no Instituto de Ciências Biomédicas (ICB) daquela universidade, do qual foi diretor durante dois mandatos entre 2007 e 2015. É membro titular da Academia Brasileira de Ciências, e atualmente Coordenador da Rede Nacional de Ciência para Educação (Rede CpE). Seus interesses de pesquisa envolvem o desenvolvimento e a neuroplasticidade em humanos e animais, combinando técnicas experimentais de rastreamento de circuitos neurais por neuroimagem nos primeiros, com técnicas histológicas, imunocitoquímicas e de rastreamento axônico nos últimos.

Augusto Buchweitz

▶ Professor dos Programas de Pós-graduação em Letras-Linguística e Medicina-Neurociências da PUC do Rio Grande do Sul. Pesquisador do Instituto do Cérebro (www.pucrs.br/inscer). Sua pesquisa volta-se para o estudo do cérebro humano e aprendizagem. Coordenador dos projetos ACERTA - Avaliação de Crianças Em Risco de Transtorno de Aprendizagem (CAPES-OBEDUC) sobre transtornos de aprendizagem e leitura, e VIVA - Vida e Violência na Adolescência (Banco Interamericano de Desenvolvimento) sobre os efeitos da violência na aprendizagem. É membro fundador da Rede Nacional de Ciência para Educação e integrante do Conselho de Administração da Rede.

Mailce Borges Mota

▶ Professora dos Programas de Pós-graduação em Inglês e em Linguística da Universidade Federal de Santa Catarina. Sua pesquisa tem como foco principal a relação entre processamento da linguagem, sistemas de memória e mecanismos atencionais. Coordena o Laboratório da Linguagem e Processos Cognitivos (www.labling.ufsc.br), o Núcleo Florianópolis do Projeto ACERTA e o Projeto CAPES/NUFFIC em parceria com o Max Planck Institute for Psycholinguistics. É membro fundador da Rede Nacional de Ciência para Educação.

Autores

André Ponce de Leon Ferreira de Carvalho

▶ Possui graduação em Ciência da Computação pela Universidade Federal de Pernambuco (1987), mestrado em Ciências da Computação pela Universidade Federal de Pernambuco (1990), doutorado em Engenharia Eletrônica pela Universidade de Kent, Inglaterra (1994) e pós-doutorado pela Universidade do Porto (2006) e Universidade de Kent (2011). Professor Titular da Universidade de São Paulo. Revisor ad hoc de várias fundações nacionais e internacionais de apoio à pesquisa. É pesquisador associado da Rede Nacional de Ciência para Educação. Atua na área de Ciência da Computação, com ênfase em Aprendizado de Máquina, Mineração de Dados e Ciência de Dados, principalmente nos temas: detecção de novidades, meta-aprendizado e meta-heurísticas. É diretor do Centro de Aprendizado de Máquina em Análise de Dados da USP.

Beatriz Vargas Dorneles

▶ Formou-se em Pedagogia e fez mestrado em Educação na Universidade Federal do Rio Grande do Sul (UFRGS), realizou doutorado na Universidade de São Paulo, e é atualmente professora titular no Curso de Pós-graduação em Educação da UFRGS, programa do qual foi vice-coordenadora nos anos de 2013 e 2014. Realizou Estágio Pós-doutoral na Universidade de Oxford, no Reino Unido, nos anos de 2009 e 2014. Seus interesses de pesquisa envolvem a formação de professores, educação matemática nos anos iniciais de escolaridade, aprendizagem da matemática por crianças com diferentes condições de ensino e aprendizagem, em especial crianças surdas, crianças com TDAH e outras síndromes.

Cristina Name

▶ Professora do Programa de Pós-graduação em linguística da Universidade Federal de Juiz de Fora. Sua pesquisa está voltada para a aquisição de língua materna por bebês e crianças pequenas. Coordena o NEALP – Núcleo de Estudos em Aquisição da Linguagem e Psicolinguística (www.ufjf.br/nealp/).

Daniel Domingues dos Santos

▶ Tem doutorado em economia pela Universidade de Chicago, é professor associado na Faculdade de Economia, Administração e Contabilidade de Ribeirão Preto da Universidade de São Paulo, onde coordena o Laboratório de Estudos e Pesquisas em Economia Social (LEPES). Seus estudos focalizam a área de desenvolvimento infantil e desenvolvimento socioemocional. Além de membro da rede Ciência pela Educação (CpE), participa como membro efetivo do Núcleo Ciência pela Infância (NCPI) e do Edulab21 e é vice-coordenador do Núcleo de Apoio à Pesquisa em Neurodesenvolvimento e Saúde Mental (NAP N&SM), na pró-reitoria de pesquisa da Universidade de São Paulo.

Daniel Sadoc Menasché

▶ Formou-se em Ciência da Computação pela Universidade Federal do Rio de Janeiro (UFRJ), e obteve os títulos de Mestrado pelo Programa de Engenharia de Sistemas e Computação da COPPE/UFRJ, e Doutorado pela Universidade de Massachusetts em Amherst (EUA), em 2005 e 2011, respectivamente. Desde 2011, é professor adjunto do Departamento de Ciência da Computação do Instituto de Matemática da UFRJ. Foi eleito membro afiliado da Academia Brasileira de Ciências, no período de 2016 a 2020. Seus interesses de pesquisa envolvem modelagem e análise de sistemas de computação e comunicação, segurança e aprendizado por máquina.

Diana Coutinho

▶ Bacharel em ciências econômicas e mestre em ciência política, pela Universidade de Brasília. Ingressou no serviço público federal em 2005 como Especialista em Regulação das Telecomunicações, da Anatel. Em 2007 ingressou na carreira de Especialista em Políticas Públicas e Gestão Governamental, do Ministério do Planejamento. Entre 2008 a 2015, foi gerente de projetos, diretora de programa e assessora especial da Secretaria de Assuntos Estratégicos da Presidência da República, onde se dedicou às áreas de relação capital-trabalho, agricultura, previdência social, nova classe média, juventude, produtividade do trabalho, contas nacionais, população e desenvolvimento. Licenciada do serviço público, atualmente é gerente executiva do eduLab21, centro de conhecimento criado em 2015 pelo Instituto Ayrton Senna para estabelecer e fortalecer a conexão entre ciência e gestão pública, com o objetivo de promover políticas educacionais com base em evidência e agenda científica voltada à superação dos desafios educacionais.

Domitila Ballesteros

▶ Psicóloga, musicista e musicoterapeuta. Doutora em Etnografia das Práticas Musicais (UNI-RIO), Mestre em Práticas Interpretativas — Órgão (UFRJ). Presidente do Instituto de Cultura e Arte Organística (ICAO), organista do órgão Cavaillé-Coll da Igreja de Nossa Senhora da Lapa e do Órgão Berner da Igreja da Santa Cruz dos Militares, ambos na cidade do Rio de Janeiro.

Edmundo Souza e Silva

▶ Formou-se em Engenharia Elétrica pela PUC-RJ e obteve o título de Doutorado em Ciência da Computação pela Universidade da California, Los Angeles. Atualmente é Professor Titular da COPPE, Universidade Federal do Rio de Janeiro. Foi membro do Comitê Assessor do CNPq, e na CAPES foi Coordenador de área de Ciência da Computação. Desde 2000 tem participado no projeto CEDERJ de educação à distância no estado do Rio de Janeiro. É Cientista do Nosso Estado da FAPERJ, pesquisador associado da Rede Nacional de Ciência para Educação, membro da Academia Brasileira de Ciências e da Academia Nacional de Engenharia, e em 2008 recebeu a comenda da Ordem Nacional de Mérito Científico. Seus interesses de pesquisa envolvem a modelagem e análise de sistemas de computação, redes de computadores e aprendizado de máquina.

Felipe Maia Polo

▶ Cursa Ciências Econômicas na Faculdade de Economia, Administração e Contabilidade de Ribeirão Preto da Universidade de São Paulo. Trabalhou no Laboratório de Estudos e Pesquisas em Economia Social (LEPES) e desenvolveu pesquisa na área de Economia da Educação sob a orientação do professor Daniel dos Santos. Seus interesses de estudo e pesquisa envolvem os temas: educação infantil, habilidades socioemocionais e novas tecnologias aplicadas à educação.

Fernanda Tovar-Moll

▶ Formou-se em medicina e obteve o título de Doutorado na Universidade Federal do Rio de Janeiro, e é atualmente professor adjunta do Instituto de Ciências Biomédicas (ICB) e do Centro Nacional de Biologia Estrutural e Bioimagem (CENABIO) Universidade Federal do Rio de Janeiro. É também diretora científica do Instituto D'Or de Pesquisa e Ensino (IDOR), e membro afiliado da Academia Brasileira de Ciências. Seus interesses de pesquisa envolvem a neuroplasticidade em sujeitos humanos e em animais, tanto em condições normais como na vigência de doenças, revelando-a por meio de técnicas modernas de ressonância magnética.

Fernando Louzada

▶ Mestre e doutor em Neurociências e Comportamento pelo Instituto de Psicologia da Universidade de São Paulo (USP) e fez seu pós-doutorado na divisão de Medicina do Sono da Harvard Medical School. Atualmente é professor associado do Departamento de Fisiologia da Universidade Federal do Paraná. É coordenador do Laboratório de Cronobiologia Humana da UFPR. É membro-institucional da Rede Nacional de Ciência para Educação (Rede CpE) e do comitê científico do Núcleo Ciência pela Infância (NCPI). Seu interesse de pesquisa é voltado para o estudo dos ritmos biológicos, particularmente nas relações existentes entre o ciclo sono/vigília e a aprendizagem.

Gaspare Bruno

▶ Formado em ciência da computação, com Mestrado pela Universidade Federal do Rio Grande do Sul em 2003, e Doutorado pela COPPE na Universidade Federal do Rio de Janeiro em 2016. Recebeu o Google Award for Latin America em 2013 pelo trabalho na área de educação e aprendizado por máquina. Desde 2004 trabalha em diversos projetos para a academia e a indústria, em áreas ligadas à educação, redes de computadores e aprendizado por máquina.

Isvani Frías Blanco

▶ Possui graduação em Ciência da Computação pela Universidade do Leste (2005), Cuba; mestrado em Ensino Superior pela Universidade de Granma (2007), Cuba; mestrado em Ciências da Computação pela Universidade Central das Villas (2009), Cuba; e doutorado em Ciências da Computação pela Universidade de Granada (2014), Espanha. Atualmente é pesquisador pós-doutorando no Instituto de Ciências Matemáticas e de Computação, Universidade de São Paulo, Brasil, na área de Aprendizado de Máquina, Mineração de Dados e Ciência de Dados.

Jerusa Fumagalli de Salles

▶ Formou-se em Fonoaudiologia e obteve o título de Doutorado na Universidade Federal do Rio Grande do Sul, sendo atualmente professora associada do Instituto de Psicologia da Universidade Federal do Rio Grande do Sul (UFRGS). É coordenadora do Núcleo de Estudos em Neuropsicologia (Neurocog), Bolsista de Produtividade do CNPq e membro da diretoria da Sociedade Brasileira de Neuropsicologia (SBNp). Seus interesses de pesquisa envolvem desenvolvimento/adaptação de instrumentos de avaliação das funções neuropsicológicas, estudo do desenvolvimento das funções neuropsicológicas, memória, linguagem escrita, transtornos específicos de aprendizagem (dislexias e discalculias de desenvolvimento) e dislexias adquiridas, perfil neuropsicológico de amostras clínicas.

Jorge Moll

▶ Neurologista e Presidente do Instituto D'Or de Pesquisa & Ensino (IDOR). Atua como gestor e idealizador de projetos em múltiplas áreas do conhecimento neurocientífico, há mais de 20 anos envolvido em pesquisas neurológicas, neuropsiquiátricas, e neuropsicológicas de alcance clínico, social e econômico.

Marina de Cuffa

▶ Graduada em Psicologia pela Universidade Federal do Paraná, com mestrado em Psicologia pela mesma instituição e doutorado em Psicologia pela Universidade Federal de Santa Catarina. Entre 2012 e 2016, integrou o Laboratório de Pesquisa em Avaliação Psicológica (UFSC) onde realizou pesquisas na área de construção e validação de instrumentos de medida e avaliação psicológica. Desde 2015 é Gerente Técnica de Projetos na frente de Aplicação em Políticas Públicas do eduLab21, trabalhando com avaliação psicológica, psicometria, desenvolvimento de competências socioemocionais e avaliação de impacto.

Marina Leite Puglisi

▶ Formou-se em Fonoaudiologia, obteve os títulos de Doutorado pela Faculdade de Medicina da Universidade de São Paulo e Pós-doutorado pela mesma instituição e pela Universidade de Oxford (Reino Unido). É atualmente professora Adjunta do Departamento de Fonoaudiologia da Universidade Federal de São Paulo (UNIFESP) e Newton International Fellow pela British Academy. Tem experiência em linguagem infantil, atuando principalmente nos seguintes temas: desenvolvimento da linguagem, efeitos ambientais sobre a linguagem e cognição, diagnóstico dos distúrbios de linguagem e programas de intervenção precoce.

Paulo Mattos

▶ Formado em Medicina pela Universidade do Estado do Rio de Janeiro e obteve o título de doutorado em Psiquiatria e Saúde Mental pela Universidade Federal do Rio de Janeiro (UFRJ). Atualmente é professor associado da UFRJ e coordenador de Neurociências do Instituto D'Or de Pesquisa e Ensino (IDOR). Foi presidente da Sociedade Brasileira de Neuropsicologia (SBNp) e um dos fundadores da Associação Brasileira do Déficit de Atenção (ABDA), uma entidade sem fins lucrativos

Ricardo de Oliveira Souza

▶ Neurologista, coordenador de Neurociências do Instituto D'Or de Pesquisa & Ensino (IDOR) e Professor Adjunto da Universidade Federal do Estado do Rio de Janeiro. Sua formação em Neurologia se deveu em grande parte à fortuna de ter convivido com Abraham Akerman e Nunjo Finkel. Esses dois grandes neurologistas brasileiros — o primeiro, um dos fundadores da neurologia nacional — lhe revelaram por exemplos do dia-a-dia a importância do contato médico-paciente como fonte insubstituível de conhecimento sobre a natureza humana e do bem-fazer ao próximo, gerando uma relação singular de crescimento mútuo.

Ricardo Paes de Barros

▶ Graduado em engenharia eletrônica pelo Instituto Tecnológico da Aeronáutica (ITA), com mestrado em estatística pelo Instituto de Matemática Pura e Aplicada (IMPA) e doutorado em economia pela Universidade de Chicago. Possui pós-doutorado pelo Centro de Pesquisa em Economia da Universidade de Chicago e pelo Centro de Crescimento Econômico da Universidade de Yale. Integrou o Instituto de Pesquisa Econômica e Aplicada (IPEA) por mais de 30 anos, onde realizou inúmeras pesquisas focadas em questões relacionadas aos temas de desigualdade e pobreza, mercado de trabalho e educação no Brasil e na América Latina. Em 2015, deixou o serviço público e assumiu o cargo de economista-chefe do Instituto Ayrton Senna e também a titularidade da Cátedra Instituto Ayrton Senna no INSPER, onde se dedica ao uso de evidência científica para identificação de grandes desafios nacionais e para a formulação e avaliação de políticas públicas, cobrindo os temas de produtividade do trabalho, educação, primeira infância, juventude, demografia, imigração, além dos tradicionalmente recorrentes em sua trajetória, como desigualdade, pobreza e mercado de trabalho.

Rosinda Martins Oliveira

▶ Formou-se em Psicologia pela Universidade Federal do Rio de Janeiro, e obteve o título de doutorado pela Universidade de Oxford (Inglaterra). Atualmente é professora adjunta do Instituto de Psicologia da UFRJ. É membro do Instituto Brasileiro de Neuropsicologia e Comportamento. Seus interesses de pesquisa envolvem a pesquisa básica sobre o desenvolvimento psicológico humano, estudo de qualidades psicométricas de instrumentos de avaliação psicológica, assim como a avaliação da eficácia de técnicas de intervenção neuropsicológica, principalmente aplicadas à aprendizagem. Suas atividades acadêmicas incluem ainda a formação teórica e técnica de futuros psicólogos na área de neuropsicologia, incluindo a supervisão de estágios em neuropsicologia aplicada a dificuldades de aprendizagem.

Sidarta Ribeiro

▶ Formou-se em biologia, obteve o título de doutorado na Universidade Rockefeller, e é atualmente professor titular no Instituto do Cérebro (ICe) da Universidade Federal do Rio Grande do Norte, do qual é diretor desde 2011. É membro titular da Academia de Ciências da América Latina (ACAL), membro do comitê diretor da Latin American School for Education, Cognitive and Neural Sciences, coordenador de núcleo do projeto de avaliação de crianças em risco para transtorno de aprendizagem (ACERTA - CAPES/Observatório da Educação), investigador associado do Centro FAPESP de Pesquisa, Inovação e Difusão em Neuromatemática, e membro do Conselho Consultivo da Rede Nacional de Ciência para a Educação (CpE).

Vitor Haase

▶ Graduado em Medicina pela Universidade Federal do Rio Grande do Sul e realizou residência médica em Neurologia e Neuropediatria na Universidade Federal de Ciências da Saúde de Porto Alegre, mestrado em Língüística Aplicada na Pontifícia Universidade Católica do Rio Grande do Sul e doutorado em Psicologia Médica na Universidade de Munique. É professor titular do Departamento de Psicologia da Universidade Federal de Minas Gerais (UFMG), onde coordena o Laboratório de Neuropsicologia do Desenvolvimento. É orientador dos programas de Pós-graduação em Neurociências e em Psicologia: Cognição e Comportamento, ambos da UFMG. É bolsista de produtividade 1C do CNPq e membro do Instituto Nacional de Ciência e Tecnologia sobre Comportamento, Cognição e Ensino (MCTIC, CNPq, FAPESP). Seus principais interesses de pesquisa dizem respeito à cognição numérica e dificuldades de aprendizagem de matemática, neuropsicologia das síndromes genéticas e da paralisia cerebral.

Apresentação

LUIZ EURICO NASCIUTTI

▶ **Diretor do** Instituto de Ciências Biomédicas da Universidade Federal do Rio de Janeiro (UFRJ)

O Instituto de Ciências Biomédicas constitui uma Unidade de Ensino, Pesquisa e Extensão da Universidade Federal do Rio de Janeiro, e vem contribuindo há quase 50 anos para a formação de jovens estudantes de diferentes cursos das Ciências da Saúde. A partir de um conceito virtuoso estabelecido por Carlos Chagas Filho, "ensinamos porque pesquisamos". Desenvolvemos, desde a fundação, pesquisa translacional na área da saúde, que tem possibilitado grandes avanços na busca de novas estratégias terapêuticas para muitas patologias.

Por outro lado, o crescimento e o desenvolvimento da ciência em todo o mundo têm sido surpreendentes. Além disso, as tecnologias surgidas da ciência são altamente sofisticadas. O novo cientista tem à sua mão um leque variado de opções metodológicas, que possibilitam atingir seus objetivos específicos com mais clareza e segurança. E é nas universidades, nos institutos de pesquisa, e nas interações entre a academia e a indústria, que a pesquisa científica de corte translacional põe à disposição da sociedade alternativas de cura e prevenção de doenças que já aproximam a perto de um século a duração média da vida humana; dispositivos de comunicação que põem em diálogo na palma da mão pessoas separadas por oceanos e continentes; e que constroem instrumentos que nos permitem conhecer de longe e de perto os mais longínquos corpos do universo.

Enquanto isso, será que o ensino nas nossas escolas e na própria universidade, também tem alcançado um desenvolvimento igualmente surpreendente, compatível com o da ciência? Infelizmente constatamos que não, continuamos ainda ensinando, com raras exceções, de modo passivo: o professor fala e o aluno escuta. Ou como disse Darcy Ribeiro: o professor finge que ensina, e o aluno finge que aprende. Portanto, já é mais que tempo: precisamos mudar o sistema, buscar na ciência e na tecnologia novas estratégias que possam fortalecer o ensino e a aprendizagem.

Neste sentido, o Instituto de Ciências Biomédicas percebeu que poderia desempenhar um papel relevante utilizando sua experiência em pesquisa translacional para a saúde, em um modelo semelhante aplicado à educação. Com muita satisfação compramos este desafio e nos envolvemos desde o início na criação da Rede Nacional de Ciência para Educação. As questões que nortearam a criação da Rede foram: como o desenvolvimento científico pode contribuir para a educação? Como podemos empregar as diferentes técnicas utilizadas na pesquisa científica para ajudar o processo de aprendizagem? Como integrar o método científico com o ensino?

Com a participação de vários cientistas e educadores de diferentes regiões do país, a Rede começou a atuar, envolvendo grupos de pesquisadores com projetos translacionais à educação. A ambição é grande, o futuro é infinito: queremos também criar o Centro Nacional de Ciência para Educação, constituído por laboratórios multiusuários abertos aos interessados em conduzir pesquisas em diversas áreas, com potencial para contribuir com a educação e com o planejamento de novas políticas públicas em Educação. O Instituto de Ciências Biomédicas poderá abrigar o Centro e ter um papel inovador na condução de pesquisas científicas com reflexos importantes no ensino e aprendizagem.

O presente livro é um exemplo dessa virtuosa ambição, e prova a potencialidade dos cientistas brasileiros dispostos a orientar a sua pesquisa para os problemas da educação. Os temas dos capítulos constituem assuntos obrigatórios da prática educacional, escritos por profissionais das mais diferentes especialidades, e representam um belo exemplo do que se pode fazer na área. Com certeza, serão leitura obrigatória de professores e diretores das escolas, bem como de cientistas e tecnólogos desejosos de contribuir com a educação. Está inaugurada a era da Ciência para Educação no Brasil.

VIVIANE SENNA

▶ **Presidente do** Instituto Ayrton Senna

Se fizéssemos uma viagem no tempo e pudéssemos transportar um médico de uma sala de cirurgia do século 19 diretamente para uma sala de cirurgia do século 21, como será que ele se sentiria? Será que ele conseguiria operar instrumentos e trabalhar nesse novo cenário? A resposta é não, e certamente essa dificuldade também se estenderia a outros profissionais, como um piloto de avião, um operador da bolsa de valores e assim por diante.

Mas e o professor? Se pudéssemos levar um professor de uma sala de aula do século 19 para uma sala de aula do século 21, como será que ele se sentiria? A resposta a essa pergunta seria perfeitamente bem e absolutamente em casa, porque nada mu-

dou. Alunos enfileirados em carteiras, assistindo a aulas expositivas, o mesmo modo de ensinar, o mesmo modo de aprender.

Nesses últimos dois séculos, tivemos uma revolução científica e tecnológica sem precedentes na história da humanidade, que mudou a nossa vida em todos os sentidos. Transformou nossa maneira de viver, conviver, trabalhar, nos comunicar. Mas só não entrou num lugar: na escola. Esta continua no século 19, estacionada e alheia a toda essa revolução, oferecendo o mesmo produto e serviço para um cliente (aluno) que mudou e para um mundo que não existe mais.

O que fazer? Precisamos trazer a educação para o século 21, levando o século 21 para a escola. E isso significa muito mais do que simplesmente levar *smartphones* e *tablets* para dentro da vida escolar. Significa levar essa imensa revolução científica e tecnológica, ou seja, essa enorme revolução do conhecimento, para dentro da escola – no Brasil e no mundo. Significa trazer, por exemplo, a neurociência, que obteve avanços incríveis nos últimos séculos, sobretudo na última década do século 20, para o mundo do professor. Afinal, como é possível ignorar o cérebro, o palco onde toda a aprendizagem acontece?

Hoje, há muito a aprender com evidências científicas das mais diversas áreas. Sabemos, por exemplo, que a qualidade do sono influencia a nossa capacidade de armazenar informações. Além disso, há evidências que mostram que um aluno disléxico pode ter mais chances de aprender do que no passado ou que competências socioemocionais, como responsabilidade e organização e abertura, entre diversas outras, possuem efeitos altamente positivos sobre a aprendizagem cognitiva.

São importantes achados da ciência e que poderiam melhorar a qualidade da educação ofertada em nosso país. Não levar esses novos conhecimentos tão fundamentais ao professor é o mesmo que não lhe permitir o direito ao conhecimento, tão necessário para fazer cumprir o direito legal da aprendizagem integral de todos os alunos.

O Instituto Ayrton Senna entende por educação de qualidade aquela que prepara para a vida, que oferece condições para que as futuras gerações possam desenvolver as competências necessárias para aprender, viver, conviver e trabalhar no século 21. Nesse sentido, estivemos desde o início apoiando o esforço coletivo da Rede Nacional de Ciência para a Educação que, em 2014, liderada pelo eminente neurocientista Roberto Lent, nascia para articular o conhecimento dos mais avançados centros de pesquisa científica do Brasil com as necessidades de gestores e professores na promoção de uma educação de qualidade.

Tenho certeza de que, juntos, cientistas e educadores poderão ajudar não a apenas a solucionar problemas básicos do século 20, mas, ao mesmo tempo, buscar uma verdadeira transposição da educação brasileira para o século 21. Portanto, é de inestimável valor a sistematização de alguns importantes achados científicos nesta publicação. Afinal, estão reunidas neste livro evidências científicas produzidas por renomados pesquisadores nacionais e das mais diversas especialidades, cujo objetivo em comum é oferecer contribuições para transformar essa área tão fundamental para o desenvolvimento do país. Com uma linguagem de fácil acesso a todos, este livro representa mais uma poderosa ação da Rede Nacional de Ciência para a Educação e que certamente ajudará a semear essa transformação, inspirando não apenas melhores políticas e práticas educacionais, mas também ajudando a construir essa ponte tão necessária entre ciência e educação.

Se conhecimentos como os reunidos nesta publicação puderem ser amplamente disseminados, ampliaremos as oportunidades para que professores, gestores e educadores em geral tenham também uma formação integral. Municiados com essas reflexões e evidências, esses profissionais poderão traduzir em suas práticas aquilo que a ciência já aponta como mais eficiente para uma educação que seja realmente de qualidade e mais conectada com o século 21.

JORGE ALMEIDA GUIMARÃES

▶ **Presidente da** Empresa Brasileira de Pesquisa e Inovação Industrial (EMBRAPII), ex-Presidente da Coordenação de Aperfeiçoamento do Pessoal de Ensino Superior (CAPES)

Um grupo de ousados cientistas resolve se "intrometer" na identificação e busca de entendimento sobre os inúmeros problemas da educação brasileira, procurando e propondo caminhos para atacar um dos principais desses problemas: a falta de fundamentação científica, em todo o Brasil, do ensino dos nossos estudantes, e porque não dizer, da grande massa de seus professores. O presente livro é uma obra inédita e conceitualmente aprofundada, em linguagem acessível, sobre os vários aspectos pouco visíveis e, portanto, subjacentes e não discutidos, sobre a grave questão educacional no Brasil. Reunindo 25 autores de 12 instituições públicas e privadas, os capítulos do livro refletem uma atualizada conceituação de como a ciência, em especial as neurociências e as tecnologias informacionais, podem impactar o desenvolvimento cognitivo e, consequentemente, a aprendizagem e o ensino para todos os níveis educacionais. Os autores são membros da Rede CpE (Rede Nacional de Ciência para Educação), associação sem fins lucrativos, recentemente organizada por um pequeno grupo de pesquisadores, que buscou identificar em milhares de teses, dissertações e artigos científicos os pesquisadores brasileiros cuja temática de estudo experimental relaciona conhecimentos científicos com o processo da aprendizagem. A formalização da Rede CpE contou, no início, com o apoio da CAPES e a adesão

e financiamento do Instituto Ayrton Senna e do Instituto D'Or de Pesquisa e Ensino, e em pouco tempo atraiu inúmeros outros pesquisadores de várias partes do Brasil para conectar a pesquisa científica com a educação, tendo como fundamento os conhecimentos gerados pela pesquisa experimental. O texto completo da obra, objeto desta pequena análise prefacial, é um dos primeiros resultados desse esforço coletivo originado na Rede CpE.

Em 12 capítulos, são tratados, com foco multidisciplinar, temas que fundamentam e condicionam as formas de aprender, com grande ênfase em processos neurofisiológicos imbricados com aspectos emocionais e comportamentais que afetam a educação. Logo na Introdução os organizadores da obra alertam para a enorme distância entre a educação e o analfabetismo científico. A Introdução dá o tom do conteúdo do que se vai encontrar nos capítulos do livro, permitindo antever que uma grande variedade de profissionais da educação e outros relacionados ao tema, podem se beneficiar da leitura desses textos.

Nos dois capítulos iniciais (Capítulos 1 e 2), os autores abordam a importância da formação dos circuitos nervosos e redes neurais, que se iniciam ainda no útero materno e vão se desenvolvendo ao longo da vida das pessoas, possibilitando capacidade de aprendizagem contínua, uma condição pouco valorizada nos vários níveis das etapas educacionais. Esses capítulos tratam, pois, da conexão entre o desenvolvimento cerebral e a neuroplasticidade, que cria um ambiente biológico propício ao aprendizado de forma continuada. Em outras palavras, o cérebro humano está habilitado a aprender desde o período uterino, e essa condição, a rigor, só se interrompe na morte. Na sequência dessa abordagem biológica, o capítulo seguinte (Capítulo 3) trata da importância da educação infantil, discutindo a despreocupação do Brasil, em comparação com outros países, em relação ao papel fundamental da educação para esse nível de escolaridade.

Os Capítulos 4, 5 e 10 tratam de temas que envolvem respectivamente componentes cognitivos presentes na escola, o aprendizado das palavras e a participação familiar no desenvolvimento da aprendizagem dos alunos. No primeiro desse conjunto (Capítulo 4), os autores tratam da atenção dos alunos na sala de aula e sua relação com o sono, considerado uma "janela ideal" para consolidar "memórias adquiridas" e, portanto, assimilar o que foi discutido e ensinado na sala de aula ou fora dela. A esse tema segue-se (Capítulo 5) a abordagem da linguagem oral como um processo natural, fisiológico, em contraste com a leitura, que é um processo adquirido e, portanto, cultural, circunstâncias que, se não forem compreendidas pela família e pelos professores, podem resultar em fracassos preocupantes para os alunos. Mais à frente (Capítulo 10), o livro retorna a esse tema, analisando estudos nacionais e internacionais "sob a ótica das neurociências", sobre fatores ambientais e familiares como os níveis de escolaridade, socioeducacional e econômico das famílias, componentes do processo educacional que afetam diretamente o desempenho escolar.

O Capítulo 6 trata do ensino da matemática (outra capacidade adquirida, como a leitura), tendo como embasamento os fundamentos da neurociência e da psicologia cognitivas. Os autores discutem também as teorias que buscam explicar o singular processo de aprendizagem da matemática. Os Capítulos 7 e 9 tratam de transtornos individuais que interferem no desempenho humano. No primeiro, os autores analisam as bases neurobiológicas, usualmente desqualificadas, relativas aos transtornos do déficit de atenção e hiperatividade (TDAH), que têm origem precoce, ainda na infância, sendo fortemente associados à hereditariedade genética e, consequentemente, com forte influência sobre a capacidade humana de aquisição de conhecimentos. No segundo (Capítulo 9) é analisada a complexa situação clínica do que é considerado comportamento normal das pessoas. No caso da educação, tais transtornos afetam profundamente o desempenho escolar de crianças e adolescentes. Os autores buscam abordar a complexidade do tema utilizando terminologia simplificada para seu entendimento básico, mas com cuidadosa e adequada profundidade.

O Capítulo 8 tem um enfoque especial, em que os autores dedicam particular atenção às competências socioemocionais, atualmente um tema central nas discussões sobre aprendizagem e desempenho escolar. Discute-se a relevância dos componentes socioemocionais sobre a prevalência do direito à educação, impondo a necessidade de uma reavaliação legal e estrutural do modelo educacional do Brasil. Finalmente, os últimos dois capítulos enfocam, como não poderia deixar de ser, o papel das tecnologias, considerando a importância e as dificuldades de inserir na educação máquinas que aprendem e outras que ensinam. Assim, o texto do Capítulo 11 ilustra como a inteligência artificial possibilita que máquinas tecnologicamente concebidas e desenhadas podem perceber situações, "raciocinar" e mesmo tomar decisões, num verdadeiro aprendizado eletroeletrônico autônomo desses equipamentos. Já o Capítulo 12, usando uma invertida analogia (máquinas que ensinam), trata da possibilidade de que os humanos podem extrair desses circuitos informações úteis para melhor compreender os processos da aprendizagem na educação de jovens e também de adultos. Dominada a tecnologia, por que não podemos aprender com tais máquinas inteligentes?

Em suma, a obra *"Ciência para Educação: Uma Ponte entre Dois Mundos"* chega em hora oportuna, trazendo luzes aos processos educacionais e colocando o Brasil em posição internacional de destaque no complexo campo científico do ensino-aprendizagem que, paradoxalmente, tanto afeta a educação brasileira. Saindo na frente em Ciência para Educação, é de se esperar a versão do livro para o inglês e outras línguas.

Sumário

Introdução
Mais ciência para a educação dos brasileiros, 21
Roberto Lent, Augusto Buchweitz e Mailce Borges Mota

Capítulo 1
O desenvolvimento da mente humana, 25
Rosinda de Oliveira e Roberto Lent

Capítulo 2
Neuroplasticidade: o cérebro em constante mudança, 55
Fernanda Tovar-Moll e Roberto Lent

Capítulo 3
Educação infantil: avanços e desafios para um futuro próximo, 73
Felipe Maia Polo e Daniel Domingues dos Santos

Capítulo 4
Sono, memória e sala de aula, 97
Fernando Louzada e Sidarta Ribeiro

Capítulo 5
Linguagem: das primeiras palavras à aprendizagem da leitura, 119
Augusto Buchweitz, Mailce Borges Mota e Cristina Name

Capítulo 6
Aprendizagem numérica em diálogo: neurociências e educação, 133
Beatriz Dorneles e Vitor Haase

Capítulo 7

Transtornos do desenvolvimento que impactam o aprendizado, 161
Paulo Mattos

Capítulo 8

Desenvolvimento socioemocional: do direito à educação à prática na escola, 177
Ricardo Paes de Barros, Diana Coutinho e Marina de Cuffa

Capítulo 9

Transtornos emocionais e comportamentais, 199
Ricardo Oliveira-Souza, Jorge Moll e Domitila Ballesteros

Capítulo 10

O impacto do ambiente familiar sobre o desenvolvimento cognitivo e linguístico infantil, 221
Marina Puglisi e Jerusa Salles

Capítulo 11

Máquinas que aprendem: o que nos ensinam?, 237
Isvani Frias Blanco e André Ponce de Leon Carvalho

Capítulo 12

Máquinas que ensinam: o que aprendemos com elas?, 251
Edmundo Souza e Silva, Gaspare Bruno e Daniel Sadoc Menasché

Introdução

Mais ciência para a educação dos brasileiros

Roberto Lent, Mailce Borges Mota e Augusto Buchweitz

Quando os países da Europa e os Estados Unidos emergiram da 2ª Guerra Mundial, em 1945, a grande constatação que os respectivos governos fizeram (inclusive os derrotados) foi de quão importante tinha sido a contribuição dos cientistas para a vitória militar sobre o nazismo. O esforço de guerra envolveu cientistas de várias instituições, principalmente americanos, canadenses e britânicos, em sua maioria físicos que fizeram parte do Projeto Manhattan, criado em 1939 sob o estímulo da famosa carta assinada por Albert Einstein e enviada ao então presidente dos EUA, Franklin Roosevelt. Na liderança política desse esforço de guerra tecnológica estava o engenheiro Vannevar Bush (1890-1974), que conduziu centenas de tecnólogos e cientistas no trabalho de viabilizar diferentes tipos de radar, também uma concepção inicial do que seria muito depois a internet, e finalmente a bomba atômica empregada no Japão em 1945, que selou o final da guerra.

Nessa ocasião, pouco antes de morrer, Roosevelt solicitou a Bush um documento que embasasse a política científica americana do pós-guerra. O Relatório Bush recebeu o título *Science – The Endless Frontier*[1], e foi entregue ao novo presidente, Harry Truman. O resultado político desse documento, após intensa discussão no Congresso norteamericano, foi a aprovação de medidas estruturantes para a organização da pesquisa científica americana. Tratava-se de uma concepção translacional que se iniciava na pesquisa básica inteiramente livre, realizada nas universidades, acompanhada de tentativas de aplicação nestas e em empresas interessadas, terminando na inovação – a efetiva utilização social por meio de produtos e processos inseridos no mercado ou apropriados pelas políticas públicas. A ênfase na

Ciência para educação: uma ponte entre dois mundos

pesquisa básica como iniciadora da translação para a sociedade foi a marca do argumento de Bush, e resultou na criação do principal órgão governamental americano de apoio à Ciência – a Fundação Nacional de Ciência (NSF, *National Science Foundation*) – até hoje existente.

Uma das provocações de Roosevelt a Bush, quando lhe solicitou o relatório mencionado acima, referia-se a uma importante "missão de paz": o combate que a ciência poderia efetuar às doenças que matavam mais do que as guerras. Também esse desafio foi assumido pelo Relatório Bush, e resultou no fortalecimento de uma outra instituição paradigmática da força da ciência americana: o Instituto Nacional de Saúde (NIH, *National Institute of Health*), fundado em 1930, que se desdobrou em vários institutos e hoje é conhecido pela sua denominação plural.

O Brasil, embora com muito menor tradição científica, condições socioeconômicas não tão exuberantes e uma situação política instável, logo depois da 2ª Guerra fundou o então Conselho Nacional de Pesquisas (CNPq)[a] para fomentar a pesquisa nas (ainda poucas) universidades e instituições a ela dedicadas. Logo depois foi criada a Coordenação de Aperfeiçoamento do Pessoal do Ensino Superior (CAPES)[b].

Mais recentemente, no final do século 20, um cientista político americano, Donald Stokes[2], modificou o modelo linear de Bush, e propôs que o investimento privilegiasse os ambientes de pesquisa que já de saída fossem inspirados por problemas sociais. Seria um modelo bidimensional, que ficou conhecido como Quadrante de Pasteur, em homenagem ao famoso cientista francês Louis Pasteur (1822-1895) que, motivado pela necessidade que os vinicultores de seu país tinham para a conservação dos vinhos, revolucionou a biologia pela negação do dogma aristotélico de geração espontânea da vida. O azedamento dos vinhos provinha de microrganismos do ambiente: além do mais, era possível combate-los e resolver o problema[c].

Pois bem, em todo o mundo, o modelo proposto por Bush e refinado por Stokes, de investir fortemente em ambientes de criação (universitários ou não) que contemplassem as necessidades sociais, mostrou-se altamente eficaz e rentável na maioria dos países, particularmente no campo da Saúde, ainda que permaneçam grandes problemas e enormes desafios a superar em todos eles. Mas é inegável que o mundo (o Brasil inclusive) vivenciou uma queda pronunciada na mortalidade infantil, controle da maioria das doenças infectocontagiosas de alta morbidade, inovações revolucionárias nas tecnologias diagnósticas de imagem, nas ferramentas terapêuticas com fármacos, nas técnicas operatórias e na prevenção de doenças por medidas sanitárias de alcance social. Como resultado, um grande aumento da expectativa de vida da população pôde ser observado na maioria dos países[3].

No entanto, o mesmo não pode ser dito da Educação. A pesquisa translacional – seja no modelo linear de Bush ou no modelo 2D de Stokes – não alcançou os sistemas educacionais no mundo todo, de modo estruturado. Muito se avançou na compreensão de como o cérebro humano aprende, seja a nível molecular, celular, multicelular, cerebral ou multicerebral[d]. Muito já se sabe também sobre o desenvolvimento infantil e como aproveitar esse conhecimento ao máximo para educar as crianças de maneira eficiente. As tecnologias de informação e comunicação, atualmente, trazem à palma da mão grande quantidade de dados em segundos. Não obstante, as nossas salas de aula são ainda iguais às do século 19 (diferentemente das salas de cirurgia contemporâneas!), nossos professores ainda preferem aulas totalmente expositivas, e apresentam dificuldade em motivar suficientemente seus alunos e desenvolver neles a capacidade de aprender. Os progra-

---

[a] *Fundado em 1951 e hoje denominado Conselho Nacional de Desenvolvimento Científico e Tecnológico, depois incorporado ao atual Ministério da Ciência, Tecnologia, Inovação e Comunicação (MCTIC), mantendo a sigla original.*

[b] *Fundada também em 1951 e hoje transformada em uma Fundação do Ministério da Educação (MEC), com a mesma sigla.*

[c] *Uma das técnicas que resultaram do trabalho de Pasteur ficou conhecida como pasteurização, e é utilizada até hoje.*

[d] *Referente à interação simultânea entre vários cérebros, que ocorre em situações sociais como é o caso da educação.*

Introdução   Mais ciência para a educação dos brasileiros

mas nacionais de educação são baseados em teorias, quando muito em hipóteses, mas raramente em evidências científicas. Um exemplo é o programa do Ministério da Educação intitulado Pacto Nacional da Alfabetização na Idade Certa (PNAIC), o qual prescreve que a alfabetização ocorra até o final do 3º ano do ensino fundamental, quando a criança já está com 8 anos de idade. Não há base sólida para essa prescrição, que desconsidera as evidências científicas sobre a melhor idade para se alfabetizar. E evidência não falta: a Academia Brasileira de Ciências, por exemplo, publicou um importante documento[4] em 2011, no qual alinha evidências produzidas em diversas disciplinas, sobre a questão da alfabetização infantil.

O fato é que não houve, como na Saúde, políticas estruturantes de fomento à Ciência, inspiradas pela Educação. Tentamos, e conseguimos, enfrentar e resolver muitos problemas da Saúde, mas nem tentamos nem muito menos resolvemos os da Educação. Em geral, a Educação segue a norma do "esperar para ver", tanto em seus planos como em suas ações. E como as condições sociais para uma e para a outra são as mesmas em cada país (desiguais e desfavoráveis no caso do Brasil), a diferença de eficácia está na (falta de) Ciência.

De fato, na Educação nosso país patina há décadas, como se pode verificar pelos levantamentos feitos pela Organização para a Cooperação e o Desenvolvimento Econômico (OCDE), instituição fundada também no pós-guerra (1948) inicialmente reunindo 16 países europeus, e que se ampliou para 34 países nos anos subsequentes[e]. A OCDE realiza o bem conhecido levantamento PISA[f], que tem posicionado nosso país dentre os últimos lugares no *ranking* de mais de 60 países avaliados atualmente. Para chegarmos aos níveis de desempenho dos países-líderes (Finlândia, inicialmente, Singapura no último levantamento)[5], teremos que conseguir infletir decisivamente a curva de desempenho de nossa Educação. O mais rápido possível, enquanto é possível. E a hipótese é que isso só se consegue com o concurso da Ciência, como se demonstrou no caso da Saúde: ações de política educacional baseadas em evidências científicas tanto quanto seja possível.

Com base nesse raciocínio, um grupo de pesquisadores brasileiros fundou a Rede Nacional de Ciência para Educação[g], em 2014, decididos a estimular o interesse dos agentes sociais (professores, gestores públicos, empreendedores, políticos e cientistas) por realizar trabalhos de pesquisa translacional em Educação. Hoje já somos mais de 100 líderes de pesquisa e o presente livro é um dos resultados que apresentamos ao público.

Ciência para Educação – Uma Ponte entre Dois Mundos reúne capítulos escritos por pesquisadores de diversas filiações disciplinares: psicólogos, sociólogos, neurocientistas, economistas, linguistas, biólogos, médicos, entre outras especialidades. O objetivo é ilustrar, com uma linguagem acessível, alguns dos temas para os quais o conhecimento científico internacional já traz uma contribuição significativa. Abordamos o desenvolvimento e a plasticidade do cérebro e da mente humana (Capítulos 1 e 2), seguidos de uma avaliação de corte econômico da educação infantil no Brasil e no mundo (Capítulo 3). Em seguida, apresentamos uma discussão do papel do sono como mecanismo de consolidação da memória e da aprendizagem (Capítulo 4), e das características da aquisição (natural) da linguagem oral, e da aprendizagem (cultural) da leitura e da matemática (Capítulos 5 e 6). O Capítulo 7 aborda a importância do investimento político e econômico nas competências socioemocionais sobre a formação dos alunos, e os Capítulos 8 e 9 discutem os transtornos da aprendizagem e outros transtornos neuropsiquiátricos encontrados nas salas de aula, sempre de difícil enfrentamento pelos professores e familiares. O Capítulo 10

---

e O Brasil não é membro da OCDE, embora tenha recentemente submetido a sua candidatura.

f Programme for International Student Assessment, uma avaliação trienal do desempenho de estudantes do ensino médio (15 anos de idade) em ciências, matemática e leitura.

g Rede CpE (http://cienciaparaeducacao.org)

Ciência para educação: uma ponte entre dois mundos

trata das dificuldades de criar um sistema educacional eficiente em ambientes vulneráveis. E – ao final – não poderíamos deixar de abordar os dois lados da medalha das tecnologias educacionais: as máquinas que aprendem (Capítulo 11), cada vez mais sofisticadas e disponíveis no dia-a-dia dos aprendizes, e as máquinas que ensinam, dos *smartphones* aos *videogames* (Capítulo 12).

Como é impossível fazer um livro completo neste ambiente tão rico e dinâmico de conhecimentos e tecnologias, nossa iniciativa tenta modestamente oferecer aos leitores – professores, gestores, estudantes e cientistas – uma visão geral dos temas apresentados. É a primeira tentativa de sistematizar essa nova abordagem (nova no mundo todo!) que chamamos aqui de *Ciência para Educação*, e que em outros países é conhecida como *Science of Learning*. Preferimos a expressão Ciência para Educação por ser mais abrangente e multidisciplinar do que Ciência da Aprendizagem. Além disso, mesmo a pesquisa em Aprendizagem implica não apenas o lado do aprendiz, mas também o lado do professor e do gestor. Como nosso livro procura ilustrar, pode-se inserir muito de ciência nas políticas públicas de educação, nas ações concretas do professor em sala de aula, e na interação deste com seus alunos, uma relação bidirecional e interativa que modifica os dois lados em tempo real. Nem tudo é ciência nessa relação complexa, é claro, e a ciência não é infalível. Mas com ela, as intervenções serão mais seguras e o risco de insucesso menor.

Agradecemos aos colegas autores dos capítulos, que prontamente se debruçaram sobre a tarefa de mostrar como o conhecimento científico de suas áreas de expertise pode dialogar com a educação escolar, apontando formas de minimizar ou até mesmo solucionar problemas educacionais. Mais ainda porque se dispuseram a ceder os direitos autorais para a Rede CpE, que os aplicará em outras iniciativas como esta. A expectativa da Rede, e dos organizadores deste livro, é que os leitores sejam sensibilizados por essa nova abordagem, e que busquem novas informações e uma constante atualização em todos os aspectos científicos que impactam a educação.

Referências bibliográficas

1. Bush V (1945) Science – The Endless Frontier. Disponível na Revista Brasileira de Inovação 13:241-280.
2. Stokes D (1997) O Quadrante de Pasteur. Editora Unicamp, São Paulo, trad. J.E. Maiorino, 2005.
3. Organização Mundial da Saúde, OMS (World Health Organization, WHO): http://www.who.int/healthinfo/indicators/2015/metadata/en/
4. Academia Brasileira de Ciências (2011) Aprendizagem infantil: uma abordagem da neurociência, economia e psicologia cognitiva (Araujo A, coord.): http://www.abc.org.br/IMG/pdf/doc-6821.pdf
5. Programme for International Student Assessment, PISA (2015) What students know and can do: Students performance in mathematics, reading and Science: https://www.oecd.org/pisa/pisa-2015-results-in-focus.pdf.

Capítulo 1

O Desenvolvimento da Mente Humana

Rosinda Martins Oliveira[1] e Roberto Lent[2]

Palavras-chave: Neurodesenvolvimento; Neuroplasticidade; Psicologia cognitiva; Infância; Adolescência

Resumo

O desenvolvimento humano é uma sequência gigantesca e fascinante de transformações do cérebro e de suas funções neuropsicológicas que emergem ainda durante a gestação, e estendem-se após o nascimento por toda a vida de modo infindável, que só acaba com a morte do indivíduo. Neste capítulo, consideraremos esse roteiro de mudanças até a adolescência, quando o indivíduo se torna adulto. Inicialmente, no útero materno, o sistema nervoso se forma a partir de poucas células que se dividem e se posicionam ativamente formando o encéfalo, a medula espinhal e suas conexões com o corpo. Aos poucos, o encéfalo embrionário vai adquirindo funcionalidades, inicialmente sensoriais e motoras, mas ainda antes do nascimento, ao que parece, também algumas funções perceptuais de uma certa complexidade. Com o nascimento, uma avalanche de estímulos proveniente do ambiente vai moldando esse desenvolvimento biológico, e a emergência das capacidades funcionais se acentua. O bebê se alimenta, dorme, move-se, chora, e aos poucos vai fazendo sentido das pessoas e coisas que o cercam, adquire um balbucio e depois a linguagem, e começa a entender as pessoas. Ao mesmo tempo que o desenvolvimento cerebral se completa, com alguns eventos persistindo longe até a adolescência, o desenvolvimento psicológico só se enriquece. Torna-se mais e mais complexo, com a sofisticação da linguagem, a aprendizagem da leitura e da escrita, a capacidade de se emocionar e entender as emoções dos outros,

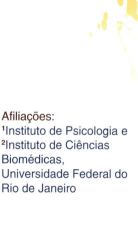

Afiliações:
[1]Instituto de Psicologia e
[2]Instituto de Ciências Biomédicas,
Universidade Federal do Rio de Janeiro

o raciocínio complexo e a metacognição, pela qual passa a dominar as suas próprias estratégias de aprender o mundo. Se na pré-escola o desenvolvimento da linguagem e das funções executivas básicas (principalmente do controle inibitório) parece dar a tônica das mudanças socioemocionais e cognitivas, na idade escolar esse lugar central é ocupado pelas funções executivas de alto nível e pela aprendizagem social. E tudo desemboca na explosão hormonal da adolescência, que transforma o corpo e a mente em um ser adulto. O capítulo tenta descrever esses fenômenos, sempre relacionando os aspectos neurobiológicos com os psicológicos e psicossociais.

Introdução: a ciência do desenvolvimento humano

A transformação das capacidades e comportamentos de uma pessoa desde a concepção até a adolescência é gigantesca. Compreender as mudanças neuropsicológicas que se refletem no comportamento ao longo da vida não só nutre a curiosidade (e constrói teorias científicas), mas também é fundamental para conceber intervenções que possam favorecer o desenvolvimento, como, por exemplo, intervenções no âmbito familiar e ações pedagógicas na escola.

Enquanto até meados do século 20 diferentes ramos do conhecimento abordavam os diversos aspectos do desenvolvimento de modo estanque e independente, no século 21 a ciência do desenvolvimento humano se configura como uma nova síntese[1].

Um dos princípios mais fundamentais dessa moderna abordagem do desenvolvimento é a ideia de que este não é simplesmente produto do que vem escrito nos genes, ou então construído inteiramente pelo ambiente. Ele resulta da interação bidirecional e contínua entre fatores biológicos e ambientais em diferentes níveis de análise (cultural, social, cognitivo, emocional, neural, molecular). A pergunta que se faz hoje é como esses níveis de análise interagem promovendo o comportamento e seu desenvolvimento, e como essa interação muda ao longo do processo[2].

Nessa perspectiva, diferentes ramos da ciência, como a fisiologia, a anatomia, a psicologia, a neuropsicologia, a neurociência, e outros, colaboram, com sua diversidade metodológica, na construção de modelos sobre o desenvolvimento. Vários desses modelos buscam dar conta não apenas das mudanças que ocorrem na infância e na adolescência, mas também na vida adulta e no envelhecimento, e até mesmo antes do nascimento, durante a vida intrauterina. Assim, a nova visão do desenvolvimento humano tenta descrever e explicar esse incessante processo ao longo de toda a vida[2]. Embora o desenvolvimento humano não tenha um ponto final, neste capítulo nos restringiremos às etapas que vão até a adolescência.

As diferentes etapas cronológicas do desenvolvimento: da concepção à adolescência

Apesar de não haver consenso sobre possíveis estágios de desenvolvimento com características típicas, como proposto por autores, como o suíço Jean Piaget (1896-1980), por exemplo, é possível identificar etapas de mudanças e consolidação de mudanças que tipicamente se sucedem ao longo da vida, em faixas etárias específicas, embora não absolutas. Qualquer divisão em estágios, necessariamente, tem um inevitável componente arbitrário, uma vez que de fato o desenvolvimento, além de incessante, é contínuo.

É óbvio que o desenvolvimento começa logo após a concepção, embora nesse momento o novo ser em constituição esteja longe de apresentar funcionalidades que possam minimamente ser chamadas psicológicas. A primeira etapa do desenvolvimento, portanto, pode ser denominada **período pré-natal**. Metodologicamente, o período pré-natal é de difícil abordagem, já que é bastante restrito o acesso experimental ou mesmo observacional ao embrião e depois ao feto. Apesar disso, tecnologias de neuroimagem já possibilitam identificar padrões estruturais e funcionais no desenvolvimento cerebral durante a vida intrauterina, e a observação psicológica de crianças recém-nascidas indica alguma influência do mundo exterior (sonoro, por exemplo), sobre o comportamento pós-natal.

O uso de neuroimagem fetal por ressonância magnética[3,4] tem possibilitado acompanhar o aumento da complexidade da substância cinzenta do cérebro (**Figura 1.1**), o advento da girificação do encéfalo, o desenvolvimento estrutural das vias de substância branca, a entrada em funcionamento de redes neurais ativas em sincronia[5], e a gradativa formação de um conectoma ainda incipiente. Isso é possível desde pelo menos a 18ª semana de gestação[6].

▶ **Figura 1.1.** Imagens de ressonância magnética representando em diferentes cores o aumento de espessura da placa cortical no embrião humano (medidas à esquerda, em milímetros). Reproduzido, com a devida permissão dos autores, de Vasung e colaboradores (ref. 3).

No âmbito da psicologia, há evidências de que o feto é capaz de ouvir sons externos e discriminar alguns aspectos de sua emissão. E não apenas isso: o idioma falado fora do útero (mas ouvido de dentro pelo feto) influi nas características espectrográficas do choro do bebê[7], reveladas após o nascimento: filhos de mães alemãs choram em unidades sonoras cuja tônica é "paroxítona", enquanto filhos de mães francesas acentuam o choro de modo "oxítono", como é característico do idioma francês.

Nessa fase do desenvolvimento predominam os aspectos neurobiológicos, sendo ainda muito incipientes as habilidades psicológicas dos fetos, talvez porque o acesso a elas seja tão difícil, ou então porque de fato as capacidades funcionais do cérebro sejam, dentre as funções corporais, as últimas a aparecer, já próximo ao nascimento.

E já que o nascimento é um marco nítido e inigualável, faz sentido considerar que ele dá início a uma segunda etapa do desenvolvimento, o **período pós-natal**. Logo ao sair do útero materno, o bebê se depara com uma imensidão de sons, luzes, imagens, toques, estímulos térmicos agradáveis e desagradáveis, e inicia assim o desenvolvimento da sua interação com o ambiente, a começar pela mãe com quem estabelece uma relação "carnal", mas também com o pai, irmãos e outros atores que o circundam no dia a dia. Pode-se determinar que essa fase de "intensivas descobertas" dura cerca de 1 ano – o que é um limite arbitrário, mas útil para o entendimento dos processos subjacentes. Nesse período, coexistem mudanças estruturais e funcionais no cérebro, com a emergência e o desenvolvimento de notáveis habilidades psicológicas e sociais.

Segue-se o **período infantil**, ou simplesmente **infância**, que podemos arbitrar começando no segundo ano de vida pós-natal, estendendo-se de modo difuso e individualmente variável até os primeiros sinais (hormonais e comportamentais) da adolescência[8]. Durante a infância, a morfologia do cérebro praticamente se completa, restando a fase de mielinização[a] dos feixes de fibras nervosas (axônios) que se estende até pelo menos os 20 anos. Por outro lado, são gigantescas as mudanças nas habilidades funcionais – cognitivas e afetivas – das crianças, revelando que embora os principais circuitos cerebrais estejam já praticamente estabelecidos, muito resta a amadurecer

---

[a] *A mielina é uma camada espiralada de material gorduroso que recobre os axônios (como a cobertura isolante dos fios elétricos), possibilitando um aumento da velocidade de condução dos impulsos nervosos.*

e consolidar (inclusive por ação crucial das interações com o meio ambiente) no âmbito dos microcircuitos sinápticos dos quais emergem as funções neuropsicológicas.

A **adolescência** é o período seguinte (no qual se inclui a **puberdade**), e se caracteriza pela transição entre a infância e a fase adulta. Em geral, é uma fase identificada pela emergência da libido e da atividade sexual, mas muito significativas também são as mudanças neuropsicológicas, caracterizadas pela consolidação do controle executivo, subsidiado pela maturação funcional da região mais tardia do córtex cerebral – a região pré-frontal. A adolescência é um período de grandes mudanças hormonais, que influenciam a maturação de todo o corpo e, obviamente, também do cérebro. Estabelecer uma relação de causa-efeito entre essas mudanças hormonais e as mudanças no comportamento do adolescente, entretanto, é uma tarefa ainda inconclusa. Essa correlação é bastante provável, uma vez que os modelos animais estudados (ratos e macacos) confirmam a ação hormonal sobre diversos aspectos da maturação cortical, sobretudo das regiões pré-frontais[8]. As mudanças na adolescência incluem a transição da dependência da infância para a independência da vida adulta, com todas as demandas cognitivas e socioemocionais aqui incluídas. Respostas a essas demandas também impulsionam a própria maturação biológica[9].

A neuroplasticidade e os períodos sensíveis

O tempo é uma variável essencial no desenvolvimento. Ao longo do tempo, no entanto, as mudanças no sistema nervoso e suas consequências neuropsicológicas não são lineares, mas sim em forma de U-invertido, isto é, crescem até atingir um pico em algum momento, declinando após. Do mesmo modo, a susceptibilidade do sistema nervoso à modulação ambiental varia de maneira semelhante. Há evidências de que existem períodos em que o incremento de uma dada habilidade ou alguma aprendizagem ocorre com mais rapidez e facilidade. Essas "janelas de oportunidade" são chamadas **períodos sensíveis** ou **períodos críticos**.

Esses períodos são entendidos como intervalos em que os mecanismos de plasticidade cerebral estão especialmente ativos e prontos para receber a estimulação adequada proveniente do ambiente[10]. Essa propriedade fundamental do sistema nervoso – a neuroplasticidade – é elaborada com mais detalhe no Capítulo 2.

Resumidamente, pode-se dizer que a neuroplasticidade tem diversos mecanismos e níveis de existência[11]: genes cuja expressão é modulada pelo ambiente, proteínas que se incorporam às sinapses tornando-as mais duradouras, circuitos entre neurônios que se estabilizam pela constância funcional, redes de conexões entre regiões do cérebro que se adaptam ao que é aprendido, aprendizagem cognitiva e socioemocional. Enfim, o cérebro é mutável ao longo da vida, mas essa característica é maior durante as fases iniciais do desenvolvimento. Isso explica a ocorrência dos períodos sensíveis ou críticos nessas fases.

Ao longo da infância e da adolescência, diferentes aspectos do funcionamento cognitivo e socioemocional parecem passar por períodos como esses. No que tange à linguagem, por exemplo, há evidências de múltiplos períodos sensíveis com início e durações diferentes, dentre eles aquele em que o cérebro é modulado para discriminar fonemas da língua.

Uma série de estudos com indivíduos ao longo do primeiro ano de vida mostrou que, no início desse intervalo, os indivíduos diferenciam fonemas não apenas da língua que ouvem diariamente, mas também de outras línguas que nunca ouviram. Essa capacidade progressivamente se restringe, até que ao final do período a criança discrimina apenas, com a mesma eficiência de outros falantes nativos, os sons da língua principal a que está exposta. Por exemplo, adultos japoneses que não são bilíngues em inglês não distinguem com facilidade os fonemas r e l, existentes em inglês, pois em japonês esses sons não constituem fonemas distintos. No entanto, bebês japoneses fazem essa discriminação, perdendo essa habilidade ao longo do primeiro ano de vida[12]. Como se chegou a saber isso?

Capítulo 1   O desenvolvimento da mente humana

Não é possível perguntar a um bebê se os sons que ouve são iguais ou diferentes, como se poderia proceder com crianças mais velhas. No entanto, é possível ensinar um bebê a olhar para um lado (por exemplo, para a direita) quando ouve sons diferentes. Toda vez que ouve algo diferente e olha para o lado direito, o bebê é "premiado" com um estímulo interessante que pode ser um bonequinho que se balança e emite um som. Depois de estabelecido o padrão de resposta condicionada, apresentam-se os fonemas iguais e diferentes e registram-se as respostas do bebê. A quantidade de vezes que ele olha para a direita, diante da apresentação de dois fonemas distintos, informa sobre sua capacidade para diferenciá-los.

Embora a capacidade de discriminação de fonemas se restrinja ao longo do primeiro ano somente para a língua ouvida e isso constitua uma certa perda (e não um ganho como é mais comum no desenvolvimento infantil), entende-se que essa mudança reflita especialização e aumento de eficiência do cérebro[12].

Outros aspectos da linguagem parecem ter períodos sensíveis diferentes. O período sensível para o desenvolvimento da sintaxe, por exemplo, tem sido identificado entre 18 e 36 meses de idade. O vocabulário, por sua vez, apresenta grande aceleração de desenvolvimento aos 18 meses de idade e continua a ser incrementado ao longo da vida[12].

O conhecimento dos períodos da vida em que os mecanismos de plasticidade neural favorecem o desenvolvimento desta ou daquela função ou habilidade psicológica, mesmo havendo dúvida de quão crítico é o período, é informação preciosa para o planejamento de intervenções, por exemplo, no âmbito educacional.

O desenvolvimento embrionário e fetal: aprende-se no útero?

Um dos debates mais polêmicos que envolve filósofos, cientistas e juristas, diz respeito ao início da vida humana: quando começa a vida de um indivíduo? Na verdade, a resposta correta é que a vida não se inicia, ela se continua. Isso porque o espermatozoide e o óvulo são células vivas, que ao se unirem transmitem ao zigoto a sua própria vida. O zigoto, desse modo, é apenas o marco de transição entre as vidas dos pais, expressas nos seus gametas, e a vida do filho que então se materializa. Uma segunda questão, também polêmica, mas sem resposta convincente até o momento, refere-se ao início da consciência humana. Como veremos, há indícios de que o feto já apresenta respostas sensoriais por volta da 18ª semana de gestação, mas o quanto isso significa "consciência" ainda não está estabelecido.

Após a fecundação, o zigoto se desloca no interior de uma das trompas uterinas, e no caminho se divide em duas, quatro, oito células, e assim por diante, constituindo uma bolinha de células chamada mórula. Uma cavidade começa a surgir no interior da mórula, que então passa a ser denominada blástula. É a blástula que adere e se incrusta na parede uterina, formando o blastocisto, um verdadeiro cisto agora firmemente implantado no útero, e que vai dar origem ao embrião.

Na parede uterina, o embrião passa por diversas transformações morfológicas, até que um dos seus três folhetos básicos – o ectoderma – por volta da terceira semana de gestação, origina o primeiro vestígio de sistema nervoso, a placa neural. Como o nome indica, a placa neural é uma camada plana de células altamente proliferantes, que vai se dobrando sobre si mesma para formar um tubo cilíndrico. O tubo neural já lembra a medula espinhal do sistema nervoso adulto (**Figura 1.2**), mas em seguida as células da extremidade rostral (que fica na cabeça do embrião) passam a se multiplicar explosivamente, e o tubo se dobra mais de uma vez sobre si mesmo. É o encéfalo que vai aparecendo por volta da sexta ou oitava semanas de gestação, com suas três vesículas características[13]: o *prosencéfalo*, origem do córtex cerebral da criança; o *mesencéfalo*, a parte intermediária; e o *rombencéfalo*, que origina o cerebelo e o tronco encefálico do embrião, em continuidade com a medula espinhal primitiva (**Figura 1.2**). Mesmo com tantas dobras, o

Ciência para educação: uma ponte entre dois mundos

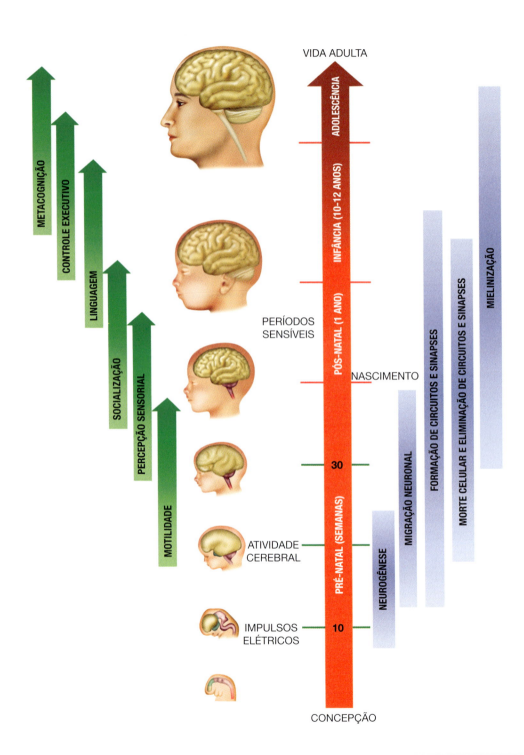

▶ **Figura 1.2.** Linha do tempo (muito sumária) do desenvolvimento neuropsicológico humano.

Capítulo 1   O desenvolvimento da mente humana

sistema nervoso embrionário ainda é um tubo, com uma cavidade interna delimitada por uma parede de células.

As células da parede interna do encéfalo são progenitoras, ou seja, darão origem aos neurônios e células gliais de estágios posteriores do desenvolvimento[14]. Inicialmente, formam uma camada única, dividindo-se em outras células progenitoras em ciclos sucessivos. Mas em um certo momento, algumas das células-filhas param de se dividir e estabilizam-se como neurônios jovens[b]. A produção de novos neurônios no cérebro humano em desenvolvimento (neurogênese) pode atingir a gigantesca velocidade de 250 mil por minuto[15]. Esses primeiros neurônios nascem por volta da décima semana de gestação, migram radialmente para fora da camada de progenitoras (**Figura 1.2**), e vão formando as camadas do córtex cerebral e os núcleos das regiões subcorticais, processo que se estende até praticamente o nascimento do bebê. Quando ocorrem anomalias nesse processo, interrompendo ou modificando a proliferação e/ou a migração celular, o cérebro acaba com malformações que produzem graves sequelas na criança. É o caso de certas infecções como as produzidas pelo vírus Zika[16]. Já nesse período precoce de desenvolvimento, os fetos humanos produzem hormônios de acordo com seu sexo: um pico de testosterona ocorre por volta da 15ª semana de gestação em fetos masculinos, o que estabelece um dimorfismo sexual que influencia o desenvolvimento e possivelmente repercute depois no comportamento da criança[17].

Ao mesmo tempo que migram, os neurônios jovens vão emitindo seus característicos prolongamentos, os dendritos e o axônio. Os dendritos são as antenas que alojarão as sinapses de outros neurônios, por onde chegarão as informações de entrada. O axônio é o cabo de saída do neurônio, que emitirá os impulsos nervosos dirigidos aos demais neurônios do circuito a ser estabelecido. Os neurônios acabam por fixar-se em posições predeterminadas, os dendritos ramificam-se bastante nas redondezas, e o axônio cresce através de distâncias mais curtas ou mais longas, até encontrar os seus alvos corretos, onde estabelecerá contatos sinápticos[3]. Essa fase de sinaptogênese começa por volta da 20ª semana de gestação, e se estende após o nascimento até próximo da adolescência (**Figura 1.2**). Também nessas fases do desenvolvimento da circuitaria cerebral, alterações genéticas ou ambientais podem modificar o curso dos acontecimentos, e resultar em erros de conexão que levam a distúrbios menos drásticos, mas potencialmente danosos pelos transtornos que podem provocar. O número de neurônios produzidos e o número de conexões estabelecidas de início tendem a ser maiores do que o necessário ao final, embora não se conheça muito bem a razão desse fenômeno. O fato é que os fenômenos mais tardios do desenvolvimento cerebral normal são a morte celular programada de neurônios, e a remoção do excesso de conexões em várias regiões (**Figura 1.2**). A eliminação programada de neurônios, axônios e sinapses é um mecanismo de refinamento das conexões, e tem curso paralelo com a sinaptogênese até a adolescência.

À medida que o *hardware* neural vai se estabelecendo, o *software* começa também a funcionar. Assim, a maquinaria molecular que possibilita a produção de impulsos elétricos pelos neurônios vai amadurecendo, e estes começam a se comunicar[18]. As primeiras redes neurais ativas se formam (**Figura1.2**), e isso começa muito precocemente no início do segundo trimestre de gestação, quando os primeiros movimentos do feto já podem ser registrados dentro do útero[19], sugerindo pelo menos a maturação dos primeiros circuitos rítmicos da medula espinhal, em comunicação direta com os músculos. Os movimentos derivados da atividade cortical surgem mais tarde, já próximo ao nascimento[20]. A atividade elétrica precoce das redes neuronais não tem necessariamente uma função "psicológica", mas é essencial para regular os mecanismos celulares do desenvolvimento cerebral.

---

[b] *Neurônios "nascem" e não se dividem mais. Morrem durante a nossa vida, ou conosco quando morremos. A data de nascimento de um neurônio é o momento em que uma célula precursora realiza uma divisão "assimétrica", gerando outra célula precursora que continua a se dividir, e um neurônio que não se divide mais. Ou, então, quando realiza sua última divisão "simétrica", gerando dois neurônios que não se dividem mais.*

Ciência para educação: uma ponte entre dois mundos

De todo modo, em torno da 18ª semana de gestação já se pode registrar atividade sincronizada entre áreas do córtex cerebral do feto (**Figura 1.2**), indicando ativa comunicação entre elas. Isso é feito por meio de neuroimagem de ressonância magnética funcional, e permite observar a chamada rede *default*[c] em funcionamento, com atividade coordenada entre diferentes áreas do córtex cerebral, como acontece após o nascimento[5].

Uma grande questão indefinida é se o feto possui algum tipo de "consciência" dentro do útero, ou pelo menos a percepção sensorial em modalidades, como a audição e a somestesia (tato). A possibilidade de detectar a percepção de dor no feto é obviamente de grande relevância para a medicina pediátrica e para a psicologia do desenvolvimento.

Algumas mães relatam que o bebê, ao nascer, imediatamente parou de chorar e olhou para ela ou para o pai, reconhecendo a voz, em meio aos ruídos da sala de parto. Embora possa parecer uma invenção da vaidade, essa observação já foi feita em contexto experimental. Assim, mostrou-se que recém-nascidos discriminam a voz materna da de outras mulheres[21], utilizando alterações do ritmo cardíaco como indicadores de atenção. Estudos mais recentes, desta vez com neuroimagem por ressonância magnética funcional[22], encontraram evidências de reconhecimento da voz da mãe pelo feto, que remontam à 33ª semana de gestação. Além disso, demonstram preferir ouvir uma história contada pela mãe várias vezes quando ainda estavam no útero, a uma outra história nova[23]. E, mesmo nas últimas semanas de gravidez, fetos apresentaram redução do ritmo cardíaco diante de uma história já ouvida nas semanas anteriores, reação que não ocorria para uma história nova[24]. O bebê ainda não é capaz de compreender a linguagem e a história, obviamente. Mas esses achados mostram uma capacidade precoce de interação com o mundo à sua volta e de aprendizagem, já causando modificações no aparato neural.

O desenvolvimento neural e da cognição pode ser afetado de modo direto por fatores biológicos, como alterações genéticas. Também podem sofrer os efeitos de fatores teratogênicos, como doenças, uso de substâncias, desnutrição e estresse durante a gravidez. Doenças infecciosas podem provocar desde danos leves até deficiência intelectual.

Ainda não se tem um quadro bem estabelecido de quais sejam os mecanismos neuropatológicos que causam quadros clínicos complexos, como a síndrome do espectro autista, a síndrome de Down, a esquizofrenia e outros transtornos neuropsiquiátricos considerados típicos do desenvolvimento[25]. Do mesmo modo, estressores, como a desnutrição, o alcoolismo e uso de outras drogas, além do estresse durante a vida intrauterina do feto, podem provocar graves consequências no desenvolvimento pós-natal da criança[26], e quase sempre têm efeito sobre o desenvolvimento cognitivo e, em especial, afetam a atenção e o controle inibitório.

As conquistas da primeira infância e o ambiente social: o primeiro ano do bebê

Logo após o nascimento, o cérebro ainda está em pleno desenvolvimento neurobiológico, como mostra a **Figura 1.2**. Muitos dos processos estão em andamento, como a formação dos circuitos, a mielinização dos feixes e o refinamento das conexões por morte celular e eliminação seletiva de fibras e sinapses. Por meio de neuroimagem de ressonância magnética funcional de estados de repouso, mais facilmente do que no caso de fetos dentro do útero, redes funcionais podem ser observadas em bebês e crianças pequenas dormindo ou sob sedação leve, e fornecem informações importantes. A principal dessas redes é a chamada *rede de modo padrão* ou *rede*

---

[c] *A rede de modo default (padrão) é registrada por meio de neuroimagem de ressonância magnética funcional, sem que o indivíduo (adulto ou criança) desempenhe qualquer tarefa específica, mantendo-se simplesmente pensativo dentro da máquina de imagem. O mesmo conjunto de áreas aparece ativa sincronizadamente em todas as pessoas, indicando que estão conectadas mesmo na ausência de tarefas mentais específicas.*

Capítulo 1 — O desenvolvimento da mente humana

default, já mencionada, mas outras podem ser estudadas, como as redes atencionais dorsal e ventral, a rede de controle executivo frontoparietal, a rede sensoriomotora e a rede visual[27]. Todas elas indicam que as regiões corticais responsáveis pela atenção, controle executivo e motor, pela sensibilidade tátil e pela visão, estão ativas desde pelo menos a 26ª semana de gestação, e aumentam gradativamente a sua comunicação recíproca após o nascimento a termo. É evidente que a identificação de um padrão normotípico de desenvolvimento pode ser útil para predizer a possibilidade de ocorrência de transtornos neuropsicológicos do desenvolvimento. Mas essa capacidade preditora ainda não é possível em termos individuais.

O cérebro humano aumenta gradativamente de volume durante a vida pós-natal, como pôde ser aferido por um projeto longitudinal de neuroimagem por ressonância magnética, realizado pelos Institutos Nacionais de Saúde dos Estados Unidos[28]. O máximo de volume é atingido aos 10,5 anos de idade nas meninas, e aos 14,5 anos nos meninos, declinando suavemente em seguida, em ambos. A diferença entre os sexos não implica necessariamente nenhuma diferença funcional, e acompanha o dimorfismo geral do corpo humano.

Os volumes regionais desenvolvem-se com ligeiras diferenças em relação ao volume total: o córtex cerebral atinge o máximo volume por volta dos 8 anos em meninas, 9 anos em meninos. O corpo estriado e o tálamo – regiões subcorticais – têm curvas um pouco mais tardias (12 e 15 anos, e 14 e 17 anos, respectivamente). O cerebelo (região associada ao controle motor e à aprendizagem motora) atinge o máximo volume aos 11,3 anos em meninas e aos 15,6 anos em meninos[29]. No córtex, as áreas sensoriais são as primeiras a chegar ao máximo de desenvolvimento, seguidas das áreas de processamento mais complexo (associativas), sendo as últimas as regiões pré-frontais. O declínio que se segue ao máximo provavelmente representa o ajuste fino nos circuitos sinápticos, incluindo a fase de poda sináptica e morte celular. A substância branca do cérebro (onde predominam fibras nervosas que conectam diferentes regiões) tem perfil diferente de desenvolvimento: em vez de uma curva em U-invertido, cresce continuamente até atingir um platô por volta dos 20 anos de idade. Esse crescimento significa aumento da cobertura de mielina das fibras nervosas, o que resulta em aumento da velocidade de condução do impulso nervoso, ou seja, aumento da eficiência na comunicação entre as áreas cerebrais.

Essas curvas de maturação do cérebro ao longo da infância até a adolescência e a vida adulta se refletem no amadurecimento das habilidades linguísticas da criança, tanto para falar e compreender, como para ler e escrever. Também amadurece em paralelo a capacidade de controle executivo, em que a impulsividade juvenil vai gradativamente sendo substituída por reações mais pausadas e prudentes[30,31].

Há um esforço dos profissionais de saúde infantil em encontrar marcadores nesse percurso do desenvolvimento cerebral que possam predizer a ocorrência de transtornos neuropsiquiátricos, como o transtorno do déficit de atenção e hiperatividade (TDAH) e a esquizofrenia. Os estudos apontam para um retardo no desenvolvimento neurobiológico que pode justificar os sintomas desses transtornos. Não é possível ainda, no entanto, usar os parâmetros de neuroimagem do desenvolvimento para obter um diagnóstico seguro, tendo em vista a grande variação nos dados das crianças normotípicas.

Em linha com a entrada em funcionamento das redes sensoriomotoras, logo após o nascimento o comportamento do bebê é regido principalmente por regras e esquemas inatos: em seu mundo imperam sensações e movimentos; um funcionamento sensoriomotor, como ressaltou Piaget. O bebê nasce equipado com um aparato neural parcialmente funcional e, desde o útero, aprende a partir do exercício que esse aparato possibilita, alimentando retroativamente o desenvolvimento do seu sistema nervoso e psicológico.

Os primeiros meses e o primeiro ano de vida verão um avanço marcante dos sistemas sensoriais e da percepção em suas diferentes modalidades que, juntamente com outros eventos, constituirão os primórdios do desenvolvimento psicológico.

Ciência para educação: uma ponte entre dois mundos

A acuidade visual só será total pelo final do primeiro ano e a visão de cores avançará progressivamente[32]. A acuidade da audição melhora até a adolescência, mas no nascimento o bebê já ouve quase tão bem quanto os adultos, pelo menos no intervalo de tom e altura da voz humana[33]. O recém-nascido discrimina doce, azedo, amargo e salgado e percebe cheiros complexos[34]. Essas capacidades rudimentares são suficientes para que discrimine o rosto, a voz e o cheiro de sua mãe.

Também já é possível o exercício da imitação[35]. Os humanos são os maiores imitadores entre os animais. Esse modo de aprendizagem aparece cedo na ontogenia, antecedendo a linguagem, e parece ser um mecanismo importante, inclusive para a aprendizagem social. Nos primeiros dias, mesmo com menos de uma hora de vida, o recém-nascido já é capaz de imitar um adulto mostrando a língua. Embora o movimento não emerja de maneira rápida e clara, ele começa a mexer a língua dentro da boca, até chegar a reproduzir o que viu. Mesmo sem ver o próprio rosto, reproduz acuradamente a careta. Para que isso ocorra, é razoável supor que há algo que conecta aquilo que ele vê e aquilo que ele faz.

Além de receber informações sensoriais, o feto "balbucia movimentos" no útero, criando representações proprioceptivas desses movimentos. Após o nascimento, ao ver alguém realizar uma ação, as representações cerebrais de seus próprios movimentos com a mesma parte do corpo são ativadas, possibilitando o "entendimento" da ação e sua repetição[36]. Esse mapeamento entre movimentos e diferentes sistemas sensoriais parece ser uma das primeiras vias de representação de conhecimento sobre o mundo.

A transferência de informação de uma modalidade sensorial para outra também é possível desde as primeiras horas de vida. Bebês preferem olhar para algo que sugaram (sem ver) do que para outro objeto qualquer, mostrando serem capazes de identificar pela visão o que apenas conheceram diretamente pela boca. Embora uma boa parte dessa integração entre modalidades sensoriais pareça ser inata, a consistência e a facilidade desse processo irão sofrer incremento importante ao longo do primeiro ano[37].

É interessante observar que, diferentemente do que autores clássicos como Piaget acreditavam, a imitação desde cedo pode ocorrer mesmo na ausência do modelo (imitação *diferida*). O intervalo possível entre a visão do que se imita e a reprodução é cada vez maior ao longo do primeiro ano (com 14 meses, a criança consegue imitar o que viu há quatro meses). Além disso, a complexidade do que é imitado também cresce. Isso evidencia um modo de representação mental anterior à linguagem e os primórdios de um tipo de memória que se soma a outras vias de aprendizagem por associação, como o condicionamento[35].

Para além do aperfeiçoamento da percepção, ao longo do primeiro ano, a criança precisará ser capaz de ignorar detalhes do que percebe, para ser capaz de possuir uma real constância perceptual dos objetos. Antes de 2 meses de idade, como Piaget já observara[38], é fácil fazer com que um bebê, entretido com um brinquedo, passe a se interessar por outro. Basta tirar o brinquedo do seu campo de visão e a criança "o esquece". A partir de 6-8 meses, isso se torna um pouco mais complexo, pois ele procurará pelo brinquedo de seu interesse, caso ainda possa ter algum indício perceptual dele (por exemplo, ver uma parte dele que a mamãe não escondeu direito). Nessa idade, a chance de ignorá-lo aumentará se o objeto de interesse sair completamente do campo perceptual. Entre 8 e 12 meses, a ideia de que as coisas existem mesmo quando não são vistas estará desenvolvida e a criança procurará ativamente pelo brinquedo[39]. A noção de *permanência do objeto* parece indicar que algum modo de representação desse objeto perceptual, como uma entidade à parte e situada no mundo, se tornou possível.

Alguns autores propõem que a noção de objeto perceptual está ligada ao desenvolvimento do primeiro apego[40]. A permanência (da mãe, por exemplo) parece logicamente necessária para que o bebê possa se apegar a uma pessoa, e apegos exclusivos aparecem por volta dos 5 meses de idade, próximo aos primeiros sinais de permanência do objeto.

Capítulo 1 O desenvolvimento da mente humana

O apego é definido como um tipo de vínculo afetivo em que o senso de segurança da pessoa depende do relacionamento. A pessoa apegada sente-se especialmente segura e confortada quando está com o outro. O bebê estabelece com a mãe uma relação de apego, mas não a mãe com ele; a mãe não vê o bebê como seu porto seguro, como ele a vê. Esse vínculo entre a mãe e o bebê se desenvolve ao longo do primeiro ano de vida[41]. Fica clara a propensão humana, já evidente no nascimento, para o estabelecimento de vínculos emocionais[42]. Esses relacionamentos são de suma importância também porque têm valor de sobrevivência para o indefeso e frágil bebê. Em parte, parecem ser criados e mantidos inicialmente por um conjunto de comportamentos instintivos que sustentam a relação mãe-bebê.

A formação desse vínculo de apego envolve o desenvolvimento de uma sincronia, pela qual tanto o bebê quanto os pais parecem interagir sem ter que pensar muito racionalmente. O bebê sinaliza seus estados e necessidades chorando e sorrindo e, diante da resposta dos pais de aconchegá-lo e alimentá-lo, tranquiliza-se e faz contato visual com eles[43]. Os pais entram nessa interação respondendo aos seus sinais com os cuidados demandados, sorrindo para ele, olhando em seus olhos. E, por mais natural e imperceptível que possa parecer para pais e filhos, a prática faz toda a diferença. A interação se aprofunda na medida em que se torna mais fácil e prazerosa.

Por volta dos 3 meses de idade, observa-se um maior direcionamento dos comportamentos de apego por parte do bebê. Se antes ia com todo mundo, começa a não sorrir tanto para estranhos, mas ainda não definiu quem é sua base segura. Somente em torno dos 6 meses de idade forma um apego genuíno. A pessoa mais importante torna-se sua base segura a partir da qual explorará o mundo. Diante de uma pessoa estranha ou uma situação nova, olhará para a mãe (e/ou para o pai) para saber se deve se aventurar. Terá medo do desconhecido e ansiedade de separação das pessoas importantes. Se tudo correr bem nessa relação de apego inicial, os comportamentos de apego se tornarão menos visíveis conforme o desenvolvimento cognitivo e da linguagem for avançando, e a criança não precisará tanto da presença física constante do pai e da mãe. Ao longo dos primeiros anos de vida, a criança desenvolverá um modelo de apego que tenderá a recriar em suas relações significativas ao longo da vida[44].

A qualidade desses primeiros e fundamentais apegos depende de vários fatores, como características dos pais, clima emocional da família e da casa[45], além do próprio temperamento da criança[46].

Há evidência de que se nasce com padrões característicos e geneticamente determinados de respostas emocionais ao ambiente e a pessoas, e do modo como se vivencia emoções, que contribuem para o temperamento que se terá[47]. Essas diferenças, de origem genética, afetariam o comportamento pela modulação do funcionamento de estruturas neurais. Assim, por exemplo, variações nos limiares de excitação da amígdala e do hipotálamo, estruturas cerebrais que controlam as respostas à incerteza, estariam presentes em indivíduos com maior ou menor inibição emocional aos 2 anos de idade. Nos mais inibidos, esses limiares seriam mais baixos que nos menos inibidos[48].

Vários aspectos do ambiente modulam a trajetória de desenvolvimento do temperamento da criança, com impacto sobre o desenvolvimento social. Em particular, os estilos adotados pelos pais na educação dos filhos, suas características de personalidade, assim como as condições da estrutura de cuidados da criança (escola, creche) têm sido identificados como variáveis importantes nesse contexto[49]. Por exemplo, um bebê mais vulnerável ao estresse pode ter essa vulnerabilidade aumentada se a mãe tem dificuldade ou sequer concebe a possibilidade de distraí-lo das fontes de estresse. Por outro lado, se a mãe pudesse acalmá-lo e distraí-lo, poderia não apenas obter um efeito imediato, mas também ensiná-lo a mudar o foco de atenção em situações semelhantes[50].

Nesse contexto, a qualidade dos primeiros apegos contribui de modo crucial para o desenvolvimento socioemocional. Embora a discriminação de expressões faciais seja possível desde cedo,

Ciência para educação: uma ponte entre dois mundos

as conexões destas com os contextos sociais serão construídas por meio da observação da reação de outros e, particularmente, das figuras de apego.

Por volta de 2 ou 3 meses de idade, as crianças tendem a sorrir mais para um rosto humano do que para uma boneca ou objeto inanimado. Também sorriem mais quando o rosto está de frente para elas do que quando está olhando para outro lado e já começam a responder a variações na expressão emocional dos outros. Esses indicadores levam a crer que sabem que o rosto é diferente e que responde aos seus sinais. Por volta do final do primeiro ano de vida, a criança liga as informações da expressão emocional com o contexto ambiental; diante de uma situação de medo, pode olhar para a mãe e observar sua reação para, usando essas pistas, ver se vale a pena se preocupar ou não. Esse fenômeno é conhecido como *referenciamento social* [51].

Infância: a emergência da linguagem

Pesquisadores de diversas formações e de vários campos da psicologia, embora de modos diferentes, são unânimes em reconhecer o papel crucial da linguagem no desenvolvimento psicológico. Sua importância na comunicação é reconhecida mesmo por leigos; quando a criança começa a falar, tem-se um acesso maior à sua vida interior, e a interação com ela fica mais fácil. Contudo, o fato de a linguagem ser um sistema arbitrário de símbolos, no qual palavras ou gestos representam coisas e conceitos, e esses símbolos serem arbitrários, constitui seu aspecto mais crucial no que tange às mudanças na mente humana ao longo da vida.

Por volta de 1 ano de idade, a criança falará suas primeiras palavras, mesmo que muito distorcidas ou até completamente diferentes das usadas pelos adultos. Entre 18 e 24 meses, há uma explosão do vocabulário. Se aos 16 meses estima-se um vocabulário falado de cerca de 50 palavras, aos 24 meses haverá um aumento de mais de seis vezes. Aos 2 anos e meio, o vocabulário médio é de 600 palavras, e aos 5 ou 6 anos, será em torno de 15 mil palavras: um aumento de quase dez itens por dia![52]

Ao longo do primeiro ano, as palavras serão usadas não apenas para designar objetos e pessoas, mas também para comunicar ideias completas; "dedeira" pode significar "me dá minha a mamadeira". Entre 18 e 24 meses, a criança emite suas primeiras frases de duas palavras, havendo um grande desenvolvimento da gramática entre 27 e 36 meses. Sua fala, inicialmente telegráfica, passa a incluir elementos, como inflexões de número e tempo, preposições, e assim por diante, e ainda continua a ganhar em complexidade depois dessa idade[53].

O desenvolvimento vertiginoso de aspectos da linguagem, inclusive bastante complexos, como no caso da gramática, desafiou as perspectivas mais ambientalistas que propunham ser a aprendizagem da linguagem igual à de qualquer outro comportamento. Atualmente, a explicação para esse processo é de que a criança nasce com recursos neurais inatos que impõem tendências de processamento das informações linguísticas. Para alguns desses autores, esses recursos seriam específicos para aprender linguagem, e a exposição sistemática a uma língua alimentaria as áreas cerebrais correspondentes, levando à aquisição da linguagem[54].

De fato, um estudo longitudinal com ressonância magnética funcional[55] mostrou que ao longo dos dois primeiros anos de vida se estabelece uma assimetria entre os dois hemisférios cerebrais, no que se refere às áreas corticais associadas com a linguagem no lobo temporal (giros temporais inferior e superior). Os autores observaram, ainda, o aumento da conectividade funcional entre essas regiões no hemisfério esquerdo, assim como uma relação entre a trajetória de especialização do giro temporal inferior com medidas de linguagem aos 4 anos de idade.

Por volta de 2 ou 3 anos, as crianças não só usam a linguagem que acabaram de aprender para comunicação, mas falam sozinhas enquanto brincam, em frases muitas vezes incompletas, dando instruções a si próprias ou descrevendo o que fazem. Piaget não via muita função nessa

Capítulo 1 O desenvolvimento da mente humana

fala que chamou de *egocêntrica*, mas o pensador russo Lev Vygotsky (1896-1934) propôs que essa fala autodirigida está na ontogênese de processos mentais de alta ordem, que correspondem em grande parte às funções executivas.

O desenvolvimento das funções executivas

A psicologia histórico-cultural de Vygotsky[56] chamou a atenção para a potência da cognição humana em tratar não apenas do presente, mas também do passado e de se projetar no futuro, com a possibilidade de, inclusive, criar ideias e objetos que nunca existiram. Ele enfatizava ainda a importância da linguagem, enquanto sistema simbólico, para esse desenvolvimento. Estudos mais atuais[57] endossam essas ideias e reforçam o papel da linguagem como mediadora importante no desenvolvimento das funções executivas, norteando boa parte das grandes mudanças psicológicas observadas na infância e na adolescência.

As funções executivas compreendem os processos cognitivos subjacentes ao comportamento intencional, orientado para o alcance de metas. Ao longo dos anos pré-escolares, vemos a criança passar de alguém cuja atenção e comportamento são bastante dirigidos pela força intrínseca dos estímulos, para um modo predominantemente intencional de funcionar. Nos primeiros anos, a criança terá sua atenção disputada por estímulos fortes (cor, brilho, movimento, som alto, mudanças bruscas no ambiente, respostas superaprendidas) e sucumbirá facilmente ao estímulo que vencer essa disputa. Entretanto, com o desenvolvimento da linguagem, o discurso de outras pessoas ganhará progressivamente o poder de dirigir sua atenção e conduzir seu comportamento. O discurso de outrem será substituído pela própria fala da criança (fala autodirigida), primeiro em voz alta e depois internalizada, na forma de pensamento verbal. Pelo sistema simbólico da linguagem, o ser humano passa a poder modular a força dos estímulos sobre si a partir de planos e intenções e, assim, se autorregular[56].

Há evidências consistentes para a relação (inclusive preditiva) entre o desenvolvimento do vocabulário e o nível de desenvolvimento das funções executivas[58]. Além disso, o papel da fala autodirigida tem sido investigado em estudos experimentais, e uma revisão recente[59] apontou para o seu valor no aumento da eficiência do controle cognitivo (funções executivas) ao longo da infância e adolescência. Em muitos desses estudos, a criança era instruída a classificar cartas com desenhos de objetos coloridos, por cor ou pelo objeto. O experimentador apresentava duas caixas com rótulos diferentes. Por exemplo, uma com o desenho de um carro amarelo no rótulo e outra com uma flor verde. Nas primeiras rodadas, a criança deve classificar as cartas por cor e, depois, o critério é mudado para objeto. Novas mudanças podem ser feitas ao longo do teste, dependendo da versão utilizada. Assim, diante de uma flor amarela, se o critério vigente for cor, a criança deve colocar na caixa com o rótulo do carro amarelo, mas se o critério vigente for objeto, a criança deve colocá-la na caixa com o rótulo da flor verde. Versões avançadas foram utilizadas com adolescentes e até com adultos, com regras arbitrárias de classificação, como, por exemplo: "quando a carta tiver uma moldura, a regra deve ser invertida". A versão mais simples dessa tarefa é muito difícil para crianças antes dos 4 anos. Elas não conseguem continuar classificando segundo a regra anterior. No entanto, a partir dessa idade, o desempenho melhora quando o participante é simplesmente instruído a dizer a regra para si mesmo antes de classificar a carta.

Alguns autores acreditam que a fala subvocal simplesmente ajuda na codificação e manutenção da informação ativa, na memória, o suficiente para controlar o comportamento. Para outros, ela destaca a dimensão a ser utilizada na rodada. Mas alguns autores vêm trabalhando com a ideia de que a linguagem, enquanto sistema simbólico, possibilita um distanciamento psicológico. Os símbolos descontextualizariam os estímulos concretos, podendo fazê-lo ao longo de um gradiente que vai de altamente realístico (fotografia) até altamente abstrato (palavra). Isso facilitaria o desacoplamento entre o estímulo e a resposta, reduzindo a "tentação" da resposta automática[57].

Ciência para educação: uma ponte entre dois mundos

Há um certo consenso de que o controle inibitório, a memória de trabalho e a flexibilidade cognitiva constituem funções executivas básicas, que por sua vez viabilizam funções executivas de nível mais alto, como o autogerenciamento dos processos de raciocínio. Essas três funções básicas passam por mudanças não apenas quantitativas, mas também qualitativas ao longo da infância, cruciais para o desenvolvimento cognitivo e socioemocional até a vida adulta[60].

Inibir o efeito de estímulos que incidem sobre a pessoa, e também respostas que não sejam relevantes para a atividade em curso, é fundamental para que computações cognitivas mais complexas e mais demoradas se tornem possíveis. A capacidade de inibição de respostas também é crucial para a vida em sociedade, como, por exemplo, inibir (pelo menos temporariamente) respostas a impulsos fortes de cunho emocional, como agredir alguém que o magoa. Isso cria um intervalo que permite uma saída alternativa. Tomar para si algo que se deseje muito, mas que pertença a outrem, cria muitos problemas morais e de convivência, e é preciso evitar na vida em sociedade. Por fim, resistir a tentações fortes pode ser crucial para a manutenção da saúde e da vida, como, por exemplo, não comer doces quando se é diabético, mesmo que se goste muito[60]. Esse componente socioemocional do controle inibitório é um dos elementos do temperamento da criança, em parte inato, mas com certeza modulado pelo ambiente para mais ou para menos[61].

Na medida em que possibilita um adiamento da resposta, a inibição permite a escolha estratégica daquela mais adequada socialmente e/ou às finalidades da pessoa, seja esta uma resposta verbal ou uma ação motora. Além disso, torna possível que a pessoa exerça controle sobre uma situação potencialmente estressante, que poderia desequilibrá-la do ponto de vista emocional[62]. Sem inibição, por outro lado, o sujeito fica à mercê dos impulsos, dos velhos hábitos de pensamento ou ação, e dos estímulos do meio. É o controle inibitório que permite que se escolha como reagir, que se mude, crie-se a novidade.

O controle inibitório é a função executiva que mais cedo passa por dramático desenvolvimento. Entre 2 e 3 anos, se tornará possível para a criança brincar do conhecido jogo das mãos criado pelo neuropsicólogo russo Alexander Luria (1902-1977): quando eu mostrar a mão fechada, você mostra um dedo; e quando eu mostrar o dedo, você mostra a mão fechada. Entre 3 e 4 anos, a criança poderá dizer com certa facilidade a palavra *dia*, diante de uma figura que mostre a noite, e dizer *noite* diante de uma figura que mostre dia. A primeira tarefa exige que a criança faça exatamente o contrário do adulto, inibindo a resposta mais fácil para ela que seria fazer igual. A segunda exige que ela iniba a resposta mais automática por ser bem aprendida, em favor de outra, nesse caso contrária. As mudanças mais dramáticas são esperadas entre 3 e 5 anos de idade, mas a capacidade de inibição ainda passará por mudanças ao longo da adolescência[63].

O aumento, em paralelo, da capacidade de memória de trabalho contribui para o avanço no controle inibitório e vice-versa[60]. A memória de trabalho (ou memória operacional) consiste na manutenção de informações em mente, enquanto se realizam operações mentais com elas. Funciona, assim, como um "palco para o pensamento", sendo requerida na implementação de processos, como raciocínio e tomada de decisão. É como se fosse a memória RAM de um computador. É recrutada ainda em qualquer atividade em que seja necessário o estabelecimento de conexões entre eventos sucessivos, como, por exemplo, compreender um filme e até um episódio de interação social que se vive ou assiste.

O desenvolvimento da memória de trabalho e do controle inibitório enseja o aumento da flexibilidade cognitiva, que se refere à habilidade de mudar de perspectiva (em todos os sentidos: espacial, cognitivo ou interpessoal). Para ser flexível, é preciso inibir uma perspectiva prévia para adotar outra, e essas operações são viabilizadas na memória de trabalho[60]. Ter flexibilidade cognitiva é crucial para a resolução de problemas; se um caminho de solução se mostrar inviável, será preciso buscar outro. Compreender o que se lê, assim como outros aspectos do funcionamento cognitivo, requer flexibilidade. Durante a leitura. é necessária a geração de hipóteses, o teste da pertinência delas em relação ao texto, o descarte de algumas e a criação de novas hipóteses, por vezes inteiramente opostas ao que se pensou inicialmente[64]. Também é necessária flexibilidade

Capítulo 1　　　　　　　　　　　　　　　　　　O desenvolvimento da mente humana

para ajustar-se a novas demandas ou prioridades e para lidar com o inesperado na vida, inclusive podendo transformá-lo em oportunidades. Por fim, é preciso poder olhar as situações de ângulos diferentes e poder se colocar no lugar da outra pessoa.

No campo da inteligência, Piaget[65] já observara que o desenvolvimento da linguagem impõe mudanças importantes para o pensamento. Enfatizou, assim, o papel da linguagem como sistema simbólico que marca a transição de uma inteligência sensoriomotora para uma inteligência pré-operatória. No entanto, propôs que essa nova forma de operações lógicas ainda seria dominada pelas aparências, rígida e presa à sua própria perspectiva (egocentrismo). Isso pode ser entendido a partir das respostas das crianças aos problemas de conservação que ele propunha. Por exemplo, ele mostrava duas bolas de massinha e chegava, junto com a criança, à igualdade da quantidade de massa em cada uma. Então, diante do olhar da criança, deformava uma das bolinhas, transformando-a em um palito alongado. A criança, impressionada pelo comprimento do palito, respondia que agora ele tinha mais massinha do que a bola (embora visse que nada foi acrescentado ou retirado).

Ao longo dos anos pré-escolares a criança compreenderá (e o fará de modo mais integral por volta dos 6 anos de idade, que os objetos apresentam aspectos invisíveis, como massa e peso, que permanecem constantes apesar de mudanças na aparência. Alguns autores relacionam essa conquista com o avanço das funções executivas fundamentais. É porque tem a possibilidade de inibir aspectos marcantes da percepção, muito utilizados para julgar quantidade no dia a dia, que a criança mais velha consegue, de modo flexível, olhar para o que se mantém constante na transformação da aparência da bolinha.

Funções executivas, compreensão social e autorregulação socioemocional

Além das mudanças cognitivas decorrentes do desenvolvimento das funções executivas, elas também estão na base do desenvolvimento da compreensão social e da autorregulação socioemocional.

A compreensão social requer que a pessoa seja capaz de inferir os motivos alheios, entendendo o funcionamento do outro e de si mesmo como agentes, o que depende de boa dose de controle inibitório e flexibilidade cognitiva. Nesse contexto, alguns autores propõem que as crianças desenvolvem gradativamente uma habilidade denominada *teoria da mente*.

A *teoria da mente*[d] permite a percepção, por parte da criança, de que a outra pessoa possui (e expressa) conhecimentos, crenças e desejos próprios, que motivam seu comportamento e que podem diferir daqueles da própria criança. Aos 18 meses de idade, a criança já consegue, até certo ponto, identificar e levar em conta estados internos de outras pessoas na regulação de suas ações. Sabe, por exemplo, que se alguém se mostra feliz por comer determinado alimento, preferirá comer aquilo do que outra coisa. No entanto, somente entre 2 e 3 anos entenderá que a outra pessoa pode compreender o mundo de modo diferente. Entre 4 e 5 anos, poderá entender com mais detalhe a perspectiva do outro, colocando-se mentalmente no lugar dele para, assim, orientar melhor sua participação na interação social[66].

A compreensão de que o outro pode manter uma crença mesmo quando você já sabe que ela é falsa, é tida como um marco no desenvolvimento de uma teoria da mente. Isso é examinado

---

[d] *A expressão teoria da mente não se refere a um acervo teórico, conceitual, como o termo poderia induzir a crer, mas antes a uma hipótese que cada pessoa faz acerca do estado mental (cognitivo ou emocional) do seu interlocutor, com base na prosódia e na fala deste, assim como na história de suas relações mútuas e vários outros parâmetros.*

Ciência para educação: uma ponte entre dois mundos

em paradigmas de pesquisa designados como *falsa crença*. Na versão clássica do paradigma, duas bonecas participam de uma cena em que um objeto é guardado em uma caixa. Após a saída de uma das bonecas da sala, o objeto é mudado de lugar, para uma gaveta, por exemplo. Pergunta-se à criança onde a boneca que saiu da sala vai procurar o objeto, ao retornar. A criança entre 2 e 3 anos responderá que ela deve procurar na gaveta, pois não consegue se deslocar e inibir a força da informação que possui sobre a realidade, para conceber uma hipótese que leve em conta que outros podem não saber o que ela sabe. Entre 4 e 5 anos, já poderá fazê-lo[67].

Ao mesmo tempo que concebe uma vida mental para o outro, também ocorre o desenvolvimento da própria autoconsciência. No primeiro ano já se desenvolve um senso primitivo de ser uma pessoa em separado, senso de si mesmo como um agente no mundo. No entanto, a autoconsciência e o autoconceito se formarão em seguida. Estratégias de investigação bastante criativas têm sido utilizadas para saber em que período a criança passa a ter consciência de si. A maioria dos bebês entre 9 e 12 meses tentará interagir com sua imagem no espelho como se fosse outra criança. Se o experimentador sujar o rosto da criança com tinta sem que ela perceba, apenas entre 15 e 18 meses a criança, ao ver a mancha no espelho, tentará tocá-la em si mesma e não no reflexo do espelho[68].

A esse avanço, se seguem os terríveis dois anos em que "tudo é meu", o eu no centro; pela primeira vez aparece a vontade própria, e a frustração muitas vezes acaba em choradeira. Outro sinal da emergente autoconsciência é o aumento da ansiedade pela aprovação do adulto. O pré-escolar começa a definir "quem sou eu" olhando para suas qualidades e defeitos como participante no jogo social. Ele se engaja no jogo sociodramático durante o faz de conta, experimentando papeis sociais (eu agora sou a mamãe e você é o papai). Tem sobre si uma lista de facetas que o descrevem de maneira concreta (sou bom de pintar, sou ruim de correr, tenho cabelo cacheado). Esses aspectos se unirão, ainda na infância, em um modelo funcional interno de *self* e em um senso mais global e abstrato de autovalor, na adolescência.

Emoções como vergonha, culpa e constrangimento dependem do nível de desenvolvimento do *self*. As emoções autoconscientes se desenvolvem em resposta à violação de algum padrão interno ou externo (vergonha e constrangimento), ou então porque se alcançou um objetivo próprio (orgulho). Por volta de 3 anos de idade, as emoções já estão bem diferenciadas e continuam a aumentar em complexidade com os avanços cognitivos que permitem dar significado às novas experiências[69].

Além da compreensão das emoções, a pessoa em desenvolvimento se defronta com a tarefa de regular essas emoções, não apenas a expressão, mas principalmente o efeito delas sobre si mesma. A autorregulação emocional é crucial no desenvolvimento da personalidade e das habilidades sociais, pois permite que a pessoa possa, por exemplo: se sentir melhor sob estresse, manejando suas emoções negativas; pensar melhor, manejando diversos tipos de emoções fortes; agir corajosamente, mantendo sob controle sentimentos de medo e ansiedade; ou fortalecer relacionamentos, enfatizando sentimentos de simpatia e empatia.

Inicialmente a regulação das emoções é feita pelos pais e cuidadores, que intervêm acalmando a criança diretamente ou regulando as demandas emocionais do ambiente, de acordo com os pontos fortes e vulnerabilidades do temperamento da criança. Mas, aos poucos, a própria criança tomará para si essa tarefa[70]. Diante de emoções fortes, o recém-nascido chora, a criança pequena procura ajuda, o pré-escolar já pode falar sobre seus sentimentos e suas causas, o escolar é capaz de redirecionar sua atenção, reconceitualizando a situação e usando outras estratégias de manejo dos sentimentos. Por fim, o adolescente pode tocar uma música com significado especial ou conversar com um amigo. O adulto, por sua vez, poderá modificar aspectos de sua vida, alterando as demandas emocionais, por exemplo.

Várias dimensões da interação familiar parecem se combinar de modo crucial para o desenvolvimento da criança: o tom (ou clima) emocional da família (carinho-hostilidade), a responsividade dos genitores em relação à criança (percepção e acolhimento das necessidades da criança), o modo como o controle é exercido (disciplina – maior ou menor consistência de regras, expectativas em relação à criança condizentes com a idade, o tipo de punição), e a qualidade e quantidade de comunicação existente[71].

Famílias mais carinhosas favorecem o desenvolvimento do apego, tornam as crianças mais responsivas às orientações e determinações dos pais, aumentando a força das suas palavras. A responsividade dos genitores também está ligada à qualidade do apego, à capacidade de atender ao que os adultos pedem, e ao desenvolvimento da competência social[72]. Os métodos de controle da criança se mostrarão tão mais eficientes quanto mais houver consistência e clareza das regras[71], quanto mais condizente e adequado for o sistema de punição adotado, e quanto mais as expectativas dos pais em relação à criança estiverem compatíveis com a idade e a realidade.

Obviamente, esses diferentes fatores e aspectos do desenvolvimento do temperamento e da personalidade se combinam. Assim, o alcance de um modelo interno de relacionamento, apoiado em um apego seguro aos pais, com frequência se combinará com relacionamentos familiares em que predomina um clima emocional positivo, a responsividade dos genitores e métodos de controle e punição consistentes. Além disso, conversas entre os pais e as crianças sobre eventos de cunho emocional ajudam a criança na compreensão social e de si mesma. Um meio assim favorável, combinado a uma tendência a um temperamento menos responsivo ao estresse, com frequência conduzirá a um autoconceito com características positivas.

Desenvolvimento psicológico e escola

Vários pesquisadores têm encontrado resultados que apontam para o desenvolvimento do controle inibitório como preditor do rendimento acadêmico[73]. Esse efeito parece ser mediado pelo desenvolvimento de habilidades sociais. O controle inibitório permitiria que o indivíduo, adiando a resposta, pudesse avaliar melhor suas consequências, escolher a melhor resposta em termos do favorecimento da interação social e, consequentemente, da aprendizagem. Talvez até porque aumentem as chances da pessoa usufruir das oportunidades de aprendizagem, seja porque há maior estabilidade emocional, seja porque a interação com outros é mais agradável e fácil. Endossando resultados de outros estudos, um estudo longitudinal[74] encontrou que o controle inibitório aos 6 anos de idade prevê a competência social e a baixa ocorrência de problemas de externalização de percepções e emoções aos 8 anos de idade que, por sua vez, preveem o desempenho acadêmico aos 10 anos de idade.

A íntima relação entre desenvolvimento socioemocional, cognitivo e acadêmico, evidenciada em uma série de estudos, tem se refletido nas mudanças no conceito de prontidão escolar e nos currículos concebidos para enfrentar os desafios contemporâneos da educação. O conceito de prontidão escolar, no passado bastante fundamentado em capacidades cognitivas, vem cada vez mais encampando a capacidade de autorregulação tanto cognitiva quanto socioemocional[75].

Diversas intervenções sobre a autorregulação, no contexto escolar têm sido propostas e testadas. É o caso do currículo *Tools of the Mind*[e] [76] do Programa *Head Start REDI*[77] e do currículo PATHS[78]. O currículo *Tools of the Mind* mostrou-se efetivo, aumentando a autorregulação das crianças e produzindo efeitos sobre as funções executivas e a aprendizagem. Esse currículo, com base na teoria do desenvolvimento proposta por Vygotsky, utiliza métodos, como estimulação do uso da fala privada autorreguladora, jogo dramático e apoios externos para a atenção. Um estudo randomizado com crianças de 3 e 4 anos de idade comparou os efeitos desse currículo com o

---

[e]Ferramentas da Mente, *em português.* Head Start **REDI** *pode ser traduzido livremente como Início da Mente, e REDI significa* **Re***search-based* **D***evelopmentally* **I***nformed, traduzido livremente ao português como Baseado em evidência e em Informações sobre o Desenvolvimento. PATH significa Promoting Alternative THinking Strategies, traduzido livremente como Promovendo Estratégias Alternativas de Pensamento.*

Ciência para educação: uma ponte entre dois mundos

currículo normalmente seguido pelas escolas locais. Os resultados indicaram menos problemas comportamentais e melhor desenvolvimento da linguagem naqueles que frequentaram as salas de aula do *Tools of the Mind*. Embora os efeitos sobre os aspectos sociais do desenvolvimento tenham sido mais marcantes, também foram observados efeitos sobre o funcionamento cognitivo[79].

Adolescência: da inteligência concreta à inteligência hipotético-dedutiva

A adolescência é definida como um período de transição entre a infância e a vida adulta, e é durante esse período que ocorre a puberdade, fase em que amadurecem diversas glândulas endócrinas que impactam nos órgãos sexuais secundários, tornando o corpo da criança gradativamente adulto. As alterações fenotípicas da adolescência podem ser avaliadas pela escala de Tanner[80,81], que qualifica e quantifica o desenvolvimento físico de crianças, adolescentes e adultos com base nas características sexuais primárias e secundárias, como, por exemplo, o tamanho dos seios, volume dos testículos, desenvolvimento da cobertura de pelos pubianos, e outras características. A definição do rumo das características físicas e também comportamentais das crianças é influenciada por um período crítico pré-natal, e refinada durante um segundo período sensível que é a puberdade. Os hormônios esteroides, no primeiro momento, atuam sobre o desenvolvimento do feto e têm capacidade preditiva sobre o comportamento posterior, como mostrado por estudos longitudinais combinando amniocentese e dosagem hormonal, correlacionadas com as características fenotípicas comportamentais posteriores da criança[17]. É o que se chama *efeito organizacional* dos hormônios sobre o cérebro e o comportamento. No segundo momento, a puberdade, ocorre um refinamento que, obviamente, é muito influenciado pelo ambiente social e psicológico da criança[82]. É o que se conhece como *efeito ativacional* dos hormônios sobre o cérebro e o comportamento. O dimorfismo sexual, tão evidente no aspecto físico, é mais sutil e difícil de determinar em termos comportamentais, porque depende mais fortemente de contingências socioambientais. Isso torna a diferenciação de comportamentos "tipicamente masculinos" de outros "tipicamente femininos" um assunto bastante polêmico e carente de cuidadosa validação científica.

Ao contrário do que se costuma pensar, ambos os sexos produzem tanto androgênios (conhecidos também como hormônios "masculinos") como estrogênios (os hormônios "femininos")[83]. A diferença é a concentração relativa de ambos e de seus receptores, e sua influência no desenvolvimento corporal e psicológico. A "explosão hormonal" da adolescência ocorre na maioria das glândulas endócrinas, sob o comando de uma região cerebral chamada hipotálamo, encarregada da regulação da homeostasia, isto é, da manutenção e modulação do equilíbrio fisiológico do organismo. O hipotálamo se relaciona, por meio de fibras nervosas e de hormônios que seus neurônios secretam, com a hipófise, a glândula mestra que comanda as demais. Os hormônios hipofisários são liberados na corrente sanguínea e têm ação a distância, em outras glândulas que secretam outros hormônios, ou diretamente em órgãos do corpo.

No início da puberdade, vários desses fenômenos hormonais aparecem. O hormônio do crescimento, que a hipófise produz crescentemente sob comando hipotalâmico, acelera o desenvolvimento corporal, e os hormônios produzidos pelas gônadas sob comando hipofisário causam o aumento das mamas, da genitália, do útero e dos ovários nas meninas, e dos testículos e do pênis nos meninos. Os hormônios hipofisários também influenciam as glândulas suprarrenais, cujos hormônios (testosterona e estrogênios, principalmente) atuam sobre o crescimento dos ossos, a distribuição dos pelos pubianos, axilares, faciais e corporais, bem como a ovulação e a espermatogênese.

O período sensível da adolescência inclui também a fase em que se completa o desenvolvimento morfofuncional do córtex pré-frontal (lateral e medial) e suas conexões com o hipocampo e o chamado sistema mesolímbico de recompensa, partes de um circuito essencial no controle

Capítulo 1   O desenvolvimento da mente humana

das funções executivas (inibição de resposta, supressão de interferência e automonitoramento de desempenho[f]) e da memória de trabalho das pessoas[84]. Em virtude dessa relativa imaturidade cerebral, os adolescentes apresentam maior atividade no corpo estriado ventral (sistema de recompensa), e maior atividade na amígdala (sistema de avaliação da valência emocional dos estímulos externos) do que as crianças e os adultos. Isso os torna mais suscetíveis a apreciar desafios e correr riscos. Essa fase é detectável por neuroimagem de ressonância magnética morfológica e funcional[85], e sua correlação com os níveis hormonais durante o desenvolvimento pode ser evidenciada[86].

Se na pré-escola o desenvolvimento da linguagem e das funções executivas básicas (principalmente do controle inibitório) parece ser a tônica das mudanças tanto socioemocionais quanto cognitivas, na idade escolar esse lugar central é ocupado pelas funções executivas de alto nível e pela aprendizagem social.

Duas inflexões cruciais no funcionamento cognitivo já haviam sido apontadas[87], uma no início da idade escolar e outra na passagem para a adolescência; a primeira marcando a mudança para o *pensamento operatório-concreto* e a segunda para o *estágio das operações formais*. O avanço dos processos de pensamento se dá em termos de um maior descentramento[g], aumento da flexibilidade e da capacidade de análise, somados à concepção de planos cada vez mais complexos para a solução de problemas.

Ao longo dos anos escolares, ver-se-á o incremento da capacidade de não se deixar levar pelas aparências. A criança pré-escolar, ao tentar resolver um problema, tende a sucumbir ao que pareceria o caminho mais fácil. Aos poucos, o aumento da capacidade de inibir respostas mais imediatas e de manter mais informações na memória de trabalho possibilita a construção e sustentação de cadeias de pensamento mais longas e complexas, além de maior flexibilidade. A criança começa a poder olhar os problemas de vários ângulos e mudar a perspectiva, caso o caminho não se mostre tão eficiente para o objetivo inicial; e isso a levará ao raciocínio hipotético-dedutivo na adolescência[88].

Essas mudanças ficam evidentes em estudos sobre como as crianças e adolescentes de diferentes idades resolvem os problemas do teste Torre de Londres (versão modificada do clássico Torre de Hanoi).

A **Figura 1.3** mostra dois problemas semelhantes aos do teste. O sujeito deve deslocar argolas coloridas de uma haste para outra, a partir de uma configuração inicial, respeitando regras pré-estabelecidas, até alcançar determinado objetivo. Segundo as regras, só pode ser movimentada uma argola por vez e só pode ser empilhado o número de argolas comportadas por cada haste (três na primeira, duas e uma nas duas subsequentes). Problemas com o nível de dificuldade do número 1 não impõem tanto desafio para crianças pré-escolares entre 5 e 6 anos, com seu pensamento pré-operatório, caracterizado por sucumbir facilmente à força da percepção. É só olhar e copiar. As mais novas (entre 3 e 4 anos) até terão mais dificuldade para se adequar às regras e não mover mais de uma argola por vez, mas as mais velhas já conseguirão inibir movimentos mais imediatos e regular sua conduta a partir das regras. A demanda de controle executivo é muito maior.

---

[f] *A inibição de resposta consiste em sustar um comportamento durante um certo tempo para avaliar melhor a situação e, então, emitir a resposta mais adequada; a supressão de interferência consiste em bloquear os estímulos desimportantes de um conjunto, para focar a atenção no que for importante; e o automonitoramento de desempenho consiste na capacidade de analisar criticamente seu próprio comportamento, corrigindo os rumos "on-line".*

[g] *Descentramento se refere à capacidade de pensar em vários aspectos de uma situação ou problema simultaneamente.*

Ciência para educação: uma ponte entre dois mundos

O problema 2, proposto na **Figura 1.3**, no entanto, exige mais em termos de funções executivas, visto que requer movimentos intermediários, alguns dos quais parecem, mesmo, em um primeiro olhar, ir na direção oposta da solução. Para resolvê-lo, a pessoa precisa não estar mais tão presa à percepção. Precisa poder inibir respostas imediatas que, aparentemente, a levariam à solução, em prol de olhar à frente e planejar movimentos que a levem sucessivamente à solução, mesmo retrocedendo em alguns momentos. Isso demanda controle inibitório (inibir o mais imediato), memória de trabalho (para sustentar os raciocínios à frente que permitem a análise do problema e o planejamento da solução), além de flexibilidade cognitiva (para conceber o afastamento momentâneo e, por vezes, mesmo prolongado, da solução como um meio de chegar a ela).

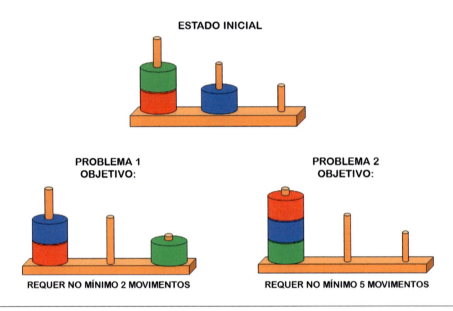

▶ **Figura 1.3:** Problemas semelhantes ao do teste Torre de Londres.

Na adolescência, o pensamento ganha uma série de possibilidades, em parte desdobramentos do incremento dessas funções executivas, sobretudo a capacidade de organizar e gerenciar o curso do pensamento. O adolescente se mostrará capaz de buscar de maneira sistemática e metódica a solução para um problema elaborando hipóteses, testando-as e adotando-as ou substituindo-as de acordo com sua eficácia.

Além disso, poderá lidar com situações que nunca viu ou experimentou, levando mais em conta as futuras consequências de suas ações, e incluindo agora planejamentos de longo prazo. O pré-escolar brinca com o possível quando se coloca em diferentes papeis em um jogo de faz de conta, o escolar experimenta com mudanças e pensa apoiado nelas, mas o adolescente reflete sobre as possibilidades e opções, sem a necessidade de experimentá-las diretamente. Isso aumenta o seu alcance cognitivo[89]. O adolescente pode pensar teoricamente, como faz um cientista, criando modelos que levem em conta o futuro mais distante. Emprega mais a lógica dedutiva do que as crianças mais novas, ao tentar resolver um problema.

Uma importante mudança, que tem sido relacionada com o desenvolvimento do funcionamento executivo na infância e adolescência, é o incremento da metacognição. Embora existam várias definições do termo, em geral metacognição é compreendida como o acesso, por parte do

Capítulo 1 O desenvolvimento da mente humana

próprio indivíduo, à sua própria estrutura cognitiva, acompanhado da capacidade de organizar essa estrutura. Ao tentar resolver um problema, se o sujeito for capaz de não apenas refletir sobre o problema em si, mas também sobre o modo que emprega para resolvê-lo, é provável que obtenha mais sucesso porque poderá realizar o automonitoramento da eficiência alcançada e um ajuste dos métodos utilizados[90].

Relacionamento com os pais e com pares

Embora nos anos escolares as demonstrações de apego da criança em relação aos pais não sejam tão evidentes quanto anteriormente, essa relação especial continua sendo de extrema importância. A relevância da presença asseguradora dos pais é mais explícita em situações estressantes. Para o adolescente, o senso de associação com os pais (apego) é fundamental, mas contraditório com a emergente necessidade de estabelecer autonomia em relação a eles.

No início da puberdade, principalmente, há um aumento de conflito com os pais nas atividades do dia a dia. E a intensidade e a duração desses conflitos dependem da qualidade das relações familiares nos anos iniciais; o histórico de mais carinho e apoio nessas relações está relacionado com menor ocorrência ou, pelo menos, intensidade, dos conflitos[91].

Mesmo em meio a atritos, o apego emocional aos pais permanece forte. Em plena adolescência, os pais ainda são os mais importantes proporcionadores de apoio, na visão do jovem[92]. O sentimento de bem-estar e de segurança do adolescente está correlacionado com a qualidade do apego aos pais. Um grande número de estudos longitudinais mostra os efeitos do apego seguro ou inseguro a longo prazo. O apego seguro quando bebê, em geral, resulta em pessoas mais sociáveis, positivas nos relacionamentos e menos dependentes dos outros, além de menos agressivas e mais empáticas. E isso parece estar mediado pelo desenvolvimento de autoconfiança e competências sociais[93].

O impulso para independência e, ao mesmo tempo, o excesso de demandas inteiramente novas que requerem novas habilidades a serem desenvolvidas, em geral vêm acompanhados de queda de autoestima e aumento de ocorrência de estados depressivos. Como sempre, o apoio dos pais nesse processo é fundamental.

As práticas de socialização exercidas pelos pais na educação dos filhos são chamadas de estilos parentais. Esses estilos consistem em padrões globais característicos da interação entre pais e adolescentes, incluindo aspectos específicos da cultura familiar, como a dinâmica de comunicação, apoio emocional, crenças, valores e tipo de hierarquia das funções e papeis na família. Em uma revisão recente da literatura[94] sobre as consequências da influência dos estilos parentais sobre o comportamento dos filhos, mostrou-se que alguns desses estilos têm consequências muito negativas, enquanto outros exercem efeitos mais positivos.

O estilo parental que mostra efeitos mais positivos sobre o desenvolvimento socioemocional, e mesmo sobre o rendimento escolar, é aquele caracterizado por elevada responsividade (atitudes compreensivas que visam, por meio do apoio emocional e da bidirecionalidade na comunicação, favorecer o desenvolvimento da autonomia e autoconfiança). De modo concomitante, esses pais exercem elevada monitoração e utilizam práticas disciplinares (consistentes e não brutas), quando a criança ou adolescente rompe com as regras familiares. Essas relações são marcadas por carinho, suporte e envolvimento emocional dos pais, que exercem autoridade sobre a criança ou adolescente. Esse estilo resulta em mais elevadas competência social, autoestima e satisfação com a vida. Por outro lado, está relacionado com uma menor frequência de problemas de comportamento, comportamentos de risco ou sintomas depressivos.

Os estilos com piores resultados são caracterizados como autoritário, negligente e permissivo. No estilo autoritário, há baixa responsividade e elevada monitoração e controle, muitas vezes

45

Ciência para educação: uma ponte entre dois mundos

com práticas disciplinares brutas e, por vezes, inconsistentes. O carinho e a afetividade em geral estão pouco presentes. O controle é estrito e a comunicação é unidirecional: o pai ordena e o filho obedece. Esse estilo tem sido relacionado com baixa autoestima e altos níveis de depressão.

No estilo negligente, os pais não monitoram ou supervisionam o comportamento do filho e não apoiam e não oferecem suporte para o desenvolvimento da autonomia. Os pais estão desengajados da responsabilidade sobre a criação e o cuidado dos filhos, além de se mostrarem distantes e indiferentes. Os filhos tendem a apresentar mais comportamentos externalizantes, como, por exemplo, atos de delinquência. Apresentam também mais baixa autoestima e sintomas depressivos.

Por fim, o estilo permissivo provoca resultados menos positivos, mas muitas vezes menos danosos do que o autoritário e o negligente. Nesse estilo, os pais são altamente responsivos, mas não monitoram nem controlam o comportamento dos filhos, ou o fazem de modo precário. Não estabelecem de modo claro e consistente regras e expectativas para os filhos. Os filhos apresentam maior incidência de uso de substâncias e baixa autoestima, mau comportamento escolar, além de menor engajamento e rendimento escolar.

Apesar do papel central da relação com os pais, aos poucos o relacionamento com os pares da mesma idade vai crescendo em importância[92]. Desde a pré-escola e durante a idade escolar, estar com os amigos proporciona oportunidades para a prática das habilidades sociais e compartilhamento de afeto e interesses comuns nas brincadeiras. Na adolescência, ocorrem mudanças importantes nessas relações. Primeiro, os grupos que eram primordialmente constituídos por indivíduos do mesmo sexo, começam a se tornar mistos[95]. Além disso, os valores e comportamentos do grupo passam a exercer maior influência sobre a criança. As relações se tornam mais duradouras e íntimas, com compartilhamento de segredos e sentimentos. O adolescente passa a usar o amigo como principal confidente e não mais os pais.

O forte senso de grupo e a necessidade de conformidade com ele chamam a atenção e parecem ter um pico aos 13 ou 14 anos. O poder de pressão do grupo sobre o adolescente parece ser mais determinante em situação de fragilidade. Crianças muito agressivas aos 11 anos tendem a manter esse comportamento aos 13 anos, independentemente do grupo com o qual se relacionam. Crianças com agressividade moderada aos 11 anos se mostraram mais permeáveis à influência do grupo, apresentando maior ou menor agressividade dependendo do grupo em que estão[96]. Por outro lado, estudos com crianças fora de situação de risco mostram que os adolescentes tendem a buscar e permanecer em grupos com os quais compartilham crenças e valores, afastando-se quando há muita dissonância[97]. A referência e o apego ao grupo diminuem conforme o adolescente vai desenvolvendo um senso de identidade mais independente.

A interação com pares também tem função relevante no desenvolvimento de um aspecto particularmente importante da transição da infância para a vida adulta: os relacionamentos amorosos. A cascata de hormônios da puberdade conduz ao desenvolvimento da habilidade para a reprodução e para a sexualidade adulta, além de aumentar a motivação para as relações e comportamentos sexuais. Em paralelo, no domínio socioemocional, a tarefa primária na adolescência é ganhar conhecimento e experiência para os papéis que o indivíduo desempenhará como adulto, inclusive no que tange ao romance e ao sexo[98]. O adolescente é, assim, convocado, tanto pelas mudanças físicas quanto pelas demandas sociais, a dar conta de contextos e sentimentos novos. Essa convocação, aliada à plasticidade cerebral, faz com que a adolescência seja entendida como um período particularmente sensível para a aprendizagem social e emocional.

O adolescente precisará, por exemplo, desenvolver habilidades para lidar com as emoções que envolvem achar alguém atraente, chamá-la(o) para sair, vivenciar excitação sexual com um "estranho", lidar com a rejeição do rompimento, e equilibrar os desejos biológicos de ter experiências sexuais com as emoções complexas de manter um relacionamento romântico.

Capítulo 1   O desenvolvimento da mente humana

As relações românticas mudam ao longo da adolescência, tornando-se mais frequentes, com a escolha de parceiros cada vez mais baseada em critérios como parceria, apoio, interdependência, intimidade. Além disso, essas relações espelham bastante as relações dos adolescentes com os pais, em termos de carinho, suporte, intimidade, agressividade, comunicação[99]. As experiências desse tipo, vivenciadas com pares, serão cruciais para moldar o desenvolvimento de redes neurais de modo a dar suporte ao estabelecimento das relações de amor romântico e sexual, ao longo da vida[9]. Além disso, essas vivências se mostram associadas à formação da identidade pessoal, ao sucesso escolar, ao planejamento do futuro e ao desenvolvimento da sexualidade, independentemente da extensão da atividade sexual.

Na idade escolar, o autoconceito, que começou a se formar como uma lista de características na pré-escola, ganha ares mais abstratos. Se antes a criança se definia como sendo menino, bom na corrida, que faz os deveres direitinho, agora incluirá mais qualidades internas do que externas, como ser mais esperto, mais nervoso. A criança escolar já demonstra um senso geral de autovalor[100]. Na adolescência, o autoconceito incluirá traços mais abstratos, de cunho ideológico, como crenças e valores.

O autoconceito é parte da identidade. Nesse momento da vida, o indivíduo está diante da missão de constituir uma nova identidade. Precisa se separar da sua identidade como criança e estabelecer nova identidade como adulto. Esse processo é lento e inclui a recusa seletiva e a assimilação e reordenação de identificações da infância. O processo começa por um estado de difusão da identidade (em que não há comprometimento) ou com um estado conhecido como pré-fechamento, em que ocorrem tentativas de identificação com figuras significativas da infância. De um modo ou de outro, em geral, segue-se um período de moratória, durante o qual o adolescente explora novas possibilidades, para por fim estabelecer sua identidade fundamentado em uma tentativa de integração de seus interesses e talentos com as possibilidades do contexto em que está inserido[101]. Essa identidade inicial será reformulada ao longo da vida. Há variedade na sequência e duração desses estados da identidade, ao longo do processo que, em certos casos, pode não se concluir com o estabelecimento de uma identidade, mas sim em um estado de difusão[102].

O desenvolvimento das novas habilidades socioemocionais, assim como do autoconceito e da identidade, mostra relações bidirecionais com as mudanças no âmbito cognitivo. Na medida em que o pensamento se torna mais pautado na lógica, ganha flexibilidade e maior grau de abstração, a compreensão de complexas cenas e *scripts* sociais aumenta, possibilitando escolhas mais adequadas de comportamentos. Por sua vez, o conhecimento adquirido, assim como a própria experiência dessas aprendizagens, parece contribuir para as mudanças cognitivas. Tudo isso é impulsionado de modo crucial pela motivação elevadíssima, decorrente das mudanças físicas e hormonais que aumentam a libido e o interesse pelos relacionamentos amorosos e sexuais. E, além disso, as trajetórias individuais de desenvolvimento são afetadas pelas interações sociais em geral e, em particular, com os pais. A interação dos vários níveis do desenvolvimento humano se mostra aqui de modo bastante claro e vem sendo estudada em mais detalhes nos últimos anos[103].

Desenvolvimento cognitivo e a escola

Na idade escolar e na adolescência, com frequência as dificuldades de aprendizagem surgem com clareza em três momentos cruciais: na alfabetização, na passagem para o segundo segmento do ensino fundamental e no final desse segmento.

Na alfabetização, é comum ocorrerem dificuldades na aprendizagem, decorrentes de atraso ou limites no desenvolvimento das funções executivas e, em particular, do controle inibitório, com dificuldades atencionais e imaturidade socioemocional[104]. Nessa situação, a criança tem dificuldade em lidar com as demandas de manutenção da atenção e adiamento da satisfação, no novo contexto menos lúdico do que aqueles encontrados na pré-escola. Muitas vezes, a motivação para atividades que demandem esforço mental é baixa. Assim, tornam-se difíceis as operações necessárias para a compreensão e aquisição do código escrito e da leitura.

Outra dificuldade frequente nessa etapa diz respeito aos conhecimentos e habilidades linguísticas necessárias à alfabetização. Problemas específicos de linguagem, seja na programação/articulação da fala, ou no processamento/compreensão de informação fonológica, podem trazer desafios maiores para a criança, como ocorre na dislexia, no transtorno específico de linguagem, ou mesmo nos casos de deficiência auditiva[105].

Na passagem para o segundo segmento do ensino fundamental e muitas vezes no final dele, ocorrem dificuldades na aprendizagem, em função de demora no desenvolvimento das capacidades de planejamento e automonitoramento[106]. O sexto ano, na maioria das escolas, é marcado pelo aumento do número de professores e pela mudança na dinâmica do ensino, com menos repetição e aumento da quantidade e profundidade dos conteúdos a serem aprendidos. É frequente a queixa das escolas e dos pais em relação ao impacto dessas mudanças sobre os estudantes, havendo mesmo aumento das reprovações. Essas mudanças demandam exatamente autonomia, que nessa época está em franco desenvolvimento, mas ainda incompleto e necessitando de estimulação adequada em casa e na escola.

O ensino de estratégias cognitivas tem efeitos sobre diferentes aspectos do desenvolvimento acadêmico, como a compreensão de leitura[107], o raciocínio em matemática, e o aprendizado de conteúdos diversos[108]. Uma série de iniciativas de desenvolvimento de currículos que potencializam o incremento da autonomia e uso de estratégias surgiu, sobretudo, a partir dos anos 1980. Outros países têm, inclusive, incorporado esse ensino nos próprios currículos escolares oficiais a partir de estudos da eficiência de tais métodos.

Na adolescência começa o envelhecimento?

Diversos trabalhos com neuroimagem indicam que o volume relativo da substância cinzenta do córtex cerebral diminui durante a adolescência[109], enquanto aumenta no mesmo ritmo e proporção o volume relativo da substância branca, particularmente nas regiões pré-frontais do córtex cerebral, justamente aquelas encarregadas do controle executivo e da memória de trabalho[8]. Essas transformações indicam que a conectividade estrutural entre as diversas regiões cerebrais se torna mais organizada e eficiente, já que compete à substância branca estabelecer a comunicação entre elas. A redução do volume da substância cinzenta pode soar contraditória, mas possivelmente representa uma otimização de espaço com a poda de sinapses extranumerárias, levando a um aumento da eficiência no processamento da informação. Esse fenômeno foi verificado em modelos animais[110], e relacionado efetivamente com o aumento dos níveis circulantes de testosterona e outros hormônios[111].

Alguns trabalhos relatam um início de declínio cognitivo já na adolescência[112-114], uma informação que causou surpresa aos especialistas, tendo em vista a concepção prevalente de que o declínio do desempenho intelectual das pessoas só começasse em fases avançadas de idade, em geral associadas à iminente emergência de transtornos demenciais[115]. As evidências revelam um declínio em diversas habilidades de raciocínio e de memória a partir dos 18 anos de idade, observadas em grande número de pessoas em estudos controlados de natureza transversal[112,113] e longitudinal[114h]. É interessante que esse declínio cognitivo precoce é acompanhado de alterações no volume cerebral regional[116], na integridade da mielina[117] e em outras variáveis neurobiológicas, o que não demonstra necessariamente uma relação de causa-e-efeito, mas sim constata que a

---

[h] *Estudos transversais envolvem grupos de diferentes idades, geralmente comparados por faixa etária: pessoas diferentes em cada grupo. Estudos longitudinais, por outro lado, envolvem as mesmas pessoas, testadas ao longo do tempo à medida que amadurecem ou envelhecem.*

Capítulo 1 — O desenvolvimento da mente humana

adolescência é um marco de máximo de várias características neuropsicológicas, ocorrendo um declínio posterior que é apenas acentuado na velhice.

Os processos executivos e de autorregulação em geral têm na adolescência e no início da vida adulta seu período de maior desenvolvimento[118]. A partir do final da adolescência ficam nítidas as mudanças cognitivas que depois se acentuarão no envelhecimento. O sistema de representações (esquemas cristalizados que constituem a base de conhecimentos sobre o mundo – inteligência cristalizada), que vinha em franco crescimento desde o nascimento, passa a crescer com mais lentidão. Em contraposição, os processos de controle (um conjunto de operações fluidas que possibilitam processamento intencional e desempenho cognitivo adaptativo (inteligência fluida) passam, já a partir do início da segunda década de vida, a perder eficiência[114]. Isso contribuirá para o tom das mudanças cognitivas e socioemocionais do envelhecimento. A qualidade do desenvolvimento na infância e na adolescência afeta o modo como envelhecemos mais tarde.

Referências Bibliográficas

1. Collins WA, Hartup WW (2013) 2 History of Research in Developmental Psychology. In Zelazo PD (Ed.). *The Oxford Handbook of Developmental Psychology, Vol. 1: Body and Mind*. New York: Oxford University Press, 13-34.
2. Zelazo PD (2013) 1 Developmental Psychology: A New Synthesis. In Zelazo PD (Ed.). *The Oxford Handbook of Developmental Psychology, Vol. 1: Body and Mind*. New York: Oxford University Press, 3-12.
3. Vasung L, Lepage C, Rados M, Pletikos M, Goldman JS, Richiardi J, Raguz M, Fischi-Gómez E, Karama S, Huppi OS, Evans AC, Kostovic I (2016) Quantitative and qualitative analysis of transient fetal compartments during prenatal human brain development. *Frontiers in Neuroanatomy* 10:11.
4. Jakab A, Pogledic I, Schwartz E, Gruber G, Mitter C, Brugger PC, Langs G, Schöpf V, Kasprian G, Prayer D (2015) Fetal cerebral magnetic resonance imaging beyond morphology. *Seminars in Ultrasound CT and MRI* 36:465-475.
5. van den Heuvel MI, Thomason ME (2016) Functional connectivity of the human brain *in utero*. *Trends in Cognitive Sciences* 20:931-939.
6. Kasprian G, Brugger PC, Weber M, Krssák M, Krampl E, Herold C, Prayer D (2008) In utero tractography of fetal white matter development. *Neuroimage* 43:213-224.
7. Mampe B, Friederici AD, Christophe A, Wermke K (2009) Newborn's cry melody is shaped by their native language. *Current Biology* 19:1994-1997.
8. Juraska JM, Willing J (2017) Pubertal onset as a critical transition for neural development and cognition. *Brain Research* 1654 (Pt B): 87-94.
9. Suleiman AB., Galván A, Harden KP, Dahl RE (2016) Becoming a sexual being: The 'elephant in the room'of adolescent brain development. *Developmental Cognitive Neuroscience*, http://dx.doi.org/10.1016/j.dcn.2016.09.004.
10. Knudsen EI (2004) Sensitive periods in the development of the brain and behavior. *Journal of Cognitive Neuroscience*, 16: 1412-1425.
11. Tovar-Moll F, Lent R (2017) The various forms of neuroplasticity: Biological bases of learning and teaching. *Prospects (Unesco)*, no prelo.
12. Kuhl PK (2010) Brain mechanisms in early language acquisition. *Neuron*, 67: 713-727.
13. Clowry G, Molnár Z, Rakic P (2010) Renewed focus on the developing human neocortex. *Journal of Anatomy* 217:276-288.
14. Kostovic I, Jovanov-Milosevic N, Rados M, Sedmak G, Benjak V, Kostovic-Srzentic M, Vasung L, Culjat M, Rados M, Hüppi P, Judas M (2014) Perinatal and early postnatal reorganization of the subplate and related cellular compartments in the human cerebral wall as revealed by histological and MRI approaches. *Brain Structure and Function* 219:231-253.
15. Nelson CA (2011) Neural development and lifelong plasticity. In *Nature and Nurture in Early Child Development* (ed. Keating DP), pp. 45-69, Cambridge University Press.
16. Garcez PP, Loiola EC, Madeiro da Costa R, Higa LM, Trindade P, Delvecchio R, Nascimento JM, Brindeiro R, Tanuri A, Rehen SK (2016) Zika virus impairs growth in human neurospheres and brain organoids. *Science* 352:816-818.
17. Auyeung B, Lombardo MV, Baron-Cohen S (2013) Prenatal and postnatal hormone effects on the human brain and cognition. *European Journal of Physiology* 465:557-571.
18. Luhmann HJ, Sinning A, Yang JW, Reyes-Puerta V, Stüttgen MC, Kirischuk S, Kilb W (2016) Spontaneous neuronal activity in developing neocortical networks: from single cells to large-scale interactions. *Frontiers in Neural Circuits* 10:40.
19. Kostovic I, Judas M (2010) The development of the subplate and thalamocortical connections in the human foetal brain. *Acta Paediatrica* 99:1119-1127.

Ciência para educação: uma ponte entre dois mundos

20. Kanazawa H, Kawai M, Kinai T, Iwanaga K, Mima T, Heike T (2014) Cortical muscle control of spontaneous movements in human neonates. *European Journal of Neuroscience* 40: 2548-2553.

21. Fifer WP, Moon CM (1994) The role of mother's voice in the organization of brain function in the newborn. *Acta Paediatrica*, 83 (suppl.): 86-93.

22. Jardri R, Houfflin-Debarge V, Delion P, Pruvo JP, Thomas P, Pins D (2012) Assessing fetal response to maternal speech using a noninvasive functional brain imaging technique. *International Journal of Developmental Neuroscience*, 30: 159-161.

23. DeCasper A J, Spence M J (1986). Prenatal maternal speech influences newborns' perception of speech sounds. *Infant Behavior and Development*, 9: 133-150.

24. DeCasper A J, Lecanuet JP, Busnel MC, Granier-Deferre C, Maugeais R (1994). Fetal reactions to recurrent maternal speech. *Infant Behavior and Development*, 17: 159-164.

25. Matthews M, Fair DA (2015) Research review: Functional brain connectivity and child psychopathology – overview and methodological considerations for investigators new to the field. *Journal of Child Psychology and Psychiatry* 56:400-414.

26. Bock J, Wainstock T, Braun K, Segal M (2015) Stress in utero: prenatal programming of brain plasticity and cognition. *Biological Psychiatry* 78:315-326.

27. Smyser CD, Neil JJ (2015) Use of resting-state functional MRI to study brain development and injury in neonates. *Seminars in Perinatology* 39:130-140.

28. Giedd JN, Raznahan A, Alexander-Bloch A, Schmitt E, Gogtay N, Rapoport JL (2015) Child psychiatry branch of the National Institute of Mental Health longitudinal structural magnetic resonance imaging study of human brain development. *Neuropsychopharmacology* 40:43-49.

29. Tiemeier H, Lenroot RK, Greenstein DK, Tran L, Pierson R, Giedd JN (2010) Cerebellum development during childhood and adolescence: a longitudinal morphometric MRI study. *Neuroimage* 49:63-70.

30. Nagy Z, Westerber H, Klingberg T (2004) Maturation of white matter is associated with the development of cognitive functions during childhood. *Journal of Cognitive Neuroscience* 16:1227-1233.

31. Klingberg T (2014) Childhood cognitive development as a skill. *Trends in Cognitive Sciences* 18:573-579.

32. Atkinson J, Braddick O (2013) Visual Development. In Zelazo PD (Ed.). The In Zelazo PD (Ed.). *Handbook of Developmental Psychology, Vol. 1: Body and Mind*. New York: Oxford University Press, 271-309.

33. Trainor LJ, He XC (2013) Auditory and Musical Development. In Zelazo PD (Ed.). *The Oxford Handbook of Developmental Psychology, Vol. 1: Body and Mind*. New York: Oxford University Press, 310-337.

34. Schaal B (2015) Prenatal and postnatal human olfactory development: influences on cognition and behavior. *Handbook of Olfaction and Gustation*, New Jersey: John Willey & Sons, 305-336.

35. Meltzoff AN, Williamson RA (2013) Imitation: Social, Cognitive, and Theoretical Perspectives. In Zelazo PD (Ed.). *The Oxford Handbook of Developmental Psychology, Vol. 1: Body and Mind*. New York: Oxford University Press, 651-682.

36. Meltzoff AN, Moore MK (1977) Imitation of facial and manual gestures by human neonates. *Science*, 198(4312), 75-78.

37. Kaye KL, Bower TG (1994) Learning and intermodal transfer of information in newborns. *Psychological Science*, 5: 286-288.

38. Piaget J (1970). *A construção do real na criança*. Rio de Janeiro: Zahar, pp 11-83.

39. Kramer JA, Hill KT, Cohen LB (1975) Infants' development of object permanence: A refined methodology and new evidence for Piaget's hypothesized ordinality. *Child Development*, 46:149-155.

40. Sherman LJ, Rice K, Cassidy J (2015) Infant capacities related to building internal working models of attachment figures: A theoretical and empirical review. *Developmental Review*, 37, 109-141

41. Ainsworth MDS (1979) Attachment as related to mother-infant interaction. *Advances in the Study of Behavior* 9: 1-51.

42. Bowlby J (1988) Developmental Psychiatry comes of age. *American Journal of Psychiatry* 145: 1-10

43. Leclère C, Viaux S, Avril M, Achard C, Chetouani M, Missonnier S, Cohen D (2014) Why synchrony matters during mother-child interactions: a systematic review. *PLoS One*, 9(12), e113571

44. Goldberg S (2014) *Attachment and Development*. Londres: Routledge, pp 16-32.

45. Bakermans-Kranenburg MJ, van Ijzendoorn MH (2016) Attachment, Parenting, and Genetics. In: Cassidy, J.; Shaver, P.R. (Eds.). *Handbook of Attachment: Theory, Research and Clinical Applications* (3ª ed.). Nova York: The Guilford Press, pp. 155-179.

46. Vaughn BE, Bost KK (2016) Attachment and temperament as intersecting developmental products and interacting developmental contexts throughout infancy and childhood. In: Cassidy, J.; Shaver, P.R. (Eds.). Handbook of Attachment: Theory, Research and Clinical Applications (3ª ed.). Nova York: The Guilford Press, pp. 202-222.

47. Lemery-Chalfant K, Kao K, Swann G, Goldsmith HH (2013) Childhood temperament: passive gene-environment correlation, gene-environment interaction, and the hidden importance of the family environment. *Developmental Psychopathology* 25:51-63.

48. Schwartz CE, Kunwar OS, Greve DN, Kagan J, Snidman NC, Bloch RB (2012) A phenotype of early infancy predicts reactivity of the amygdala in male adults. *Molecular Psychiatry* 17:1042-1050.

Capítulo 1   O desenvolvimento da mente humana

49. Degnan KA, Almas AN., Fox NA (2010) Temperament and the environment in the etiology of childhood anxiety. *Journal of Child Psychology and Psychiatry*, 51: 497-517.

50. Fox NA, Henderson HA, Marshall PJ., Nichols KE, Ghera MM (2005) Behavioral inhibition: linking biology and behavior within a developmental framework. *Annual Reviews of Psychology*, 56:235-262.

51. Thompson RA,Winer AC, Goodvin R (2010) The Individual child: Temperament, Emotion, Self, and Personality. In Bornstein, M. H., & Lamb, M. E. (Eds.). *Developmental Science: An Advanced Textbook*. New York: Psychology Press, pp.427-468.

52. Pinker S (1995) *The language instinct: The new science of language and mind* (Vol. 7529). Londres: Penguin UK.

53. Fenson L, Dale PS, Reznick JS., Bates E, Thal DJ, Pethick SJ (1994). Variability in early communicative development. *Monographs of the Society for Research in Child Development*, 59:1-185.

54. Hoff, E. (2013). *Language development*. Boston: Wadsworth Cengage Learning, pp 15-20.

55. Emerson RW, Gao W, Lin W (2016) Longitudinal study of emerging functional connectivity asymmetry of primary language regions during infancy. *Journal of Neuroscience* 36:10883-10892

56. Vygotsky LS (1984) *A Formação Social da Mente*. São Paulo: Livraria Martins Fontes Editora: pp17-40.

57. Carlson SM, Zelazo PD, Faja S (2013) Executive Function. In Zelazo PD (Ed.). *The Oxford Handbook of Developmental Psychology, Vol. 1: Body and Mind*. New York: Oxford University Press, 706-743.

58. Müller U, Jacques S, Brocki K, Zelazo PD (2009) The executive functions of language on preschool children. *Private Speech, Executive Functioning, and the Development of Verbal Self-regulation*. New York: Psychology Press, pp. 53-68.

59. Cragg L, Nation K (2010). Language and the development of cognitive control. *Topics in Cognitive Science*, 2: 631-642.

60. Diamond A (2013) Executive functions. *Annual Review of Psychology*, 64: 135-168.

61. Posner MI, Rothbart MK, Rueda MR (2014).Developing attention and self-regulation in childhood. *The Oxford Handbook of Attention*. New York: Oxford University Press, 541-572.

62. Giesbrecht GF, Müller U, Miller M (2010) Psychological distancing in the development of executive function and emotion regulation. *Self and social regulation: Social interaction and the development of social understanding and executive functions*. New York: Oxford University Press, pp. 337-357.

63. Best JR, Miller PH (2010) A developmental perspective on executive function. *Child Development*, 81: 1641-1660.

64. Oliveira RM (2016) Abordagem cognitiva da compreensão leitora: implicações para a educação e prática clínica. *Interação em Psicologia*, 18: 397-406.

65. Piaget J (1971) *A Formação do Símbolo na criança*. Rio de Janeiro: Zahar, pp. 275-370.

66. Miller, S. A. (2012). *Theory of mind: Beyond the preschool years*. Psychology Press, pp 9-36.

67. Astington JW, Hughes C, Zelazo PD (2013). Theory of mind: Self-reflection and social understanding. In Zelazo PD (Ed.). The *Oxford Handbook of Developmental Psychology, Vol. 1: Body and Mind*. New York: Oxford University Press, pp. 398-424.

68. Rochat P (2015) Layers of awareness in development. *Developmental Review* 38: 122-145

69. Lewis M (2010) The Emergence of Human Emotions. In Lewis M, Haviland-Jones JM, Barrett LF (Eds.). *Handbook of Emotions*. New York: The Guilford Press, 272-292.

70. Bariola E, Gullone E, Hughes EK (2011) Child and adolescent emotion regulation: The role of parental emotion regulation and expression. *Clinical Child and Family Psychology Review*, 14:198-212.

71. Alegre A (2011) Parenting styles and children's emotional intelligence: What do we know?. *The Family Journal*, 19: 56-62.

72. Vaughn BE, Bost KK (2016) Attachment and temperament as intersecting developmental products and interacting developmental contexts throughout infancy and childhood. In Cassidy J and Shaver PR (Eds), *Handbook of Attachment: Theory, Research, and Clinical Applications*. New York: The Guilford Press, pp. 202-222.

73. Morrison FJ, Ponitz CC, McClelland MM (2010) Self-regulation and academic achievement in the transition to school. In Calkins SD and Bell MA (Eds), *Child Development at the Intersection of Emotion and Cognition*. Washington, DC: American Pscychological Association, pp. 203-224.

74. Valiente C, Eisenberg N, Haugen RG, Spinrad TL, Hofer C, Liew J, Kupfer A (2011) Children's effortful control and academic achievement: Mediation through social functioning. *Early Education & Development*, 22: 411-433.

75. Liew J (2012) Effortful control, executive functions, and education: Bringing self-regulatory and social-emotional competencies to the table. *Child Development Perspectives*, 6: 105-111.

76. Bodrova E, Deborah JL. (2007). *Tools of the mind*. Upper Saddle River, NJ: Pearson, 93-164.

77. Bierman KL, Domitrovich CE, Nix RL, Gest SD., Welsh JA, Greenberg MT, Blair C, Nelson KE, Gill S (2008) Promoting academic and social emotional school readiness: The Head Start REDI program. *Child Development* 79: 1802-1817

78. Greenberg, MT, Kusche, CA, Cook, ET, Quamma, JP (1995). Promoting emotional competence in school-aged children: The effects of the PATHS curriculum. *Development and psychopathology*, 7(01), 117-136.

79. Barnett WS, Jung K, Yarosz DJ, Thomas J, Hornbeck A, Stechuk R, Burns S (2008) Educational effects of the Tools of the Mind curriculum: A randomized trial. *Early Childhood Research Quarterly*, 23: 299-313.

80. Marshall WA, Tanner JM (1969) Variations in the pattern of pubertal changes in girls. *Archives of Disease in Childhood* 44:291-303.

Ciência para educação: uma ponte entre dois mundos

81. Marshall WA, Tanner JM (1970) Variations in the pattern of pubertal changes in boys. *Archives of Disease in Childhood* 45:13-23

82. Schulz KM, Molenda-Figueira HA, Sisk CL (2009) Back to the future: the organizational-activational hypothesis adapted to puberty and adolescence. *Hormones and Behavior* 55:597-604.

83. Vitalle MSS (2014). Sistema Neuro-hormonal da Adolescência. Em: *Neurociências do Abuso de Drogas na Adolescência* (De Micheli D, Andrade ALM, Silva EA e Souza-Formigoni MLO, Orgs.). São Paulo: Editora Atheneu, pp. 3-10.

84. Murty VP, Calabro F, Luna B (2016) The role of experience in adolescent cognitive development: Integration of executive, memory, and mesolimbic systems. *Neuroscience and Biobehavioral Reviews* 70:46-58.

85. Crone EA, Elzinga BM (2015) Changing brains: how longitudinal functional magnetic resonance imaging studies can inform us about cognitive and social-affective growth trajectories. *Wiley Interdisciplinary Reviews in Cognitive Sciences* 6:53-63.

86. Lombardo MV, Ashwin E, Auyeung B, Chakrabarti B, Taylor K, Hackett G, Bullmore ET, Baron-Cohen S (2012) Fetal testosterone influences sexually dimorphic gray matter in the human brain. *Journal of Neuroscience* 32:674-680.

87. Inhelder B, Piaget J (1958). *The growth of logical thinking: From childhood to adolescence.* New York, US: Basic Books, pp. 272-350.

88. Pascual-Leone J, Johnson J (2005) A dialectical constructivist view of developmental intelligence. In: Wilhelm, O., & Engle, R. W. (Eds.). *Handbook of Understanding and Measuring Intelligence*, London: Sage, pp. 177-201.

89. Kuhn D, Franklin S (2006) *The second decade: What develops (and how).* In Damon W and Lerner RM (Eds.) Handbook of Child Psychology. Volume two: Cognition, Perception, and Language. Nova York: John Wiley & Son, 953-993.

90. Akturk AO, Sahin I (2011) Literature review on metacognition and its measurement. *Procedia-Social and Behavioral Sciences*, 15, 3731-3736.

91. Allen JP, Tan JS (2016) The multiple facets of attachment in adolescence. *Handbook of Attachment: Theory, Research, and Clinical Applications (3ª ed.)*, New York: Guilford, pp. 399–415.

92. Rosenthal NL, Kobak R (2010) Assessing adolescents' attachment hierarchies: Differences across developmental periods and associations with individual adaptation. *Journal of Research on Adolescence*, 20: 678-706.

93. Grossmann K, Grossmann KE (2011) O impacto do apego à mãe e ao pai e do apoio sensível à exploração nos primeiros anos de vida sobre o desenvolvimento psicossocial das crianças até o início da vida adulta. *Enciclopédia sobre o Desenvolvimento da Primeira Infância*. Organizada por Centre d'excellence pou le developpement des jeunes enfants. http://www.enciclopedia-crianca.com.

94. Hoskins DH (2014). Consequences of parenting on adolescent outcomes. *Societies, 4:* 506-531.

95. Connolly J Craig, W, Goldberg A, Pepler D (2004) Mixed-gender groups, dating, and romantic relationships in early adolescence. *Journal of Research on Adolescence*, 14: 185-207.

96. Vitaro, F., Boivin, M., & Bukowski, W. M. (2009). The role of friendship in child and adolescent psychosocial development. *Handbook of peer interactions, relationships, and groups*, 568-585.

97. Erdley, C. A., & Day, H. J. (2016). Friendship in Childhood and Adolescence. *The Psychology of Friendship*, 1.

98. Crone EA, Dahl RE (2012) Understanding adolescence as a period of social–affective engagement and goal flexibility. *Nature Reviews Neuroscience*, 13: 636-650.

99. Collins WA, Welsh DP, Furman W (2009) Adolescent romantic relationships. *Annual Review of Psychology*, 60: 631-652.

100. Hattie, J (2014) *Self-concept*. New York: Psychology Press, pp. 118-139.

101. Kroger J, Martinussen M, Marcia JE (2010) Identity status change during adolescence and young adulthood: A meta-analysis. *Journal of Adolescence*, 33: 683-698.

102. Schoen-Ferreira TH, Aznar-Farias M, Silvares EFDM (2009) Desenvolvimento da identidade em adolescentes estudantes do ensino médio. *Psicologia: Reflexão e Crítica*, 22(3): 326-333.

103. Lerner RM, Castellino DR (2002) Contemporary developmental theory and adolescence: Developmental systems and applied developmental science. *Journal of Adolescent Health*, 31: 122-135.

104. Borst G, Houdé O (2014) Inhibitory control as a core mechanism for cognitive development and learning at school. *Perspectives on Language and Literacy*, 40(2): 41-44.

105. Nunes C, Frota S, Mousinho R (2009) Phonological awareness and the process of learning, reading and writing: theoretical implications for the basement of the Speech-Language pathologist practice. *Revista CEFAC*, 11: 207-212.

106. Meltzer L, Krishnan K (2011) Difficulties and learning disabilities: Understandings and Misunderstandings. In Meltzer L. (Ed.). *Executive function in education: From theory to practice*. New York: The Guilford Press, pp 77-105.

107. Oliveira RM (2015) Intervenções para melhorar dificuldade específica de compreensão leitora. In Alves LM; Mousinho R & Capellini SA (Org.), Dislexia: Novos temas, novas perspectivas. Rio de Janeiro: Wak Editora, pp. 219-232.

108. Meltzer L (Org.) (2011) *Executive function in education: From theory to practice*. New York: Guilford Press.

109. Durston S, Casey BJ (2006) What have we learned about cognitive development from neuroimaging? *Neuropsychologia* 44:2149-2157.

110. Drzewiecki CM, Willing J, Juraska JM (2015) Synaptic number changes in the medial prefrontal cortex across adolescence in male and female rats: A role for pubertal onset. *Synapse* 70:361-368.

111. Nguyen TV, McCracken JT, Ducharme S, Cropp BF, Botteron KN, Evans AC, Karama S (2013) Interactive effects of dehydroepiandrosterone and testosterone on cortical thickness during early brain development. *Journal of Neuroscience* 33:10840-10848.
112. Sathouse TA (2003) Memory aging from 18 to 80. *Alzheimer's Disease and Associated Disorders* 17:162-167.
113. Salthouse TA (2009) When does age-related cognitive decline begins? *Neurobiology of Aging* 30:507-514.
114. Salthouse TA (2016) Continuity of cognitive change across adulthood. *Psychonomic Bulletin Reviews* 23:932-939.
115. Andrade-Moraes CH, Oliveira-Pinto AV, Castro-Fonseca E, Silva CG, Guimarães DM, Szczupak D, Parente-Bruno DR, Carvalho LRB, Polichiso L, Gomes BV, Oliveira LM, Rodriguez RD, Leite REP, Ferretti-Rebustini REL, Jacob-Filho W, Pasqualucci CA, Grinberg LT, Lent R (2013) Cell number changes in Alzheimer's disease relate to dementia, not to plaques and tangles. *Brain* 136:3738-3752.
116. Pieperehoff P, Homke L, Schneider F, Habel U, Shah NJ, Zilles K, Amunts K (2008) Deformation fleid morphometry reveals age-related structural differences between the brains of adults up to 51 years. *Journal of Neuroscience* 28:828-842.
117. Hsu JL, Leemans A, Bai CH, Lee CH, Tsai YF, Chiu HC, Chen WH (2008) Gender differences and age-related white matter changes of the human brain: a diffusion tensor imaging study. *Neuroimage* 39:566-577.
118. Taylor SJ, Barker LA, Heavey L, McHale S (2013) The typical developmental trajectory of social and executive functions in late adolescence and early adulthood. *Developmental Psychology* 49:1253-1265.

Capítulo 2

Neuroplasticidade

O Cérebro em Constante Mudança[a]

Fernanda Tovar-Moll[1,2] e Roberto Lent[1]

Palavras-chave: Plasticidade sináptica; Plasticidade ontogenética; Neuroeducação; Sinaptogênese; Plasticidade de longa distância; Plasticidade de circuitos; Plasticidade de redes

Resumo

A Educação é uma forma socialmente estruturada de aprendizagem. Envolve cérebros de diferentes atores – estudantes ou aprendizes, professores, familiares e outros – em permanente e bidirecional interação. O conjunto de mecanismos pelos quais esses cérebros recebem, codificam, armazenam e recuperam informações trocadas mutuamente é chamado neuroplasticidade. Significa a capacidade dos cérebros em desenvolvimento ou já adultos de reagir e se adaptar em níveis diversos e coexistentes: das moléculas aos neurônios, circuitos, redes neurais, pessoas e sociedades. Este capítulo tem como objetivo discutir os principais conceitos atuais da pesquisa em neuroplasticidade, no intuito de também ajudar profissionais envolvidos com políticas de educação, pesquisadores e educadores a levá-los em conta em modelos inovadores de práticas de aprendizagem e ensino. Esperamos que esta abordagem translacional de Ciência para a Educação possa encorajar novos modos de promover e otimizar a educação e o aprendizado.

Afiliações:
[1]Instituto de Ciências Biomédicas, Universidade Federal do Rio de Janeiro, e [2]Instituto D'Or de Pesquisa e Ensino, Rio de Janeiro, Brasil

[a] *Este capítulo é uma versão adaptada de artigo publicado em 2016 na revista Prospects, da Unesco [vol. 46, pp. 199-21]*

Introdução: sobre a aprendizagem, a educação e o cérebro

Sempre que um animal interage com o ambiente, algum traço dessa interação permanece armazenado no cérebro por pelo menos um breve momento. A natureza dessa interação e o seu impacto na vida do animal determinarão o seu significado. O significado para o animal, por outro lado, regulará a duração da permanência desse traço dentro do cérebro (memória), e a sua eventual utilização em benefício do animal. De um ponto de vista biológico, portanto, a memória é a capacidade de codificar, armazenar e recuperar informação, enquanto apenas o processo de armazenamento é chamado aprendizagem[1]. Os mecanismos e capacidades de aprendizagem são cruciais para a sobrevivência de muitas espécies, modificam-se e se atualizam constantemente, em resposta a demandas do ambiente[2].

A palavra *aprendizagem*, portanto, envolve um indivíduo com seu cérebro, capturando informação do ambiente, mantendo-a por algum tempo, e eventualmente recuperando-a e utilizando-a para orientar o comportamento subsequente. O conceito de aprendizagem superpõe-se largamente com o de memória, embora ambos devam ser distinguidos considerando memória como o processo completo, e aprendizagem apenas como o estágio de aquisição.

O ambiente, na maioria das vezes, inclui outros sujeitos com seus cérebros, de modo que ocorre uma interação entre cérebros, e a aprendizagem se torna uma troca recíproca. Nesse contexto, os dois cérebros aprendem ao mesmo tempo. Isso é particularmente importante para os seres humanos, embora não exclusivo da nossa espécie, já que vivemos em sociedade, e a vida em sociedade significa principalmente um conjunto ativo de interações entre indivíduos. A aprendizagem recíproca, assim, é o meio mais importante de construir o aprimoramento cognitivo e o progresso material da humanidade.

A aprendizagem pode assumir uma infinidade de formas na vida cotidiana[3], algumas tão simples quanto observar um objeto, outras muito complexas como tocar um instrumento musical em sincronia com uma orquestra. As crianças aprendem coisas simples, mas logo descobrem as melhores estratégias para aprender as mais complexas (e interessantes!). Elas aprendem a aprender, e passam a dominar uma capacidade do cérebro humano chamada *metacognição*, que significa pensar sobre o seu próprio modo de pensar[4].

Além disso, a sociedade humana, em vista da complexidade da tarefa de capturar a espantosa quantidade e diversidade de informações disponíveis no ambiente, desenvolveu um modo estruturado e planejado para facilitar a aprendizagem, e criou o que ficou conhecido como *educação*[5,6].

Educação, assim, é um modo socialmente estruturado de aprender, e de aprender a aprender. É também recíproco, porque envolve pelo menos duas partes – aprendizes e professores. Aprendizes são aqueles que não sabem algo, enquanto professores são aqueles preparados para transmitir aos aprendizes um conhecimento ou então o modo mais eficiente de obtê-lo. Assim, a educação é recíproca, mas não simétrica. Naturalmente, na civilização moderna os professores podem criar ferramentas para substitui-los – livros, *kits*, jogos, vídeos, e muitos outros.

A interação assimétrica e recíproca entre o aprendiz e o professor é basicamente uma interação entre dois cérebros[7]. Ambos devem estabelecer contato mental, usando a linguagem (falada ou de outro tipo), bem como contato sensorial (visual, auditivo, tátil), e comportamentos motores sincronizados, para se comunicar com eficiência[8].

Com o tempo, os dois cérebros interativos modificam-se mutuamente, já que conseguem transmitir e armazenar informações trocadas entre si. Para alcançar essa tarefa gigantesca, os cérebros utilizam uma propriedade muito importante que possuem – a neuroplasticidade[9].

Neuroplasticidade pode ser definida como a capacidade do cérebro de apresentar mudanças temporárias ou permanentes sempre que for influenciado por outros cérebros, por fenômenos intrínsecos do indivíduo ou pelo ambiente. Acontece em sincronia em muitos níveis diferentes em todos os animais dotados de sistemas neurais[10]: o nível *molecular/celular*, dentro dos neurônios e

Capítulo 2 Neuroplasticidade – O Cérebro em Constante Mudança

células gliais; o nível *intercelular*, nas regiões de comunicação entre dois neurônios (sinapses); o nível *multicelular*, levando em conta cada neurônio com o seu intrincado conjunto de ramificações que terminam em outros neurônios diferentes formando circuitos como em um complexo computador; e o nível *sistêmico*, que considera redes neurais interativas em cada indivíduo. Pode-se também conceber um nível adicional ainda mais complexo – o *nível social* – que reúne pares ou mesmo grupos de sujeitos (= cérebros) humanos numa estrutura social.

Neste capítulo, pretendemos descrever e discutir de modo resumido esses vários níveis da neuroplasticidade, com o objetivo de revelar os mecanismos empregados por cérebros interativos, subjacentes ao ensino, à aprendizagem, à educação como um todo, e a outros processos sociais relacionados. O maior desafio a enfrentar é o de traduzir os conceitos e evidências aqui revistas, em práticas educacionais. Trata-se de uma tarefa que está apenas começando na neurociência em particular, e no conjunto da ciência em geral. Daremos alguns exemplos para ilustrar o potencial dessa abordagem translacional.

Neurônios aprendizes

Neurônios são capazes de aprender, isto é, de armazenar informações que recebem de outros neurônios através das sinapses. Esse é talvez o nível mais reducionista de análise dos fenômenos educacionais.

É bem sabido que um neurônio transmite informação eletroquímica (impulsos nervosos) a um segundo neurônio através de uma junção específica entre eles, a sinapse (**Figura 2.1D**). Além dos fenômenos ultrarrápidos que são os potenciais pré- e pós-sinápticos das respectivas membranas, uma mensagem bioquímica mais lenta pode ser transmitida entre os neurônios que se comunicam, em direção aos seus núcleos, para alcançar a maquinaria genética que aí se encontra[11,12]. Os genes são então ativados para sintetizar proteínas enviadas de volta à sinapse que veiculou a informação original. Essas moléculas estabilizam e fortalecem essa sinapse, contribuindo também para formar novas sinapses nas redondezas. A informação original, portanto, é capaz de aumentar a adesão entre o neurônio pré-sináptico e o neurônio pós-sináptico, e essas sinapses específicas se tornam capazes de "reconstruir" a informação original sempre que necessário. Além disso, novas sinapses contribuem para a preservação de longo prazo da informação transferida.

Esses fenômenos descritos ocorrem em duas modalidades fisiológicas, conhecidas como potenciação de longa duração (LTP, na sigla em inglês para *long term potentiation*), e depressão de longa duração (LTD, na sigla em inglês para *long term depression*), ambas submetidas a intensa pesquisa desde a descrição original da LTP, por Tim Bliss e Terje Lomo no hipocampo[13] (**Figuras 2.1A** e **2.1B**), e da LTD, por Masao Ito e seus colaboradores no cerebelo[14]. Na verdade, sua importância como bases subcelulares da memória e da aprendizagem foi antecipada por Santiago Ramon y Cajal[15], no século 19, e por Donald Hebb[16], nos anos 1940, épocas em que a existência das sinapses podia apenas ser inferida, sem comprovação, por falta do instrumento adequado, o microscópio eletrônico. O que Bliss e Lomo descobriram é que após uma estimulação de alta frequência em uma fibra colateral específica no hipocampo, a amplitude dos potenciais pós-sinápticos no neurônio seguinte conectado permanece alta durante um certo período (em geral, minutos, com menos frequência, horas, ou mesmo mais) mesmo quando estímulos mais fracos são aplicados subsequentemente. É como se a sinapse se tornasse mais eficiente para transmitir informação, e com isso o neurônio pós-sináptico mantivesse viva durante um certo tempo a informação sobre o primeiro estímulo, o mais forte, respondendo com maior amplitude aos subsequentes, mais fracos. O mesmo fenômeno foi descrito em muitas outras regiões do cérebro, incluindo o córtex cerebral, e passou a ser interpretado então como uma propriedade geral das sinapses excitatórias, que representaria o principal mecanismo da memória no cérebro. Masao Ito e seus colaboradores, por outro lado, descobriram que, associando dois estímulos aplicados a duas fibras nervosas diferentes que convergem a um único neurônio no cerebelo, o resultado obtido consistia numa depressão (redução) do potencial pós-sináptico desse neurônio (a LTD), que durava algum tempo do mesmo modo que a LTP. Assim como a LTP, a LTD também foi descrita em outras regiões[17,18], incluindo o hipocampo e o córtex cerebral. Tanto a LTP como a LTD representam mecanismos interativos e opostos que modulam a eficácia sináptica, e assim contribuem para uma melhor sintonia do seu processamento e armazenamento. Juntos, ambos provêm a memória de flexibilidade, facilitando a aprendizagem de informações novas capazes de substituir as antigas que se tornaram obsoletas, que provaram-se errôneas ou adquiriram conteúdo estressante[18].

A principal questão em torno da potenciação e da depressão de longa duração, como possíveis mecanismos biológicos da aprendizagem e da memória, é que são fenômenos eletrofisiológicos, que necessariamente se dissipam após um período relativamente curto. Então, como poderíamos explicar a memória de longa duração que ocorre como resultado da aprendizagem?

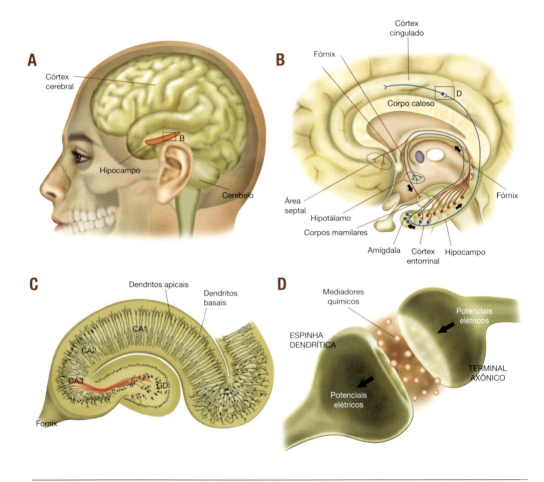

▶ **Figura 2.1** O hipocampo (**A**) é uma das regiões importantes na consolidação das memórias e, portanto, crucial na aprendizagem. Sua estrutura microscópica (**B**) é composta por milhões de neurônios de tipo piramidal em diversas sub-regiões: CA1 (*cornu ammonis* 1), CA2, CA3 e GD (giro denteado). Os neurônios emitem fibras que saem do hipocampo pelo fórnix para outras áreas do cérebro (**C**), cada uma delas desempenhando uma função específica na aprendizagem. Em cada contato entre neurônios (**D**), a informação é transmitida eletroquimicamente através das sinapses.

Capítulo 2 — Neuroplasticidade – O Cérebro em Constante Mudança

Como é possível que um fenômeno elétrico tão frágil possa ser convertido em um traço estável de memória, capaz de ser recuperado a qualquer momento que a pessoa dele necessite?

Tem-se demonstrado que os mecanismos de armazenamento de longa duração envolvem enzimas como as proteínas-cinases e as fosfatases (as que fosforilam e desfosforilam outras proteínas, respectivamente[19,20]), e até também as proteases (as que quebram as proteínas em moléculas menores, peptídeos[21]). Essas enzimas podem atuar localmente no aparelho sináptico, ou mover-se ao núcleo neuronal[22] e aí regular a transcrição de DNA[11]. O processo resulta em mobilização da maquinaria genética de modo a iniciar a síntese de novas proteínas. A partir do núcleo, então, RNAs mensageiros e proteínas recém-sintetizados são transportados às sinapses originalmente ativadas, que passam então a ser "carimbadas" pela informação sináptica previamente transmitida[23]. Na sequência, essas proteínas aumentam a adesão entre neurônios conectados, multiplicam o número de sinapses entre eles, e assim estabilizam no cérebro a informação original[24], tornando-a duradoura.

Pelo uso constante desse e de outros mecanismos similares, um neurônio torna-se capaz de aprender. Isso significa que ele é capaz de capturar informação de outros neurônios, e armazená-la durante algum tempo. Eventualmente, a informação armazenada transforma-se em comandos derivados desse neurônio, para alcançar outros em diferentes locais do cérebro.

Circuitos aprendizes

Neurônios são capazes de aprender, mas não o fazem sozinhos. Não são apenas esses dois neurônios sinapticamente conectados já mencionados, que estão envolvidos nas mais simples formas de aprendizagem, mas um bom número deles. Estabelecem circuitos com muitos outros neurônios, e com células gliais[25,26], e são esses circuitos multicelulares (**Figura 2.1C**) que se tornam o repositório básico da informação armazenada, característica da aprendizagem.

Um neurônio típico do hipocampo ou do córtex cerebral, por exemplo, possui um longo e profusamente ramificado prolongamento apical (**Figura 2.1B**), além de prolongamentos basais orientados radialmente (ambos denominados *dendritos*), cujos ramos são cobertos com um grande número de protrusões chamadas *espinhas*[27]. Cada espinha (**Figura 2.1D**) é um lócus sináptico, recebendo uma ou mais sinapses excitatórias formadas por fibras de outros neurônios[28]. No polo oposto do dendrito apical, o neurônio estende uma única fibra de saída (o axônio), que pode estender-se a longa distância no cérebro, mas que costuma emitir um certo número de ramificações locais que irradiam para trás e arborizam nas redondezas de sua própria árvore dendrítica.

Esse arranjo significa que um único neurônio recebe informação de milhares de outros, e se retroalimenta e aos neurônios vizinhos com cópias dos seus comandos de saída. Um único neurônio cortical, portanto, não está só, mas estabelece uma circuitaria complexa pela qual a informação é ativamente transmitida, e onde ocorrem os mecanismos de neuroplasticidade. Um pequeno volume de um milímetro cúbico de neocórtex pode alojar algumas centenas de milhares de neurônios, e até 150 milhões de sinapses[29]. Além disso, módulos neuronais (*i.e.*, colunas) têm sido frequentemente identificados estrutural e funcionalmente, seja com uma composição celular homogênea[30] ou heterogênea[31]. Esses módulos são considerados unidades processadoras do cérebro, nas quais existem circuitos canônicos capazes de realizar computações similares[32]. Tudo indica que eles representam um microcircuito unitário de processamento de memória no cérebro.

Além dos módulos com sua composição celular adquirida durante o desenvolvimento, em algumas regiões envolvidas com aprendizagem há precursores neuronais em nichos específicos, que proliferam para gerar novas populações de neurônios, não apenas durante o desenvolvimento, mas também na vida adulta. Esse fenômeno é chamado *neurogênese*, o que significa a produção de novos neurônios por células-tronco situadas nas redondezas, e tem sido relatado no giro denteado do hipocampo (GD, na **Figura 2.1B**) não apenas de roedores experimentais[33,34], mas

Ciência para educação: uma ponte entre dois mundos

também em seres humanos[35]. Outras regiões, como o córtex cerebral, têm sido objeto de muita controvérsia a respeito da existência ou não de neurogênese adulta em animais não humanos[36,37], o que não foi confirmado em humanos[38]. De todo modo, demonstrou-se que os novos neurônios migram para o lugar certo no giro denteado do hipocampo, diferenciam-se, e se integram aos circuitos que fazem parte dos mecanismos da memória[39]. Assim, a proliferação neuronal mantida durante a vida adulta é um dos mecanismos que podem explicar a aprendizagem nos níveis celular e multicelular de sua expressão. E, além disso, a aprendizagem por si só ativa a neurogênese[40], o que cria um ciclo virtuoso capaz de otimizar esse fenômeno.

As modernas tecnologias disponíveis para identificar neurônios ativos no cérebro de roedores, como a optogenética, permitiram uma comprovação positiva da existência de conjuntos neuronais aprendizes, especificamente relacionados com a aquisição e recuperação da memória de medo[41]. A optogenética permite que os neurônios emitam uma fluorescência colorida quando ativos, tornando-os visíveis ao microscópio no animal vivo. Demonstrou-se que alguns conjuntos neuronais fluorescentes representam os circuitos ativados durante a aprendizagem, já que podem ser reativados por fotoestimulação na mesma circunstância da aprendizagem original, e assim associados à recuperação (lembrança) da informação previamente armazenada neles. Representariam, assim, o engrama da memória, isto é, o traço específico da memória armazenado no cérebro após uma experiência de medo vivida pelo animal[42].

A neuroplasticidade de circuitos envolve não apenas a combinação de LTP e LTD, mas também rearranjos estruturais que resultam da regulação da expressão gênica, como já descrito. Novas espinhas dendríticas podem surgir após a indução de plasticidade[43], enquanto as espinhas existentes podem aumentar de tamanho, retrair-se, ou assumir uma morfologia particular ("espinhas-cogumelos") associadas à plasticidade e à consolidação da memória[44,45].

As células gliais, sobretudo aquelas chamadas astrócitos, exercem um papel importante na expansão e delimitação do território desses circuitos. São estrategicamente posicionadas nos circuitos neuronais de modo a acoplar as sinapses em um amplo domínio espacial capaz de armazenar uma quantidade de informação muito maior do que permitiriam as vias unidirecionais de comunicação sináptica[26]. Estima-se que um único astrócito no córtex cerebral humano seja capaz de integrar o processamento de cerca de 2 milhões de sinapses[46]. Esse arranjo espacial no cérebro é considerado importante quando a aprendizagem perceptual depende do contexto que envolve o alvo percebido. As funções conhecidas dos astrócitos, de controlar as concentrações extracelulares do íon potássio, remover ou liberar neurotransmissores excitatórios de/para a fenda sináptica, e fornecer um meio de comunicação rápida por meio de junções comunicantes, são compatíveis com esse controle das redes locais, necessário para a regulação temporal do fluxo de informação[47]. Assim como para os neurônios, também foi demonstrado que os astrócitos[48] apresentam modificações estruturais após a LTP, aumentando a sua cobertura de volume dos circuitos sinápticos e provendo maior estabilidade de longo prazo aos contatos sinápticos.

Redes neurais aprendizes

Se concebidas apenas como funções dos microcircuitos cerebrais, a aprendizagem e a memória ficariam limitadas a domínios funcionais muito específicos. No entanto, cada episódio envolvendo aprendizagem em humanos requer a integração de uma enorme diversidade de funções. Considere-se, por exemplo, uma criança tentando aprender a escrever. Ela deve coordenar a postura sentada em uma carteira escolar com o movimento do braço e dos dedos, para segurar de maneira adequada o lápis e realizar os movimentos certos sobre uma folha de papel. Além disso, deve controlar seu desempenho visualmente, escutar e responder às orientações da professora, compreender o seu significado, pensar sobre eles e transformar seus pensamentos em palavras escritas. Praticamente, todos os domínios funcionais do cérebro são envolvidos nessa tarefa.

Capítulo 2   Neuroplasticidade – O Cérebro em Constante Mudança

Portanto, fica evidente que a aprendizagem envolve não apenas neurônios e sinapses isoladas, e não apenas circuitos neurogliais dentro de um módulo cerebral, mas um conjunto de diferentes áreas cerebrais que compõem redes[49]. As áreas cerebrais são conectadas por longos feixes de substância branca (**Figura 2.2A**), e, desse modo, se desejamos compreender os mecanismos de plasticidade em comportamentos complexos, devemos levar em consideração a possibilidade de que estes ocorrem também envolvendo essas longas vias neurais, e não apenas os pequenos módulos, um conceito que denominamos *plasticidade de longa distância*[50].

Redes funcionais são encontradas no cérebro humano, sincronicamente ativas mesmo na ausência de quaisquer tarefas específicas (**Figura 2.2B**), como é o caso da *rede default* (DMN[51]), registrada quando sujeitos humanos são levados ao equipamento de ressonância magnética funcional (RMf) e registrados sem qualquer tarefa específica em mente. A DMN é muito consistente entre diferentes sujeitos, e supõe-se que represente uma rede devotada a pensamentos divagantes[52].

Estudos realizados com redes cerebrais envolvidas em tarefas de aprendizagem têm-se multiplicado em anos recentes, após o aperfeiçoamento das técnicas morfológicas e funcionais de neuroimagem[9]. A maioria dos trabalhos compara sujeitos que aprendem uma certa habilidade, como tocar um instrumento musical, realizar uma prática esportiva, e outras tarefas, com sujeitos sem treinamento similar. Muitas diferenças morfológicas e funcionais em áreas cerebrais específicas têm sido descritas e atribuídas ao treinamento. A maioria desses trabalhos são estudos ditos transversais: os sujeitos são analisados em uma determinada idade após uma certa quantidade de treinamento, e comparados com outros sujeitos de características semelhantes, mas não submetidos ao treinamento em questão (controles). No entanto, como se pode ter certeza que os sujeitos "treinados" na verdade não nasceram com áreas cerebrais diferenciadas que permitiram que se desempenhassem com eficiência nessas tarefas? O que é causa, o que é consequência? O padrão-ouro para conclusões mais robustas são os estudos longitudinais, pelos quais os sujeitos são examinados em pontos temporais em sequência ao longo do treinamento, ou pelo menos antes e depois do treinamento. Por sorte, embora poucos estudos desse tipo estejam disponíveis até o momento, os que existem certificam que o treinamento induz alterações plásticas no cérebro. Isso é verdade para a prática musical[53] e a audição musical[54], bem como a acrobacia[55], a prática de futebol americano[56], a dança[57], e outras tarefas, sendo demonstrado tanto em humanos como em roedores[58].

Esses estudos contribuíram para identificar as áreas cerebrais corticais e os feixes de substância branca que podem ser modificadas pela aprendizagem de diferentes tarefas. Elas representam, portanto, um esforço "cartográfico" que identifica as regiões cerebrais ativas e modificadas para cada tipo de treinamento.

Abordagem mais completa é aquela que consegue mostrar regiões cerebrais (redes) em atividade cooperativa, ou ao menos sincronizada, durante tarefas específicas relacionadas com a aprendizagem. Um exemplo interessante é a "rede parietal da memória" proposta por Adrian Gilmore e colaboradores[49]. Outros estudos[59,60] demonstraram que as regiões que fazem parte dessa rede apresentam atividade sincronizada detectada por RMf. Além disso, grandes levantamentos da literatura especializada (meta-análises) revelaram que essas mesmas regiões, conjuntamente, são relacionadas por sua atividade com a capacidade de recuperar memórias[61], isto é, com a capacidade de reconhecer itens aprendidos no passado, comparados a itens recém-aprendidos. Pode-se concluir que esse conjunto de regiões representa uma rede de recuperação de memórias (lembranças) no cérebro humano. Um trabalho recente realizado por nosso grupo[62] adicionou mais componentes aos circuitos da memória, revelando um papel inesperado para a *rede default* (DMN) na recuperação de memórias autobiográficas emocionais (**Figura 2.2C**), ampliando sua abrangência funcional, em relação ao descrito anteriormente.

Diversas redes foram identificadas, para diferentes tarefas, incluindo funções de alta complexidade com determinação cultural, como a leitura, a escrita e a aritmética[63]. Redes para essas funções complexas são particularmente interessantes, porque não podem ser explicadas pela seleção natural: a linguagem escrita é uma aquisição bastante recente (cerca de 5.500 anos) da cultura humana, e a aritmética é ainda mais recente (cerca de 2.500 anos), períodos de tempo muito curtos para que as pressões biológicas seletivas pudessem exercer alguma ação. Por essa razão, são consideradas produtos da cultura, e, portanto, aprendidas durante o desenvolvimento pós-natal da criança[63] – um resultado, sem dúvida, decorrente da neuroplasticidade. Na vida adulta, um conjunto de regiões corticais no hemisfério esquerdo é consistentemente ativado quando indivíduos são solicitados a ler com registro simultâneo de neuroimagem por ressonância magnética. Em crianças muito novas (ainda aprendendo a ler), dados eletrofisiológicos[64] mostraram que a função da leitura é bilateral, inicialmente, tornando-se unilateral (em geral, no hemisfério esquerdo) mais tarde, depois que a escolarização permite a aquisição da competência de leitura por esses alunos. É interessante observar que certos componentes dessa rede são ativados por outras funções (p.ex. o reconhecimento de faces) em adultos analfabetos[65], o que significa que a plasticidade é determinante nesse caso, já que as mesmas regiões corticais podem ser "ocupadas" tanto pelo reconhecimento de faces como pelo reconhecimento de grafemas quando a aprendizagem da leitura ocorre. Além disso, a rede da leitura é consistente em várias culturas, com topografia semelhante nos cérebros de leitores dos alfabetos chinês, japonês e romano[66]. Deve-se notar, nesse contexto, que a leitura é uma função complexa que envolve não apenas um componente perceptual especializado em identificar grafemas[67], mas também outros encarregados de coordenar os movimentos oculares e o foco atencional[68]. Essa é a razão pela qual muitas regiões corticais são ativadas simultaneamente quando uma tarefa de leitura é apresentada a sujeitos durante a aquisição de neuroimagem por ressonância magnética funcional.

A interpretação mais aceita para as redes funcionais é que as regiões sincronizadas são conectadas anatomicamente por feixes de fibras nervosas, direta ou indiretamente. Portanto, é concebível encará-los como circuitos de longa distância formados durante o desenvolvimento e sujeitos à plasticidade induzida pelo ambiente. Em consonância com essa visão, acredita-se que os complexos cérebros dos mamíferos podem ter adquirido, durante a evolução, uma conectividade estrutural e funcional altamente eficiente (*conectoma*) que possibilita inúmeros arranjos em rede[69].

Deste modo, circuitos de longa distância na substância branca compõem um importante setor deste conectoma cerebral (**Figura 2.2B**). Esse setor é formado por grandes quantidades de fibras nervosas, todas elas conectando neurônios a diferentes distâncias. A substância branca difere da substância cinzenta, por que nesta há muitos corpos neuronais agrupados nos módulos já mencionados. A substância branca, por outro lado, inclui as fibras desses neurônios, dirigidas a uma multiplicidade de áreas cerebrais, e aloja os principais canais de transmissão de informação entre neurônios a distância.

Podemos tomar o exemplo do corpo caloso (**Figura 2.2C**). Esse enorme feixe de fibras conecta especificamente um hemisfério cerebral com o outro[70]. Acredita-se que contenha cerca de 200 milhões de fibras[71], interconectando regiões corticais em diferentes domínios funcionais: visual, auditivo, emocional, cognitivo, mnemônico, e muitos outros. O corpo caloso começa a ser formado em humanos por volta das 12 semanas de gestação, simultaneamente com outros feixes da substância branca[72]. Os mecanismos que governam a complexa capacidade das fibras individuais – calosas e todas as outras – de alongar-se na direção certa fazendo voltas e emitindo ramos, até encontrar os alvos precisos após uma longa trajetória no cérebro, começam a se tornar conhecidos em detalhe[73,74]. O crescimento orientado dos axônios envolve grande número de pistas moleculares e celulares expressas nos lugares certos, nos momentos certos. Esse é o caso das fibras calosas, que emergem de alguns neurônios piramidais no córtex cerebral de cada hemisfério, crescem para formar a substância branca subjacente, onde se bifurcam ou fazem a curva diretamente em direção ao plano mediano[75] e, cruzando aí, recomeçam a jornada até terminarem nas regiões homotópicas simétricas no hemisfério oposto[74].

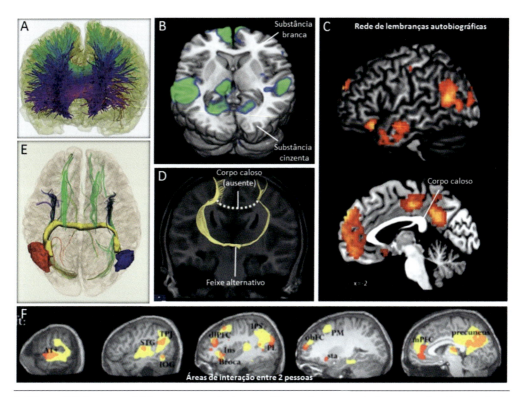

▶ **Figura 2.2.** Imagens obtidas por ressonância magnética podem reconstruir as conexões da substância branca do córtex cerebral, como é o caso das fibras do corpo caloso (**A**). Também é possível registrar as áreas cerebrais que funcionam sincronizadamente (representadas em verde, em **B**), mesmo quando o indivíduo se encontra em repouso mental (rede *default*). Quando uma tarefa complexa é solicitada, uma rede diferente é ativada (em vermelho, em **C**). Pessoas que sofrem desvios do desenvolvimento podem apresentar conexões alternativas que substituem as normais, como o corpo caloso (**D**), o que gera um conectoma bastante diverso do normal (**E**). Finalmente, duas pessoas que interagem apresentam atividade em regiões homólogas em seus cérebros (em laranja e amarelo, em **F**). Créditos: Imagens em D e F reproduzidas de Tovar-Moll e colaboradores (ref.50); imagens em C reproduzidas de Bado e colaboradores (ref. 62); imagens em F reproduzidas de Stephens e colaboradores (ref. 87), com a devida permissão.

Fibras calosas capacitam os seres humanos (e em certa medida também os mamíferos placentários não humanos) a realizar complexas interações entre os dois lados do corpo, além de intercomunicar regiões do cérebro em cada um dos hemisférios, que parecem semelhantes mas funcionam diferente[76]. É por meio do corpo caloso que somos capazes de associar a fala à prosódia[77], por exemplo. Fala pode ser definida como a capacidade de transmitir ideias por meio de sons produzidos por algumas das estruturas anatômicas que temos na laringe e na face. A fala quase sempre transmite um significado racional que deriva de nossos pensamentos. No entanto, é modulada pelas emoções, de tal modo que algumas vezes o significado frio e racional de uma frase se modifica inteiramente. Pensem em um "sim" e um "não". Todos já experimentamos situações de vida em que um "sim" na verdade significou "não", e outras em que um "não" significou "sim". Esse tipo de modulação emocional do significado da fala é produzido pela entonação dela, pela mímica facial, e pelos gestos das mãos e do corpo que acompanham os sons da fala. É claro que o interlocutor precisa saber decodificar tanto a fala quanto a prosódia, e o faz utilizando a sua própria percepção, bem como a sua memória de vida, e as circunstâncias sociais de contorno.

Ciência para educação: uma ponte entre dois mundos

Tanto a fala como a prosódia são lateralizadas no cérebro, em geral a primeira à esquerda, e a segunda à direita. Quando alguém fala, é necessário integrar a prosódia com a fala, isto é, as redes do hemisfério esquerdo com as do direito. Essa é uma típica função do corpo caloso[77].

As fibras calosas usualmente empregam o neurotransmissor excitatório glutamato para estabelecer comunicação com os neurônios pós-sinápticos no hemisfério oposto. No entanto, na maioria das vezes, os neurônios calosos se conectam a neurônios pós-sinápticos GABAérgicos, que são inibitórios. Desse modo, em geral, o efeito final da ativação calosa é a inibição da área cortical homotópica do lado oposto[78]. A intensidade da inibição inter-hemisférica tem sido fortemente associada à aprendizagem e à neuroplasticidade. Um exemplo dessa associação é o corpo caloso dos músicos, que apresenta efeitos inibitórios mais fortes sobre o hemisfério oposto, do que acontece com os indivíduos não músicos. Dentre os músicos, além disso, o efeito é maior para os violinistas do que para os pianistas[79]. Exemplo mais drástico de plasticidade calosa é a que acontece em indivíduos amputados de um membro, que muitas vezes apresentam a síndrome do membro fantasma (sensações somáticas, inclusive dor, vivenciadas como se fossem originárias do membro ausente). Foi demonstrado que, provavelmente por falta de supressão contralateral, o mapa sensorial do corpo no hemisfério oposto à amputação é alterado, com maior representação das partes remanescentes vizinhas ao membro amputado[80]. Junto com esse fenômeno, o corpo caloso mostra sinais de desorganização microestrutural, indicando que isso pode ser relacionado com uma menor inibição que poderia causar as alterações plásticas no mapa topográfico contralateral à amputação, ou mesmo em ambos os hemisférios[81].

Outro exemplo de comunicação inter-hemisférica potencialmente sujeita a alterações plásticas de longa distância é a capacidade que todos temos de identificar um objeto colocado em uma das mãos, por palpação manual com os olhos fechados. O objeto pode ser corretamente nomeado e apontado com a mão oposta dentre um conjunto de imagens de objetos semelhantes[82].

Essas são todas funções cerebrais complexas que requerem a participação do corpo caloso, que gradualmente amadurece durante o desenvolvimento cerebral. No entanto, o que acontece quando transtornos do desenvolvimento bloqueiam o cruzamento da linha média pelas fibras do corpo caloso? Poderia se pensar que toda comunicação inter-hemisférica fosse interrompida, já que o corpo caloso não se forma. No entanto, uma situação paradoxal se apresenta, revelada por Roger Sperry[83], prêmio Nobel de Medicina ou Fisiologia, em 1981. Sperry observou, em uma mulher nascida sem o corpo caloso (disgenesia calosa), que além de ser cognitivamente normal, ela não apresentava a clássica síndrome de desconexão inter-hemisférica, típica de pacientes adultos submetidos à transecção cirúrgica terapêutica do corpo caloso[84]. Dentre diferentes hipóteses para explicar o fenômeno, uma se tornou mais relevante recentemente: a possibilidade de que feixes anômalos alternativos de comunicação entre os dois hemisférios se formem nesses cérebros, alguns deles cruzando por outras comissuras cerebrais. A disgenesia calosa, desse modo, representa um modelo interessante para avaliar a capacidade dos feixes de substância branca de modificar fortemente sua trajetória, gerando assim redes inteiramente diferentes em função da plasticidade de longa distância. De fato, nosso grupo estudou alguns desses casos, e pôde revelar uma circuitaria anômala provavelmente estabelecida por fibras calosas mal direcionadas[50,85]. Alguns dos feixes anômalos identificados nesses pacientes conectam regiões corticais homotópicas (normalmente conectadas pelo corpo caloso) envolvidas no reconhecimento de objetos, apesar de cruzarem a linha média em níveis inferiores do cérebro (**Figura 2.2D**). Demonstramos que, apesar das trajetórias anômalas, pode-se atribuir a esses feixes um papel compensatório com vistas a integrar as áreas corticais de ambos os hemisférios, devotadas ao reconhecimento de objetos, e assim permitir um desempenho normal dos pacientes nessa função. Com esses achados, sugerimos que, durante o desenvolvimento, o conectoma humano pode ser muito alterado pelo ambiente (**Figura 2.2E**), tanto quanto por determinantes genéticos, um fenômeno que denominamos *plasticidade de longa distância*[50].

Capítulo 2   Neuroplasticidade – O Cérebro em Constante Mudança

Cérebros aprendizes

Em contextos sociais, a aprendizagem ocorre entre indivíduos que interagem. Isso significa que as trocas recíprocas entre cérebros, durante a comunicação ou atividades educacionais, essencialmente operam por meio de mecanismos neuroplásticos que permitem o armazenamento, a decodificação e a modulação do conteúdo da informação trocada.

Por essa razão, os experimentos que exploram as interações entre sujeitos requerem registros simultâneos da atividade cerebral de dois (ou mais) indivíduos interagentes, e são de grande valor para compreender os mecanismos subjacentes da aprendizagem e da educação. A neurocientista alemã Silke Anders e seus colaboradores[86], por exemplo, analisaram a atividade funcional com ressonância magnética de homens solicitados a interpretar o conteúdo emocional da face gravada em vídeo de suas parceiras mulheres. Como houve grande consistência das áreas cerebrais ativadas pelas mesmas emoções entre as mulheres emissoras (de informação) e os homens receptores ("rede de emoções compartilhadas"), foi possível predizer as regiões cerebrais correspondentes relacionadas com cada apresentação emocional de faces. As apresentações de faces costumam ser associadas à fala, e fazem parte da prosódia, junto com gestos manuais e corporais, como já mencionado. Portanto, seria relevante estudar como as interações linguísticas entre professores e alunos (fala + prosódia) ocorrem no contexto educacional. Uma aproximação desse objetivo foi conseguida por Greg Stephens e colaboradores[87], que abordaram diretamente a comunicação verbal, analisando a atividade cerebral de uma pessoa que conta uma história a um gravador, em comparação com outra que ouve a história gravada. Esses autores também demonstraram que o contador e o ouvidor da história apresentam ativação coordenada de áreas cerebrais homólogas, compartilhando o mesmo espaço cerebral para a produção e a compreensão de mensagens linguísticas (**Figura 2.2F**). Essa abordagem, no entanto, ainda deixa sem resposta a importante questão de quais seriam as diferenças no processamento cerebral entre o emissor (p. ex., o professor) e o receptor (p. ex., o aluno), já que as mesmas áreas são ativadas em ambos durante a comunicação.

Outro avanço foi obtido mais recentemente[88], que permitiu discernir uma coordenação entre atividades de regiões corticais não homólogas, também. Além disso, foi possível encontrar semelhanças nos padrões do eletroencefalograma (EEG) de pessoas que escutaram as mesmas histórias, sugerindo uma correlação entre a atividade e o processamento do conteúdo das histórias pelos cérebros dos ouvintes. Registros de alta densidade (muitos eletrodos) do EEG foram empregados para melhorar a resolução espacial da técnica. Os autores concluíram que o padrão topográfico diferencial da ativação coordenada nos cérebros dos ouvintes estaria relacionado com o envolvimento de áreas associadas à recuperação de informações da memória, como outros estudos sugeriram[89]. Com base nessas análises pioneiras, um conjunto de regiões foi identificada que poderia constituir o nosso "cérebro social"[90].

A maior parte desses trabalhos são ainda limitados porque exploram a dimensão social da natureza humana registrando apenas uma pessoa por vez. Em situações interativas, no entanto, cada pessoa modifica as percepções e reações da outra em tempo real[91]. Por isso, a interação social entre pessoas e seus cérebros não são nem unívocas nem estáticas. Ao contrário, são recíprocas e altamente dinâmicas: a informação flui bidirecionalmente entre os dois cérebros interagindo, e muda continuamente suas bases funcionais e morfológicas ao longo do tempo. Portanto, para compreender os processos que requerem interações mútuas ou múltiplas, como a percepção social, as emoções sociais, a aprendizagem e a cooperação entre pessoas, são necessários novos sistemas ou metodologias que permitam a investigação da natureza dinâmica dessas interações, além do nível de mapeamento de um único cérebro[92].

A análise real de "dois cérebros" (conhecida como *hiperescaneamento*), no entanto, ainda está em fase inicial, devido às complexidades tanto para desenhar um protocolo bem controlado de

65

interação social, como para realizar o processamento comparativo de sinais em tempo real dos cérebros interagindo em diferentes equipamentos operados simultaneamente. Essa nova abordagem tem-se mostrado possível, tanto utilizando EEG[93], como magnetoencefalografia[94], RMf[95], ou espectroscopia funcional quase-infravermelha (fNIRS[96]). Usando RMf, por exemplo, foi possível explorar a dinâmica das redes cerebrais de duas pessoas que não se conheciam, interagindo em tempo real uma com a outra em um jogo de confiança recíproca, enquanto se obtinham as imagens funcionais de seus cérebros simultaneamente[97]. Além disso, EEG/fNIRS foi utilizado para mapear a circuitaria cerebral de dois indivíduos interagindo em um diálogo face-a-face[98], cantando junto[96], ou tocando instrumentos musicais em grupo[99].

Em conjunto, esses estudos mostraram um interessante padrão de sincronização intercerebral (especialmente relacionado com o engajamento das redes do lobo frontal), mostrando o caráter promissor das técnicas de hiperescaneamento para compreender os mecanismos de neuroplasticidade no compartilhamento e na troca de informações entre cérebros ou pessoas[100]. Até o momento, embora explorado em contextos sociais, neuroeconômicos e emocionais, esse tipo de desenho experimental tem sido menos empregado em interações educacionais. É possível, no futuro próximo, que o avanço tecnológico torne possível registrar as redes funcionais de muitos cérebros ao mesmo tempo, em situações realistas ou semi-realistas, incluindo os contextos educacionais e de aprendizagem.

Considerações finais

Esta revisão resumida não possibilita cobrir o enorme número de contribuições nos vários níveis da neuroplasticidade, que têm impacto potencial nas práticas educacionais. Seu objetivo, no entanto, é chamar atenção para a importância de explorar esse tipo de pesquisa translacional. O cientista político americano Donald Stokes[101] propôs, em 1997, uma nova abordagem para a pesquisa translacional dirigida à saúde, cuja ênfase seria dada pela pesquisa inspirada pelo uso – o quadrante de Pasteur –, na convicção de que seria mais eficiente para conectar as ciências básicas com as aplicações práticas na saúde e na doença. Propomos aqui que uma abordagem similar seja dirigida à educação, e nesse caso a neurociência (e, em particular, a neuroplasticidade) desempenharia um papel potencialmente relevante.

Os benefícios práticos da pesquisa em neurociência dirigida à educação ainda é um tema controvertido de discussão entre neurocientistas, psicólogos[102] e educadores. De um lado, os neurocientistas argumentam que o conhecimento sobre o cérebro durante a aprendizagem pode inspirar sugestões para acelerar a alfabetização, a fluência de leitura e habilidades cognitivas, como a atenção, a resolução de problemas e outros[7]. No outro polo, os psicólogos contra-argumentam que "essa ponte é muito extensa"[5], e que a psicologia cognitiva deveria mediar as relações entre as evidências da neurociência e a prática das escolas. Em nossa visão, essa disputa territorial não é útil. Pode soar como um debate acadêmico frutífero, mas não ajuda a encurtar a distância e a construir a ponte entre os dois polos. Na verdade, acreditamos que um esforço de troca de conhecimentos e abordagens, discussões em comum e algumas aplicações experimentais poderiam ajudar a acelerar o desenvolvimento de metodologias e o aprimoramento de políticas educacionais em países desenvolvidos ou em desenvolvimento. Além do mais, poderá exercer maior impacto nos últimos, que necessitam explorar todas as possibilidades disponíveis com a máxima velocidade para alcançar níveis aceitáveis de educação de sua população. O mesmo raciocínio é válido para crianças com transtornos de aprendizagem: elas precisam de soluções que possam ser testadas rapidamente.

Alguns exemplos podem ser citados, entre muitos, como sugestões baseadas em evidências, que começam a amadurecer. O exercício físico é um desses exemplos. Mostrou-se que ele aumenta a neurogênese no hipocampo de camundongos e de seres humanos, beneficiando a cognição[103-105] e até mesmo que esse efeito é transmitido à prole quando as mães se exercitam durante a gestação[106]. A implementação de exercícios aeróbicos nas escolas, portanto, pode ser uma sugestão intuitiva para os educadores, que agora alcança uma base científica sólida. Outro exemplo é o efeito do sono na plasticidade hipocampal e na consolidação da memória. Muitos experimentos em animais e em humanos têm documentado a suprarregulação da plasticidade e melhor consolidação da memória[107,108]. Além disso, o desempenho humano em diferentes tarefas cognitivas melhora após o sono[109,110], assim como competências socioemocionais como o *insight*[111] e a criatividade[112]. Portanto, parece bem justificado sugerir aos educadores a implementação de uma soneca durante o dia na escola, como um esforço adicional para melhorar a aprendizagem. Nesses dois exemplos, a avaliação da eficácia do exercício e do sono na escola deve ser feita por psicólogos e educadores, e escalados para as redes escolares apenas depois dessas avaliações.

Em suma, abordamos muito brevemente conceitos dos vários níveis da neuroplasticidade, das moléculas aos conjuntos sociais, para ilustrar quão mutável é o cérebro que aprende em contato com o ambiente, que por sua vez é também amplo e diverso, do contexto natural até a educação socialmente estruturada nas escolas. Esses diferentes níveis coexistem, como sugerido pelo neurocientista britânico Steven Rose[10], e devem ser abordados com diferentes graus de reducionismo, mas conectados sempre que possível para alcançar uma percepção holística de todos os fenômenos envolvidos. Nossa intenção, assim, foi a de enfatizar que não apenas neurônios e circuitos são mutáveis, mas também áreas cerebrais, e cérebros inteiros em interação. Compreendendo todos esses níveis de representação, específicos mas conectados, os educadores podem se beneficiar também desses conceitos para propor, implementar, testar e mapear mudanças nos processos e metodologias educacionais.

Referências Bibliográficas

1. Klingberg T (2013) *The Learning Brain*. New York: Oxford University Press, 179 pp.
2. Bonin RP & De Koninck Y (2015) Reconsolidation and the regulation of plasticity: moving beyond memory. *Trends in Neurosciences* 38:336-344.
3. Meltzoff AN, Kuhl PK, Movellan J, & Sejnowski TJ (2009) Foundations for a new Science of Learning. *Science* 325:284-288.
4. Souchay C, Guillery-Girard B, Pauly-Takacs K, Wojcik DZ, Eustache F (2013) Subjective experience of episodic memory and metacognition: a neurodevelopmental approach. *Frontiers in Behavioral Neuroscience* 7:212.
5. Bruer JT (1997) Education and the brain: a bridge too far. *Education Research* 26:4-16.
6. Byrnes JP, Fox NA (1998) The educational relevance of research in cognitive neuroscience. *Educational Psychology Review* 10: 297-342.
7. Sigman M, Peña M, Goldin AP, Ribeiro S (2014) Neuroscience and education: prime time to build the bridge. *Nature Neuroscience* 17:497-502.
8. Friston KJ, Frith CD (2015). Active inference, communication and hermeneutics. *Cortex* 68:129-143.
9. Chang Y (2014) Reorganization and plastic changes of the human brain associated with skill learning and expertise. *Frontiers in Human Neuroscience* 8:35.
10. Rose, S. (1976). *The Conscious Brain*. New York, U.S.A.: Vintage Books, 447 pp.
11. Kandel ER (2012) The molecular biology of memory: cAMP, PKA, CRE, CREB-1, CREB-2, and CPEB. *Molecular Brain* 5:14.
12. Salazar IL, Caldeira MV, Curcio M, Duarte CB (2015) The role of proteases in hippocampal synaptic plasticity: Putting together small pieces of a complex puzzle. *Neurochemical Research* 41:156-182.
13. Bliss TV, Lomo T (1973) Long-lasting potentiation of synaptic transmission in the dentate gyrus of the anesthetized rabbit following stimulation of the performant path. *Journal of Physiology* 232:331-356.
14. Ito M, Sakurai M, Tongroach P (1982) Climbing fibre induced depression of both mossy fibre responsiveness and glutamate sensitivity of cerebellar Purkinje cells. *Journal of Physiology* 324:113-134.
15. Ramon y Cajal S (1894) La fine structure des centres nerveux. *Proceedings of the Royal Society London* 55:444-468.
16. Hebb D (1949) *The Organization of Behavior*. New York: Wiley.
17. Collingridge GL, Peineau S, Howland JG, Wang YT (2010) Long-term depression in the CNS. Nature Reviews. Neuroscience 11:459-473.
18. Connor AS, Wang YT (2015) A place at the table: LTD as a mediator of memory genesis. *The Neuroscientist* 22:359-371.

Ciência para educação: uma ponte entre dois mundos

19. Bacskai BJ, Hochner B, Mahaut-Smith M, Adams SR, Kaang BK, Kandel ER, Tsien RY (1993) Spatially resolved dynamics of cAMP and protein kinase A subunits in *Aplysia* sensory nucleus. *Science* 260:222-226.

20. Martin KC, Michael D, Rose, JC, Barad M, Casadio A, Zhu H, & Kandel ER (1997) MAP kinase translocates into the nucleus of the presynaptic cell and is required for long-term facilitation in *Aplysia*. *Neuron* 18:899-912.

21. Furini CR, Myskiw JC, Schmidt BE, Zinn CG, Peixoto PB, Pereira LD, Izquierdo I (2015) The relationship between protein synthesis and protein degradation in object recognition memory. *Behavioral Brain Research* 294:17-24.

22. Thompson KR, Otis KO, Chen DY, Zhao Y, O'Dell TJ, Martin KC (2004) Synapse to nucleus signaling during long-term synaptic plasticity: a role for the classical active nuclear import pathway. *Neuron* 44:997-1009.

23. Frey U, Morris RG (1997) Synaptic tagging and long-term potentiation. *Nature* 385:533-536.

24. Giese KP, Mizuno K (2013) The roles of protein kinases in learning and memory. *Learning and Memory* 20:540-552.

25. Diniz LP, Matias ICP, Garcia MN, Gomes FCA (2014) Astrocytic control of neural circuit formation: Highlights on TGF-beta signaling. *Neurochemistry International* 78:18-27.

26. Fields RD, Araque A, Johansen-Berg H, Lim S-S, Lynch G, Nave K-A, Nedergaard M, Perez R, Sejnowski T, Wake H (2014) Glial biology in learning and cognition. *Neuroscientist* 20:426-431.

27. Palmer LM (2014) Dendritic integration in pyramidal neurons during network activity and disease. *Brain Research Bulletin* 103:2-10.

28. Yuste R/ (2011) Dendritic spines and distributed circuits. *Neuron* 71:772-781.

29. Da Costa NM, Martin KA (2013) Sparse recognition of brain circuits: or, how to survive without a microscopic connectome. *Neuroimage* 80:27-36.

30. Rockel AJ, Hiorns RW, Powell TP (1980) The basic uniformity in structure of the neocortex. *Brain* 103:221-244.

31. Herculano-Houzel S, Collins CE, Wong P, Kaas JH, Lent R (2008) The basic nonuniformity of the cerebral cortex. *Proceedings of the National Academy of Sciences of the U.S.A.* 105:12593-12598.

32. Douglas RJ, Martin KAC (2004) Neuronal circuits of the neocortex. *Annual Reviews of Neuroscience* 27:419-451.

33. Kempermann G, Gast D, Kronenberg G, Yamaguchi M, Gage FH (2003) Early determination and long-term persistence of adult-generated new neurons in the hippocampus of adult mice. *Development* 130:391-399.

34. Ninkovic J, Mori T, Götz M (2007) Distinct modes of neuron addition in adult mouse neurogenesis. *Journal of Neuroscience* 27:10906-10911.

35. Spalding KL, Bergmann O, Alkass K. Bernard S, Salehpour M, Huttner HB, Boström E, Westerlund I, Vial C, Buchholz BA, Possnert G, Mash DC, Druid H, & Frisén J (2013) Dynamics of hippocampal neurogenesis in adult humans. *Cell* 153:1219-1227.

36. Rakic P (1985) Limits of neurogenesis in primates. *Science* 227:1054-1056.

37. Bandeira F, Lent R, Herculano-Houzel S (2009) Changing numbers of neuronal and non-neuronal cells underlie postnatal brain growth in the rat. *Proceedings of the National Academy of Sciences U.S.A.* 106:14110-14113.

38. Bhardwaj RD, Curtis MA Spalding KL, Buchholz BA, Fink D, Björk-Eriksson T, Nordborg C, Gage FH, Druir H, Eriksson PS, Frisén J (2006) Neocortical neurogenesis in humans is restricted to development. *Proceedings of the National Academy of Sciences U.S.A.* 103: 12564-12568.

39. Aimone JB, Li Y, Lee SW, Clemenson GD, Deng W, Gage FH (2014) Regulation and function of adult neurogenesis: from genes to cognition. *Physiological Reviews* 94:991-1026.

40. Opendak M, Gould E (2015) Adult neurogenesis: a substrate for experience-dependent change.

41. Liu X, Ramirez S, Pang PT, Puryear CB, Govindarajan A, Deisseroth K, Tonegawa S (2012) Optogenetic stimulation of a hippocampal engram activates fear memory recall. *Nature* 484: 381-385.

42. Liu X, Ramirez S, Redondo RL, Tonegawa S (2014) Identification and manipulation of memory engram cells. *Cold Spring Harbor Symposia on Quantitative Biology* 79:59-65.

43. Engert F, Bonhoeffer T (1999) Dendritic spine changes associated with hippocampal long-term synaptic plasticity. *Nature* 399:66-70.

44. Bourne JN, Harris KM (2007) Do thin spines learn to be mushroom spines that remember? *Current Opinion in Neurobiology* 17:381-388.

45. Bernardinelli Y, Nikonenko I, Muller D (2014) Structural plasticity: mechanisms and contribution to developmental psychiatric disorders. *Frontiers in Neuroanatomy* 8:123.

46. Oberheim NA, Wang X, Goldman S, Nedergaard M (2006) Astrocytic complexity distinguishes the human brain. *Trends in Neuroscience* 29:547-553.

47. Froes MM, Menezes JRL (2002) Coupled heterocellular arrays in the brain. *Neurochemistry International* 41:367-375.

48. Bernardinelli Y, Randall J, Janett E, Nikonenko I, Konig S, Jones EV, Flores CE, Murai KK, Bochet CG, Holtmaat A, Muller D (2014) Activity-dependent structural plasticity of perisynaptic astrocytic domains promotes excitatory synapse stability. *Current Biology* 24:1679-1688.

49. Gilmore AW, Nelson SM, McDermott KB (2015) A parietal memory network revealed by multiple MRI methods. *Trends in Cognitive Sciences* 19:534-543.

50. Tovar-Moll F, Monteiro M, Andrade J, Bramati IE, Vianna-Barbosa R, Marins T, Rodrigues E, Dantas N, Behrens TE, de Oliveira-Souza R, Moll J, Lent R (2014) Structural and functional brain rewiring clarifies preserved interhe-

mispheric transfer in humans born without the corpus callosum. *Proceedings of the National Academy of Sciences of the U.S.A.* 111:7843-7848.

51. Greicius MD, Krasnow B, Reiss AL, Menon V (2003) Functional connectivity in the resting brain: a network analysis of the default mode hypothesis. *Proceedings of the National Academy of Sciences of the U.S.A.* 100:253-258.

52. Fox KC, Spreng RN, Ellamil M, Andrews-Hanna JR, Christoff K (2015) The wandering brain: meta-analysis of functional neuroimaging studies of mind-wandering and related spontaneous thought processes. *Neuroimage* 111:611-621.

53. Hyde KL, Lerch J, Norton A, Forgeard M, Winner E, Evans AC, Schlaug G (2009) Musical training shapes structural brain development. *Journal of Neuroscience* 29:3019-3025.

54. Herdener M, Esposito F, di Salle F, Boller C, Hilti CC, Habermeyer B, Scheffler K, Wetzel S, Seifritz E, Cattapan-Ludewig K (2010) Musical training induces functional plasticity in human hippocampus. *Journal of Neuroscience* 30:1377-1384.

55. Draganski B, Gaser C, Busch V, Schuierer G, Bogdahn U, May A (2004) Neuroplasticity: changes in grey matter induced by training. *Nature* 427:311-312.

56. Sekiguchi A, Yokoyama S, Kasahara S, Yomogida Y, Takeuchi H, Ogawa T, Taki Y, Niwa S, Kawashima R (2011). Neural bases of a specific strategy for visuospatial processing in rugby players. *Medicine and Science in Sports and Exercise* 43:1857-1862.

57. Cross ES, Kraemer DJ, Hamilton AF, Kelley WM, Grafton ST (2009) Sensitivity of the action observation network to physical and observational learning. *Cerebral Cortex* 19:315-326.

58. Sagi Y, Tavor I, Hofstetter S, Tzur-Moryosef S, Blumenfeld-Katzir T, Assaf Y (2012) Learning is the fast lane: new insights into neuroplasticity. Neuron 73, this issue, 1195–1203.

59. Yeo BT, Krienen FM, Sepulcre J, Sabuncu MR, Lashkari D, Hollinshead M, Roffman JL, Smoller JW, Zöllei, L, Polimeni JR, Fischl B, Liu H, Buckner RL (2011) The organization of the human cerebral cortex estimated by intrinsic functional connectivity. *Journal of Neurophysiology* 106:1125-1165.

60. Shirer WR, Ryali S, Rykhlevskaia E, Menon V, Greicius MD (2012) Decoding subject-driven cognitive states with whole-brain connectivity patterns. *Cerebral Cortex* 22:158-165.

61. Kim H (2013) Differential neural activity in the recognition of old versus new events: an activation likelihood estimation meta-analysis. *Human Brain Mapping* 34:814-836.

62. Bado P, Engel A, de Oliveira Souza R, Bramati IE, Paiva FF, Basilio R, Sato JR, Tovar-Moll F, Moll J (2014) Functional dissociation of ventral frontal and dorsomedial default mode network components during resting state and emotional autobiographical recall. *Human Brain Mapping* 35:3302-3313.

63. Dehaene S, Cohen L (2007) Cultural recycling of cortical maps. *Neuron* 56:384-398.

64. Maurer U, Brem S, Kranz F, Bucher K, Benz R, Halder P, Steinhausen HC, Brandeis D (2006) Coarse neural tuning for print peaks when children learn to read. *Neuroimage* 33:749-758.

65. Dehaene S, Pegado F, Braga LW, Ventura P, Nunes Filho G, Jobert A, Dehaene-Lambertz G, Kolinsky R, Morais J, Cohen L (2010). How learning to read changes the cortical networks for vision and language. *Science* 330:1359-1364.

66. Bolger DJ, Perfetti CA, Schneider W (2005) Cross-cultural effect on the brain revisited: universal structures plus writing system variation. *Human Brain Mapping* 25:92-104.

67. Jobard G, Crivello F, Tzourio-Mazoyer M (2003) Evaluation of the dual route theory of reading: a metanalysis of 35 neuroimaging studies. *Neuroimage* 20:693-712.

68. Vogel AC, Church JA, Power JD, Miezin FM, Petersen SE, Schlaggar BL (2013) Functional network architecture of reading-related regions across development. *Brain and Language* 125: 231-243.

69. Sporns O, Kotter R (2004) Motifs in brain networks. *PLoS Biology* 2:e369.

70. Shen K, Misic B, Cipollini BN, Bezgin G, Buschkuehl M, Hutchinson RM, Jaeggi SM, Kross E, Peltier SJ, Everling S, Jonides J, McIntosh AR, Berman MG (2015) Stable long-range interhemispheric coordination is supported by direct anatomical projections. *Proceedings of the National Academy of Sciences of the U.S.A.* 112:6473-6478.

71. Aboitiz F, Scheibel AB, Fisher RS, Zaidel E (1992) Fiber composition of the human corpus callosum. *Brain Research* 598:143-153.

72. Rakic P, Yakovlev PI (1968) Development of the corpus callosum and cavum septi in man. *Journal of Comparative Neurology* 132:45-72.

73. Chédotal A, Richards LJ (2010) Wiring the brain: the biology of neuronal guidance. *Cold Spring Harbor Perspectives in Biology* 2:a001917.

74. Fenlon LR, Richards LJ (2015) Contralateral targeting of the corpus callosum in normal and pathological brain function. *Trends in Neurosciences* 38:264-272.

75. Garcez PP, Henrique NP, Furtado DA, Bolz J, Lent R, Uziel D (2007) Axons of callosal neurons bifurcate transiently at the White matter before consolidating na interhemispheric projection. *European Journal of Neuroscience* 25:1384-1394.

76. Gazzaniga MS (2005) Forty-five years of split-brain research and still going strong. *Nature Reviews. Neuroscience* 6:653-659.

77. Sammler D, Kotz SA, Eckstein K, Ott DV, Friederici AD (2010) Prosody meets syntax: the role of corpus callosum. *Brain* 133:2643-2655.

Ciência para educação: uma ponte entre dois mundos

78. Rock C, Apicella AJ (2015) Callosal projections drive neuronal-specific responses in the mouse auditory cortex. *Journal of Neuroscience* 35:6703-6713.

79. Vollmann H, Ragert P, Conde V, Villringer A, Classen J, Witte OW, Steele CJ (2014) Instrument specific use-dependent plasticity shapes the anatomical properties of the corpus callosum: a comparison between musicians and non-musicians. *Frontiers in Behavioral Neuroscience* 8:245.

80. Chen R, Cohen LG, Hallett M (2002) Nervous system reorganization following injury. *Neuroscience* 111:761-773.

81. Simões EL, Bramati I, Rodrigues E, Franzoi A, Moll J, Lent R, Tovar-Moll F (2012) Functional expansion of sensorimotor representation and structural reorganization of callosal connections in lower limb amputees. *Journal of Neuroscience* 32:3211-3220.

82. Reed CL, Klatzky RL, Halgren E (2005) What vs. where in touch: an fMRI study. *Neuroimage* 25:718-726.

83. Saul RE, Sperry RW (1968) Absence of commissurotomy symptoms with agenesis of the corpus callosum. *Neurology* 18:307.

84. Sperry RW (1968) Hemisphere deconnection and unity in conscious awareness. *American Psychologist* 23:723-733.

85. Tovar-Moll F, Moll J, de Oliveira-Souza R, Bramati I, Andreiuolo PA, Lent R (2007) Neuroplasticity in human callosal dysgenesis: a diffusion tensor imaging study. *Cerebral Cortex* 17:531-541.

86. Anders S, Heinzle J, Weiskopf N, Ethover T, Haynes JD (2011) Flow of affective information between communicating brains. *Neuroimage* 54:439-446.

87. Stephens GJ, Silbert LJ, Hasson U (2010) Speaker-listener neural coupling underlies successful communication. *Proceedings of the National Academy of Sciences of the U.S.A.* 107:14425-14430.

88. Kuhlen AK, Allefeld C, Haynes JD (2012) Content-specific coordination of listeners' to speakers' EEG during communication. *Frontiers in Human Neuroscience* 6:266.

89. Amodio DM, Frith CD (2006) Meetings of minds: the medial frontal cortex and social cognition. *Nature Reviews. Neuroscience* 7:268-277.

90. Frith CD (2007) The social brain? *Philosophical Transactions of the Royal Society of London Biological Sciences* 362:671-678.

91. Konvalinka I, Roepstorff A (2012) The two-brain approach: how can mutually interacting brains teach us something about social interaction? *Frontiers in Human Neuroscience* 6:215.

92. McCabe K, Houser D, Ryan L, Smith V, Trouard T (2001) A functional imaging study of cooperation in two-person reciprocal exchange. *Proceedings of the National Academy of Sciences of the U.S.A.* 98:11832-11835.

93. Astolfi L, Toppi J, Fallani FV, Vecchiato G, Cincotti F, Wilke CT, Yuan H, Mattia D, Salinari S, He B, Babiloni F (2011) Imaging the social brain by simultaneous hypoerscanning during subject interaction. *IEEE Intelligence Systems* 26:38-45.

94. Hirata M, Ikeda T, Kikuchi M, Kimura T, Hiraishi H, Yoshimura Y, Asada M (2014) Hyperscanning MEG for understanding mother-child cerebral interactions. *Frontiers in Human Neuroscience* 8:118.

95. Montague PR, Berns GS, Cohen JD, McClure SM, Pagnoni G, Dhamala M, Wiest MC, Karpov I. King RD, Apple N, Fisher RE (2002) Hyperscanning: simultaneous fMRI during linked social interactions. *Neuroimage* 16:1159-1164.

96. Osaka N, Minamoto T, Yaoi K, Azuma M, Shimada YM, Osaka M (2015) How two brains make one synchronized mind in the inferior frontal cortex: fNIRS-based hyperscanning during cooperative singing. *Frontiers in Psychology* 6:1811.

97. Krueger F, McCabe K, Moll J, Kriegeskorte N, Zahn R, Strenziok M, Heinecke A, Grafman J (2007) Neural correlates of trust. *Proceedings of the National Academy of Sciences of the U.S.A.* 104:20084-20089.

98. Jiang J, Dai B, Peng D-L, Zhu C-Z, Liu L, Lu, C-M (2012) Neural synchronization during face-to-face communication. *Journal of Neuroscience* 32:16064-16069.

99. Lindenberger U, Li S, Gruber W, Muller V (2009) Brains swinging in concert: cortical phase synchronization while playing guitar. *BMC Neuroscience* 10:22.

100. Liu T, Pelowski M (2014) Clarifying the interaction types in two-person neuroscience research. *Frontiers in Human Neuroscience* 8:276.

101. Stokes DE (1997) *Pasteur's Quadrant – Basic Science and Technological Innovation*, Washington: Brookings Institution Press.

102. Bowers JS (2016) The practical and principled problems with educational neuroscience. *Psychological Review* 123:600-612.

103. Van Praag H, Kempremann G, Gage FH (1999) Running increases cell proliferation and neurogenesis in the adult mouse dentate gyrus. *Nature Neuroscience* 2:266-270.

104. Pereira AC, Huddleston DE, Brickmann AM, Sosunov AA, Hen R, McKhann GM, Sloan R, Gage FH, Brown TR, Small SA (2006) An *in vivo* correlate of exercise-induced neurogenesis in the adult dentate gyrus. *Proceedings of the National Academy of Sciences of the U.S.A.* 104:5638-5643.

105. Erickson KI, Voss MW, Prakash RS, Basak C, Szabo A, Chaddock L, Kim JS, Heo S, Alves H, White SM, Wojcicki TR, Mailey E, Vieira VJ, Martin SA, Pence BD, Woods JA, McAuley E, Kramer AF (2011) Exercise training increases size of hippocampus and improves memory. *Proceedings of the National Academy of Sciences of the U.S.A.* 108:3017-3022.

106. Gomes da Silva S, Almeida AA, Fernandes J, Lopim GM, Cabral FR, Scerni DA, Oliveira-Pinto AV, Lent R, Arida RM (2016) Maternal exercise during pregnancy increases BDNF levels and cell numbers in the hippocampal formation but not in the cerebral cortex of adult rat offspring. *PLoS ONE* 11(1):30147200.
107. Diekelmann S, Born J (2010) The memory function of sleep. *Nature Reviews. Neuroscience* 11:114-126.
108. Ribeiro S (2012) Sleep and plasticity. *Pflugers Archiv – European Journal of Physiology* 463:111-120.
109. Wamsley EJ, Tucker MA, Payne JD, Stickgold R (2010) A brief nap is beneficial for human route-learning: The role of navigation experience and EEG spectral power. *Learning and Memory* 17:332-336.
110. Beijamini F, Pereira SIR, Cini FA, Louzada FM (2014) After being challenged by a video game problem, sleep increases the chance to solve it. *PLoS ONE* 9(1):e84342.
111. Wagner U, Gais S, Haider H, Verleger R, Born J (2004) Sleep inspires insight. *Nature* 427:352-355.
112. Ritter SM, Strick M, Bos MW, van Baaren RB, Dijksterhuis A (2012) Good morning creativity: task reactivation during sleep enhances beneficial effect of sleep on creative performance. *Journal of Sleep Research* 21:643-647.

Educação Infantil

Avanços e Desafios para o Futuro Próximo

Felipe Maia Polo[1] e Daniel Santos[1]

Palavras-chave: Educação; Infância; Benefícios; Prioridade, Brasil.

Resumo

Este capítulo tem o objetivo de apresentar os desenvolvimentos recentes na agenda científica relacionada com a importância da educação infantil como vetor de desenvolvimento da criança, indicando como o Brasil se insere nesse contexto. É dividido em cinco seções principais: (i) Introdução; (ii) Por que priorizar a educação infantil?; (iii) A educação infantil no mundo em meados da década de 2010; (iv) Uma visão sobre o Brasil; e (v) Conclusão. Após introduzir brevemente o leitor ao campo da educação infantil, o texto busca argumentos em vários campos do conhecimento para embasar a importância da educação precoce. Nas seções (iii) e (iv), os autores dão uma visão a respeito da situação da educação infantil no mundo e no Brasil, além de trazerem informações de benefícios provenientes da frequência a programas educacionais na infância, como, por exemplo, melhores salários e saúde na maioridade.

Afiliações:
[1]Faculdade de Economia, Administração e Contabilidade de Ribeirão Preto, Universidade de São Paulo

Ciência para educação: uma ponte entre dois mundos

Introdução

Desde muito cedo no desenvolvimento das ciências econômicas, grande parte da atenção dos seus estudiosos se volta aos investimentos nas próprias pessoas, o que, em sua linguagem, se traduz como investimentos em Capital Humano. Com o avanço de outras áreas, como a estatística, a psicologia e a neurociência, a economia vem refinando suas teorias e análises, com o propósito de melhor entender o funcionamento dos canais pelos quais os investimentos em Capital Humano trazem maiores retornos. Há anos, cientistas de diversas áreas que estudam o desenvolvimento humano vêm deslocando suas atenções e esforços para entender quais são e como se dão os ganhos em se privilegiar, por exemplo, investimentos na primeira infância.

Investimentos em educação têm um papel fundamental no aumento do nível de Capital Humano dos indivíduos em uma sociedade. James Heckman, prêmio Nobel em Economia e especialista no assunto, aborda em um de seus artigos[1] a relação entre investimentos em Capital Humano em diferentes momentos da vida dos indivíduos e o retorno esperado para essas intervenções (**Figura 3.1**). Seus resultados apontam que "aplicar" em Capital Humano em estágios mais iniciais da vida resulta em taxas maiores de retorno, que decaem conforme a idade avança.

▶ **Figura 3.1.** Retorno para cada dólar investido[1].

Pelo gráfico da Figura 3.1, é possível extrair algumas informações valiosas a respeito da eficiência dos investimentos na educação infantil: os maiores retornos se concentram nos primeiros cinco anos de vida, o que nos diz que a sociedade tem muito a ganhar em termos de qualidade de vida se a educação infantil for priorizada. Existem diversas maneiras de se explicar o porquê dessa constatação. Essas serão abordadas com mais profundidade e atenção ao longo do texto.

Nessa linha de raciocínio, é importante mencionar que muitos estudos, internacionais e nacionais, corroboram as constatações de Heckman no que diz respeito à potencialidade de grandes ganhos com o envolvimento das crianças em programas de educação infantil, como creche e pré-escola. A frequência da criança no ensino infantil de qualidade estimula o desenvolvimento cerebral e físico da criança como um todo: aspectos cognitivos, motores e linguísticos são alguns exemplos[2,3]. Além disso, a educação infantil leva a melhores indicadores de saúde relacionados com a alimentação/nutrição e também apresenta considerável impacto no desenvolvimento socioemocional dos alunos não somente durante o ciclo escolar, mas até mesmo após o término

Capítulo 3 Educação Infantil – Avanços e Desafios para o Futuro Próximo

desse, como é o caso da diminuição de casos de depressão[4,6]. Todos esses ganhos, por um caminho indireto, podem influenciar positivamente o sucesso acadêmico, profissional e econômico dos indivíduos[7-9], o que é ponto-chave no desenvolvimento de qualquer sociedade contemporânea, dada a importância da produtividade da mão de obra nesse quesito.

O investimento em educação infantil é, portanto, de suma importância e, como será discutido adiante, sobretudo no contexto brasileiro. James Heckman ressalta que as capacidades cognitivas se cristalizam cedo[1], e que déficits cognitivos e atrasos de desenvolvimento surgidos em idades precoces são especialmente difíceis e custosos de reverter no futuro. Isso alimenta um ciclo de perpetuação da pobreza e da desigualdade social, pois crianças de famílias com menor renda têm, de maneira geral, uma infância mais vulnerável que suas contrapartes de classes sociais favorecidas. Recebem quantidades reduzidas de recursos destinados ao seu desenvolvimento e acabam por aproveitar menos as oportunidades educacionais subsequentes. Isso é, ou deveria ser, no mínimo, um grande incentivo para que o Estado, interessado na redução da pobreza e desigualdades sociais, tomasse partido e priorizasse a formulação de políticas públicas com foco em uma educação infantil de qualidade no Brasil.

O Brasil, nas últimas duas décadas, andou a largos passos no desenvolvimento de sua educação infantil, obtendo inúmeras conquistas. De acordo com dados da Pesquisa Nacional por Amostra de Domicílios (PNAD), no final da década de 1990, menos da metade das crianças com idade entre 4 e 5 anos frequentava pré-escolas e menos de 10% das crianças entre 0 e 3 anos estavam em creches. De acordo com os dados de 2014, cerca de 90% das crianças com idade apropriada estão matriculadas em pré-escolas e 30% das crianças mais novas estão em creches. Além disso, enquanto somente 20% dos professores dessas crianças tinham formação acima do ensino médio nos anos 1990, esse número já ultrapassa os 50%, de acordo com o Censo Escolar de 2015. Apesar desse avanço, contudo, ainda existem diversos problemas. Dificuldades de acesso e inclusão da população de menor renda nos programas de desenvolvimento infantil são alguns deles. Mas principalmente, a qualidade desses serviços ofertados pelo Estado é dúbia e isso pode em muito reduzir – ou até não produzir – os efeitos positivos desejados na vida futura dessas crianças.

A priorização, e consequente aprimoramento da educação infantil, parece ser um dos principais ingredientes para a prosperidade das nações, sendo essencial para o Brasil, dadas as muitas evidências científicas de que o potencial da educação sobre o desenvolvimento individual e coletivo é grande. O Brasil, que vem obtendo bons resultados no quesito inclusão, especialmente quanto à universalização do serviço, deve também se aprimorar para oferecer um ensino de maior qualidade, pois a educação infantil pode ser um forte instrumento para o avanço social e econômico do país.

O presente capítulo tem o objetivo de apresentar a evidência empírica a respeito dos elevados ganhos sociais de se investir na primeira infância – especialmente em educação infantil –, e discorrer a respeito dos argumentos que explicam o porquê de os retornos sociais associados a investimentos nessa fase da vida são tão grandes. Em seguida, mostraremos como o Brasil tem se posicionado quanto à expansão de sua política de educação infantil, quais os retornos sociais desse tipo de política nas melhores estimativas nacionais, e quais os principais obstáculos para que esse tipo de investimento atinja no país os mesmos níveis de benefício percebidos em países que adotam as melhores práticas educacionais nas creches e pré-escolas.

Por que priorizar a educação infantil?

Quando se constata que os retornos a investimentos em educação infantil são particularmente elevados, investigadores de diferentes áreas do conhecimento trazem ao menos três argumentos para explicar esse fenômeno. Em primeiro lugar, há extensa evidência de que a primeira

Ciência para educação: uma ponte entre dois mundos

infância constitui janela de oportunidades em termos de desenvolvimento. A arquitetura cerebral em construção e a maleabilidade das capacidades humanas, em geral presente nessa fase, ampliam o potencial para que políticas públicas, que melhorem o ambiente da criança, resultem em benefícios substanciais para ela e para os que com ela convivem. E apesar de a quantificação de tais benefícios na literatura, em geral, priorizar o cômputo de ganhos salariais e de condições de vida futuros, deve-se ressaltar que o espaço para melhora no bem-estar da criança durante a própria infância é também significativo, e importante resultado social que não deve ser negligenciado. Em segundo lugar, economistas, psicólogos e educadores têm documentado que o processo de aprendizado requer um esforço contínuo em oferecer à criança um contexto escolar seguro e estimulante. Defasagens surgidas na primeira infância acabam por limitar a capacidade de aprendizado nas fases posteriores da vida e torna, desse modo, a escola menos atrativa para o indivíduo. Com um trabalho influente, Flávio Cunha e coautores[10] descrevem esse fenômeno como consequência da presença de *complementaridades dinâmicas* e *autoprodutividade*[a] de habilidades no processo de aprendizado. Em terceiro lugar, e na medida em que a literatura registra que boa parte dos ganhos de desenvolvimento decorrentes da frequência à educação infantil perdura (em especial, o progresso socioemocional), investimentos realizados no início da vida tendem a elevar a qualidade do bem-estar das pessoas por um prazo relativamente maior do que os realizados em idades mais avançadas, quando o tempo de sobrevida é menor.

Janela de oportunidades

A primeira infância é uma fase notável da vida, na qual grande parte do organismo, em particular o cérebro, ainda está em formação (ver, a esse respeito, o Capítulo 2). Além da herança genética, os estímulos e oportunidades recebidos no ambiente determinam fortemente o potencial do indivíduo. Os ensinamentos da neurociência nos mostram que o contato com um ambiente rico em interações no instante em que a criança cresce ajuda a fortalecer sinapses relacionadas com comportamentos e capacidades úteis para sua vida, bem como a selecionar as sinapses menos usadas para o descarte, de modo a tornar a atividade cerebral mais eficiente (mais detalhes no Capítulo 2).

O desenvolvimento de habilidades básicas de linguagem e cognição é rápido, com particular aceleração do desenvolvimento auditivo, visual e linguístico nos primeiros cinco anos de vida [11]. Além disso, grande parte das funções cognitivas superiores se desenvolve nessa fase da vida. Isso reforça tanto a ideia de que a ausência de estímulos e desenvolvimento adequados no início da vida gera déficits que acompanharão o indivíduo ao longo de sua existência, quanto indica a dificuldade de compensar esses déficits posteriormente, quando a janela de desenvolvimento se fechou. Em um período assim, acredita-se que ações da família e do Estado que incrementem o ambiente em que a criança vive têm potencial particularmente grande de promover capacidades que serão muito importantes para o futuro do indivíduo, e a Educação Infantil é uma das principais políticas que está ao alcance da sociedade executar para auxiliar as famílias a fazê-lo.

O desenvolvimento linguístico e cognitivo nas fases mais precoces da vida tem grande influência no desenvolvimento futuro das crianças. Há diversas evidências que ligam o intenso desenvolvimento propiciado pela participação em programas de educação infantil a outros tipos de resultados positivos dos indivíduos. Muitos programas avaliados em trabalhos científicos têm impactos positivos sobre notas durante o ciclo escolar[12-16,18], levam a menor envolvimento com violência[17] e estão relacionados com melhor nutrição[5].

Alguns dos mais notáveis e mais bem documentados, como o Abecedarian Project e o High Scope/Perry Preschool, serão abordados com mais detalhes mais à frente. Além dessa gama de

---

[a] *Esses conceitos serão explicados adiante.*

benefícios, também há fortes evidências de que frequentar programas voltados à educação infantil, sejam creches ou pré-escolas, tem efeitos benéficos e duradouros sobre o desenvolvimento socioemocional das crianças[4]. Por exemplo, crianças que passaram pela educação infantil tendem a ter mais estabilidade emocional, incluindo menor probabilidade de desenvolver transtornos depressivos ou ansiedade. Também há documentação de efeitos positivos sobre estabilidade emocional e autoestima, dentre outras características importantes para a formação de uma estrutura emocional e social sólida[6].

O argumento econômico

Nas primeiras versões da Teoria do Capital Humano, elaborada por pesquisadores como Gary Becker e Yoram Bem-Porath[19,20], já se percebia ao menos um importante argumento para que o investimento em Capital Humano durante a primeira infância proporcionasse, tudo mais sendo constante, retornos maiores: o horizonte futuro de vida disponível para que o indivíduo recolhesse os frutos desse investimento seria maior.

A atenção para esse tópico, contudo, cresceu bastante depois que outro pesquisador importante na área, o já mencionado economista norte-americano James Heckman, concluiu que a ausência de atenção apropriada durante a primeira infância não apenas produz hiatos de desenvolvimento entre indivíduos nessa fase da vida, como também reduz drasticamente os potenciais ganhos que investimentos realizados posteriormente teriam sobre os mesmos. Formulando seu pensamento a partir de evidência coletada em múltiplas áreas do conhecimento, o autor concluiu que dois mecanismos operam fortemente para que isso ocorra.

Em primeiro lugar, o desenvolvimento de habilidades básicas é insumo importante para o posterior desenvolvimento de habilidades superiores. Características como as percepções sensoriais, controle inibitório e memória de trabalho, por exemplo, são centrais para o desenvolvimento do raciocínio e da linguagem, que por sua vez são imprescindíveis para o aprendizado escolar. Se nos primeiros anos de vida tais atributos não são apropriadamente promovidos, o potencial benefício que poderia ser obtido com as oportunidades futuras diminui. A esse fenômeno, o autor denomina *complementaridades dinâmicas*[1,10].

Em segundo lugar, o desenvolvimento das habilidades se retroalimenta pelo desenvolvimento das habilidades superiores. O amadurecimento da autoconfiança e do controle emocional, por exemplo, estimula maior exploração do ambiente e desenvolvimento cognitivo e emocional. Esse mecanismo é chamado de *autoprodutividade das habilidades*.

Corroborando essa abordagem, há uma grande quantidade de evidências científicas de que crianças corretamente estimuladas na primeira infância aproveitam melhor o conteúdo ensinado ao longo de todo o ciclo educacional[6,7,22-32]. Ou seja, os estímulos recebidos nesse período não apenas promovem competências e capacidades durante essa fase, como também facilitam o desenvolvimento de novas habilidades no futuro. Por outro lado, há evidências também abundantes de que os déficits cognitivos que eventualmente possam surgir nessa fase são dificilmente compensados em idades mais avançadas, por mais que haja investimento das famílias e do Estado. Portanto, a primeira infância é uma faixa etária sensível em termos de aprendizado e desenvolvimento, e a insuficiência de estímulos tem como provável consequência um menor acúmulo de Capital Humano por parte dos adultos do país.

Uma importante consequência da teoria de James Heckman é a de que a presença da autoprodutividade e das complementaridades dinâmicas faz com que, mais tarde na vida, indivíduos menos estimulados no início tenham menor benefício associado às oportunidades educacionais e de aprimoramento existentes. Desse modo, importantes dilemas políticos e sociais acabam se impondo, como, por exemplo, o de focar a maior parte dos investimentos educacionais em indivíduos que tiveram trajetória desfavorecida, contribuindo, portanto, para uma sociedade mais

Ciência para educação: uma ponte entre dois mundos

equitativa; ou de focar os esforços nos indivíduos que tiveram mais oportunidades e que com mais chance aproveitariam plenamente o investimento adicional realizado. Em diversos países, por exemplo, a alocação de bolsas universitárias reflete essa tensão. Uma escolha baseada em resultados acadêmicos privilegia com maior probabilidade aqueles que tiveram maiores investimentos ao longo da vida, e que em virtude de mais esse investimento se distanciarão ainda mais de suas contrapartes menos favorecidas. Uma escolha baseada na vulnerabilidade econômica contribui para vivermos em uma sociedade mais equânime, mas eventualmente exclui indivíduos que poderiam ter os maiores retornos a partir desse novo investimento (em termos brasileiros, esse dilema está posto não apenas na forma como diferentes tipos de bolsa são alocadas, como também na seleção de quem serão os alunos beneficiados com a gratuidade do ensino superior subsidiada pelos tributos recolhidos dos contribuintes). Na literatura econômica, esse fato recebe o nome de *dilema da escolha entre equidade e eficiência*. O investimento na educação infantil não apenas possui elevado retorno social, como também não sofre (e ainda ajuda a prevenir) o conflito entre priorizar a equidade ou a eficiência na alocação dos investimentos educacionais.

No caso brasileiro, o problema da equidade em políticas públicas destaca-se na medida em que há imensa desigualdade educacional, de renda e de oportunidades, de uma forma mais geral. Em nosso país, especialmente, a desigualdade alcança níveis alarmantes – o país tem um dos maiores Índices de Gini[b] do planeta.

Apesar do grande avanço social que o Brasil alcançou nos anos 2000, o país ainda não consegue oferecer uma educação de qualidade para todos. Pelo contrário, existem poucas instituições públicas brasileiras de ensino que têm qualidade de boa a ótima – as escolas, por exemplo, dificilmente alcançam as metas de IDEB impostas pelo INEP/MEC. No caso das escolas infantis, estudos recentes[33,34] sugerem que também existe carência de qualidade, sobretudo no caso das creches, em sua maioria oriundas do sistema de assistência social e que historicamente tiveram mais foco na saúde e nutrição do que na construção de atividades estimulantes sob o aspecto educacional.

Dados os problemas da má distribuição de oportunidades e a qualidade insatisfatória das instituições de ensino infantil no Brasil, é importante inserir na discussão um ponto-chave que traz coesão entre a educação infantil e o problema da equidade: como uma infância desprovida de estímulos impacta no futuro das pessoas e de que maneira a educação infantil poderia reverter esse quadro?

Para vivenciar uma infância saudável, a criança precisa de um ambiente seguro e estimulante, o que pode ser oferecido tanto no contexto familiar quanto na educação infantil. Nessa fase, nota-se que para grande parte dessas características, a escola pode compensar fortemente as adversidades relacionadas com o contexto familiar, tendo, portanto, um grande espaço para atuar como equalizadora de oportunidades. Por outro lado, se a escola a que crianças oriundas de ambientes familiares vulneráveis for de baixa qualidade, é provável que a desigualdade no desenvolvimento se ampliará e produzirá consequências perversas em termos tanto de equidade quanto de eficiência no futuro. A constatação de que efeitos adversos relacionados com o ambiente familiar sobre a criança podem ser compensados por estímulos na creche ou na pré-escola, por exemplo, abre margem para a busca da equidade social, ou seja, maior igualdade de oportunidade entre pobres e ricos. De fato, os investimentos nas crianças no contexto educacional podem gerar muitos benefícios. Artigos feitos pelo próprio Heckman e por outros pesquisadores[17] a partir de bases de dados longitudinais identificam bons resultados que reforçam a importância de priorizar a educação infantil – o investimento em educação básica para crianças vulneráveis de até 5

---

[b] *Trata-se de um indicador quantitativo de desigualdade em uma determinada população, criado em pelo estatístico italiano Corrado Gini (1884-1965). O índice de Gini varia entre 0 e 1, e quanto maior o índice, maior a desigualdade. De acordo com o Banco Mundial, em 2014 o Brasil tinha um índice de cerca de 50%, muito maior que o de países como a Austrália (30%), Dinamarca (25%), Japão (cerca de 40%) e Noruega (25%).*

Capítulo 3 Educação Infantil – Avanços e Desafios para o Futuro Próximo

anos de idade ajuda a reduzir a lacuna no desempenho (quanto à comparação com crianças de melhores contextos), a reduzir a necessidade de educação especial e a aumentar a probabilidade de essas crianças posteriormente terem estilos de vida mais saudáveis, além de diminuir a taxa de criminalidade e reduzir custos sociais em geral. Realmente, políticas que fornecem recursos educacionais para as crianças mais desfavorecidas produzem maior equidade social e econômica.

A educação infantil no mundo em meados da década de 2010

Dados os argumentos teóricos do motivo de se preocupar com a educação infantil, iremos abordar nesta seção como a situação da educação infantil no mundo tem evoluído e a que nível chegamos. Ademais, temos também a intenção de expor quais são as principais evidências de impacto da frequência à educação infantil sobre o desenvolvimento e resultados futuros, como desempenho escolar ou salários no mercado de trabalho.

Em relatório do Banco Mundial[35], a importância de investimentos no desenvolvimento infantil, em especial na educação infantil, é retomada de modo a reforçar conhecimentos já consolidados na literatura, mas com enfoque especial nas próprias políticas. Destaca-se, por exemplo, que US$ 1 investido em programas pré-escolares de qualidade tem como retorno algo entre US$ 6 e US$ 17 para a sociedade e que os ganhos futuros dos beneficiados são, em média, 25% maiores do que aqueles que não tiveram a oportunidade de ter maior contato com programas desse tipo. Dada a relevância do tema, é importante saber como o assunto tem evoluído ao redor do mundo, sobretudo nos países em desenvolvimento, pois são os que mais teriam ganhos em priorizar programas destinados à primeira infância.

De acordo com esse relatório, os países em desenvolvimento, no geral, expandiram o acesso à educação infantil na última década, e hoje muitas das famílias desestruturadas ou economicamente vulneráveis conseguem usufruir desse benefício. No entanto, alguns dados ainda são preocupantes: em todo o mundo, quase metade das crianças com a idade de 3 a 6 anos não participa de nenhum programa com foco na educação precoce – na África subsaariana esse percentual sobe para cerca de 80%. Ligado a esse fato, temos que mais ou menos um quarto das crianças com menos de 5 anos tem seus corpos atrofiados, devido às más condições de seu ambiente, e mal conseguem desenvolver seu cérebro apropriadamente. Os países menos desenvolvidos ainda não investem o mínimo necessário em programas de educação pré-escolar, que têm crianças menores de 6 anos como foco – países da Organização para Cooperação e Desenvolvimento Econômico (OCDE) têm seu gasto médio estimado nesses programas na ordem de 2,36% do PIB, enquanto países menos desenvolvidos investem somente um percentual próximo a 0,2% do PIB.

Alguns pontos específicos trazem à tona, em âmbito internacional, a importância de se priorizar a educação infantil. De acordo com o Banco Mundial, são eles: o baixo nível de prontidão que as crianças podem ter para iniciar o ciclo escolar; a falta de programas de alta qualidade voltados à educação infantil; a necessidade de maior geração e difusão de conhecimento a respeito da educação infantil. Os três pontos estão relacionados, entretanto não são equivalentes. É necessário maior investimento em pesquisas, como também em divulgação, voltadas ao entendimento de como se fazer políticas educacionais precoces mais eficientes, capazes de trazer os resultados desejados. Além disso, é necessário ter mais disponibilidade de capital voltado a esse segmento da educação, com profissionais bem preparados, capazes de estimular adequadamente as crianças, provendo uma educação de qualidade e que prepare os alunos para enfrentar o ciclo educacional de forma adequada. Assim, espera-se diminuir as possíveis desigualdades iniciais das crianças em seus primeiros anos escolares.

De modo geral, é possível sintetizar a situação global como alarmante ou pouco favorável para o desenvolvimento infantil. Há muita pobreza, os pais são pouco instruídos e o investimento nas fases iniciais da educação é praticamente inexistente nos países em desenvolvimento, como

Ciência para educação: uma ponte entre dois mundos

Índia, Indonésia, Jamaica e Brasil, por exemplo. Já em países econômica e socialmente desenvolvidos (Estados Unidos e Canadá, por exemplo), é possível perceber maior preocupação do Estado com a educação infantil, o que em parte é resultado das pesquisas recentes na área, responsáveis por demonstrar a grande importância do planejamento e execução de programas voltados à educação infantil de qualidade. Essas pesquisas evidenciam o grande impacto que os programas podem ter nas vidas das pessoas, dando a elas mais oportunidades de desenvolvimento, seja ele cognitivo, socioemocional, linguístico ou motor, e consequentemente promovendo maior qualidade de vida em aspectos gerais.

Evidências internacionais dos impactos da educação infantil

O escopo desta seção é abordar as relações da educação infantil com o desenvolvimento cognitivo e socioemocional dos indivíduos, além de expor impactos na vida adolescente e adulta. Os resultados documentados pela literatura são otimistas em relação à importância do impacto que uma educação infantil de qualidade tem sobre o desenvolvimento das pessoas, seja no âmbito cognitivo, socioemocional, de saúde e bem-estar. Segundo o *National Research Council* (2000) dos Estados Unidos, os três principais objetivos amplamente reconhecidos da Educação Infantil são desenvolver competências cognitivas, preparar para o aprendizado e contribuir para o desenvolvimento socioemocional.

Primeiramente, quando o assunto é o desenvolvimento cognitivo dos alunos, há certo otimismo quanto à influência dos programas de educação infantil por grande parte dos pesquisadores, sejam eles economistas, psicólogos ou neurocientistas. Estudos do tipo meta-análise[c] em geral concordam que o acesso a programas de educação infantil gera um ganho médio em desempenho escolar equivalente a mais ou menos o desenvolvimento esperado de um aluno em um ano de ensino fundamental no Brasil, tomando como base a escala SAEB[33]. Esse ganho em ter frequentado a educação infantil pode ser ainda maior quando se fala em alunos de um contexto mais vulnerável[6,26], dado que estes têm mais a ser desenvolvido relativamente àqueles que já têm um bom contexto familiar. Esse fato reforça a importância da educação infantil como instrumento redutor das desigualdades sociais. Em contrapartida, parte da literatura indica que os benefícios da educação infantil podem decrescer ou até desaparecer se não forem complementados mais tarde por investimentos em educação básica de qualidade[36,37], o que infelizmente tende a ser mais frequente precisamente nas crianças e jovens vulneráveis.

Além dos diversos registros de impacto sobre o desenvolvimento cognitivo dos alunos, uma grande quantidade de pesquisas recentes tem foco no impacto da educação infantil sobre o desenvolvimento socioemocional dos estudantes. Em geral, os estudos apontam uma melhora relativamente modesta das características socioemocionais dos alunos quando comparada à melhora obtida no desenvolvimento geral. No entanto, essa melhora parece ser mais persistente no ciclo escolar, em relação ao desenvolvimento cognitivo, tendendo a se manter ao final do ciclo educacional básico[25,38].

Dentre as dimensões socioemocionais mais investigadas e com mais indícios de ganhos, estão: autoestima, estabilidade emocional (comportamentos internalizantes e externalizantes, depressão, hiperatividade e ansiedade)[6], extroversão, sociabilidade e lócus de controle interno[33] (tendência a crer nas próprias ações como causa dos eventos ocorridos consigo, em oposição a acreditar na fortuna ou outras causas externas como as responsáveis pelos percalços e conquistas da vida).

---

[c] *Meta-análise é um tipo de revisão extensa da literatura, qualitativa e quantitativa, obedecendo a rigorosa metodologia específica que inclui análises estatísticas especialmente desenvolvidas.*

Capítulo 3 — Educação Infantil – Avanços e Desafios para o Futuro Próximo

Com relação aos benefícios advindos de programas de educação infantil, é interessante citar que grande parte dos programas avaliados são programas de pequena escala e não atendem uma grande quantidade de crianças. Em programas menores, costuma ser mais fácil fazer um estudo empírico controlado que permita obter de modo convincente uma relação causal entre a participação no tratamento e seus eventuais benefícios, mas limita a análise quando se pretende extrapolar e generalizar suas conclusões, o que em geral se pretende quando se trata de projetar o alcance de políticas públicas. Além disso, quase sempre a literatura foca em programas de alta qualidade, em que os responsáveis pela implementação desses projetos têm incentivos para obter um bom resultado e não receiam ser avaliados. Todos esses fatos combinados dificultam o cálculo do benefício real de um sistema universal de ensino infantil. Afinal, ao se avaliar somente programas selecionados pode-se superestimar seus efeitos e impactos[4].

Alguns casos notáveis

Já foram abordados alguns benefícios da educação infantil, tanto para o desenvolvimento infantil quanto para a obtenção de melhores resultados na vida adulta. No entanto, ainda é necessário entender quais são as características que fazem de uma intervenção educacional voltada à primeira infância um bom programa.

Nos Estados Unidos, há uma grande quantidade de recursos disponíveis e uma cultura muito forte de avaliação que possibilitam uma quantidade maior de experimentos e avaliações acerca da temática. Alguns deles foram aplicados em larga escala e outros apenas serviram como modelo para o melhor entendimento do assunto e a definição de programas posteriores. Os programas de maior escala são o *State Pre-kindergarten (Pre-k), Head Start* e *Early Head Start*. Já os programas-modelo mais estudados são o *Abecedarian Project, High Scope/Perry Preschool, Chicago Child-Parent Care Centers*.

State Pre-kindergarten

O *Pre-k* é um programa pré-escolar desenvolvido nas salas de aula para crianças com 5 ou menos anos de idade nos Estados Unidos desde 1922. Apesar de o programa ter a mesma denominação nos diversos estados americanos que aderiram a essa política pública, pode haver algumas peculiaridades dependendo de onde o programa está sendo implementado. Na maioria dos casos, há um misto de instituições públicas e privadas, em geral incluindo parcerias do Estado com instituições puramente privadas. Estudos que visavam verificar quais os ganhos provenientes de frequentar o *Pre-k* constataram que essa modalidade de política tem impactos positivos sobre as habilidades cognitivas das crianças, sobretudo naquelas que precedem o aprendizado da leitura e da matemática. Os ganhos maiores foram obtidos com as crianças provenientes de famílias menos favorecidas, o que é bom já que esse fato tende a diminuir as desigualdades sociais. O *Pre-K* do estado do Oklahoma, por exemplo, tem grande impacto na capacidade das crianças para identificar letras e pronunciar palavras, bem como em matemática e habilidades de ortografia. Ademais, o retorno social estimado para as unidades da Califórnia foi de US$2,62 para cada US$1,00 [39,40].

Head Start

O *Head Start* é um programa nacional que fornece à criança (3 anos ou mais) um conjunto abrangente de serviços de desenvolvimento infantil. O programa compreende crianças desfavorecidas que têm 3 e 4 anos de idade, em um esforço para quebrar o ciclo da pobreza. Agências locais, operando com subsídios federais, fornecem educação pré-escolar; cuidados de saúde mé-

Ciência para educação: uma ponte entre dois mundos

dico, odontológico e mental; serviços de nutrição; e serviços para os pais. A maioria das crianças matriculadas é pobre e 12% têm algum tipo de deficiência. A maioria das crianças recebe o programa somente no ano escolar e por meio período; no entanto, uma quantidade relevante de crianças recebe auxílio durante o ano inteiro e também algum tipo de benefício e visitas nas suas próprias casas. A qualidade das instituições varia muito entre os mais de 1.600 centros *Head Start*. Pesquisas a respeito do programa indicaram efeitos positivos (de pequena a média magnitude) em frequentar o Head Start, sobre habilidades que precedem a leitura, a escrita, a formação de vocabulário e o aprendizado da matemática no curto prazo[41,42]. Constatou-se também a diminuição de problemas comportamentais, como hiperatividade[42], menor envolvimento com criminalidade[44], menor grau de retenção e abandono escolar e gravidez na adolescência[44]. Apesar da constatação de impactos positivos, é importante ressaltar que, em alguns textos na literatura, os impactos cognitivos do Head Start desapareceram entre os negros, provavelmente por serem mais pobres e terem frequentado piores escolas posteriormente, o que acarretou essa perda[36,43]. No entanto, outros estudos indicaram que o nível de escolaridade tanto de brancos quanto de negros subiu[45].

Early Head Start

O programa *Early Head Start* é, na realidade, uma extensão do *Head Start*. O foco desse programa específico é o desenvolvimento de crianças e os serviços envolvem o público de mulheres grávidas e famílias com crianças com menos de 3 anos. Alguns dos objetivos do programa são, por exemplo, promover atendimento pré-natal, garantir que as crianças terão um desenvolvimento cognitivo e socioemocional saudável e melhorar a relação da família com a criança. As diversas instituições conveniadas oferecem serviços como visitas a domicílio e atividades no próprio prédio da instituição. Crianças que frequentaram o Early Head Start tiraram notas mais altas em avaliações padronizadas do desenvolvimento cognitivo e desenvolvimento da linguagem do que aquelas que não usufruíram do programa. Mesmo com esses ganhos, no entanto, crianças que frequentaram o *Early Head Start* tiveram desempenho abaixo das normas americanas. Outros efeitos constatados sobre as crianças que frequentaram o *Early Head Start* foram que estas se tornaram mais envolvidas com os pais, mais atentas aos objetos enquanto brincavam, além de agir com menos agressividade do que aquelas que não participaram do programa[46].

Programas-modelo

- **Abecedarian Project.** Este foi uma intervenção dos anos 1970, muito intensiva em estímulos cognitivos e que envolvia as crianças em um programa de tempo integral, o ano todo, desde muito novas até o jardim de infância. O programa tinha uma grande razão professor/alunos – entre os mais novos, havia um professor para mais ou menos três crianças e para a pré-escola, essa razão era um pouco menor, de mais ou menos seis alunos por professor – e foi complementado por visitas domiciliares durante os primeiros três anos. O custo por criança, em média, foi de 42.871 dólares[47] (valores de 2003) para o programa completo de vários anos, o que é considerada uma grande quantidade de recursos, mesmo se comparada a outros programas modelo do gênero.

- **High Scope/Perry Preschool.** Este foi um programa focado em crianças de 3 e 4 anos sob risco de insucesso escolar, que operou cinco dias por semana como um programa pré-escolar. Os professores usaram um currículo elaborado para apoiar crianças, promovendo a autoaprendizagem, e o programa, além de ser realizado no prédio escolar, também incluía visitas domiciliares semanais. Em média, havia seis crianças para cada professor e os custos do programa foram 14.830 dólares[47] (valores de 2003) por criança para um ano do programa, que tinha duração de dois anos. Apesar de formulado para promover aceleração cognitiva entre crianças com elevado risco de atraso nessa dimensão, o programa teve grande parte de seus benefícios futuros mediados pelo desenvolvimento de longo prazo nos domínios de comportamento disruptivo e sociabilidade.

- **Chicago Child-Parent Centers.** Esta iniciativa oferecia programas de meio turno em vinte centros de ensino público das escolas de Chicago. O programa pré-escolar investiu mais ou menos a quantia de 6.913 dólares[47] (valores de 2003) por criança e incluía um componente ativo de envolvimento familiar e um programa de seis semanas no verão. O programa tinha duração de dois anos.

- **Alguns resultados dos programas-modelo.** Programas do estilo dos programas-modelo apresentados geralmente têm efeitos positivos sobre os resultados escolares, incluindo redução na reprovação escolar[48] e aumento no número de alunos que terminaram o ciclo escolar, o que pode ser considerado um efeito de longo prazo. Por exemplo, 66% das pessoas que frequentaram o *Perry Preschool* tinham completado o ensino médio aos 27 anos, contrastando com 45% do grupo de controle[29].

Além desses ganhos, os programas-modelo tiveram efeitos positivos sobre a violência, ou seja, a frequência aos programas diminuiu a probabilidade de envolvimento com o crime: pessoas que frequentaram o *Perry Preschool* tinham menos probabilidade de serem presos, e aqueles que frequentaram o *Chicago Child-Parent Centers* tinham as taxas mais baixas de atividade criminal juvenil e adulta do que aqueles que estavam fora do programa[29,49].

Outro importante resultado foi a queda na taxa de gravidez na adolescência para aquelas mulheres que frequentaram o *Abecedarian Project*[39]. Para aqueles que frequentaram o *Perry Preschool,* a chance de ter uma família formada e não ter se separado do(a) parceiro(a), por exemplo, era menor do que no grupo de controle[39]. Há também outras evidências sobre ganhos, por exemplo: uma quantidade menor de pessoas precisava do assistencialismo governamental[48,49] (*Perry Preschool)*, houve redução no uso de maconha[48,49], ganhos de longo prazo no QI[48] (*Abecedarian Project*) e redução nos sintomas da depressão[49] (*Chicago Child-Parent Centers)*.

Uma maneira que economistas recorrentemente adotam na avaliação dos resultados de programas é fazer uma análise de custo-benefício, estimando qual o retorno do programa para a sociedade, dado que estes tiveram custos de desenvolvimento. Foi constatado que todos os três programas resultaram em benefícios totais que excederam os custos. O retorno, no entanto, variou entre os programas, pois para cada dólar investido houve: um retorno de 3,23 dólares para o *Abecedarian Project*, algo entre 5,15 e 17,1 dólares para *Perry Preschool* e 7,14 dólares para o *Chicago Child-Parent Centers*[47].

Uma visão sobre o Brasil

É nítido que, no Brasil, a preocupação com a primeira infância vem crescendo significativamente nos últimos trinta anos, percepção que pode ser confirmada tanto a partir de análise empírica (ver, por exemplo, material recente do Banco Mundial[34]), quanto a partir do acompanhamento da evolução institucional do país. O Estado brasileiro vem destinando recursos crescentes a áreas prioritárias para a atenção à criança pequena, seja nas áreas de educação, saúde e assistência social, seja na construção de legislação protetiva.

Evolução institucional recente

A prioridade dada à primeira infância torna-se clara já em 1988 com o advento da atual Constituição Federal. Nela, a identificação das crianças como cidadãos brasileiros é explicitada, e se coloca o Ministério da Educação como responsável pelas crianças até os 6 anos de idade.

Ciência para educação: uma ponte entre dois mundos

No início da década de 1990, o Estatuto da Criança e do Adolescente define como direitos dos cidadãos a educação, uma família ou tutela, e a proteção contra o trabalho infantil. No final da década, a Política Nacional de Alimentação e Nutrição acabou também por melhorar a situação da infância no Brasil.

Mais especificamente na educação infantil, temos fatos importantes associados aos avanços alcançados pela nação. Começando em 1975, a lei da Coordenação de Educação Pré-escolar coloca a educação das crianças com idade entre quatro e seis anos como responsabilidade do Ministério da Educação. Em 1988, a nova constituição federal (Artigo 208, inciso IV) consegue generalizar feitos já conquistados no passado: agora crianças entre zero e seis anos passam a ter seu direito à educação garantido pelo Estado. Ver também o Capítulo 8 para mais informações.

Um dos marcos mais importantes nessa trajetória é o advento da Lei de Diretrizes e Bases da Educação Nacional (LDB) – no ano de 1996, a responsabilidade sobre a educação infantil passou a ser dos municípios, permitindo maior descentralização e autonomia no que tange à escolha de políticas educacionais; a educação infantil passa a fazer parte da Educação Básica brasileira, concluindo o movimento advindo da Constituição (1988) que passava a responsabilidade das creches do Ministério do Desenvolvimento Social para o Ministério da Educação; a idade inicial obrigatória de frequência escolar é instituída como sendo 7 anos de idade.

De fato, as creches se popularizaram no Brasil a partir da segunda metade dos anos 1970, como política de emergência e substituição de cuidado a partir dos movimentos de emancipação feminina e ampliação dos espaços da mulher no mercado de trabalho[50], e somente a partir da LDB passa a ser explicitamente considerada uma política educacional. É interessante notar, contudo, que a LDB ofereceu carência de dez anos para que os municípios organizassem o sistema público de creches em torno das secretarias de educação, e que a grande maioria optou por fazê-lo apenas próximo do término desse prazo, evidenciando a grande dificuldade existente em nossa sociedade de tratar esse tipo de equipamento como prioritariamente destinado ao desenvolvimento da criança e com finalidade educacional.

Mais tarde, uma emenda de 2005 à LDB reduziu a idade obrigatória de início para 6 anos. Em 2006, a Política Nacional para a Educação Infantil definiu estratégias e metas para a Educação Infantil em cada nível governamental. No ano seguinte, o Fundo de Manutenção e Desenvolvimento para a Educação Básica, o FUNDEB, garantiu uma determinada quantidade de recursos com fins educacionais para crianças a partir de seu nascimento. Em 2009, a Emenda Constitucional 59 definiu que a idade obrigatória para o início educacional passaria a ser de 4 anos. Esta última alteração ainda está em fase de transição, e as mudanças por ela impostas ainda ocorrem.

Mais recentemente, o Marco Legal da Primeira Infância (MLPI) modificou o Estatuto da Criança e do Adolescente (ECA) para dar conta das especificidades da primeira infância, e tornou-se também um dos projetos de maior relevância para a educação infantil. De acordo com seu *website* (disponível em **http://marcolegalprimeirainfancia.com.br**, acesso em 14/10/2016), o MLPI é "um conjunto de ações voltadas à promoção do desenvolvimento infantil, desde a concepção até os 6 anos de idade. Incluindo todas as esferas da Federação com a participação da sociedade, o Projeto de Lei do MLPI prevê a criação de políticas, planos, programas e serviços que visam garantir o desenvolvimento integral dos 20 milhões de brasileirinhos que estão nesse período da vida". O Marco adquire tamanha importância porque é nas idades mais tenras que se lançam as bases de todo o desenvolvimento subsequente do ser humano, e, por conseguinte, da sociedade como um todo. Após ser aprovado na Câmara dos Deputados, em 2015, o projeto passou a tramitar no Senado Federal, tendo como objetivo o desenvolvimento integral das crianças, sobretudo o educacional.

A transição pela qual o Brasil passou nas últimas décadas é essencial para que os programas de educação infantil, sobretudo creches, sejam vistos como locais de ensino, e não apenas lugares

Capítulo 3 Educação Infantil – Avanços e Desafios para o Futuro Próximo

onde as mães e pais deixem seus filhos enquanto trabalham, como talvez seja ainda a mentalidade predominante.

A expansão do acesso

São inquestionáveis os grandes avanços brasileiros na inclusão ao sistema de educação infantil nos últimos anos. Em 1999, de acordo com dados da Pesquisa Nacional por Amostra de Domicílios (PNAD), por exemplo, somente 9% dos menores de 4 anos de idade frequentavam creches, e hoje, em torno de 30% já têm esse benefício. No mesmo período, o **percentual** de crianças matriculadas em pré-escolas saltou de cerca de 50%, a 90%, número ainda mais impressionante. Como já mencionamos, é importante salientar que o acesso ainda não é uniforme entre as regiões brasileiras e entre as próprias camadas sociais: as detentoras dos serviços de educação infantil mais universalizadas são as regiões brasileiras mais desenvolvidas, Sul e Sudeste. Norte, Nordeste e Centro-Oeste ainda caminham em direção à universalização dos serviços. Essa diferença também tem relação com a renda e a qualidade de vida média das pessoas que residem em cada região: as camadas mais vulneráveis da população ainda têm obstáculos ao acesso e, quanto menor a renda, maior a dificuldade em se integrar aos serviços de educação infantil brasileiros.

Em 1996, ano em que foi instituída a Lei das Diretrizes Básicas da Educação Nacional (LDB), a disparidade no acesso à educação infantil conforme a renda era impressionante. De acordo com a PNAD, dividindo os brasileiros em cinco grupos de renda, sendo o primeiro o mais rico e o quinto o mais pobre, percebe-se que apenas cerca de 3% das crianças mais pobres frequentavam creches, enquanto pelo menos 18% das crianças mais ricas já tinham acesso a essa oportunidade. Ou seja, o **percentual** de crianças do segmento mais favorecido da sociedade nessas instituições de ensino infantil era seis vezes superior ao **percentual** de crianças em situação de maior vulnerabilidade. Quando se analisou a pré-escola, a diferença era também acentuada, pois mais de 70% das crianças mais ricas já estavam matriculadas em pré-escolas, enquanto somente algo em torno de 30% das crianças mais pobres usufruíam desse benefício. A princípio, o cenário ao final da década de 1990 era preocupante, pois poucas crianças frequentavam a educação infantil e grande parte delas provinha de um contexto familiar menos vulnerável. O acesso daqueles que teoricamente mais se beneficiariam dessas políticas era insignificante nos programas de educação infantil.

A partir dos dados dessa mesma pesquisa (PNAD) para o ano de 2009, os mais pobres melhoraram seu acesso às creches – mais de 10% do quinto de menor renda do Brasil o conseguira. Entretanto, essa marca já atingia 35% no quinto de maior renda, ampliando ainda mais a disparidade entre os grupos. Isso ocorreu, sobretudo, porque os mais ricos possuem capital para investir na educação infantil, enquanto o Estado dificilmente provê toda a oferta necessária para que aqueles sem recursos possam fazê-lo. Com relação ao acesso à pré-escola, é possível dizer que no ano de 2009 ela já atingira um bom alcance, mesmo entre o segmento de menor renda, pois mais de 70% já tinha acesso. Enfim, esse grupo alcançou a marca que suas contrapartes de maior renda já possuíam desde meados da década de 1990. Em 2014, ano mais recente a cujos dados tivemos acesso, 46% dos filhos dos domicílios mais ricos no Brasil já estava na creche, enquanto entre os filhos dos domicílios mais pobres, esse número era de somente 15% – como se vê, o crescimento desde 2009 foi muito mais tímido entre os mais pobres. Com relação à pré-escola, hoje obrigatória, o acesso já estava quase universalizado entre os ricos (96% dessas crianças já a frequentavam), e entre os pobres já tinha grande alcance, tendo o **percentual** alcançado 84%.

O diferencial de acesso de acordo com a renda é um fator preocupante, sobretudo nas creches, em que a diferença é gritante. Os ricos não somente são mais propensos a matricular seus filhos na educação infantil, mas também têm facilidade para investir no ensino privado, em geral de maior qualidade. Muitas vezes, a parcela de menor renda da sociedade não matricula seus

Ciência para educação: uma ponte entre dois mundos

filhos, seja porque as instituições são de má qualidade, porque não podem arcar com os custos do ensino privado, ou porque essas vagas sequer existem. Os de maior renda, de maneira predominante, investem parte do capital da família na educação infantil de sua prole, matriculando-a em creches ou pré-escolas privadas, e aqueles de menor renda, em sua maioria, acabam por matricular seus filhos em instituições públicas.

Outros problemas de desigualdade surgem quando se compara o acesso à educação infantil na área rural com a área urbana. Esse diferencial pode surgir porque as regiões rurais, no geral, são afastadas de creches ou pré-escolas, e as famílias que nela habitam têm, em média, menor renda. De acordo com os dados da PNAD, a diferença de acesso à pré-escola entre aqueles que moram na zona urbana e na zona rural era de mais de 25 pontos percentuais (55% *vs.* 25%, respectivamente) no ano de 1996. Devido às várias políticas implementadas na União para a inclusão da zona rural no sistema, essa diferença caiu para somente seis pontos percentuais no ano de 2014: 88% das crianças da zona urbana frequentavam a pré-escola e 82% das crianças da zona rural o fazia. Assim como na comparação por faixa de renda, o maior gargalo no acesso se dá nas creches. Em 2014, essa diferença chegou a 18 pontos percentuais, sendo que as crianças da zona urbana frequentam mais a creche em relação àquelas residentes em áreas afastadas dos centros urbanos.

Como visto aqui, o problema do acesso à educação infantil é mais preocupante entre as crianças mais novas, entre 0 e 3 anos, e que poderiam frequentar creches. O problema contém sutilezas porque não é claro qual seria um percentual de crianças matriculadas ideal do ponto de vista social. Por um lado, muitas famílias preferem legitimamente cuidar de seus próprios filhos ou organizar outros arranjos de cuidado, e por outro, a evidência científica sugere que frequentar creches de má qualidade pode trazer mais prejuízos que benefícios. O recente Plano Nacional de Educação (PNE) indica 50% de matriculados como meta, mas poucos países no mundo têm tal percentual de inscritos, mesmo quando há disponibilidade de vagas. Permanece o fato de que há uma grande disparidade entre o percentual de crianças de famílias de maior renda frequentando creches e o percentual de crianças de famílias pobres fazendo o mesmo. Também é preciso destacar que o Brasil passa por uma das mais aceleradas transições demográficas de que se tem notícia, o que torna tarefa complexa a adequação do ritmo de expansão de vagas na educação infantil para atender a respectiva demanda. Fatores como a ascensão das classes menos favorecidas, urbanização e principalmente a inserção feminina no mercado de trabalho, continuarão a impulsionar a demanda por algum tempo, mas a redução do número de filhos por mulher desempenha papel inverso de frear esse movimento. Essa contradição foi estudada por Matheus Berlingeri, pesquisador da Universidade de São Paulo em Ribeirão Preto, usando dados da PNAD. De acordo com os resultados obtidos[51], o autor projeta que a necessidade de vagas em creches será crescente até meados da década de 2040 no Brasil, quando, por fim, o efeito negativo criado pela redução de crianças na demanda por creches passará a dominar a tendência de demanda.

Evidências nacionais sobre os impactos da educação infantil

O acesso à educação infantil no Brasil cresceu muito nas últimas duas décadas, e nos dias de hoje está praticamente universalizado, apesar das desigualdades regionais e sociais. Dado esse fato, é importante saber se frequentar os programas de educação infantil disponíveis na atualidade dá às crianças o apoio necessário para o desenvolvimento e a oportunidade de ganhos futuros. Assim, grande parte dos estudos brasileiros dedicados a aprofundar no tema da educação infantil tem como objetivo o entendimento de como as crianças brasileiras aproveitam a participação nos programas, que podem ser creches ou pré-escolas.

Em uma pesquisa do final da década de 1990[52], na qual foram utilizados dados de famílias do sudeste e nordeste brasileiros, disponibilizados pelo Instituto Brasileiro de Geografia e Estatísti-

Capítulo 3 Educação Infantil – Avanços e Desafios para o Futuro Próximo

ca (IBGE), o economista brasileiro Ricardo Paes de Barros concluiu que ter participado de um programa de educação infantil influencia positivamente a nutrição das crianças, cria condições motivadoras, dá maiores salários e cria maior propensão ao emprego no mercado de trabalho. Além disso, o autor estima que a taxa de retorno sobre o investimento em educação infantil é em torno de 13%.

Com os mesmos dados utilizados por Paes de Barros, mas agora em uma pesquisa mais recente, outros pesquisadores da área verificam que a participação em programas voltados à educação infantil tem grande impacto sobre a probabilidade de se concluir as etapas escolares posteriores[9]. Isso provavelmente se deve ao fato do aluno iniciar mais preparado o ciclo escolar, e por consequência se sentir mais motivado a continuar na escola. Além disso, também foram identificados impactos positivos sobre o salário futuro, sobretudo para aqueles que participaram da pré-escola. Há um ponto a ser destacado a respeito dessas duas pesquisas: ambas tratam de dados com quase 20 anos de existência, o que implica que adultos que responderam a esses questionários, para assim estarem nas bases de dados, cursaram programas de educação infantil distintos dos disponíveis atualmente.

Em pesquisas e dados mais recentes, os resultados positivos da educação infantil sobre o desenvolvimento e conquistas futuros se mantêm de certa forma. Em uma pesquisa ainda não publicada[d], desenvolvida por Jaqueline Natal, no Laboratório de Estudos e Pesquisas em Economia Social (LEPES), vinculado à Universidade de São Paulo, foram utilizados dados da PNAD para detectar efeitos da educação infantil sobre a leitura. O resultado obtido foi que alunos matriculados na pré-escola possuíam uma chance cinco vezes maior de saber ler em comparação com os que não foram matriculados. Além disso, foi constatado que as pré-escolas privadas tinham o dobro de impacto do que as pré-escolas públicas, e esse é um indicativo de que a qualidade é um fator integral na efetividade de políticas educacionais voltadas à educação infantil.

Há também uma série de pesquisas que relacionam o fato de se ter cursado programas voltados ao desenvolvimento educacional de crianças e resultados escolares futuros. Por exemplo, alguns dos trabalhos que utilizam dados do Sistema de Avaliação da Educação Básica (SAEB) ou Prova Brasil chegam a conclusões de que aqueles que tiveram a oportunidade de frequentar o ensino infantil alcançaram maiores notas de matemática durante o ensino fundamental[12-14,16]. Resultados obtidos a partir de outras bases de dados e metodologias replicam esses achados, o que lhes dá robustez. Por exemplo, em uma pesquisa recente[53], na qual os autores utilizaram dados da base da Geração Escolar (GERES) de 2005, chegou-se ao resultado de que cursar programas voltados à educação infantil impacta de modo positivo as notas de matemática obtidas posteriormente.

Em outro artigo específico[15], Fabiana de Felício e seus coautores utilizam dados da Provinha Brasil, aplicada em todas as classes de 2ª série do ensino básico da cidade de Sertãozinho (SP), em 2008, para estimar o impacto da frequência e da exposição à educação infantil sobre a alfabetização. Esse estudo se destaca de outros sobre o mesmo tema por três motivos principais: (i) os resultados refletem características de um ensino infantil mais recente; (ii) perguntas de frequência à educação infantil das crianças são feitas aos pais (em vez das crianças, como ocorre em outras bases de dados, como a Prova Brasil); (iii) nesses dados, há a informação de quais foram os anos da vida nos quais as crianças frequentaram o ensino infantil, ao contrário da maioria das bases de dados que somente trazem a informação de se a criança participou ou não. Os resultados alcançados por Felício corroboram o restante da literatura, apontando impacto positivo de ter frequentado o ensino infantil sobre o desempenho escolar. Os autores detectaram grande importância na frequência à educação infantil, sobretudo os últimos anos da pré-escola.

---

[d] *Natal JF, Santos DD (2013). Análise sobre a relação entre saber ler ou não e estar matriculado ou não no ensino infantil. Iniciação Científica. FAPESP.*

Ciência para educação: uma ponte entre dois mundos

Apesar dos efeitos positivos sobre as notas futuras serem bem documentados na literatura, os efeitos positivos sobre o desenvolvimento cognitivo, obtidos ao se frequentar a educação infantil, não são restritos ao desempenho escolar. Elaine Pizato, doutora em psicologia pela USP, realiza um estudo longitudinal[54] em que crianças das escolas públicas de determinado município, inicialmente no terceiro ano do ensino fundamental, foram acompanhadas até o quinto ano. Um total de 294 crianças foram seguidas durante esses anos, e diversos testes foram utilizados para mensurar o possível benefício por elas extraído: há impactos sobre o potencial cognitivo e habilidades sociais, bem como em seu desempenho acadêmico.

Como é perceptível, **grande parte dos** impactos da educação infantil sobre o **desenvolvimento** são estimados utilizando-se bases de dados abertas, que inicialmente não foram desenhadas com o intuito de se fazer esses cálculos. Entretanto, ainda há uma vasta quantidade de estudos cujas bases de dados foram especificamente construídas com o propósito de se obter informações sobre os possíveis benefícios da educação infantil para os indivíduos. Um exemplo de base de dados criada com essa finalidade ocorreu em 2007, quando um consórcio de pesquisadores e apoiadores formado pelo *Instituto de Pesquisa Econômica Aplicada* (IPEA), Banco Mundial, Banco Interamericano de Desenvolvimento, Fundação Itaú Social e Secretaria Municipal de Educação do Rio de Janeiro, dentre outros, decidiu iniciar uma rigorosa avaliação do impacto da matrícula de crianças nas creches do município sobre seu grau de desenvolvimento. Naquele ano, cerca de 25 mil crianças se aplicaram a 12 mil vagas em 243 creches municipais e conveniadas da cidade, e houve um sorteio para decidir quais crianças teriam acesso à creche naquelas instituições em que houve excesso de demanda. Em cada um dos grupos de crianças, as que conseguiram vaga foram designadas grupo de tratamento, e as que não conseguiram, grupo de controle. Foram selecionadas em torno de 4.000 crianças, bem divididas entre tratamento e controle como amostra para o estudo. Em 2008 e em 2012, aplicou-se um questionário sobre o ambiente familiar das crianças. No entanto, apenas no último desses dois anos os pesquisadores aplicaram uma bateria de testes que visavam capturar o grau de desenvolvimento das crianças. Estudos sucederam a consolidação da base de dados, com o intuito de extrair o máximo de informações possível. As principais pesquisas provenientes dessa onda de estudos são de Pedro Carneiro, pesquisador da University College London, bem como Ricardo Paes de Barros e coautores, ambas ainda não publicadas.

Carneiro encontrou resultados importantes sobre o desenvolvimento das crianças, e também sobre a melhora do ambiente familiar. De acordo com o autor, as crianças que foram sorteadas, tendo acesso à creche, tiveram ganhos em testes de vocabulário, em controle inibitório e em peso e altura, resultados usados como aproximações à nutrição infantil. O próprio ambiente familiar melhorou com a entrada das crianças na educação infantil, pois as mães conseguiram se inserir no mercado de trabalho, trazendo mais renda ao lar. Ademais, também houve uma mudança de hábitos dentro da própria casa, como uma maior leitura de pais para filhos. O estudo conduzido por Paes de Barros revelou uma redução na raiva e na impulsividade das crianças medidas pelo questionário *Child Behaviour Questionnaire* – CBQ, mas deixou de detectar ganhos em controle inibitório, como foi documentado por Carneiro.

A educação infantil beneficia quem?

É crível supor que indivíduos provenientes de diferentes contextos familiares se beneficiem de formas distintas de uma mesma intervenção, no caso a educação infantil. Em uma situação em que todos tenham acesso a creches e pré-escolas e sejam as crianças mais vulneráveis as que obtenham maiores ganhos de desenvolvimento, o sistema agirá como redutor de desigualdades, ao passo que se forem os mais abastados os grandes beneficiários desse nível de ensino, a desigualdade aumentará.

Capítulo 3   Educação Infantil – Avanços e Desafios para o Futuro Próximo

Os argumentos teóricos são ambíguos em guiar nossa análise a esse respeito. Por um lado, e na medida em que os estímulos, atenção e afeto requeridos pela criança possam ser obtidos tanto no domicílio quanto na escola, espera-se que os mais vulneráveis sejam mais beneficiados pelo ensino infantil de qualidade, dado que passariam a ter acesso a oportunidades anteriormente ausentes (*hipótese de substituibilidade*). Por outro lado, é possível que em lares menos vulneráveis a família consiga propiciar ambiente que reforce e potencialize as experiências vividas na escola infantil, propiciando à criança obter maiores ganhos de uma mesma situação vivida (*hipótese de complementaridade*).

Em âmbito internacional, dois importantes trabalhos[6,26] concordam que, quando diferentes indivíduos são expostos a programas de educação infantil com um nível mínimo de qualidade, são as crianças mais vulneráveis e pobres que acabam por usufruir de maneira mais intensa. Essa colocação diz que a educação infantil atua como um mecanismo de redução de desigualdades, quando padrões de qualidade mínima sejam garantidos e ofertados de modo similar a crianças de diferentes origens sociais. No entanto, há exceções no que diz respeito a essa constatação[25]: Gregory Camilli, da Universidade do Colorado, em sua meta-análise, chega à conclusão de que não há diferenças estatísticas significativas nos impactos do ensino infantil por renda ou educação dos pais. Não há evidência de que a educação possa ainda aumentar as desigualdades já existentes, se a qualidade do serviço for relativamente homogênea.

No Brasil, a situação é um tanto quanto contraditória: a maioria das bases de dados proveniente de escolas indica que as crianças mais abastadas são as que mais se beneficiam da educação infantil, mas há que se ressalvar que são raras as bases de dados que permitem comparar apenas crianças que tiveram acesso a escolas de qualidade semelhante. O fato permite, desse modo, múltiplas interpretações, mas a menos que o país tenha características muito distintas do restante do mundo, possivelmente a explicação mais plausível seja a de que a diferença de qualidade entre as escolas infantis de ricos e pobres mais do que compensa eventual impacto superior que os últimos teriam caso a qualidade fosse homogênea. Por outro lado, trabalhos que usam pesquisas domiciliares, como matéria-prima, tendem a concluir que crianças de origem vulnerável seriam os que mais ganhariam com o atendimento a creches e pré-escolas.

Em um trabalho com população adulta e usando dados da Pesquisa sobre Padrões de Vida (PPV-IBGE), Ricardo Paes de Barros e Rosane Mendonça[52] constataram que a pré-escola beneficia mais os filhos de pais menos educados em termos de salários futuros. Outro trabalho que vai à mesma direção é o de Jaqueline Natal e Daniel Santos, já mencionado, a partir de dados da PNAD – os pesquisadores concluem que o impacto da frequência à pré-escola sobre a probabilidade de estar alfabetizado aos 5 anos de idade é ligeiramente maior para os filhos de mães menos educadas.

Por outro lado, diversos pesquisadores documentam[16,33], a partir de dados educacionais do sistema SAEB, que os impactos da frequência pregressa a creches e pré-escolas sobre os resultados de crianças e jovens em testes de matemática e português são maiores para os filhos de mães mais educadas, e que esse contraste se acentua quando essas crianças e jovens estão em séries mais avançadas. Em alguns artigos, e para o caso das creches, o impacto sobre a proficiência em matemática ao longo do ensino fundamental chega a ser negativo para os filhos das mães menos educadas, mantendo-se positivo para os filhos de mães com ao menos ensino médio completo.

O problema da qualidade

A crescente demanda por vagas em pré-escolas e creches aumenta a necessidade de avaliarmos a qualidade da educação infantil brasileira. É sabido que o retorno esperado da educação infantil não é nem próximo do ideal quando a instituição não preza pela qualidade[27,30], inclusive com o potencial de criar um ambiente de desenvolvimento pior que o de um lar vulnerável.

Ciência para educação: uma ponte entre dois mundos

Os resultados obtidos a partir de dados do sistema SAEB, de que, no Brasil, os diferenciais de desempenho escolar entre egressos e não egressos do ensino infantil são maiores para os filhos de mães mais educadas, contradizem a evidência global e sugerem que existe no Brasil grande heterogeneidade na qualidade do serviço de educação infantil a que pobres e ricos têm acesso. No caso das creches, e para os filhos de mães pouco escolarizadas, o diferencial de rendimento chega a ser negativo, sugerindo que, para esse grupo, ter frequentado a creche teve impacto negativo sobre o aprendizado.

A suspeita de que a qualidade da educação infantil pode ser insuficiente tem amparo nos poucos estudos em larga escala que se propuseram a aprofundar a investigação a respeito. Um trabalho desenvolvido pela Fundação Carlos Chagas[57] avaliou algumas capitais brasileiras a partir de instrumentos de observação da educação infantil – o *Early Childhood Environment Rating Scale – Revised* (ECER-s) para pré-escolas e o *Infant and Toddler Environment Rating Scale – Revised* (ITER-s) para creches – e concluiu que a qualidade das atividades e estrutura dos programas desenvolvidos nos centros pode ser classificada como inadequada. É preocupante, uma vez que se espera melhor desempenho nas capitais, sendo os níveis em zonas rurais provavelmente ainda mais baixos.

Uma maneira de o Brasil garantir uma educação infantil de maior qualidade é monitorar o funcionamento das escolas e programas educacionais voltados à criança pequena. Nos Estados Unidos, há uma grande mobilização para a avaliação da qualidade dos programas voltados à educação infantil – em quase todos os estados americanos há necessidade de renovação periódica de licenciamento das creches e pré-escolas, mesmo para as instituições completamente privadas. Aquelas instituições que não são consideradas possuidoras de uma mínima qualidade podem, inclusive, ser fechadas pelo Estado. Nesse caso, especificamente, as dimensões que costumam ser monitoradas são a idade da equipe, a qualidade da infraestrutura e requisitos de formação docente.

Outro fato interessante a respeito da realidade estadunidense é a adoção de sistemas de avaliação de qualidade (QRS) para cuidados infantis e centros de educação. Mais da metade dos estados adota esses sistemas como fonte de informações sobre a qualidade do sistema de educação infantil, e em geral as dimensões avaliadas são a quantidade de educadores por criança, treinamento e qualificação do pessoal e avaliação do ambiente de aprendizagem[34]. Resultados provenientes dos sistemas de avaliação podem gerar como consequência o oferecimento de incentivos para a melhoria da qualidade do serviço prestado, maior apoio àqueles centros mais fracos e o encerramento das atividades daqueles que submetem as crianças às piores condições, como já comentado no parágrafo anterior. A comparação ao caso dos Estados Unidos é interessante para o contexto brasileiro, sobretudo porque o tamanho e a descentralização da rede de ensino são similares[34].

Na realidade, o Instituto Nacional de Estudos e Pesquisas Educacionais Anísio Teixeira previu a divulgação da primeira Avaliação Nacional da Educação Infantil (ANEI), para o ano de 2017, um potencial avanço, pois para perseguir melhoras é necessário, primeiramente, diagnosticar os problemas. Os dados de qualidade serão produzidos a partir de uma pesquisa em larga escala e divulgados a cada dois anos, a exemplo do que ocorre com o Índice de Desenvolvimento da Educação Básica (IDEB). Diferentemente do que ocorre com o próprio IDEB, não será calculada apenas uma nota geral dos centros, mas sim uma série de indicadores que refletem questões ligadas à oferta de vagas, infraestrutura, perfil dos profissionais e educadores, recursos pedagógicos e gestão do sistema. Os critérios avaliados na ANEI são baseados nos Indicadores de Qualidade na Educação Infantil, documento publicado pelo MEC em 2009. Ainda não se sabe ao certo se os indicadores usados serão os mais adequados; no entanto, o fato de estar ocorrendo tal movimentação para a implementação da avaliação já é uma grande notícia.

O que dizem os indicadores de qualidade propostos

Ainda que o país não tenha consolidado formalmente seu sistema de monitoramento de qualidade do ensino infantil, muitos indicadores já são habitualmente coletados pelo INEP em momentos, como o Censo Escolar e outras pesquisas ocasionais. Como previsto, os índices de qualidade da educação infantil brasileira não são animadores. Eles são, em média, baixos, apesar de alguns municípios se destacarem pela qualidade de seus serviços. Na literatura científica, ainda não há um consenso entre pesquisadores de quais são os pontos mais relevantes quando o objetivo é avaliar a educação infantil; no entanto, mais adiante falaremos um pouco de infraestrutura, saúde e saneamento, atividades aplicadas e estrutura do programa escolar, que podem ser consideradas medidas para a qualidade dos centros.

A estrutura das creches e pré-escolas

Uma boa infraestrutura das instalações de creches e pré-escolas tem grande importância para o melhor desenvolvimento infantil. Proporciona melhores oportunidades de aprendizado, bem como maior confiança e segurança aos pais. Ao observar a infraestrutura dessas instituições no Brasil[34], é notável o aumento da qualidade das instalações de escolas e creches desde o início dos anos 2000 – avaliou-se se existe eletricidade, banheiro interno, saneamento básico, presença de biblioteca e de computadores. Quando decomposta pelas regiões do Brasil, essa melhora ainda persiste, mas é mais ou menos intensa de acordo com a região. Por exemplo, no Norte e Nordeste, a melhora foi menor em comparação com as outras regiões. É provável que essa constatação se deve ao fato de essas duas regiões serem historicamente desfavorecidas quanto à sua infraestrutura, e isso implica maior dificuldade de implementação das políticas públicas. Outro fator relacionado com a qualidade da infraestrutura das instalações é o fato de ser privada ou pública. No geral, instituições privadas de educação infantil têm melhor infraestrutura quando comparadas com as públicas.

Outra questão a ser discutida a respeito da infraestrutura de creches e pré-escolas é se suas instalações são capazes de acomodar a quantidade necessária de crianças. A tendência da demanda por creches é aumentar; logo, é de suma importância saber se o Estado e as instituições privadas serão capazes de ofertar a quantidade necessária de vagas. Há tempos, essa demanda cresce, e as vagas também têm se expandido em ritmo acelerado. A quantidade de crianças por professor tem caído desde o final da década de 1990 tanto na creche quanto na pré-escola. No entanto, os números brasileiros ainda não estão de acordo com as recomendações da Associação Nacional para a Educação de Crianças Pequenas nos Estados Unidos[34], que determina um máximo de dez crianças por professor até os 5 anos de idade, sendo que para crianças mais novas é recomendável que esse número seja ainda menor – no Brasil a regra ainda é 20 crianças ou mais por sala[34].

Professores

Um grande desafio aos pesquisadores do ramo da educação é mensurar a qualidade das instituições. O problema se torna ainda maior quando o foco se desloca para a educação infantil, pois não há testes padronizados aplicados em larga escala para esse nível educacional. Eric Hanushek, grande estudioso da educação e professor da Universidade Stanford, nos Estados Unidos, aponta em seus estudos[58] que o professor é o fator escolar mais importante para o sucesso dos alunos nos primeiros anos de vida. De acordo com o próprio pesquisador, a qualidade do professor tem extrema importância; entretanto, essa qualidade parece estar pouco ligada ao nível de instrução educacional formal dos professores[59]. Essa constatação, por outro lado, nada diz sobre um nível

Ciência para educação: uma ponte entre dois mundos

mínimo de formação que os professores devem ter, e é plausível que exista (e seja legalmente exigido desses profissionais) um patamar básico necessário para exercer a função.

Assim como a infraestrutura dos centros de educação infantil, a qualificação média dos professores tem aumentado ao longo do tempo. No Brasil, ao contrário de muitos países, o nível educacional mínimo exigido para a educação infantil é o ensino médio completo. No Chile e na Suécia, por exemplo, o nível educacional mínimo é ensino superior completo[34]. Mesmo no Brasil, em que somente o ensino médio completo é requerido, a proporção de professores com maior grau de qualificação cresceu muito desde o início dos anos 2000 – mais do que duplicou na maioria das regiões brasileiras e até triplicou em alguns locais, como visto no Censo Escolar. De acordo com os dados do Censo Escolar de 2015, na creche, cerca de 1,5% dos educadores têm nível de escolaridade menor do que ensino médio, 52% têm ensino médio completo e 46,5% completaram algum curso de educação superior. Já na pré-escola, cerca de 47% dos educadores têm ensino médio completo e 52% têm nível superior completo.

Indicadores de processo

Historicamente, qualidade de educação tem sido medida no Brasil através de insumos (qualificação de professores, infraestrutura, disponibilidade de materiais pedagógicos) e resultados (medidas de desenvolvimento infantil, resultado das crianças em tarefas). Nosso esforço fiscal tem sido majoritariamente direcionado à melhora dos insumos, com algumas experiências pontuais no monitoramento de resultados. A literatura internacional[4,6], contudo, tem enfatizado cada vez mais que são as medidas de *processo*, focadas nas atividades efetivamente realizadas na escola e na qualidade das interações sociais, afetivas e com intencionalidade educacional entre adultos e crianças e entre crianças e crianças, aquelas que efetivamente capturam os aspectos mais significativos da qualidade do cuidado infantil.

Avaliação da educação infantil e percepção das famílias

É notável que a política brasileira frente à educação infantil tem mudado muito nas últimas décadas: leis, maiores investimentos, ampliação da rede e avaliação. No entanto, para que o Brasil continue avançando, sobretudo, em qualidade, é preciso que os cidadãos entendam a importância de uma educação infantil de ótimo nível. No país, ainda há resquícios de uma mentalidade equivocada de que a educação infantil somente deve prover conforto e segurança às crianças, permitindo assim que os pais tenham tempo para trabalhar. A criança precisa ser estimulada no desenvolvimento de atividades cotidianas nos centros de educação infantil.

Estudiosos da economia social e educação, entre eles Ricardo Paes de Barros, fizeram uma pesquisa[60] com dados do Rio de Janeiro, que chegou a uma conclusão já esperada, porém preocupante: há pouca relação entre a qualidade dos centros de educação infantil medida por critérios objetivos e qualidade percebida pelas famílias. De fato, todas as creches públicas e conveniadas cariocas pesquisadas receberam conceitos entre nove e dez, independentemente da qualidade objetivamente medida por algumas centenas de indicadores selecionados pelos investigadores. Essa constatação é preocupante na medida em que a população, no geral, não consegue distinguir uma instituição de ensino infantil boa de outra ruim e isso implica que as famílias sequer conseguiriam reivindicar instituições de melhor qualidade. Ainda nessa pesquisa, os autores confirmaram achados internacionais de que medidas associadas a processos são as que mais se relacionam com o nível de desenvolvimento das crianças. Certas dimensões, como a presença de atividades pedagógicas estruturadas com intenção de despertar a curiosidade e a imaginação, se mostraram os maiores preditores do desenvolvimento social e mental.

Finalmente, há que se ressaltar também que a mobilização da sociedade em torno da luta pela melhoria de qualidade do ensino infantil também encontra obstáculos na própria academia e gestão pública, que em tese seriam os responsáveis pela disseminação de informações para pais e educadores poderem monitorar a evolução do nível do serviço oferecido. Em recente estudo (ainda não publicado), com paradigmas nacionais e internacionais que buscam definir o que é e como se mede qualidade de educação[e], Bruna Oliani mostra que há grande falta de consenso a esse respeito. A autora mostra que há três grandes formas de se medir qualidade: por meio de insumos (recursos disponíveis na escola para que atividades possam ser realizadas), processos (atividades e interações efetivamente realizadas e ocorridas no ambiente escolar) e resultados (indicadores de aprendizado e desenvolvimento infantil). Diferentes atores priorizam maneiras distintas de se definir qualidade, muitas vezes combinando argumentos teóricos com a defesa de interesses específicos, mas sem grande esforço de convencimento mútuo para que a sociedade como um todo possa cobrar de seus governantes a melhoria constante de qualidade. A preocupação com um arcabouço consensual sobre o que seriam as dimensões relevantes de qualidade do cuidado infantil é hoje prioridade global, sendo o foco principal do projeto MELQO[f], que reúne instituições de grande prestígio internacional, como Brookings Institution, Unesco, Unicef e Banco Mundial, além das universidades de Nebraska e Nova York. No caso brasileiro, esse esforço ainda é incipiente, porém necessário, uma vez que, como vimos, a principal prioridade no momento é melhorar a qualidade do ensino infantil existente, persistindo ainda grande dificuldade de definir e disseminar a informação a respeito do que significa e como se mede qualidade.

Conclusão

A despeito de grande ênfase colocada na importância do desenvolvimento infantil como facilitador e propulsor do aprendizado e do bem-estar na vida adulta, bem como da educação infantil como importante política pública para alcançar esse objetivo, muitos estudos recentes indicam que não basta universalizar o acesso à educação infantil sem que se atente para a qualidade do serviço oferecido. A qualidade do ensino, seja em creche ou pré-escola, tem grande impacto sobre o desenvolvimento da criança, e quando não atinge patamares mínimos pode ser, inclusive, prejudicial à criança.

Embora o Brasil tenha evoluído expressivamente na legislação, acesso, infraestrutura e qualificação dos professores nas últimas décadas, o país ainda apresenta grande deficiência em dimensões fundamentais de qualidade, tornando distante o ideal a ser alcançado. O contexto contém, desse modo, certa ambiguidade entre uma redução significativa na desigualdade de acesso a serviços, mas a preservação da desigualdade na qualidade dos serviços a que se tem acesso.

Um grande problema enfrentado pelo Brasil é a inclusão das crianças mais pobres no sistema educacional. Crianças provenientes de famílias mais vulneráveis, o que é determinado por indicadores, como baixa renda, baixa escolaridade dos pais e precariedade habitacional, devem ser o principal foco das políticas educacionais na medida em que já tendem a ser menos estimuladas dentro de casa. Essa diferença no ambiente de desenvolvimento dentro das próprias residências, muito dependente do contexto familiar das crianças, poderia ser compensada se o Estado conseguisse incluir as mais vulneráveis em sistemas educacionais de alta qualidade. As crianças mais carentes são as que mais se beneficiariam com o apoio, e, no entanto, são as que têm maior dificuldade de acesso aos programas sociais, e acabam abandonadas pelo sistema.

---

[e] *Oliani B, Scorzafave LG (2016). Análise sobre a relação entre saber ler ou não e estar matriculado ou não no ensino infantil. Iniciação Científica.*

[f] *Measuring Early Learning and Quality Outcomes*

Ciência para educação: uma ponte entre dois mundos

Na luta pela melhoria da qualidade da educação infantil, concluímos também que o país precisa urgentemente construir um consenso que seja politicamente aceito pela sociedade e academicamente validado pelos especialistas de diferentes disciplinas relacionadas com temas educacionais a respeito do que significa e como se mede e cobra qualidade. Somente a partir desse movimento é que seremos capazes de informar pais, educadores e outros atores sociais sobre nossas fortalezas e fraquezas, e construir caminhos para que creches e pré-escolas tenham no Brasil impactos e consequências benéficas semelhantes às verificadas nos países que utilizaram esses instrumentos de forma bem-sucedida. É importante notar, contudo, que já existem esforços globais nesse sentido, cujos resultados poderiam ser imediatamente absorvidos e aproveitados internamente, tanto no que se refere à definição de o que seja e como se mede qualidade, quanto a respeito de programas e políticas bem-sucedidas de oferta de serviços de qualidade, sobretudo para crianças com maior necessidade de atenção.

Referências Bibliográficas

1. Heckman JJ (2008) *School, skills and synapses. NBER working paper*, 14064.
2. Almeida PDS (2009) *Estimulação na creche: Efeitos sobre o desenvolvimento e comportamento da criança.* Tese apresentada à Faculdade de Medicina de Ribeirão Preto, SP. Versão do trabalho foi submetida à *Revista Brasileira de Saúde Materno Infantil em co-autoria com Barbosa AFC e Funayama CAR.*
3. Isaacs JB (2008) Impacts of early childhood programs. Washington, DC: *The Brookings Institution and First Focus.*
4. Barnett WS (2011) Effectiveness of early educational intervention. *Science* 333: 975-978.
5. Pereira A, Lanzillotti H, Soares E (2010) Frequência à creche e estado nutricional de pré-escolares: uma revisão sistemática. *Revista Paulista de Pediatria* 28: 366-372.
6. Pianta RC, Barnett WS, Burchinal M, Thornburg KR (2009) The effects of preschool education: what we know, how public policy is or is not aligned with the evidence base, and what we need to know. *Psychological Science in the Public Interest* 10: 49-88.
7. Knudsen EI, Heckman JJ, Cameron JL, Shonkoff JP (2006) Economic, neurobiological, and behavioral perspectives on building America's future workforce. *Proceedings of the National Academy of Sciences, 103*: 10155-10162.
8. Heckman JJ, Pinto R, Savelyev P (2013) Understanding the mechanisms through which an influential early childhood program boosted adult outcomes. *American Economic Review* 103:2052–2086.
9. Curi AZ, Menezes-Filho N (2009) A relação entre educação pré-primária, salários, escolaridade e proficiência escolar no Brasil. *Estudos Econômicos* 39: 811-850.
10. Cunha F, Heckman JJ (2007) The technology of skill formation. *National Bureau of Economics Research.*
11. Thompson RA, Nelson CA (2001) Developmental science and the media: Early brain development. *American Psychologist* 56:5-15. Ver também o Capítulo 2 deste livro.
12. Calderini SR, Souza AP (2009) Pré-escola no Brasil: seu impacto na qualidade da educação fundamental. In: Anais do XXXVIII Encontro Nacional de Economia. Disponível em http://econpapers.repec.org/paper/anpen2009/200.htm. Acesso em abril. 2017.
13. Curi AZ, Menezes-Filho NA (2006) Os efeitos da pré-escola sobre os salários, a escolaridade e a proficiência escolar. Anais do XXXIV Encontro Nacional de Economia. Disponível em http://econpapers.repec.org/paper/anpen2006/92.htm . Acesso em abril de 2017.
14. Felício F, Vasconcellos L (2007) O Efeito da educação infantil sobre o desempenho escolar medido em exames padronizados. Anais do XXXV Encontro Nacional de Economia. Disponível em http://www.anpec.org.br/encontro2007/artigos/A07A093.pdf . Acesso em abril, 2017.
15. Felício F, Menezes RT, Zohgbi AC (2012) The effects of early child education on literacy scores using data from a new Brazilian assessment tool. *Estudos Econômicos* 42: 97-128.
16. Pinto CCDX, Santos D, Guimarães C (2016) The Impact of Daycare Attendance on Math Test Scores for a Cohort of Fourth Graders in Brazil. *Journal of Development Studies*, 1-23.
17. Heckman JJ, Moon SH, Pinto R, Savelyev PA, Yavitz A (2010) The rate of return to the HighScope Perry Preschool Program. *Journal of Public Economics*, 94:114-128.
18. Campbell, F. A., Ramey, C. T., Pungello, E., Sparling, J., & Miller-Johnson, S. (2002). Early childhood education: Young adult outcomes from the Abecedarian Project. *Applied Developmental Science*, 6(1), 42-57.
19. Becker GS (1962) Investment in human capital: A theoretical analysis. *Journal of Political Economu* 70: 9-49.
20. Ben-Porath Y (1967) The production of human capital and the life cycle of earnings. *Journal of Political Economy* 75:352-365.
21. Heckman JJ (2011) *The economics of inequality: The value of early childhood education.* *American Educator*– Spring 2011: 31-35. Disponível em http://files.eric.ed.gov/fulltext/EJ920516.pdf. Acesso em abril, 2017.

Capítulo 3   Educação Infantil – Avanços e Desafios para o Futuro Próximo

22. Currie J, Almond D (2011) Human capital development before age five. *Handbook of Labor Economics* 4:1315-1486.
23. Anderson SE (2003) The school district role in educational change: A review of the literature. *International Centre for Educational Change*. Disponível em http://fcis.oise.utoronto.ca/~icec/workpaper2.pdf . Acesso em abril de 2017.
24. Blau D, Currie J (2006) Pre-school, day care, and after school care: who's minding the kids? In: Hanushek E, Welch F. *Handbook of the Economics of Education*. Amsterdam: Elsevier, v. 2, pp. 1163-1278.
25. Camilli G, Vargas S, Ryan S, Barnett WS (2010) Meta-analysis of the effects of early education interventions on cognitive and social development. *Teachers College Record* 112: 579-620.
26. Currie J (2001) Early childhood education programs. *Journal of Economic Perspectives* 15: 213-238.
27. Duncan GJ, Magnuson K (2013) Investing in preschool programs. *Journal of Economic Perspectives* 27: 109-132.
28. Gorey KM (2001) Early childhood education: A meta-analytic affirmation of the short-and long-term benefits of educational opportunity. *School Psychology Quarterly* 16:9. Disponível em http://scholar.uwindsor.ca/cgi/viewcontent.cgi?article=1039&context=socialworkpub. Acesso em abril de 2017.
29. Karoly LA, Kilburn MR, Cannon JS (2006) *Early childhood interventions: Proven results, future promise*. Rand Corporation.
30. Karoly LA, Ghosh-Dastidar B, Zellman GL, Perlman M, Fernyhough L (2008) Prepared to Learn: The Nature and Quality of Early Care and Education for Preschool-Age Children in California. *Rand Corporation*.
31. Kelchen R, Magnuson K, Duncan G, Schindler H, Shager H, Yoshikawa H (2011) Do the Effects of Early Childhood Programs on Academic Outcomes Vary by Gender? A Meta-Analysis. *Society for Research on Educational Effectiveness*. Disponível em http://files.eric.ed.gov/fulltext/ED517846.pdf. Acesso em abril de 2017.
32. Nelson G, Westhues A, Macleod J (2003) A meta-analysis of longitudinal research on preschool prevention programs for children. Prevention & Treatment, Disponível em http://journals.apa.org/prevention/volume6/pre0060031a.html, 6.
33. Santos DD (2015) Impactos do ensino infantil sobre o aprendizado: benefícios positivos, mas desiguais. Tese apresentada à Faculdade de Economia, Administração e Contabilidade de Ribeirão Preto da Universidade de São Paulo para obtenção do título de Livre-Docente.
34. Evans, D. K., & Kosec, K. (2011). Educação infantil: programas para a geração mais importante do Brasil. *São Paulo: Fundação Maria Cecília Souto Vidigal*. Disponível em http://www-wds.worldbank.org/external/default/WDSContentServer/WDSP/IB/2012/07/12/000356161_20120712025623/Rendered/PDF/693070PORTUGES0Importante0do0Brasil.pdf. Acesso em abril de 2017.
35. World Bank (2016) *Education Global Practice Improving Learning Outcomes through Early Childhood Development*. World Bank Publications. Disponível em http://documents.worldbank.org/curated/pt/827581468189575720/pdf/98448-REVISED-PUBLIC-03-WB-Improving-Learning-ECD-041116-print.pdf .Acesso em Abril, 2017.
36. Lee VE, Brooks-Gunn J, Schnur E, Liaw FR (1990) Are Head Start effects sustained? A longitudinal follow-up comparison of disadvantaged children attending Head Start, no preschool, and other preschool programs. *Child Development* 61: 495-507.
37. Magnuson KA, Meyers MK, Ruhm CJ, Waldfogel J (2004) Inequality in preschool education and school readiness. *American Educational Research Journal*, 41:115-157.
38. Nores M, Barnett WS (2010) Benefits of early childhood interventions across the world: (Under) Investing in the very young. *Economics of Education Review*, 29: 271-282.
39. Isaacs JB (2008) Impacts of early childhood programs. Washington, DC: *The Brookings Institution and First Focus*.
40. Karoly LA, Bigelow JH (2005) The economics of investing in universal preschool education in California. *Rand Corporation*.
41. Puma M, Bell S, Cook R, Heid C, Lopez M (2005) Head Start Impact Study: First Year Findings. *Administration for Children & Families*. Disponível em http://files.eric.ed.gov/fulltext/ED543015.pdf. Acesso em abril de 2017.
42. Puma M, Bell S, Cook R, Heid C, Shapiro G, Broene P, ... Ciarico J (2010) Head Start Impact Study. Final Report. *Administration for Children & Families*. Disponível em http://files.eric.ed.gov/fulltext/ED507845.pdf. Acesso em abril em 2017.
43. Currie J, Thomas D (1998) *School quality and the longer-term effects of Head Start* (No. w6362). National Bureau of Economic Research. Disponível em https://www.researchgate.net/profile/Janet_Currie/publication/46553080_School_Quality_and_the_Longer-Term_Effect_of_Head_Start/links/0fcfd50b0e599ad008000000.pdf. Acesso em abril de 2017.
44. Garces E, Thomas D, Currie J (2002) Longer-term effects of head start. *American Economic Review* 92: 999–1012.
45. Ludwig J, Miller DL (2005) *Does Head Start improve children's life chances? Evidence from a regression discontinuity design* (No. w11702). National Bureau of Economic Research. Disponível em https://www.econstor.eu/bitstream/10419/31391/1/505121530.pdf. Acesso em abril de 2017.
46. Love JM, Kisker EE, Ross CM, Schochet PZ, Brooks-Gunn J, Paulsell D, ... Brady-Smith C (2002) Making a Difference in the Lives of Infants and Toddlers and Their Families: The Impacts of Early Head Start. Volumes I-III: Final Technical Report [and] Appendixes [and] Local Contributions to Understanding the Programs and Their Impacts.
47. Isaacs JB (2007) Cost-Effective Investments in Children. *The Brookings Institution*. Disponível em https://www.brookings.edu/wp-content/uploads/2016/06/01childrenfamilies_isaacs.pdf . Acesso em abril, 2017.

Ciência para educação: uma ponte entre dois mundos

48. Lynch RG (2004) Economic, fiscal, and social benefits of investment in early childhood development. Washington, DC: *Economic Policy Institute*.

49. Reynolds AJ, Temple JA, Ou SR, Robertson DL, Mersky JP, Topitzes JW, Niles MD (2007) Effects of a school-based, early childhood intervention on adult health and well-being: A 19-year follow-up of low-income families. *Archives of Pediatrics & Adolescent Medicine* 161: 730-739.

50. Rosemberg F (1984) O movimento de mulheres e a abertura política no Brasil: o caso da creche. *Fundação Carlos Chagas: Cadernos de Pesquisa* 51: 73-79.

51. Mascioli M, Santos DD (2014) Projeção da demanda por creche incorporando tendências econômicas e demográficas recentes. In: *Novo regime demográfico: uma nova relação entre população e desenvolvimento? IPEA*. Disponível em *http://www.ipea.gov.br/portal/index.php?option=com_content&view=article&id=23975*. Acesso em abril de 2017.

52. Barros RP, Mendonça R (1999) Uma avaliação dos custos e benefícios da educação pré-escolar no Brasil. Mimeo (background paper para Young ME (ed.) *From early child development to human development: investing in our children's future*. Worldbank, 2002). Republicado na série Textos para Discussão UFF/ Economia (TD 183, Novembro/ 2005).

53. Procópio IV (2012) Dois ensaios sobre os determinantes da desigualdade educacional brasileira a partir de dados longitudinais. Dissertação (Mestrado em Economia Aplicada) – Universidade Federal de Juiz de Fora, Juiz de Fora.

54. Pizato E, Gardinal C (2010) Um estudo longitudinal de trajetórias de desempenho escolar. Tese (Doutorado em Psicologia) - Faculdade de Filosofia, Ciências e Letras de Ribeirão Preto, Universidade de São Paulo, Ribeirão Preto.

55. Klein R (2006) Como está a educação no Brasil? O que fazer. *Ensaio: avaliação e políticas públicas em educação*, *14*(51), 139-172. Disponível em http://www.scielo.br/pdf/ensaio/v14n51/a02v1451. Acesso em abril, 2017.

56. Magnuson KA, Ruhm C, Waldfogel J (2007) Does prekindergarten improve school preparation and performance? *Economics of Education Review* 26: 33-51.

57. Fundação Carlos Chagas (2007) *Educação Infantil no Brasil: Avaliação Qualitativa e Quantitativa*. Final Report, Inter-American Development Bank.

58. Hanushek, E. A., & Rivkin, S. G. (2010). Generalizations about using value-added measures of teacher quality. *The American Economic Review*, *100*(2), 267-271.

59. Hanushek EA, Rivkin SG, Rothstein R, Podgursky M (2004) How to improve the supply of high-quality teachers. *Brookings Papers on Education Policy* 7:7-44.

60. Barros R, Carvalho MD, Franco S, Mendonca RS, Rosalém A (2011) A Short-Term Cost-Effectiveness Evaluation of Better-Quality Daycare Centers.Disponível em https://www.econstor.eu/bitstream/10419/88999/1/IDB-WP-239.pdf . Acesso em abril de 2017.

Capítulo 4

Sono, Aprendizagem e Sala de Aula

Fernando M. Louzada[1] e Sidarta T.G. Ribeiro[2]

Palavras-chave: Sono; Memória; Aprendizagem; Escola

Resumo

O sono representa uma janela ideal para a consolidação a longo prazo das memórias adquiridas na escola e em situações de aprendizado não formal. Experimentos de laboratório revelaram efeitos cognitivos positivos tanto do sono pré-aprendizado quanto do sono pós-aprendizado. Além disso, há evidências da participação do sono em outros processos cognitivos, como o esquecimento seletivo, a criatividade e a capacidade de resolução de problemas. Parte dos mecanismos moleculares e neurais envolvidos nesse processo já é conhecida. Dada a grande importância do sono para a cognição, é fundamental que os educadores conheçam as necessidades de sono de seus alunos, seja para contribuir para o desenvolvimento de hábitos de sono mais saudáveis ou para modificar a organização temporal da escola com o objetivo de respeitar as necessidades de sono de crianças e adolescentes.

Afiliações:
[1]Departamento de Fisiologia, Universidade Federal do Paraná; e
[2]Instituto do Cérebro, Universidade Federal do Rio Grande do Norte

Introdução

Mistério e enigma são palavras muito utilizadas por cientistas para falar sobre as funções do sono[1,2], refletindo a falta de consenso a respeito do tema. Apesar disso, sabemos que o sono está associado ao funcionamento de diversos sistemas do organismo. Experimentos de privação de sono realizados em humanos e outros animais dão claro respaldo a essa ideia. Por meio da utilização de diferentes protocolos de privação, parcial ou total, aguda ou crônica, são observadas consequências sobre a cognição, o humor, os sistemas imunológico e cardiovascular[3,4]. Essas alterações, se não informam diretamente a respeito das funções do sono, mostram sua importância para a manutenção da saúde física e mental. A partir desses achados, podemos dizer que o sono está a serviço da manutenção da integridade do sistema imunológico, da redução do gasto calórico, da reposição de macromoléculas, da eliminação de toxinas e da modificação da conectividade neuronal, diretamente associada à consolidação da memória[5]. O neurocientista alemão Jan Born e seus colaboradores argumentam que esta última seria a única das funções do sono que se beneficia da perda de consciência que vivenciamos todas as noites[6]. O sono representa uma janela ideal para o processo de consolidação a longo prazo da memória, principalmente devido ao fato de ocorrer uma redução quase completa do processamento de informações externas. Existem evidências de que o sono pode facilitar a potenciação de longa duração [52], fenômeno eletrofisiológico que constitui a base da formação de memórias, prolongando durante algum tempo (minutos, horas) a sensibilidade da membrana pós-sináptica às informações que chegam pelas fibras pré-sinápticas. Além da importância do sono para o fortalecimento e estruturação da memória, há evidências de sua participação em outros processos cognitivos, como a criatividade e a capacidade de resolução de problemas[7,8]. Neste capítulo, discutiremos o conhecimento acumulado a respeito das relações existentes entre sono, cognição e aprendizagem e suas implicações para a prática educacional.

Dormir para aprender

Nossa experiência cotidiana mostra que basta uma única noite mal dormida para sofrermos consequências deletérias durante o dia seguinte. Alterações de humor, aumento da sonolência e redução da capacidade de concentração são algumas delas. A importância do sono adequado antes da realização de uma determinada tarefa está bem documentada na literatura científica. Experimentos em laboratório, realizados com seres humanos e roedores, e em ambientes escolares e laborais, mostram as consequências da privação de sono sobre o desempenho físico e cognitivo[9-11].

A infância é um período particularmente sensível do neurodesenvolvimento e restrições modestas de sono já são capazes de afetar o desempenho cognitivo de crianças. Crianças que habitualmente dormem a sesta e de repente são privadas da mesma apresentam diversas alterações comportamentais, incluindo mudanças na expressão das emoções, nas estratégias de autorregulação e no desempenho da memória declarativa[12]. Alterações de sono sutis, porém persistentes, podem gerar consequências em longo prazo[13]. Por exemplo, o comportamento de imitação de bebês aos 6 meses de idade pode ser influenciado pela qualidade de sono da noite anterior[14] e um cochilo diurno pode facilitar a generalização do significado de palavras em crianças entre 12 e 18 meses de idade[15]. Resultados semelhantes já foram obtidos em diferentes faixas etárias. Estudo com crianças israelenses com idade entre 10 e 12 anos mostrou que a restrição de uma hora diária de sono noturno durante três dias consecutivos provocou redução da atenção e do desempenho neurocomportamental avaliado por testes computadorizados[16]. Estudo realizado com crianças canadenses com idade entre 7 e 11 anos mostrou que maior eficiência de sono (porcentagem do

Capítulo 4 Sono, Aprendizagem e Sala de Aula

tempo de sono em relação ao tempo despendido na cama durante a noite) foi associada a um melhor desempenho em línguas e Matemática[17].

A privação de sono afeta o desempenho de adolescentes em testes de atenção[18]. Estudo realizado com adolescentes australianos mostrou que uma noite de privação de sono é capaz de reduzir a capacidade de sustentar a atenção, o tempo de reação e a velocidade de processamento cognitivo[19]. Os mesmos adolescentes apresentaram alterações de humor e maior fadiga na condição de privação[20]. Estudo realizado em laboratório com adolescentes norte-americanos, no qual foi simulada uma semana de cinco noites consecutivas com apenas cinco horas diárias de sono, mostrou um aumento da sonolência diurna e redução no desempenho em testes de atenção em relação aos dois dias anteriores, nos quais os adolescentes dormiram dez horas por noite. O sono do final de semana subsequente não foi suficiente para restaurar o desempenho dos adolescentes[21].

Em crianças e adolescentes, distúrbios do sono que afetam sua qualidade e duração estão associados a diversas consequências adversas, tais como aumento da impulsividade, agressividade, desatenção e redução do desempenho acadêmico[22]. É importante ressaltar que a privação de sono não é decorrente apenas da presença de distúrbios de sono, mas fundamentalmente devido à incompatibilidade entre as necessidades de sono e as demandas sociais, de estudo, trabalho e lazer. É essencial, portanto, que conheçamos as necessidades de sono, as diferenças individuais e ontogenéticas, para que possamos refletir a respeito da organização temporal da escola.

Apesar de geralmente estarmos mais familiarizados com a importância do sono prévio a uma tarefa, a importância do sono após a aquisição do conhecimento, melhorando sua consolidação, também está bem estabelecida. Deve-se ressaltar que a demonstração dessa importância não é recente. Em 1924, os psicólogos americanos James Jenkis e Karl Dallenbach já haviam relatado o papel do sono na recordação de uma lista de palavras[23]. Atualmente, sabemos que o sono tem um papel não apenas na consolidação da memória, mas na reestruturação do conhecimento. Esse papel do sono após a aprendizagem já foi documentado em diferentes faixas etárias, mas a maior parte dos estudos foi realizada em adultos e em situações de laboratório.

A generalização do significado das palavras, a aprendizagem da linguagem e a capacidade de imitação melhoram quando crianças de 1 ano de idade dormem um cochilo após brincadeiras desenvolvidas com essas finalidades[24-28]. Em crianças da educação infantil, já foi demonstrada a importância de episódios de sono diurno na consolidação do aprendizado motor[29]. Episódios de sono melhoraram o desempenho de crianças britânicas entre 6 e 12 anos no jogo de quebra-cabeça "Torre de Hanoi"[30]. Em outro estudo no mesmo país com crianças de faixa etária semelhante, a consolidação do vocabulário foi beneficiada por um cochilo diurno[31]. Em adolescentes, o sono também se mostrou capaz de melhorar a memória declarativa[32]. Estudo realizado no Reino Unido mostrou que cochilos diários mais frequentes até o segundo ano de vida foram preditores de melhor desenvolvimento do vocabulário[33]. Em um dos poucos estudos realizados em ambiente escolar, a bióloga Nathalia Lemos e colaboradores mostraram o efeito benéfico de uma sesta na memória declarativa de estudantes da sexta série do ensino fundamental[34].

Em resumo, podemos dizer que o sono antes da realização de uma tarefa contribui para a aquisição do conhecimento, enquanto o sono posterior à mesma contribui para sua consolidação.

Consolidação da memória: quando e como ocorre?

Quando ocorre a consolidação

Ao contrário do que se pensava até o início do século passado, o sono envolve intensa atividade cerebral. Uma das formas de investigar essa atividade é por meio do registro eletroencefalográfico (EEG) das ondas elétricas produzidas pelos neurônios cerebrais ativados em grande número.

Ciência para educação: uma ponte entre dois mundos

Quando começamos a dormir, observa-se uma redução da frequência e aumento da amplitude das ondas do EEG. As ondas observadas durante a vigília, com frequência acima de 40 Hz[a], dão lugar a ondas mais lentas, que chegam a apresentar frequência inferior a 1 Hz. Em condições normais, após cerca de 60 ou 70 minutos de sono, quando são observadas ondas lentas, ocorre uma evidente transição e o registro do EEG passa a apresentar novamente ondas mais rápidas e de menor amplitude, semelhantes às observadas durante a vigília. Concomitantemente, surgem movimentos oculares rápidos e atonia muscular. Essa fase de sono, devido à ocorrência dos movimentos oculares rápidos, é chamada de sono REM (do inglês, *Rapid Eye Movements*). Pelo fato de o registro do EEG apresentar semelhança com a vigília, também é chamada de sono paradoxal.

Em resumo, a partir do registro dos sinais eletroencefalográficos, dos movimentos oculares e da atividade muscular, podemos identificar duas fases distintas de sono, uma fase que ocorre no início do sono, na qual surgem ondas mais lentas e de maior amplitude, e outra com ocorrência de ondas mais rápidas e de menor amplitude. A fase inicial, na falta de um nome mais adequado, é chamada de sono não-REM (NREM). As fases NREM e REM alternam-se durante a noite, formando ciclos com duração aproximada de 90 minutos. Assim, durante uma noite, observamos entre quatro e cinco ciclos de sono. A fase NREM de sono pode ser dividida em três estágios - 1, 2 e 3 - sendo o estágio 3 o que apresenta a maior incidência de ondas lentas, de maior amplitude. Por isso, o estágio 3 é também chamado de sono de ondas lentas. É importante salientar que o sono é um processo contínuo, ocorrendo inúmeras transições ao longo da noite, as quais não são abruptas. A transformação do sono em um fenômeno discreto é feita a partir de critérios de estagiamento estabelecidos há algumas décadas[35]. Por esses critérios, cada período (tecnicamente chamado de época) de 30 segundos de sono é classificado em um dos estágios (vigília, sono NREM 1, sono NREM 2, sono NREM 3 e sono REM). A partir desse estagiamento pode ser construído um hipnograma (**Figura 4.1**), que representa os estágios de sono e suas transições ao longo da noite.

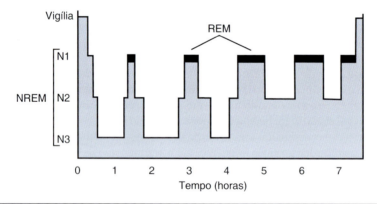

▶ **Figura 4.1.** Hipnograma representando uma noite de sono. No eixo x está representado o tempo em horas e em y, os estágios de sono. As linhas horizontais representam o tempo despendido em cada um dos estágios (vigília, NREM 1, NREM 2 e NREM 3). As barras horizontais pretas representam o tempo despendido em sono REM.

Durante a primeira metade da noite, os ciclos de sono apresentam maior quantidade de sono de ondas lentas, enquanto na segunda metade da noite, sobretudo no seu terço final, os episódios de sono REM são mais longos.

---

[a] *O Hertz (Hz) é a unidade de frequência equivalente a 1 ciclo por segundo.*

Capítulo 4   Sono, Aprendizagem e Sala de Aula

Episódios de sono diurno mais curtos, com menos de 60 minutos, em geral apresentam apenas sono NREM. O sono REM surge a partir de cerca de uma hora de sono. Em episódios mais curtos ainda, de 10 a 15 minutos, são observados apenas estágios 1 e 2 de sono. O sono de ondas lentas surge a partir de 15 ou 20 minutos de sono.

Essa distribuição das fases de sono, denominada arquitetura do sono, pode variar em função de inúmeros fatores. A privação de uma noite de sono, por exemplo, reduz muito a chamada latência do sono REM (tempo despendido para que ocorra o primeiro episódio de sono REM) e aumenta a quantidade de ondas lentas no início do sono.

Uma questão relevante em relação ao papel do sono na consolidação da memória refere-se a quais seriam as fases ou estágios de sono mais importantes para que a mesma ocorra. Sabemos que diferentes tipos de memória são processados por diferentes sistemas cerebrais. Basicamente, de acordo com o tipo de informação armazenada, podemos falar em memórias declarativas, relacionada com fatos (memória semântica) e eventos (memória episódica), e memórias não declarativas, que incluem as memórias procedurais (ou de procedimentos) e emocionais. É tentador imaginar que cada estágio de sono seria responsável pela consolidação de um determinado tipo de memória, mas os resultados de experimentos realizados nas últimas décadas demonstram que o processo é um pouco mais complexo.

Inicialmente, a partir de experimentos em seres humanos, foram construídas teorias que propunham um processamento dual, ou seja, cada tipo de memória estaria associado a uma fase do sono. De acordo com essa teoria, o sono REM beneficiaria a consolidação de memórias não declarativas (sobretudo habilidades motoras e memórias emocionais) enquanto o sono NREM, particularmente o sono de ondas lentas, beneficiaria as memórias declarativas[36]. Há pouco tempo, surgiram novas evidências da importância do sono REM quando uma nova tarefa é aprendida[37]. Esse estudo, realizado com camundongos, apresentou resultados que indicam a participação do sono REM na formação e na remoção de sinapses, que ocorrem tanto durante o desenvolvimento quanto na fase adulta, em decorrência de aprendizado.

O teste de hipóteses relacionadas com o papel dos estágios de sono na consolidação da memória não é tarefa simples, pois envolve protocolos experimentais mais sofisticados, com a privação seletiva de determinados estágios de sono. Mais recentemente, o estudo da consolidação das memórias declarativas e não declarativas passou a se concentrar principalmente na importância do sono de ondas lentas e das modificações sinápticas que ocorrem durante essa fase[38].

Em resumo, a visão dual do processo de consolidação da memória é muito simplificada. Como já foi demonstrada a importância do sono NREM, sobretudo dos estágios 2 e de ondas lentas, também na consolidação de memórias não declarativas, pode-se considerar que o sono NREM é essencial para a consolidação das memórias. Há demonstrações da importância do sono REM na consolidação das memórias motoras e emocionais, mas o exato papel do sono REM na consolidação das memórias declarativas ainda necessita ser esclarecido. Uma visão alternativa seria que sono NREM e REM não desempenhariam um papel diferencial no processo, mas sequencial, sendo ambas as fases importantes para a consolidação tanto da memória declarativa quanto da memória não-declarativa.

Como ocorre a consolidação: fenômenos eletrofisiológicos

Nos últimos anos, tem emergido a noção de que uma teoria completa sobre o papel do sono no aprendizado precisará explicar toda a sua gama de efeitos, do fortalecimento ao enfraquecimento de memórias, passando por sua restruturação. Ao contrário do que se pensava no passado, quando se acreditava que o sono contribuía para a consolidação da memória por servir de "abrigo" contra a interferência dos estímulos que recebemos durante a vigília, a consolidação envolve complexos mecanismos celulares e moleculares. É notável a capacidade que uma noite de

Ciência para educação: uma ponte entre dois mundos

sono tem de separar os problemas importantes, que clamam por solução, dos problemas triviais, irrelevantes. Por meio de mecanismos ainda pouco conhecidos, durante o sono o cérebro "decide" quais memórias devem ser preservadas, quais devem ser esquecidas e ainda quais devem ser transformadas e integradas a outras memórias.

Nas últimas décadas, acumulou-se grande quantidade de evidências total ou parcialmente compatíveis com duas teorias distintas sobre os mecanismos responsáveis pelo papel cognitivo do sono. A teoria da *homeostase sináptica* propõe que esse papel deriva do enfraquecimento sináptico durante o sono de ondas lentas, capaz de promover o aprendizado pela eliminação seletiva de sinapses fracas[39-42]. Alternativamente, a teoria do *entalhamento sináptico*, também chamada de *consolidação sistêmica ativa*, propõe que o sono provoca tanto o fortalecimento quanto o enfraquecimento das conexões, afetando conjuntos complementares de sinapses[43-55].

Ao adormecer, o cérebro mantém vivas as memórias recém-adquiridas pela reverberação dos padrões recentes de atividade neuronal. Na maioria dos casos, essa reverberação não se limita a circuitos anatomicamente fechados[56], propagando-se entre diferentes circuitos por meio da potenciação dos caminhos preferidos de ativação. A reverberação *off-line* de memórias (durante o sono) é o primeiro passo no processo de consolidação mnemônica dependente do sono[57], e tem sido extensivamente investigada desde sua primeira demonstração experimental[58]. Alterações na atividade eletrofisiológica durante o sono, que podem depender apenas do uso do circuito neural ou da ocorrência de aprendizado durante a vigília pré-sono, estão bem documentadas. Mudanças em diversos parâmetros eletrofisiológicos já foram descritas: alterações nas taxas de disparo neuronal[45,58-61], aumento das correlações entre as atividades de neurônios distintos[62-64], persistência de padrões de potenciais de ação em grande escala[45,65,66], aumento de fusos[b] corticais (10-14 Hz)[67] e *ripples*[c] (> 140 Hz)[68], e aumento das oscilações de baixa frequência (0,5-4 Hz), incluindo ondas lentas (< 1 Hz) e atividade delta (1-4 Hz)[67,69-73]. Em outras palavras, o processo de aprendizagem durante a vigília modifica o padrão de atividade de redes neurais durante o sono.

A reverberação ou reativação de memórias aumenta durante o repouso de vigília[74,75], atinge seu pico durante o sono de ondas lentas[49,58,60] e aparece também no sono REM[45,47,58,60,66]. Até o momento, existe evidência experimental de reativação de memórias dependente de sono em ratos[45,58,60,66], camundongos[75], macacos[76] e humanos[71,77], além de pássaros canoros[78]. A reativação de memórias durante o sono foi demonstrada com a utilização da eletrofisiologia extracelular[74,75,79], pela qual se pode analisar os impulsos produzidos por neurônios isolados; da eletroencefalografia[71], que indica a atividade elétrica global sem muita precisão da sua localização no cérebro; da tomografia por emissão de pósitrons[77] e do imageamento funcional por ressonância magnética[80], que demonstram a atividade funcional do cérebro com uma precisão espacial melhor.

Com relação à localização neuroanatômica, a atividade reverberatória durante o sono foi detectada no hipocampo[66,74], córtex sensorial primário[49,57], córtex pré-frontal medial (CPFm)[64,81], corpo estriado dorsal[45] e ventral[82], tálamo[45] e amígdala[83], regiões com grande diversidade funcional, mas atuantes em redes processamento da memória, percepção e emoção. A reverberação dependente do sono também ocorre em sistemas neuromodulatórios como o *locus coeruleus*[84,85] e a área tegmentar ventral (ATV)[86]. Na ATV, que faz parte do *sistema de recompensa* do cérebro, a reativação de neurônios relacionados com reforços positivos é coordenada com oscilações hipocampais[86,87].

Experimentos realizados com seres humanos, conhecidos como *reativação direcionada*, nos quais estímulos que fazem parte do contexto de aprendizagem durante a vigília são reapresentados durante o sono, dão respaldo à importância da atividade reverberatória durante o sono na

---

[b] *Fusos são sequências de ondas do EEG que crescem e decrescem com a forma dos antigos fusos (carreteis) de costura.*

[c] *Pequenas oscilações rápidas tremulantes em uma onda do EEG.*

Capítulo 4

consolidação da memória[88]. Já foi demonstrado que a reativação direcionada de estímulos olfativos[80] e auditivos[89] são capazes de produzir efeitos positivos sobre a memória. Em seres humanos, o aprendizado também pode ser aumentado artificialmente pelo aumento das oscilações lentas durante o sono, pela estimulação elétrica[90] ou auditiva[91].

Em conjunto, as evidências disponíveis indicam que a reativação neural dependente de sono afeta a percepção, a navegação espacial, a memória episódica, as funções executivas, a coordenação motora, a atenção e a recompensa.

Estudos eletrofisiológicos realizados com animais de laboratório geram informações a respeito dos mecanismos neurais envolvidos no processo de consolidação da memória. Um aspecto essencial da reverberação neuronal durante o sono é sua relação estreita com a aprendizagem. Neurônios piramidais do hipocampo, quando coativados especificamente em resposta a posições espaciais bem definidas, permanecem coativados durante o sono subsequente[62], levando à reativação sequencial de neurônios seja durante o sono de ondas lentas[62], seja durante o sono REM[66]. No hipocampo, a reverberação ocorre predominantemente durante a ocorrência dos chamados complexos *sharp wave-ripple*[d] (SWr)[92-94]. No repouso, os SWr no hipocampo coincidem com a repetição direta (*replay)* ou reversa das sequências de disparos neuronais, respectivamente antes ou depois que os animais de experimentação correm em pistas lineares[74]. Curiosamente, as sequências de disparo registradas durante o repouso são semelhantes às sequências ativadas em uma nova trilha linear, como um "*preplay"*[75]. A aparente dicotomia entre "*preplay"* e "*replay"* pode refletir a existência de diferentes subconjuntos de células que cooperam para integrar velhas e novas memórias baseadas, respectivamente, em neurônios rígidos (de disparo rápido) e plásticos (de disparo lento)[95]. Os SWr são mais frequentes durante o sono pós-treinamento em ratos que aprenderam uma associação odor-recompensa[84]. Numa tarefa de discriminação espacial, o aumento de SWr previu um incremento no desempenho da memória na sessão seguinte[96]. A reativação de SWr dos neurônios do hipocampo durante o sono pós-aprendizagem está correlacionada com o desempenho[96-98], e tende a coincidir com os fusos corticais[99,100]. A aprendizagem também aumenta a ocorrência de fusos corticais durante o sono pós-aprendizagem[101-106]. Utilizando a estimulação elétrica de axônios que conectam os hipocampos direito e esquerdo, é possível eliminar seletivamente os SWr. Tal supressão seletiva de SWr durante o sono pós-aprendizagem prejudica a memória espacial[98]. Além disso, o desacoplamento entre as oscilações hipocampais e os fusos corticais, por estimulação da região profunda do sistema nervoso chamada *locus coeruleus* durante a ocorrência de SWr, também prejudica a consolidação da memória[107].

No córtex pré-frontal medial, a reativação eletrofisiológica ocorre durante episódios transitórios, correspondendo à ativação de conjuntos celulares distintos[64]. Tal repetição mnemônica domina o sono de ondas lentas pós-treinamento e coincide principalmente com os SWr, estando, portanto, ligada ao aumento das interações entre hipocampo e córtex cerebral[108]. Mais importante ainda, a reativação do córtex pré-frontal medial foi significativa apenas após alterações na regra da tarefa, isto é, só se estabeleceu após a aquisição de uma memória nova[81].

Como ocorre a consolidação: mecanismos moleculares

Se as memórias requeressem reverberação elétrica ativa para garantir sua persistência duradoura, a capacidade mnemônica seria muito limitada pela interferência entre memórias. A solução para esse enigma é a mudança morfológica capaz de converter traços de memória ativa em traços passivos que permanecem latentes até sua subsequente reativação[109]. Essa transformação começa com o influxo pós-sináptico de cálcio através dos receptores N-Metil-D-Aspartato (NMDA), o que efetivamente acopla mecanismos eletrofisiológicos e bioquímicos. É importante

---

[d] *Uma tradução livre seria oscilações de ondas agudas.*

Ciência para educação: uma ponte entre dois mundos

notar que, nos neurônios hipocampais, esses receptores contribuem bastante para as correntes pós-sinápticas excitatórias[110-112]. Mas isso ainda não é suficiente para estabilizar as memórias.

A cálcio-calmodulina quinase II (CaMKII) é um tipo de enzima (proteína-quinase) chave para a consolidação de memórias e a potenciação de longa duração[110,113-118]. A CaMKII fosforilada aumenta a condutância dos receptores AMPA aos íons positivos, fortalecendo a sinapse[119]. Ela também conduz à fosforilação subsequente de fatores de transcrição que têm ação no núcleo da célula modificando a expressão gênica, como o CREB[120]. Resulta síntese pronunciada de mais moléculas receptoras, e o seu transporte e ancoragem na densidade pós-sináptica[118]. Camundongos nocaute desprovidos de CaMKII exibem comprometimento da potenciação de longa duração e do aprendizado, apesar do funcionamento normal do receptor NMDA e da normalidade anatômica do hipocampo e neocórtex[110]. Todos esses mecanismos resultam em fortalecimento da transmissão de informações através das sinapses mobilizadas pelos eventos que vão ser memorizados.

Uma característica essencial da CaMKII consiste na sua capacidade autocatalítica. Após a elevação dos níveis de cálcio e calmodulina no terminal pós-sináptico, a CaMKII fosforilada irá fosforilar o seu próprio sítio catalítico. Tal autofosforilação permite que a CaMKII se mantenha ativada por um período de tempo prolongado[121,122]. Trata-se, portanto, de uma molécula fundamental não apenas para indução de potenciação de longa duração, mas também para sua manutenção[118,123].

A fosforilação da CaMKII durante o sono REM é proporcional à quantidade de fusos corticais durante a transição do sono de ondas lentas para o sono REM[55]. Essa transição foi simulada em modelos computacionais híbridos, compreendendo neurônios artificiais alimentados por potenciais de ação obtidos do cérebro de ratos ao longo do ciclo sono-vigília. Quando simulou-se o sono desprovido de potenciação de longa duração, invariavelmente ocorreu um reajuste homeostático das sinapses; as mais fortes se enfraqueceram e as mais fracas se fortaleceram, convergindo no centro da distribuição de pesos sinápticos. Quando a simulação de sono incluiu a potenciação de longa duração, observou-se uma mistura complexa de fortalecimento e enfraquecimento sináptico sem convergência no centro da distribuição, o que levou a uma restruturação do traço de memória[55]. O acoplamento entre sono de ondas lentas e sono REM promovido pelos fusos corticais da transição pode ser um mecanismo subjacente à complementaridade de ambas as fases de sono.

Muitos estudos indicam o engajamento de fatores decorrentes da ativação do receptor glutamatérgico NMDA durante o sono[7,51,124,125]. Em estudos de privação do sono, a subunidade NR2A do receptor NMDA tem seus níveis elevados na região CA1 do hipocampo, levando a alterações na sinalização de cálcio e plasticidade sináptica[126]. A coativação de receptores NMDA e AMPA durante o sono de ondas lentas se correlaciona com a potenciação de longa duração em sinapses talamocorticais[127]. O aumento da concentração de cálcio intracelular leva a uma regulação positiva dos níveis de monofosfato cíclico de adenosina (cAMP)[128], que são elevados após o sono REM[129]. É importante notar que a privação do sono prejudica a sinalização de cAMP e previne a potenciação de longa duração no hipocampo[129].

Embora a memória de curto prazo seja diretamente dependente do equilíbrio entre as ativações de quinases e fosfatases, o armazenamento duradouro da memória depende fundamentalmente de um passo adicional de regulação metabólica, capaz de atingir o núcleo celular e reprogramar a expressão gênica[130-133]. Sabe-se que o sono provoca grandes mudanças na expressão gênica desde os anos 1960, com a descoberta de que a consolidação de memórias é bloqueada por inibidores da síntese de RNA[134,135], e de que RNA recém-sintetizado se acumula no cérebro durante o sono de ondas lentas[136].

O acoplamento metabólico entre ativação de quinases e regulação gênica é proporcionado pela rápida indução transcricional de genes imediatos, que não requerem síntese proteica *de*

Capítulo 4 — Sono, Aprendizagem e Sala de Aula

novo[137,138]. Os genes imediatos compreendem principalmente fatores de transcrição que regulam genes de resposta tardia, expressos durante a fase de manutenção tardia da potenciação de longa duração, e que requerem transcrição de mRNA e síntese proteica *de novo*[139].

A indução de potenciação de longa duração dependente de receptor NMDA promove a expressão de genes imediatos como Arc/Arg3.1 e Zif-268, que desempenham papéis importantes na plasticidade sináptica e na consolidação de memória[140,141]. Além disso, os genes de resposta tardia são regulados seis horas após a indução da potenciação de longa duração mediada pelo receptor NMDA[142]. Incluem genes envolvidos na sinalização intracelular, função vesicular, adesão célula-célula, modulação do citoesqueleto, regulação da transcrição, síntese de DNA, síntese proteica, bem como edição e estabilização do RNA[142].

O gene imediato Zif-268 é crucial para a consolidação da memória. Camundongos nocaute para Zif-268 apresentam aprendizado e potenciação de longa duração no dia do treinamento, mas não conseguem reter essas memórias quando testados 24 horas mais tarde[143]. A síntese de Zif-268 depende diretamente da ligação dos fatores de transcrição CREB e Elk-1 nas regiões dos promotores CRE e SRE, respectivamente[144]. Portanto, o Zif-268 é um alvo indireto em muitas cascatas bioquímicas de plasticidade[145]. O gene Zif-268 codifica uma proteína que se liga a porções do DNA ricas em citosina-guanina e atua como fatores de transcrição para outros genes efetores, como as sinapsinas, de papel essencial na neurotransmissão[146]. Durante o sono de ondas lentas, os níveis de mRNA e proteína Zif-268 são marcadamente reduzidos[43]. Entretanto, durante o sono REM, os níveis de mRNA de Zif-268 são significativamente aumentados no hipocampo, córtex cerebral e amígdala de ratos previamente expostos a nova experiência sensoriomotora[43,54] ou potenciação de longa duração hipocampal[44]. É importante notar que a elevação cortical dos níveis de Zif-268 durante o sono REM é abolida quando a atividade hipocampal é bloqueada farmacologicamente[44]. Em conjunto, os resultados indicam que a expressão de Zif-268 se espalha de forma gradual do hipocampo para o córtex cerebral e amígdala, à medida que o sono REM volta a ocorrer. Os resultados também sugerem que a expressão cortical de Zif-268 é controlada pelo hipocampo durante o sono REM.

O gene imediato Arc (acrônimo para "activity-regulated cytoskeleton-associated protein", também conhecido como Arg3.1), é considerado um gene efetor, com um papel de remodelagem direta das sinapses por meio de interações com a actina e a CaMKII, que em conjunto regulam o recrutamento de receptores AMPA[140,147,148]. O gene Arc é regulado transcricionalmente por CREB, entre outros fatores[149,150]. O mRNA de Arc é transportado para os dendritos ativados e traduzido localmente em resposta ao influxo de cálcio[151,152]. A interrupção da expressão da proteína Arc elimina a memória espacial de longo prazo e a potenciação de longa duração[153].

Há evidências de que a expressão do gene Arc é dependente do sono e da experiência. Ratos treinados na tarefa de esquiva ativa de duas vias exibem níveis aumentados de Arc, CREB fosforilado e fator neurotrófico derivado do cérebro (BDNF) durante o sono REM pós-treinamento em várias regiões do cérebro, como o hipocampo dorsal, a amígdala, os córtices frontal e occipital[154]. É importante notar que esses aumentos correlacionam-se com uma densidade aumentada das ondas do EEG geradas na região do tronco encefálico chamada *ponte*, que aparecem durante o sono REM[154]. Ratos com lesões pontinas apresentaram níveis significativamente diminuídos de CREB fosforilado, Arc, BDNF e Egr-1 em comparação com os controles[155]. Em consonância com essa descoberta, ratos expostos a novos objetos mostram um forte aumento dos níveis corticais de mRNA de Arc após quatro horas de ciclo sono-vigília, mas não quando foram seletivamente privados do sono REM[49]. A correlação positiva entre os níveis de mRNA de Arc no hipocampo e a densidade de fusos no córtex cerebral sugere um possível mecanismo para o acoplamento entre a reverberação elétrica e a regulação positiva de marcadores moleculares de plasticidade[49].

O gene imediato c-fos, que reflete a atividade neuronal geral[156], tem seus níveis aumentados durante a vigília espontânea e a privação do sono[157]. O gene c-fos codifica um fator de transcrição

Ciência para educação: uma ponte entre dois mundos

que, em conjunto com a proteína c-jun, liga-se a regiões promotoras e intensificadoras de múltiplos genes alvo[158]. Ratos submetidos a 72 horas de privação de sono apresentam um aumento na quantidade de sono REM após a privação. Durante esse rebote de sono REM, os níveis de mRNA e proteína de Zif-268, c-fos, Arc e BDNF aumentam significativamente nas regiões CA1 e CA3 do hipocampo[159]. Esses resultados foram corroborados por um estudo em que a hipersonia do sono REM conduziu a um aumento acentuado no número de neurônios marcados para BDNF, Fos e Arc no giro denteado do hipocampo, claustro, núcleo amigdaloide cortical, e os córtices medial, entorrinal e retrosplenial. A marcação retrógrada combinada com lesões neuroquímicas indicou que o núcleo supramamilar e o claustro fornecem as projeções ascendentes responsáveis pela ativação córtico-hipocampal durante o sono REM[160]. Outro estudo empregou apenas uma hora de privação de sono entre a exploração de novos objetos e o sono. Os níveis hipocampais de mRNA de Arc, Fos e Zif-268 foram aumentados de uma maneira dependente da experiência durante o sono REM, ou seja, o aumento foi observado apenas em ratos previamente expostos a objetos novos, mas não em ratos-controle, sem exposição a novidades. Contudo, os níveis de mRNA de BDNF em animais expostos não diferiram dos controles não expostos[54]. Isso provavelmente reflete a grande diferença na duração da privação do sono entre esses estudos (72h *versus* 1h).

Remodelagem sináptica

A aprendizagem duradoura é, em última instância, implementada pela remodelagem sináptica, que compreende o estabelecimento de novas sinapses, a perda de sinapses pré-existentes e o fortalecimento ou enfraquecimento de sinapses previamente formadas[161-163]. A potenciação de longa duração está ligada ao fortalecimento sináptico e à formação de novas sinapses, enquanto a depressão de longa duração relaciona-se com o enfraquecimento sináptico ou com a perda de sinapses pré-existentes[164-166].

A primeira demonstração direta de que o sono facilita a remodelagem sináptica veio da pesquisa de aprendizagem motora em camundongos. Animais submetidos a uma tarefa motora nova apresentaram novas espinhas dendríticas[53], microestruturas consideradas pequenos processadores sinápticos dos neurônios. A privação do sono REM não afetou de modo significativo os resultados, levando os autores a concluir que o sono não-REM é o único responsável pelo efeito. No entanto, a privação de sono REM foi apenas parcial, deixando aberta a possibilidade de que ele de fato participe do processo. Esse estudo pioneiro abriu o caminho para estudos futuros sobre como o sono afeta a maturação tardia das memórias, codificadas não mais como traços ativos elétricos ou metabólicos, mas como padrões persistentes de conectividade sináptica. Recentemente, o mesmo grupo de pesquisa utilizou microscopia de dois fótons para confirmar o envolvimento do sono REM e do cálcio na manutenção e eliminação de sinapses no córtex motor primário[37].

Uma característica importante da reverberação elétrica durante o sono é o fato de que sua persistência difere muito entre as regiões cerebrais. Enquanto as alterações dependentes de sono nas taxas de disparo hipocampais arrefecem em menos de 30 minutos[49,62], as mudanças nas taxas de disparo corticais podem persistir durante várias horas após a exploração de objetos novos, durante o sono de ondas lentas e o sono REM[49].

A evidência eletrofisiológica de corticalização de memórias durante o sono REM está de acordo com a evidência de que a regulação transcricional dos genes imediatos diminui no hipocampo e aumenta no córtex cerebral ao longo do tempo, durante o sono REM após a potenciação de longa duração[44] ou após a exploração de objetos novos[49]. O intervalo entre estimulação na vigília e no sono parece desempenhar um papel fundamental no padrão neuroanatômico de ativação. Com uma hora de intervalo e um único episódio de sono REM, o aumento da transcrição de genes imediatos é restrito ao hipocampo[54]. Com três horas de intervalo e um único episódio de sono REM, o aumento da transcrição de genes imediatos ocorre tanto no hipocampo como no

Capítulo 4 Sono, Aprendizagem e Sala de Aula

córtex cerebral[43]. Com quatro horas de intervalo e após dezenas de episódios de sono REM, o aumento da transcrição de genes imediatos é exclusivamente cortical[49]. Em conjunto, esses achados apoiam a noção de que os circuitos corticais são progressivamente engajados à medida que os ciclos de sono se repetem, em detrimento dos circuitos hipocampais, que mostram desengajamento gradual. Os resultados também são compatíveis com evidências recentes de que o sono REM promove a plasticidade cortical dependente do cálcio no cérebro em desenvolvimento de gatos[167].

A evidência disponível indica que as memórias podem ter destinos muito distintos devido ao sono, dependendo se ele foi ou não precedido pela aprendizagem de novas percepções, associações ou habilidades. Na ausência de aprendizagem prévia - seja como experiência nova devido à exploração espontânea do ambiente ou como treinamento incremental em uma tarefa laboratorial - o sono é concomitante com uma desativação generalizada de mecanismos relacionados com a potenciação de longa duração, incluindo desfosforilação de quinases, ativação de fosfatases, interrupção da transcrição de genes imediatos, diminuição da eficácia de transmissão elétrica e redução sináptica no nível morfológico. Tais eventos levam ao apagamento de todas as conexões sinápticas, exceto as mais fortes.

O sono tem consequências muito diferentes quando precedido pela aprendizagem. A reativação eletrofisiológica repercute nos padrões relevantes de co-ativação neuronal durante o sono de ondas lentas, e o sono REM desencadeia a cascata metabólica que abrange o influxo de cálcio, a fosforilação de quinases e a regulação transcricional positiva de genes imediatos e tardios. Esse processo leva à plasticidade hebbiana nos circuitos ativados, enquanto os circuitos não ativados exibem os mesmos efeitos observados no restante do cérebro quando os animais não são expostos à experiência nova.

Finalmente, deve haver uma articulação dos múltiplos níveis causais relacionados com o sono e com o sonho, abrangendo os níveis molecular, celular, anatômico e psicológico. Sonhar com uma tarefa - mas não pensar nela durante o despertar - melhora o desempenho subsequente[168,169], possivelmente devido à coordenação da reverberação da memória sensoriomotora com a reativação de sistemas de recompensa e atenção[84,86]. A esse respeito, note-se que pacientes neurológicos com lesões relacionadas com a ATV apresentam sono REM intacto mas não têm sonhos[170]. Os sonhos podem, portanto, refletir mais do que a mera reativação das memórias, pois simulam comportamentos propositadamente orientados para a busca de objetivos, atos que têm consequências no mundo real e podem permitir o reforço de comportamentos adaptativos e a seleção negativa de comportamentos desajustados[171].

Quanto e quando precisamos dormir?

Os padrões e as necessidades de sono mudam ao longo da vida e há significativas diferenças individuais no processo. O sono deve ser visto como uma das fases de um ciclo, denominado ciclo sono/vigília. Esse ciclo é controlado por um sistema de temporização, do qual fazem parte os núcleos supraquiasmáticos do hipotálamo (há dois, um de cada lado), conhecidos como o relógio biológico dos mamíferos. Quando nascemos, os episódios de sono e vigília se alternam, formando ciclos de aproximadamente três horas. A expressão desse ciclo modifica-se ao longo da vida, consequência do amadurecimento do sistema de temporização e de sua interação com a sinalização ambiental. Essa sinalização permite que o ciclo sono/vigília fique sincronizado ao ciclo claro/escuro ambiental e os episódios de sono passem a se concentrar na fase escura do ciclo[172]. Após o nascimento, com o passar dos meses, os episódios de sono noturno tornam-se mais longos e a frequência dos episódios de sono diurno tende a diminuir[173]. Assim, ao final do primeiro ano de vida a criança tem um episódio de sono noturno mais consolidado, e em geral apresenta dois episódios de sono diurno, um na parte da manhã e o outro na parte da tarde. Por volta dos 2 anos de vida, o episódio de sono da manhã já desapareceu e o episódio de sono da tarde, a sesta, pode

Ciência para educação: uma ponte entre dois mundos

permanecer, em algumas crianças, até os 6 ou 7 anos de idade[174]. Como consequência, algumas crianças precisam dormir na escola após o almoço, enquanto outras não necessitam.

Uma importante diferença individual na expressão do ciclo sono/vigília refere-se aos horários preferenciais de dormir e acordar. Há pessoas que preferem dormir e acordar mais cedo: são chamadas de matutinas. Por outro lado, há aquelas que optariam, se pudessem, por dormir e acordar mais tarde: são chamadas de vespertinas. Dentro desse espectro, há indivíduos com preferências intermediárias e assim são chamados de intermediários. Essa preferência é reflexo de uma característica do sistema de temporização denominada *cronotipo*[175]. O cronotipo é influenciado por fatores genéticos e é relativamente estável ao longo da vida[176]. Isso significa dizer que um indivíduo vespertino continuará com essa característica mesmo que passe anos de sua vida mantendo hábitos matutinos devido a exigências de estudo ou trabalho.

A plasticidade do ciclo sono/vigília permite que acordemos durante a noite, antecipemos o horário de despertar ou estendamos a duração da vigília devido a compromissos sociais. Essa mesma plasticidade pode mascarar uma limitação imposta pelo cronotipo: há pessoas que enfrentam muita dificuldade para se ajustar aos horários sociais. A organização social, incluindo os horários escolares, privilegia os indivíduos matutinos. Alunos vespertinos estão mais privados de sono, apresentam maior irregularidade nos seus padrões de sono e estão mais expostos às consequências indesejáveis da privação de sono[177]. Não é possível se pensar numa escola inclusiva sem que ela leve em consideração as necessidades de sono de indivíduos vespertinos. O estabelecimento de rotinas para a criança, com horários definidos de dormir, é importante e auxilia a manutenção da sincronização do ciclo sono/vigília com as rotinas sociais. Entretanto, essas medidas serão insuficientes nos casos de vespertinidade mais extrema. Estima-se que cerca de 8% da população tem preferência por iniciar o sono após as 3 horas da madrugada[178].

Com a entrada na puberdade, dentre as várias mudanças que ocorrem no organismo, há uma tendência a um atraso nos horários de dormir e acordar, chamado de *atraso de fase* da adolescência[179]. Crianças que exibiam preferências vespertinas durante a infância tornam-se ainda mais vespertinas. Aquelas que exibiam preferências matutinas tornam-se um pouco menos matutinas. O atraso de fase entra em conflito com os horários da maior parte das escolas brasileiras, que tendem a antecipar o horário de início das aulas no ensino médio. Esse fenômeno, aliado a mudanças comportamentais, dentre elas a maior exposição a dispositivos eletrônicos e maior liberdade por parte dos pais, é um dos fatores responsáveis pela privação crônica de sono observada em uma parcela significativa dos adolescentes de todo o mundo[180]. Na verdade, o horário matutino das escolas brasileiras mostra-se inadequado mesmo para crianças pré-púberes. A bióloga Tâmile Anacleto e colaboradores compararam os padrões de sono de alunos de ensino fundamental com idade entre 9 e 11 anos que estudavam nos turnos matutino e vespertino. Os autores identificaram uma menor duração diária de sono nos dias letivos, em torno de uma hora a menos, nos alunos que estudavam no turno da manhã. A duração média, menor do que oito horas diárias, está abaixo do recomendado para essa faixa etária[181].

As necessidades na duração de sono também se modificam ao longo do desenvolvimento. Além disso, há importantes diferenças individuais. Por isso, a *National Sleep Foundation* (NSF), organização norte-americana sem fins lucrativos que tem como principal objetivo a difusão de informações a respeito do sono, estabelece intervalos e não valores médios de duração ideal para cada faixa etária. Os valores médios, portanto, devem ser utilizados como parâmetros e não para definição do que é ou não normal. O que se pode observar é que as necessidades de sono diminuem ao longo do desenvolvimento. Por exemplo, enquanto uma criança na educação infantil entre 3 e 5 anos de idade necessita dormir entre 10 e 13 horas diárias, um adolescente precisa entre oito e dez de sono por dia.

Capítulo 4 — Sono, Aprendizagem e Sala de Aula

QUANTO TEMPO NA CAMA:

Horas diárias de sono ao longo da vida recomendadas pela Fundação Nacional do Sono, nos Estados Unidos. Observe que não há um valor único para cada idade, mas um intervalo de duração esperado para cada fase, pois devem ser consideradas as diferenças individuais.

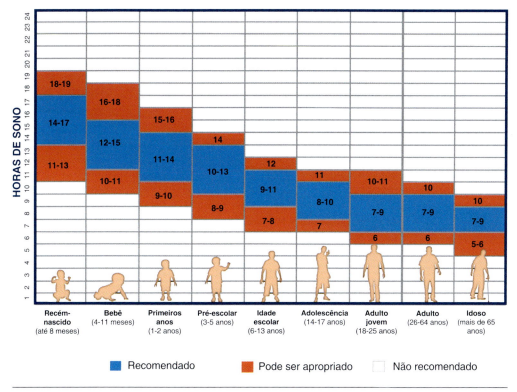

▶ **Figura 4.2.** Necessidade de sono ao longo da vida. Baseado em gráfico divulgado pela Fundação Nacional do Sono (NSF) - sleepfoundation.org

Repercussões na organização escolar

O conhecimento da importância do sono para a aprendizagem e de suas necessidades em crianças e adolescentes deve ser levado em consideração no planejamento das atividades escolares, ao menos em duas vertentes. A primeira está relacionada com a organização temporal da escola.

Na educação infantil, as crianças que permanecem em período integral devem ter a oportunidade de dormir a sesta ao menos até os 6 anos de idade. A escola deve fornecer um espaço tranquilo, com colchonetes, para as crianças que optarem por dormir após o almoço. A sesta não deve ser obrigatória. A escola pode reservar um espaço tranquilo para atividades lúdicas ou de leitura às crianças que optarem por permanecer acordadas. A duração da sesta varia muito entre as crianças. Devem ser reservados de 60 a 90 minutos, no máximo, para que ela ocorra. Cochilos[e] diurnos mais longos podem atrasar o horário de início do sono noturno[182-184]. É importante ressaltar que a necessidade de cochilo durante o dia pode estar aumentada em virtude da redução

---

[e] A palavra cochilo, no sul do país, tem a mesma acepção de sesta, prevalente nas demais regiões.

Ciência para educação: uma ponte entre dois mundos

das horas de sono noturno. Há estudos que identificam associação entre a ocorrência de cochilo diurno e a redução do desempenho cognitivo devido à diminuição da duração do sono noturno[185], que muitas vezes ocorre pela necessidade da criança ser levada à escola no início da manhã, antes do horário de início do trabalho dos pais.

Estudos realizados em diferentes países mostram a inadequação do horário matutino de início das aulas[180]. No Brasil, na maioria das escolas o início das aulas ocorre por volta das sete horas. Esse horário obriga os alunos a acordar por volta das seis horas da manhã, às vezes mais cedo do que isso. Levando em consideração esse horário de acordar, seis horas da manhã, para que uma criança de 8 anos, por exemplo, possa suprir sua necessidade diária, ela teria que iniciar seu sono por volta das 20 horas. Um adolescente, por volta das 21 horas. Sabemos que esse horário é incompatível com a rotina da maioria das famílias brasileiras e com a propensão ao sono dos alunos, sobretudo no caso de adolescentes. Como já abordado, dentre as mudanças que ocorrem no funcionamento do organismo dos adolescentes, está um atraso no horário de início de sono. Esse atraso é exacerbado pelo uso cada vez mais intenso de dispositivos digitais. Em virtude da constatação que adolescentes submetidos ao horário escolar matutino apresentam privação crônica de sono, afetando seu desempenho escolar, escolas de diversos países do mundo escolas têm atrasado o horário de início das aulas com resultados positivos[180]. Essa mudança causa transtornos à comunidade, com repercussão nos serviços de transporte e na rotina de pais e professores. Diante dessas dificuldades, propomos que em vez de simplesmente atrasar o horário de início das aulas, as escolas implantem horários flexíveis de início. Nesse formato, os alunos poderiam optar por entrar mais cedo e sair mais cedo ou entrar mais tarde e sair mais tarde da escola. Essa flexibilidade é plenamente compatível com as mudanças do ensino médio em curso no país e não geraria custos adicionais. Ao implantar horários flexíveis, as escolas estarão fazendo o que as empresas fazem há muito tempo, com reflexos positivos na produtividade de seus funcionários.

A segunda vertente do planejamento das atividades escolares é a incorporação do tema nas aulas de Ciências, Biologia e/ou outras disciplinas. O conhecimento por parte dos alunos da importância do sono, dos fatores que o influenciam, incluindo o uso dos dispositivos digitais, pode contribuir para o desenvolvimento de hábitos mais saudáveis de sono. Atividades para trabalhar com o tema podem ser desenvolvidas a partir das primeiras séries do ensino fundamental.

Outra alternativa para reduzir o impacto da privação de sono em estudantes é o desenvolvimento de programas de promoção da saúde do sono, também chamados de programas de educação sobre o sono. Esses programas, ao oferecer conhecimento a respeito do tema, poderiam desencadear mudanças comportamentais que impactariam na qualidade de sono dos estudantes. Entretanto, um número reduzido de estudos foi publicado até o momento e os resultados não são conclusivos[186]. Em geral, os estudos foram capazes de aumentar o conhecimento dos alunos a respeito do tema, mas sem desencadear mudanças comportamentais.

Finalmente, a partir do conhecimento atual, devemos modificar nosso olhar sobre a ocorrência de episódios de sono e sonolência excessiva em sala de aula. Eles devem deixar de ser tratados como um problema disciplinar. Em alguns casos, sono e sonolência em sala de aula refletem um problema médico e os responsáveis pelo aluno devem ser orientados a procurar ajuda especializada. Entretanto, na maioria das vezes, alunos dormindo em sala de aula expõem a inadequação da organização temporal da escola. Cabe a nós, pesquisadores e educadores, buscar soluções para o problema. Uma escola capaz de acolher o sono dos alunos, tanto antes quanto depois das aulas, em consonância com a autorregulação fisiológica, tem grande potencial de promover um aprendizado mais duradouro e eficaz.

Referências Bibliográficas

1. Joiner WJ (2016). Unraveling the Evolutionary Determinants of Sleep. *Current Biology* 26:R1073-R1087.
2. Krueger JM, Frank MG, Wisor JP, Roy S (2016). Sleep function: Toward elucidating an enigma. *Sleep Medicine Reviews*, 28:42-50.
3. Itani O, Jike M, Watanabe N, Kaneita Y (2016). Short sleep duration and health outcomes: A systematic review, meta-analysis and meta-regression. *Sleep Medicine* 32:246-256.
4. Al Khatib H, Harding SV, Darzi J, Pot GK (2016). The effects of partial sleep deprivation on energy balance: A systematic review & meta-analysis. *European Journal of Clinical Nutrition*:1-11.
5. Huber R, Born J. Sleep, synaptic connectivity, and hippocampal memory during early development (2014). *Trends Cognitive Sciences*.18:141-152.
6. Born J, Rasch B, Gais S (2006). Sleep to remember. *Neuroscientist*.;12:410-424.
7. Wagner U, Gais S, Haider H, Verleger R, Born J (2004). Sleep inspires insight. *Nature*.427:352-355.
8. Beijamini F, Pereira SIR, Cini FA, Louzada FM (2014). After being challenged by a video game problem, sleep increases the chance to solve it. *PLoS One*.9:1-5.
9. Fullagar HHK, Skorski S, Duffield R, Hammes D, Coutts AJ, Meyer T (2015). Sleep and Athletic Performance: The Effects of Sleep Loss on Exercise Performance, and Physiological and Cognitive Responses to Exercise. *Sport Medicine*.45:161-186.
10. Shochat T, Cohen-Zion M, Tzischinsky O (2014). Functional consequences of inadequate sleep in adolescents: a systematic review. *Sleep Medicine Reviews*.18:75-87
11. McCoy JG, Strecker RE. The cognitive cost of sleep lost (2011). *Neurobiology of Learning and Memory*.96:564-582.
12. Lassonde JM, Rusterholz T, Kurth S, Schumacher AM, Achermann P, LeBourgeois MK (2016). Sleep physiology in toddlers: Effects of missing a nap on subsequent night sleep. *Neurobiology of Sleep and Circadian Rhythm*.1:19-26.
13. Hill CM, Hogan AM, Karmiloff-Smith A (2007). To sleep, perchance to enrich learning? *Archives Dis Childhood*.92:637-643.
14. Konrad C, Herbert JS, Schneider S, Seehagen S (2016). The relationship between prior night's sleep and measures of infant imitation. *Developmental Psychobiology*.58:450-461.
15. Horváth K, Liu S, Plunkett K, Horvath K, Liu S, Plunkett K (2016). A daytime nap facilitates generalization of word meanings in young toddlers. *Sleep*.39:203-207.
16. Sadeh A, Gruber R, Raviv A. The effects of sleep restriction and extension on school-age children: what a difference an hour makes (2003). *Child Development*.74:444-455.
17. Gruber R, Somerville G, Enros P, Paquin S, Kestler M, Gillies-Poitras E (2014). Sleep efficiency (but not sleep duration) of healthy school-age children is associated with grades in math and languages. *Sleep Medicine*.15:1517-1525.
18. De Bruin EJ, van Run C, Staaks J, Meijer AM (2016). Effects of sleep manipulation on cognitive functioning of adolescents: A systematic review. *Sleep Medicine Reviews*.32:45-57.
19. Louca M, Short MA (2014). The effect of one night's sleep deprivation on adolescent neurobehavioral performance. *Sleep*.37:1799-1807.
20. Short MA, Louca M (2015). Sleep deprivation leads to mood deficits in healthy adolescents. *Sleep Medicine*.16:987-993.
21. Agostini A, Carskadon MA, Dorrian J, Coussens S, Short MA (2016). An experimental study of adolescent sleep restriction during a simulated school week: changes in phase, sleep staging, performance and sleepiness. *Journal of Sleep Research*. 26:227-235.
22. O'Brien LM (2009). The Neurocognitive Effects of Sleep Disruption in Children and Adolescents. *Child and Adolescent Psychiatric* Clinics of *North America*.18:813-823.
23. Benson K, Feinberg I (1977). The beneficaial effect of sleep in an extended Jenkins and Dallenbach paradigm. *Psychophysiology*.14:375-384.
24. Hupbach A, Gomez RL, Bootzin RR, Nadel L (2009). Nap-dependent learning in infants. *Devevlopmental Sciences*.12:1007-1012.
25. Molina-Carballo A, Naranjo-Gómez A, Uberos J, et al (2013). Methylphenidate effects on blood serotonin and melatonin levels may help to synchronise biological rhythms in children with ADHD. *Journal of Psychiatry Research*.47:377-383.
26. Friedrich M, Wilhelm I, Born J, Friederici AD (2015). Generalization of word meanings during infant sleep. *Nature Communications*.6:6004.
27. Seehagen S, Konrad C, Herbert JS, Schneider S (2015). Timely sleep facilitates declarative memory consolidation in infants. *Proceedings of National Academy of Sciences*.112:1625-9.
28. Axelsson EL, Williams SE, Horst JS (2016). The Effect of Sleep on Children's Word Retention and Generalization. *Frontiers in Psychology*.7:1-9.
29. Desrochers PC, Kurdziel LBF, Spencer RMC (2016). Delayed benefit of naps on motor learning in preschool children. *Experimental Brain Research*.234:763-772.
30. Ashworth A, Hill CM, Karmiloff-Smith A, Dimitriou D (2014). Sleep enhances memory consolidation in children. *Journal of Sleep Research*.23:302-308.

Ciência para educação: uma ponte entre dois mundos

31. Henderson LM, Weighall AR, Brown H, Gaskell MG (2012). Consolidation of vocabulary is associated with sleep in children. *Developmental Sciences*.15:674-687.

32. Potkin KT, Bunney WE (2012). Sleep improves memory: The effect of sleep on long term memory in early adolescence. *PLoS One*.7:8-11.

33. Horvath K, Plunkett K (2016). Frequent daytime naps predict vocabulary growth in early childhood. *Journal of Child Psychology Psychiatry and Allied Disciplines*.57:1008-1017.

34. Lemos N, Weissheimer J, Ribeiro S (2014). Naps in school can enhance the duration of declarative memories learned by adolescents. *Frontiers in Systems Neurosciences*.8:103.

35. Prerau MJ, Brown RE, Bianchi MT, Ellenbogen JM, Purdon PL (2017). Sleep Neurophysiological Dynamics Through the Lens of Multitaper Spectral Analysis. *Physiology (Bethesda)*.32:60-92.

36. Diekelmann S, Wilhelm I, Born J (2009). The whats and whens of sleep-dependent memory consolidation. *Sleep Medicine Reviews*.13:309-321.

37. Li W, Ma L, Yang G, Gan W-B (2017). REM sleep selectively prunes and maintains new synapses in development and learning. *Nature Neuroscience*.20:427-437.

38. Ackermann S, Rasch B (2014). Differential effects of non-REM and REM sleep on memory consolidation? *Current Neurology and Neuroscience Reports*.14:430.

39. Tononi G, Cirelli C (2013). Perchance to Prune. *Scientific American*.309:34-39.

40. Vyazovskiy V V, Cirelli C, Pfister-Genskow M, Faraguna U, Tononi G (2008). Molecular and electrophysiological evidence for net synaptic potentiation in wake and depression in sleep. *Nature Neuroscience*.11:200-208.

41. Nere A, Hashmi A, Cirelli C, Tononi G (2013). Sleep-dependent synaptic down-selection (I): Modeling the benefits of sleep on memory consolidation and integration. *Frontiers in Neurology*.4:143.

42. De Vivo L, Bellesi M, Marshall W, et al (2017). Ultrastructural evidence for synaptic scaling across the wake/sleep cycle. *Science*.355:507-510.

43. Ribeiro S, Goyal V, Mello C V, Pavlides C (1999). Brain Gene Expression During REM Sleep Depends on Prior Waking Experience. *Learning and Memory*.6:500-508.

44. Ribeiro S, Mello C V, Velho T, Gardner TJ, Jarvis ED, Pavlides C (2002). Induction of hippocampal long-term potentiation during waking leads to increased extrahippocampal zif-268 expression during ensuing rapid-eye-movement sleep. *Journal of Neuroscience*.22:10914-10923.

45. Ribeiro S, Gervasoni D, Soares ES, et al (2004). Long-lasting novelty-induced neuronal reverberation during slow-wave sleep in multiple forebrain areas. *PLoS Biology*.2:126-137.

46. Diekelmann S, Born J (2010). The memory function of sleep. *Nature Reviews Neuroscience*.11:114-126.

47. Poe GR, Nitz D a., McNaughton BL, Barnes CA (2000). Experience-dependent phase-reversal of hippocampal neuron firing during REM sleep. *Brain Research*. 2000;855:176-180.

48. Ribeiro S (2003). Sonho, memória e o reencontro de Freud com o cérebro. *Revista Brasileira de Psiquiatria*.25:59-63.

49. Ribeiro S (2007). Novel experience induces persistent sleep-dependent plasticity in the cortex but not in the hippocampus. *Frontiers Neuroscience*.1:43-55.

50. Ravassard P, Pachoud B, Comte J-C, et al (2009). Paradoxical (REM) sleep deprivation causes a large and rapidly reversible decrease in long-term potentiation, synaptic transmission, glutamate receptor protein levels, and ERK/MAPK activation in the dorsal hippocampus. *Sleep*.32:227-240.

51. Aton SJ, Seibt J, Dumoulin M, et al (2009). Mechanisms of Sleep-Dependent Consolidation of Cortical Plasticity. *Neuron*.61:454-466.

52. Ribeiro S. Sleep and plasticity. *Pflugers Arch Eur J Physiol*. 2012;463(1):111-120.

53. Yang G, Sau C, Lai W, Cichon J, Li W (2014). Sleep promotes branch-specific formation of dendritic spines after learning. Science. 344:1173-1178.

54. Calais JB, Ojopi EB, Morya E, Sameshima K, Ribeiro S (2015). Experience-dependent upregulation of multiple plasticity factors in the hippocampus during early REM sleep. *Neurobiology of Learning and Memory*.122:19-27.

55. Blanco W, Pereira CM, Cota VR, et al (2015). Synaptic Homeostasis and Restructuring across the Sleep-Wake Cycle. *PLoS Computational Biology*.11:e1004241.

56. deNo RL (1938). Analysis of the activity of the chains of internuncial neurons. *Journal of Neurophysiology*.1:207-244.

57. Ribeiro S, Nicolelis M a. L (2004). Reverberation, storage, and postsynaptic propagation of memories during sleep. *Learning and Memory*.11:686-696.

58. Pavlides C, Winson J (1989). Influences of hippocampal place cell firing in the awake state on the activity of these cells during subsequent sleep episodes. *Journal of Neuroscience*.9:2907-2918.

59. Hirase H, Czurkó A, Csicsvari J, Buzsáki G (1999). Firing rate and theta-phase coding by hippocampal pyramidal neurons during "space clamping." *European Journal of Neuroscience*.11:4373-4380.

60. Hirase H, Leinekugel X, Czurkó A, Csicsvari J, Buzsáki G (2001). Firing rates of hippocampal neurons are preserved during subsequent sleep episodes and modified by novel awake experience. *Proceedings of National Academy of Sciences USA*.98:9386-9390.

61. Harris KD, Henze D a, Hirase H, et al (2002). Spike train dynamics predicts theta- related phase precession in hippocampal pyramidal cells. *Nature*.417:2116-2118.

Capítulo 4 — Sono, Aprendizagem e Sala de Aula

62. Wilson M a, McNaughton BL (1993). Reactivation of Hippocampal Ensemble Memories During Sleep. *Science.*5:14-17.
63. Qin YL, McNaughton BL, Skaggs WE, Barnes CA (1997). Memory reprocessing in corticocortical and hippocampo-cortical neuronal ensembles. Philosophical Transactions of The Royal Society of London. 352:1525-33.
64. Euston DR, Tatsuno M, McNaughton BL (2007). Fast-forward playback of recent memory sequences in prefrontal cortex during sleep. *Science.*318:1147-1150.
65. Tatsuno M, Lipa P, McNaughton BL (2006). Methodological considerations on the use of template matching to study long-lasting memory trace replay. *Journal of Neuroscience.*26:10727-10742.
66. Louie K, Wilson MA (2001). Temporally structured replay of awake hippocampal ensemble activity during rapid eye movement sleep. *Neuron.*29:145-156.
67. Tamminen J, Lambon Ralph MA, Lewis PA (2013). The Role of Sleep Spindles and Slow-Wave Activity in Integrating New Information in Semantic Memory. *Journal of Neuroscience.*33:15376-15381.
68. O'Neill J, Senior T, Csicsvari J (2006). Place-selective firing of CA1 pyramidal cells during sharp wave/ripple network patterns in exploratory behavior. *Neuron.*49:143-155.
69. Binder S, Baier PC, Mölle M, Inostroza M, Born J, Marshall L (2012). Sleep enhances memory consolidation in the hippocampus-dependent object-place recognition task in rats. *Neurobiology of Learning and Memory.*97:213-219.
70. Landsness EC, Crupi D, Hulse BK, et al (2009). Sleep-dependent improvement in visuomotor learning: a causal role for slow waves. *Sleep.*32:1273-1284.
71. Huber R, Ghilardi MF, Massimini M, Tononi G (2004). Local sleep and learning. *Nature.*430:78-81.
72. Huber R, Määttä S, Esser SK, et al (2008). Measures of cortical plasticity after transcranial paired associative stimulation predict changes in electroencephalogram slow-wave activity during subsequent sleep. *Journal of Neuroscience.*28:7911-7918.
73. Huber R, Esser SK, Ferrarelli F, Massimini M, Peterson MJ, Tononi G (2007). TMS-induced cortical potentiation during wakefulness locally increases slow wave activity during sleep. *PLoS One.*2:1-7.
74. Diba K, Buzsáki G. Forward and reverse hippocampal place-cell sequences during ripples (2007). *Nature Neuroscience.*10:1241-1242.
75. Dragoi G, Tonegawa S (2012). Preplay of future place cell sequences by hippocampal cellular assemblies. *Nature.*469:397-401.
76. Hoffman KL, McNaughton BL (2002). Coordinated reactivation of distributed memory traces in primate neocortex. *Science.*297:2070-2073.
77. Maquet P, Laureys S, Peigneux P, et al (2000). Experience-dependent changes in cerebral activation during human REM sleep. *Nature Neuroscience.*3:831-836.
78. Dave AS, Margoliash D (2000). Song Replay During Sleep and Computational Rules for Sensorimotor Vocal Learning. *Science.*290:812-816.
79. Lee AK, Wilson MA (2002). Memory of sequential experience in the hippocampus during slow wave sleep. *Neuron.*36:1183-1194.
80. Rasch B, Büchel C, Gais S, Born J (2007). Odor cues during slow-wave sleep prompt declarative memory consolidation. *Science.*315:1426-1429.
81. Peyrache A, Khamassi M, Benchenane K, Wiener SI, Battaglia FP (2009). Replay of rule-learning related neural patterns in the prefrontal cortex during sleep. *Nature Neuroscience.*12:919-926.
82. Pennartz CM a, Lee E, Verheul J, Lipa P, Barnes CA, McNaughton BL (2004). The Ventral Striatum in Off-Line Processing: Ensemble Reactivation during Sleep and Modulation by Hippocampal Ripples. *Journal of Neuroscience.*24:6446-6456.
83. Nofzinger E a., Mintun M a., Wiseman M, Kupfer DJ, Moore RY (1997). Forebrain activation in REM sleep: An FDG PET study. *Brain Research.*770:192-201.
84. Eschenko O, Sara SJ (2008). Learning-dependent, transient increase of activity in noradrenergic neurons of locus coeruleus during slow wave sleep in the rat: Brain stem-cortex interplay for memory consolidation? *Cerebral Cortex.*18:2596-2603.
85. Sara SJ (2009). The locus coeruleus and noradrenergic modulation of cognition. *Nature Reviews Neuroscience.*10:211-223.
86. Valdés JL, McNaughton BL, Fellous J-M, et al (2015). Offline reactivation of experience-dependent neuronal firing patterns in the rat ventral tegmental area. *Journal of Neurophysiology.*114:1183-1195.
87. Gomperts SN, Kloosterman F, Wilson MA(2015). VTA neurons coordinate with the hippocampal reactivation of spatial experience. *Elife.*4:1-22.
88. Schouten DI, Pereira SIR, Tops M, Louzada FM (2016). State of the art on targeted memory reactivation: sleep your way to enhanced cognition. *Sleep Medicine Reviews.* 32:123-131.
89. Rudoy JD, Voss JL, Westerberg CE, Paller KA(2009). Strengthening individual memories by reactivating them during sleep. *Science.*326:1079.
90. Marshall L, Helgadóttir H, Mölle M, Born J (2006). Boosting slow oscillations during sleep potentiates memory. *Nature.*444:610-613.

Ciência para educação: uma ponte entre dois mundos

91. Ngo HV V, Martinetz T, Born J, Mölle M (2013). Auditory closed-loop stimulation of the sleep slow oscillation enhances memory. *Neuron*.78:545-553.
92. Kudrimoti HS, Barnes C a, McNaughton BL (1999). Reactivation of hippocampal cell assemblies: effects of behavioral state, experience, and EEG dynamics. *Journal of Neuroscience*.19:4090-4101.
93. Csicsvari J, Hirase H, Mamiya a, Buzsáki G (2000). Ensemble patterns of hippocampal CA3-CA1 neurons during sharp wave-associated population events. *Neuron*.28:585-594.
94. O'Neill J, Pleydell-Bouverie B, Dupret D, Csicsvari J (2010). Play it again: reactivation of waking experience and memory. *Trends in Neuroscience*.33:220-229.
95. Grosmark a. D, Buzsaki G (2016). Diversity in neural firing dynamics supports both rigid and learned hippocampal sequences. *Science*.351:1440-1443.
96. Ramadan W, Eschenko O, Sara SJ (2009). Hippocampal sharp wave/ripples during sleep for consolidation of associative memory. *PLoS One*.4(8).
97. Eschenko O, Ramadan W, Mölle M, Born J, Sara SJ (2008). Sustained increase in hippocampal sharp-wave ripple activity during slow-wave sleep after learning. *Learning and Memory*.15:222-228.
98. Girardeau G, Benchenane K, Wiener SI, Buzsáki G, Zugaro MB (2009). Selective suppression of hippocampal ripples impairs spatial memory. *Nature Neuroscience*.12:1222-1223.
99. Siapas AG, Wilson MA (1998). Coordinated interactions between hippocampal ripples and cortical spindles during slow-wave sleep. *Neuron*.21:1123-1128.
100. Wierzynski CM, Lubenov E V., Gu M, Siapas AG (2009). State-Dependent Spike-Timing Relationships between Hippocampal and Prefrontal Circuits during Sleep. *Neuron*.61:587-596.
101. Clemens Z, Mölle M, Eross L, et al (2011). Fine-tuned coupling between human parahippocampal ripples and sleep spindles. *European Journal of Neuroscience*.33:511-520.
102. Eschenko O, Molle M, Born J, Sara SJ (2006). Elevated Sleep Spindle Density after Learning or after Retrieval in Rats. *Journal of Neuroscience*.26:12914-12920.
103. Fogel SM, Smith CT (2006). Learning-dependent changes in sleep spindles and Stage 2 sleep. *Journal of Sleep Research*.15:250-255.
104. Fogel SM, Smith CT (2011). The function of the sleep spindle: A physiological index of intelligence and a mechanism for sleep-dependent memory consolidation. *Neuroscience Biobehavioral Reviews*.35:1154-1165.
105. Gais S, Born J (2004). Declarative memory consolidation: Mechanisms acting during human sleep. *Learning and Memory*.11:679-685.
106. Tamaki M, Matsuoka T, Nittono H, Hori T (2008). Fast sleep spindle (13-15 hz) activity correlates with sleep--dependent improvement in visuomotor performance. *Sleep*.31:204-211.
107. Novitskaya Y, Sara SJ, Logothetis NK, Eschenko O (2016). Ripple-triggered stimulation of the locus coeruleus during post-learning sleep disrupts ripple/spindle coupling and impairs memory consolidation. *Learning and Memory*.23:238-248.
108. Benchenane K, Peyrache A, Khamassi M, et al (2010). Coherent Theta Oscillations and Reorganization of Spike Timing in the Hippocampal- Prefrontal Network upon Learning. *Neuron*.66:921-936.
109. Hebb D (1949). *The Organization of Behavior*. Wiley: New York.
110. Silva AJ, Stevens CF, Tonegawa S (1992). Deficient hippocampal long-term potentiation in α-calcium- calmodulin kinase II mutant mice. *Science*.257:201-206.
111. Rauner C, Köhr G (2011). Triheteromeric NR1/NR2A/NR2B receptors constitute the major N-methyl-D-aspartate receptor population in adult hippocampal synapses. *Journal of Biological Chemistry*.286:7558-7566.
112. Tovar KR, Mcginley MJ, Westbrook GL (2013). Journal of Neuroscience.33:9150-60.
113. Silva a J, Paylor R, Wehner JM, Tonegawa S (1992). Impaired spatial learning in alpha-calcium-calmodulin kinase II mutant mice. *Science*.257:206-211.
114. Mayford M, Bach ME, Huang YY, Wang L, Hawkins RD, Kandel ER (1996). Control of memory formation through regulated expression of a CaMKII transgene. *Science*.274:1678-1683.
115. Frankland PW, O'Brien C, Ohno M, Kirkwood A, Silva AJ (2001). Alpha-CaMKII-dependent plasticity in the cortex is required for permanent memory.*Nature*.411:309-313.
116. Soderling TR, Derkach VA (2000). Postsynaptic protein phosphorylation and LTP. *Trends in Neurosciences*.23:75-80.
117. Deisseroth K, Tsien RW (2002). Passwords for Activity-Dependent Gene Expression. *Neuron*.34:179-182.
118. Lisman J, Schulman H, Cline H (2002). The molecular basis of CaMKII function in synaptic and behavioural memory. *Nature Reviews Neuroscience*.3:175-190.
119. Derkach V, Barria a, Soderling TR (1999). Ca2+/calmodulin-kinase II enhances channel conductance of alpha--amino-3-hydroxy-5-methyl-4-isoxazolepropionate type glutamate receptors. *Proceedings of National Academy of Sciences USA*.96:3269-3274.
120. Kornhauser JM, Cowan CW, Shaywitz AJ, et al (2002). CREB transcriptional activity in neurons is regulated by multiple, calcium-specific phosphorylation events. *Neuron*.34:221-233.
121. Glazewski S, Giese KP, Silva a, Fox K (2000). The role of alpha-CaMKII autophosphorylation in neocortical experience-dependent plasticity. *Nature Neuroscience*.3:911-918.

Capítulo 4 — Sono, Aprendizagem e Sala de Aula

122. Griffith LC (2004). Calcium/calmodulin-dependent protein kinase II: An unforgettable kinase. *Journal of Neuroscience*.24:8391-8393.

123. Miyamoto E, Fukunaga K (1996). CaM kinase II in long-term potentiation. *Neuroscience Research*.24:117-122.

124. Frank MG, Jha SK, Coleman T (2006). Blockade of postsynaptic activity in sleep inhibits developmental plasticity in visual cortex. *Neuroreport*.17:1459-1463.

125. Frank MG, Issa NP, Stryker MP (2001). Sleep enhances plasticity in the developing visual cortex. *Neuron*.30:275-287.

126. Kopp C, Longordo F, Nicholson JR, Lüthi A (2006). Insufficient sleep reversibly alters bidirectional synaptic plasticity and NMDA receptor function. *Journal of Neuroscience*.26:12456-12465.

127. Chauvette S, Seigneur J, Timofeev I (2012). Sleep Oscillations in the Thalamocortical System Induce Long-Term Neuronal Plasticity. *Neuron*.75:1105-1113.

128. Borodinsky LN, Spitzer NC (2006). Second messenger pas de deux: the coordinated dance between calcium and cAMP. *Science Signaling STKE*.2006:pe22.

129. Luo YHL, Da Cruz L (2014). A review and update on the current status of retinal prostheses (bionic eye). *British Medical Bulletin*.109:31-44.

130. Alberini CM (2014). Transcription Factors in Long-Term Memory and Synaptic Plasticity. *Physiology Reviews*.89:1-46.

131. Richter JD, Klann E (2009). translational regulation Making synaptic plasticity and memory last : mechanisms of translational regulation. *Genes & Development*.1-11.

132. Bailey CH, Bartsch D, Kandel ER (1996). Toward a molecular definition of long-term memory storage. *Proceedins National Academy of Sciences USA*.93:13445-13452.

133. Bliss T V, Collingridge GL (1993). A synaptic model of memory: long-term potentiation in the hippocampus. *Nature*.361:31-39.

134. Hernandez PJ, Abel T (2008). The role of protein synthesis in memory consolidation: progress amid decades of debate. Nurobiology of Learning and Memory.89:293-311.

135. Barondes SH, Jarvik ME (1964). the Influence of Actinomycin D on Brain RNA Synthesis and on Memory. *Journal of Neurochemistry*.11:187-195.

136. Giuditta A, Rutigliano B, Vitale-Neugebauer A (1980). Influence of Synchronized Sleep on the Biosynthesis of RNA in Neuronal and Mixed Fractions Isolated from Rabbit Cerebral Cortex. *Journal of Neurochemistry*.35:1267-1272.

137. Bahrami S, Drablos F (2016). Gene regulation in the immediate-early response process. *Advances in Biology Regulation*.62:37-49.

138. Hermey G, Mahlke C, Gutzmann JJ, Schreiber J, Blüthgen N, Kuhl D (2013). Genome-Wide Profiling of the Activity-Dependent Hippocampal Transcriptome. *PLoS One*.8: e76903.

139. Saha RN, Dudek SM (2013). Splitting Hares and Tortoises: A classification of neuronal immediate early gene transcription based on poised RNA polymerase II. *Neuroscience*.247:175-181.

140. Lanahan A, Worley P (1998). Immediate-Early Genes and Synaptic Function. *Neurobiology of Learning and Memory*.70:37-43.

141. Plath N, Ohana O, Dammermann B, et al (2006). Arc/Arg3.1 Is Essential for the Consolidation of Synaptic Plasticity and Memories. *Neuron*.52:437-444.

142. Hong SJ, Li H, Becker KG, Dawson VL, Dawson TM (2004). Identification and analysis of plasticity-induced late-response genes. *Proceedings of National Academy of Sciences USA*.101:2145-2150.

143. Bozon B, Kelly A, Josselyn S a, Silva AJ, Davis S, Laroche S (2003). MAPK, CREB and zif268 are all required for the consolidation of recognition memory. *Philosophical Transactions of The Royal Society of London*.358:805-814.

144. Changelian PS, Feng P, King TC, Milbrandt J (1989). Structure of the NGFI-A gene and detection of upstream sequences responsible for its transcriptional induction by nerve growth factor. *Proceedings of National Academy of Sciences USA*.86:377-381.

145. Wu GY, Deisseroth K, Tsien RW (2001). Spaced stimuli stabilize MAPK pathway activation and its effects on dendritic morphology. *Nature Neuroscience*.4:151-158.

146. Thiel G, Schoch S, Petersohn D (1994). Regulation of synapsin I gene expression by the zinc finger transcription factor zif268/egr-1. *Journal of Biologcal Chemistry*.269:15294-15301.

147. Bloomer W a C, VanDongen HMA, VanDongen AMJ (2007). Activity-regulated cytoskeleton-associated protein Arc/Arg3.1 binds to spectrin and associates with nuclear promyelocytic leukemia (PML) bodies. *Brain Research*.1153:20-33.

148. Verde EMR, Lee-osbourne J, Worley PF, Malinow R, Cline HT (2006). Increased expression of the immediate-early gene arc/arg3.1 reduces AMPA receptor-mediated synaptic transmission. Neuron.52:461-74.

149. Kawashima T, Okuno H, Nonaka M, Adachi-morishima A, Kyo N, Okamura M (2009). Synaptic activity-responsive element in the Arc/Arg3.1 promoter essential for synapse-to-nucleus signaling. *Proceedings of National Academy of Sciences USA*.106:316-21.

150. Pintchovski S a, Peebles CL, Kim HJ, Verdin E, Finkbeiner S (2009). The serum response factor and a putative novel transcription factor regulate expression of the immediate-early gene Arc/Arg3.1 in neurons. *Journal of Neuroscience*.29:1525-1537.

Ciência para educação: uma ponte entre dois mundos

151. Lyford GL, Yamagata K, Kaufmann WE, et al (1995). Arc, a growth factor and activity-regulated gene, encodes a novel cytoskeleton-associated protein that is enriched in neuronal dendrites. *Neuron*.14:433-445.
152. Steward O, Wallace CS, Lyford GL, Worley PF (1998). Synaptic activation causes the mRNA for the leg Arc to localize selectively near activated postsynaptic sites on dendrites. *Neuron*.21:741-751.
153. Guzowski JF, Lyford GL, Stevenson GD, et al (2000). Inhibition of activity-dependent arc protein expression in the rat hippocampus impairs the maintenance of long-term potentiation and the consolidation of long-term memory. *Journal of Neuroscience*.20:3993-4001.
154. Ulloor J, Datta S (2005). Spatio-temporal activation of cyclic AMP response element-binding protein, activity-regulated cytoskeletal-associated protein and brain-derived nerve growth factor: A mechanism for pontine-wave generator activation-dependent two-way active-avoidance memor. *Journal of Neurochemistry*.95:418-428.
155. Datta S, Li G, Auerbach S (2008). Activation of phasic pontine-wave generator in the rat: A mechanism for expression of plasticity-related genes and proteins in the dorsal hippocampus and amygdala. *European Journal of Neuroscience*.27:1876-1892.
156. Herrera DG, Robertson HÁ (1996). Activation of c-fos in the brain. *Progress in Neurobiology*.50:83-107.
157. Pompeiano, M; Cirelli, C; Tononi G (1994). Immediate-early genes in spontaneous wakefulness and sleep: expression of c-fos and NGFI-A mRNA and protein. Journal of Sleep Research.3:80-96.
158. Hai T, Curran T (1991). Cross-family dimerization of transcription factors Fos/Jun and ATF/CREB alters DNA binding specificity. *Proceedings of National Academy of Sciences USA*.88:3720-3724.
159. Ravassard P, Hamieh AM, Malleret G, Salin PA (2015). Paradoxical sleep: A vigilance state to gate long-term brain plasticity? *Neurobiology of Learning and Memory*.122:4-10.
160. Renouard L, Billwiller F, Ogawa K, et al (2015). The supramammillary nucleus and the claustrum activate the cortex during REM sleep. *Sciences Advances*.1:e1400177.
161. Straub C, Sabatini BL (2014). How to grow a synapse. *Neuron*.82:256-257.
162. Van Harreveld A, Fifkova E (1975). Swelling of dendritic spines in the fascia dentata after stimulation of the perforant fibers as a mechanism of post-tetanic potentiation. *Experimental Neurology*.49:736-749.
163. Moczulska KE, Tinter-Thiede J, Peter M, et al (2013). Dynamics of dendritic spines in the mouse auditory cortex during memory formation and memory recall. *Proceedings of National Academy of Sciences USA*.110:18315-18320.
164. De Roo M, Klauser P, Muller D (2008). LTP promotes a selective long-term stabilization and clustering of dendritic spines. *PLoS Biology*.6:1850-1860.
165. Holtmaat A, Svoboda K (2009). Experience-dependent structural synaptic plasticity in the mammalian brain. *Nature Reviews Neuroscience*.10:647-658.
166. Malenka RC, Bear MF (2004). LTP and LTD: An embarrassment of riches. *Neuron*.44:5-21.
167. Dumoulin Bridi MC, Aton SJ, Seibt J, Renouard L, Coleman T, Frank MG (2015). Rapid eye movement sleep promotes cortical plasticity in the developing brain. *Sciences Advances*.1:e1500105.
168. Wamsley EJ, Tucker MA, Payne JD, Stickgold R (2010). A brief nap is beneficial for human route-learning: The role of navigation experience and EEG spectral power. *Learning and Memory*.17:332-336.
169. Stumbrys T, Erlacher D, Schredl M (2015). Effectiveness of motor practice in lucid dreams: a comparison with physical and mental practice. *Journal of Sports Sciences*.34:1-8.
170. Solms M (2000). Dreaming and REM sleep are controlled by different brain mechanisms. *Behavioral Brain Sciences*.23:843-1121.
171. Revonsuo A (2000). The reinterpretation of dreams: An evolutionary hypothesis of the function of dreaming. *Behavioral Brain Scencesi*.23:793-1121.
172. Harrison Y. The relationship between daytime exposure to light and night-time sleep in 6-12-week-old infants. *J Sleep Res*. 2004;13(4):345-352.
173. Sadeh A, Mindell JA, Luedtke K, Wiegand B (2009). Sleep and sleep ecology in the first 3 years: A web-based study. *Journal of Sleep Research*.18:60-73.
174. Ward TM, Gay C, Anders TF, Alkon A, Lee KA (2007). Sleep and Napping Patterns in 3-to-5-year old Children Attending Full-Day Childcare Centers. *Journal of Pediatric Psychology*.33:666-672.
175. Roenneberg T, Wirz-Justice A, Merrow M (2003). Life between clocks: daily temporal patterns of human chronotypes. *Journal of Biological Rhythms*.18:80-90.
176. Allebrandt K V., Roenneberg T (2008). The search for circadian clock components in humans: New perspectives for association studies. *Brazilian Journal of Medical and Biological Research*.41:716-721.
177. Giannotti F, Cortesi F, Sebastiani T, Ottaviano S (2002). Circadian preference, sleep and daytime behaviour in adolescence. *Journal Sleep Research*.11:191-199.
178. Roenneberg T, Kuehnle T, Juda M, et al (2007). Epidemiology of the human circadian clock. *Sleep Medicine Reviews*.11:429-438.
179. Hummer DL, Lee TM (2016). Daily Timing of the Adolescent Sleep Phase: Insights from a Cross-Species Comparison. *Neuroscience Biobehavioral Reviews*.70:171-181.
180. Minges KE, Redeker NS (2016). Delayed school start times and adolescent sleep: A systematic review of the experimental evidence. *Sleep Medicine Reviews*.28:82-91.

181. Anacleto TS, Adamowicz T, Simões L, Louzada FM (2014). Timing in Children and Contribute to Partial Sleep Deprivation. *Mind, Brain and Education*.8:169-174.
182. Komada Y, Asaoka S, Abe T, et al (2012). Relationship between napping pattern and nocturnal sleep among Japanese nursery school children. *Sleep Medicine*.13:107-110.
183. Akacem LD, Simpkin CT, Carskadon MA et al (2015). The timing of the circadian clock and sleep differ between napping and non-napping toddlers. *PLoS One*.10:1-12.
184. Nakagawa M, Ohta H, Nagaoki Y et al (2016). Daytime nap controls toddlers' nighttime sleep. *Scientific Reports*.6:27246.
185. Lam JC, Mahone EM, Mason T, Scharf SM (2011). The Effects of Napping on Cognitive Function in Preschoolers. *Journal of Devevelopmental and Behavioral Pediatrics*.32:90-97.
186. Gruber R (2016). School-Based Sleep Education Programs: A Knowledge-To-Action Perspective Regarding Barriers, Proposed Solutions, and Future Directions. *Sleep Medicine Reviews*.1087-0792:30102-2.

Capítulo 5

Linguagem

Das Primeiras Palavras à Aprendizagem da Leitura

Augusto Buchweitz[1], Mailce Borges Mota[2] e Cristina Name[3]

Palavras-chave: Aquisição da linguagem; Aprendizagem da leitura; Cérebro humano

Resumo

Neste capítulo, apresenta-se a aquisição da linguagem oral e a aprendizagem da leitura do ponto de vista da (psico)linguística e da neurociência cognitiva, numa tentativa de abordar esses processos com um olhar didático. O objetivo é trazer para o leitor uma discussão sobre as evidências de como esses processos, distintos em sua essência (natural, para a linguagem oral, e cultural, para a leitura) se desenvolvem. Esse desenvolvimento é discutido em relação ao estímulo de natureza linguística e sua importância, ao objeto em si (a linguagem oral e a escrita) e às evidências de estudos empíricos e neurocientíficos. Propõe-se uma discussão que evolui da disposição natural para falar, até todo o processo de adaptação de que necessita a leitura, destacando-se como esse processo pode fracassar e porquê.

Afiliações:
[1]PUCRS, Escola de Humanidades, Instituto do Cérebro do Rio Grande do Sul, Porto Alegre, Brasil;
[2]Departamento de Línguas e Literatura Estrangeira, Universidade Federal de Santa Catarina, Florianópolis, Brasil;
[3]Departamento de Letras Clássicas e Vernáculas, Universidade Federal de Juiz de Fora, Brasil.

Introdução

A linguagem verbal está no centro de todas as atividades humanas. É por meio dela que o ser humano expressa pensamentos, ideias e emoções e é essa habilidade que o distingue de outras espécies animais. Não sem razão a linguagem tem sido objeto privilegiado de estudo em diversas áreas da ciência e tem ocupado posição de destaque na pesquisa na ciência cognitiva e, mais recentemente, na neurociência cognitiva. Nesses campos, um grande esforço é feito para entender e explicar um processo naturalmente humano, a aquisição da linguagem oral, e um processo cultural, a aprendizagem da leitura. Essa busca de entendimento se volta para os processos cognitivos envolvidos e para os processos neurais correspondentes, de aquisição de linguagem, que ocorrem naturalmente, e da aprendizagem da leitura, que dependem de instrução. Dessa maneira, apresenta-se neste capítulo uma discussão de evidências sobre a natureza da aquisição da linguagem e da aprendizagem da leitura. Espera-se trazer para o foro da discussão elementos científicos sobre esses processos que podem servir de base para o professor que busca aprender mais sobre os aspectos psicolinguísticos e neurocientíficos da linguagem.

A aquisição da linguagem, bem como seu uso tal como manifestado nas habilidades de compreensão (oral e escrita) e produção (oral e escrita), é um tópico prolífero que atrai, desde sempre, um grande número de pesquisadores com diferentes tipos de experiência intelectual, atuantes nas mais variadas áreas. Dentre outras, destacamos a linguística, a psicologia e a educação, atualmente em franco diálogo com uma outra área que se desenvolve a passos rápidos, a neurociência cognitiva. A procura por uma melhor compreensão dos mecanismos e processos que viabilizam a aquisição e o uso de línguas naturais, assim como dos princípios que subjazem a arquitetura e o funcionamento da linguagem tem uma força motriz que é, como lembra o destacado linguista norte-americano Noam Chomsky[1] (1928-), compreender melhor a natureza humana. A linguagem, nesse sentido, é uma janela pela qual podemos observar, analisar, contemplar o ser humano como espécie.

Tanto vigor nos estudos da linguagem torna bastante desafiadora a tarefa de mergulhar na ciência (no caso, a ciência da linguagem) para discutir evidências que podem contribuir para a solução de problemas da educação, em especial da educação brasileira. Há diferentes perspectivas a partir das quais se pode realizar essa tarefa. Tem-se ciência das múltiplas concepções de linguagem que coexistem nas várias disciplinas que a tomam como objeto de estudo e das implicações que a adoção de uma concepção pode ter para o debate sobre a relação entre ciência da linguagem e problemas da educação. Neste capítulo, aborda-se a linguagem a partir de dois pontos específicos de interesse para a educação: a aquisição da linguagem oral e a aprendizagem da leitura, bem como suas inter-relações. Entende-se a linguagem como um fenômeno neurocognitivo que apresenta interface com outras categorias cognitivas (memória, atenção, controle executivo, por exemplo), a serviço da comunicação entre indivíduos. Discute-se a linguagem do ponto de vista dos processos cognitivos e neurobiológicos envolvidos no seu desenvolvimento. Apresenta-se um panorama das principais fases da aquisição da linguagem que em condições típicas[a] fornecem à criança um repertório extremamente rico, que a capacita a chegar à educação formal para adquirir uma habilidade de base cultural, para cujo desenvolvimento há um processo de aprendizagem e adaptação do cérebro: a leitura.

---

[a] *Essas condições perpassam fatores discutidos em outros capítulos deste livro (ver, p. ex., o Capítulo 1) e abordados também no presente capítulo.*

Capítulo 5 Linguagem – Das Primeiras Palavras à Aprendizagem da Leitura

Aquisição da linguagem: a disposição natural de circuitos do cérebro para falar e compreender a fala e os fatores ambientais interferentes

Adquirir uma língua é um processo para o qual a criança nasce predisposta e que acontece naturalmente em bebês e crianças pequenas. A aquisição da linguagem oral é sustentada por circuitos predispostos (*wiring*, em inglês) no cérebro para essa modalidade de linguagem e a partir do simples contato com adultos e outras crianças. Desde os primeiros dias de vida, os bebês se interessam pelos estímulos de fala, sejam eles sonoros – produzidos por falantes de uma língua oral, como o português – ou visuogestuais – produzidos por falantes de uma língua de sinais, como a libras, língua brasileira de sinais. No caso de bebês ouvintes filhos de mães falantes de uma língua oral, a aquisição da linguagem começa, provavelmente, antes mesmo do nascimento. No último trimestre de gestação, o feto tem seu sistema auditivo bastante desenvolvido e é capaz de escutar a voz da mãe e de apreender o contorno melódico da fala materna, característico de sua língua[2]. O choro de bebês recém-nascidos apresenta, preferencialmente, o contorno melódico da língua falada por suas mães, o que sugere que eles estão reproduzindo uma melodia que foram capazes de captar e memorizar antes de seu nascimento[3,4].

Essa capacidade de perceber características da fala se desenvolve principalmente ao longo do primeiro ano de vida da criança, tanto no que se refere aos segmentos da fala – vogais, consoantes –, quanto no que diz respeito aos suprassegmentos – sílaba, contorno melódico, ritmo, etc. Ela é essencial para a criança aprender sua língua espontaneamente e, mais tarde, para desenvolver outras habilidades, como a leitura e a escrita.

Considerando-se as línguas orais conhecidas, há cerca de seiscentos sons consonantais e duzentos sons vocálicos que podem ser produzidos. Cada língua seleciona um conjunto reduzido de sons que têm a função de distinguir palavras: os fonemas. Por exemplo, a troca do som "p" (representado por [p]) pelo som "b" (representado por [b]), gera palavras distintas, como *pato* e *bato*. Portanto, /p/ e /b/ são fonemas do português (fonemas são representados entre / /), assim como /m/ (*mato*), /t/ (*tato*), /f/ (*fato*).

Mas nem todos os sons produzidos ao falar (chamados de fones e representados entre colchetes [ ]) são considerados fonemas. Alguns falam [t] em *tapa*, *até*, *telha*, *torta*, *todo*, *tudo*, mas em muitas regiões do Brasil produz-se um fone um pouco diferente, chiado, em *tipo*, *partida*, *tesoura*, *leite*... – começa como "t" e termina como "ch", representado pelo fone [tʃ]. Veja que esse fone é produzido diante da vogal [i], que na ortografia do português brasileiro pode ser transcrita pelo grafema *i*, em *tipo*, *partida*, por exemplo, ou pelo grafema *e*, em *tesoura* e *leite*. Ao se produzir [e] em *tesoura*, pronuncia-se [t]: [te]*soura*; mas se [i] for produzido, pronuncia-se [tʃ]: [tʃi]*soura*. Não há pares de palavras no português que se distinguem por esses fones; [tʃ] é uma variação de [t], produzida diante de [i]. Portanto, não são dois fonemas diferentes: temos o fonema /t/, que pode ser produzido como [t] e [tʃ].

Podemos variar o modo de produzir os fones, mas reconhecemos os fones que têm um valor distintivo na língua – os fonemas – daqueles que são variações de um fonema. O conjunto de fonemas varia de uma língua para outra. No português brasileiro, há 19 fonemas consonantais e sete fonemas vocálicos – considerando-se apenas as vogais orais (/a/ *bala*, /ɛ/ *bela*, /ɔ/ *bola*, /e/ *seco*, /u/ *suco*, /i/ *bica*, /o/ *boca* – ou 12, considerando-se também as vogais nasais como fonemas (/ã/ *manto*, /ĩ/ *minto*, /õ/ *monto*, /ẽ/ *assento*, /ũ/*assunto*).

O [tʃ] não tem valor distintivo no português, não é um fonema. Mas em italiano e em inglês esse som é um fonema, pois nessas línguas há pares de palavras que se distinguem ao se trocar [tʃ] por outro som: por exemplo, [t]intura (*tintura*, 'tinta') e [tʃ]intura (*cintura*, 'cinto') em italiano; ca[t] (*cat*, 'gato') e ca[tʃ] (*catch*, pegar) em inglês.

Desde seus primeiros dias de vida, o bebê é sensível a diferentes fones, mesmo àqueles que não são produzidos na sua língua. Aos poucos, o bebê reconhece os sons que ouve, percebe e

Ciência para educação: uma ponte entre dois mundos

registra aqueles que são mais frequentes; as variações que não têm valor distintivo na língua não entram nesse processo. Entre 6 e 8 meses de vida, o bebê reconhece as vogais da sua língua e, um pouco mais tarde, entre 10 e 12 meses, reconhece as consoantes[5]. Ao final do primeiro ano de vida, o bebê é um hábil "detector" de fonemas de sua língua, e isso é muito importante, pois ele está aprendendo as palavras.

Esse contato com a linguagem é fundamental. Os circuitos neurais predispostos para a linguagem oral e a plasticidade do cérebro da criança permitem que ela adquira a linguagem naturalmente, a partir da exposição ao *input* linguístico. A plasticidade é a propriedade do cérebro de estabelecer conexões e modificá-las, configurando-se e reconfigurando-se de acordo com o estímulo e a aprendizagem (ver, sobre esse tema, o Capítulo 2). Sabe-se que o cérebro humano mantém essa propriedade plástica ao longo da vida. Entretanto, há janelas que se fecham para a linguagem e para as regiões sensoriais, o que dificulta o reconhecimento de novos sons estranhos à língua na idade adulta. Considerando-se que a plasticidade de regiões sensoriais do cérebro tem um período crítico, enfatiza-se a importância desse período do desenvolvimento da linguagem para as aprendizagens subsequentes, como da leitura. Uma criança brasileira com 1 ano, ouvindo as pessoas falarem sobre *bola* e *bota* ou *dente* e *pente*, já pode perceber que são palavras diferentes, mesmo ainda não sabendo o que significam. Mas se ouvir *titia*, falado [tʃ]i[tʃ]ia por algumas pessoas e [t]i[t]ia por outras, não vai considerar como duas palavras distintas. Por sua vez, uma criança aprendendo italiano ou inglês, nessa idade, vai prestar atenção a essa distinção entre [t] e [tʃ][6].

Além dos fonemas de sua língua, o bebê deve identificar as possibilidades de combinação, ou seja, quais são as sequências de fonemas possíveis, conhecidas como as propriedades ou restrições fonotáticas da língua. Por exemplo, em português podemos ter, no interior de uma palavra, "t" seguido de "r" (*trovão*, *atraso* etc.), mas essa sequência não aparece entre palavras. Essa sequência não aparece porque, primeiro, não temos palavras que terminem por /t/ (veja que acrescentamos [i] em palavras emprestadas do estrangeiro, como *déficit[i]*, *input[i]*...); segundo, porque não temos palavras que comecem com o "r fraco", que só aparece nesses encontros consonantais puros (com as duas consoantes na mesma sílaba) e em posição intervocálica (*arame*, *pura*, *amarelo*, etc.). Por outro lado, a sequência "s + l" só é possível entre palavras (como em *as latas lavadas*), não aparecendo no interior de palavras. Como a maior parte das vezes, as palavras não são ditas isoladamente, mas em meio a outras palavras em frases, a criança precisa saber onde começa e onde acaba uma palavra e, sem conhecê-la, esse reconhecimento pode ser difícil. As propriedades ou restrições fonotáticas podem ser pistas para a criança identificar as fronteiras entre uma e outra palavra, e os bebês são sensíveis a elas por volta dos 9 meses de idade. Os fonemas e suas possibilidades de combinação estão diretamente ligados à sílaba e aos tipos de sílabas permitidos na língua. Em português, temos desde sílabas formadas por uma única vogal (*é*, *i*-magem) até sílabas formadas por várias consoantes e vogais (CCVVC – *claus*-tro), mas o tipo mais comum é consoante-vogal (CV): *pá*, *de-do*, *pa-ne-la*, *ca-pa-ce-te*...[7]. As palavras são formadas por uma única sílaba (p. ex., *nó*, *mar*, *sei*) ou mais (*plan-ta*, *más-ca-ra*, *a-ma-nhe-ceu*, *ma-ra-vi-lho-sa*) e, à exceção de alguns monossílabos átonos (como alguns artigos e preposições), todas as palavras têm uma sílaba tônica e recebem um acento primário. O padrão acentual do português é forte-fraco, sendo a maioria das palavras paroxítonas (com a penúltima sílaba acentuada: *bar-co*, *la-ran-ja*, *a-ma-re-lo*), mas também temos palavras com acento na última sílaba (oxítonas: *ca-ju*, *es-que-ci*) e na antepenúltima sílaba (proparoxítonas: *xí-ca-ra*, *ô-ni-bus*, *úl-ti-ma*)[8].

Perceber que os segmentos se organizam em sílabas e que as palavras são combinações de sílabas em que uma delas é mais forte que as demais é mais uma habilidade desenvolvida pelo bebê que vai auxiliá-lo na aquisição de vocabulário. Em contato com a língua, a criança vai se tornando sensível ao padrão silábico e ao padrão acentual mais frequentes e, em torno dos 7 meses, começa a reconhecer as palavras paroxítonas mais comuns no seu ambiente.

Capítulo 5 — Linguagem – Das Primeiras Palavras à Aprendizagem da Leitura

Essas características que acabamos de ver vão além dos segmentos apresentados em sequência na fala; são a parte suprassegmental da fala, que "paira" sobre unidades maiores, como as palavras, os sintagmas, as frases, os períodos, criando grupos melódicos e rítmicos. Vimos que, antes mesmo de nascer, o feto é sensível ao contorno melódico da fala da mãe, sendo capaz de memorizá-lo e reproduzi-lo em seu choro inicial. As propriedades que constituem esses grupos melódicos e rítmicos – pausas, duração mais longa da sílaba tônica, variação entre graves e agudos, contornos ascendentes e descendentes – servem de pistas para o bebê segmentar os enunciados em unidades menores até chegar às palavras. Por exemplo, em *Querbrincar?Dáabolapratitia!*, conhecemos todas as palavras, de modo que podemos identificá-las, separá-las umas das outras e entender o que está sendo dito. Esse conhecimento e segmentação tem influência da aprendizagem da leitura e da cultura letrada. Assim como a consciência fonológica que se desenvolve com o reconhecimento e segmentação dos sons da fala é fundamental para a alfabetização, a própria alfabetização modifica a percepção dos sons da fala[9,10].

O bebê, que ainda não conhece todas as palavras, pode usar algumas propriedades, como o alongamento da sílaba "*-car*" e a pausa que se segue, para identificar uma fronteira entre as duas frases. Pode usar, também, o padrão acentual forte-fraco, para segmentar "*bola*"; pode, ainda, perceber o contorno final ascendente-descendente em "*titia*", para entender que se trata de um pedido. Ao final do primeiro ano de vida, essas habilidades já estão bastante desenvolvidas e o bebê está apto para aprender novas palavras numa velocidade surpreendente, entender frases curtas e começar a produzir suas primeiras palavras.

Entretanto, ressalta-se que o processo de aquisição da linguagem sofre influência de fatores ambientais importantes. É sabido que em uma família de leitores há uma diferença qualitativa e quantitativa na interação e no estímulo linguístico dado à criança; essa diferença se reflete em uma interação qualitativa e quantitativamente superior dos pais e cuidadores com os filhos. Um dos resultados é que as crianças dessas famílias ouvem 30 milhões de palavras a mais do que as crianças que vivem em famílias de nível educacional e econômico mais baixo (nível socioeconômico, NSE; ver os Capítulos 4 e 10). O resultado disso é que a criança adquire um vocabulário mais rico e com mais palavras. É importante ressaltar, entretanto, que o NSE não afeta os estágios da aquisição da linguagem.

A criança tem a disposição natural para adquirir a linguagem oral, mas algumas dimensões quantitativas e qualitativas dessa aquisição dependem do ambiente; a maior interação e a maior quantidade de palavras e frases de estruturas variadas proferidas para a criança acabam por melhor prepará-la para a alfabetização, para o sucesso escolar e acadêmico e, inclusive, influenciam o nível intelectual (Q.I.) observado ao longo da vida[11]. Essas diferenças se refletem no desenvolvimento do cérebro. As regiões cerebrais envolvidas com a expressão e a compreensão linguísticas desenvolvem-se mais nessas crianças; essa diferença de desenvolvimento se mantém ao longo da vida, como se o cérebro tivesse aprendido que deve dedicar mais recursos para a linguagem, desde cedo[12,13]. É importante, contudo, ressaltar a característica qualitativa interacional do estímulo precoce: a televisão, por exemplo, não substitui a interação com pais ou cuidadores.

O fator socioeconômico e sua relação com o desenvolvimento da consciência fonológica devem ser observados. Também há que se observar os fatores que oferecem mais resiliência para as crianças, ou seja, aqueles que protegem as crianças apesar do NSE. Diferenças na aquisição de vocabulário e processamento da linguagem são evidentes já aos 18 meses de idade[14]. Assim, não se pode negligenciar a importância do estímulo linguístico precoce ao estabelecer-se o papel da pré-escola e do ensino fundamental na diminuição dos efeitos que o NSE pode exercer na aquisição da linguagem de crianças menos favorecidas, sob pena de perpetuarem-se diferenças perversas em uma sociedade letrada e cada vez mais dependente de aprendizado contínuo. Veja o Capítulo 10 para uma análise mais detalhada das influências ambientais sobre a linguagem.

Ciência para educação: uma ponte entre dois mundos

Destacamos que essas habilidades são fundamentais para o bom desenvolvimento da capacidade leitora. Nesse primeiro momento, trata-se de uma percepção inconsciente. Mas é importante que a criança adquira consciência de que a fala é formada por sons combinados em sílabas, por sua vez combinadas em unidades maiores como palavras, sintagmas e frases, para que possa relacionar fonemas com grafemas, sinais gráficos com acentuação, e ter uma leitura fluente.

A aquisição fonológica é, portanto, a primeira grande etapa do processo de aquisição de linguagem pela criança, e inclui a gradual aquisição do inventário de consoantes e vogais, do inventário de estruturas, principalmente as silábicas, e do conjunto de regras e restrições[15-17]. É preciso considerar, entretanto, que durante a aquisição fonológica há um descompasso característico e esperado entre a capacidade de percepção/compreensão e a capacidade de produção linguística, e o processo de aquisição está completo quando essa diferença desaparece[17].

Aquisição pré-linguística e linguística

Concomitantemente ao processo de aquisição fonológica, a criança passa por etapas de desenvolvimento linguístico relacionadas com outros níveis da linguagem, tais como o morfológico, o sintático, o semântico e o pragmático. Tradicionalmente, essas etapas são divididas em dois períodos, o pré-linguístico e o linguístico. O *período pré-linguístico* é caracterizado pelo balbucio, o qual se organiza progressivamente, iniciando com a produção de vogais anteriores e de consoantes guturais e evoluindo para o padrão silábico consoante-vogal o qual, em torno dos 10 meses, passa a apresentar sons que a criança seleciona a partir do *input* linguístico a que está exposta[18]. Informações de natureza linguística, tais como o contorno prosódico das palavras, padrões de regularidade distribucional e restrições fonotáticas (ou seja, restrições sobre a maneira como os sons podem se combinar para formar sílabas ou sobre a ocorrência de sílabas em certas posições) que, como vimos, são percebidas pela criança ao longo de seu primeiro ano de vida, exercerão um papel relevante na aquisição lexical[19].

Já o *período linguístico* é normalmente caracterizado por três estágios principais: o estágio de uma palavra, que emerge por volta dos 12 meses; o estágio de duas palavras, a partir de 18 meses e o estágio de múltiplas combinações, a partir dos 24 meses. As primeiras palavras da criança surgem no estágio de uma palavra, referem-se a objetos frequentes do seu cotidiano e muitas vezes têm o papel de uma frase completa (holófrases). Nesse estágio, a criança ainda apresenta balbucio, usa gestos para transmitir informação e combina gestos com palavras. A combinação de duas palavras, caracterizada pela entoação de palavra isolada com uma pausa entre elas, surge em torno dos 18 meses e rapidamente evolui para a combinação de duas palavras no mesmo segmento de entoação, sem pausa e com clara relação semântica. A ordem das palavras nessas combinações já obedece dos adultos[19] e a criança é sensível a essa ordem, utilizando-a na compreensão de enunciados. Nesse estágio, a aquisição de vocabulário é rápida, o que garante à criança chegar no próximo estágio, por volta dos 24 meses, com um repertório lexical de aproximadamente 400 palavras, que a habilita a formular sentenças simples e que pode aumentar para 900 palavras a partir dos 30 meses, quando a criança começa a produzir sentenças com itens gramaticais, tais como artigos. O atraso de fala inicial, ou seja, crianças que demoram mais do que 24 meses para passar pelo estágio inicial é um sinal de risco para o transtorno de aprendizagem da leitura, a dislexia do desenvolvimento. A inter-relação entre a aquisição da linguagem e as habilidades leitoras a serem desenvolvidas subsequentemente deve ser ressaltada.

Embora com uma certa variação nas estimativas, a literatura em aquisição da linguagem enfatiza que a aquisição lexical é marcadamente rápida, lembrando que essa aquisição envolve adquirir não somente a forma fonológica do item lexical, mas também seu significado (ou significados) e sua categoria gramatical, bem como aprender em que construções gramaticais a palavra pode ser usada. Por exemplo, alguns autores afirmam[20] que a taxa de aprendizagem de novas palavras, a partir dos 2 anos de idade, é de cerca de nove itens por dia, o que levaria a um vocabulário de quase 10.000 itens lexicais por volta dos 6 anos de idade. Outros[21] estimam que uma criança de 6 anos tem o domínio de cerca de 13.000 palavras.

A aquisição lexical é acompanhada da aquisição de estruturas morfológicas e sintáticas. No estágio das múltiplas combinações de palavras em sentenças, entre as idades de 2 e 3 anos, a criança apresenta sensibilidade ao sistema flexional da língua produzindo de modo espontâneo, por exemplo, formas verbais super-regularizadas (*sabo*, *escovi*). É capaz de responder perguntas do tipo sim ou não e de construir enunciados com perguntas QU (perguntas usando "quem", "o que"). Posteriormente, a partir dos 3 anos e meio, compreendem e produzem enunciados com estruturas complexas com orações coordenadas e orações relativas. A partir dos 4 anos usam orações subordinadas e aos 5 são capazes de construir estruturas complexas como a voz passiva. É possível sintetizar as fases da aquisição da linguagem conforme exposto no Quadro 5.1[19].

Quadro 5.1: As fases da aquisição.	
Meses	**Produção infantil**
0-6	Choram e emitem os primeiros sons; são capazes de distinguir línguas de grupos rítmicos diferentes.
6	Balbuciam várias sílabas diferentes e repetidas.
10	O balbucio infantil se restringe aos sons que ouvem; as crianças começam a emparelhar som e significado.
12	Decresce a capacidade das crianças de discriminar sons de línguas diferentes de sua língua materna; produção das primeiras palavras, que valem por frases.
18	Começam a produzir duas palavras com contorno frasal; conhecem a ordem das palavras da sua língua materna.
24-36	O vocabulário passa de 400 para 900 palavras; fase das sobregeneralizações
+36	Vocabulário já tem 1.200 palavras; sentenças produzidas possuem preposições, artigos e outras palavras gramaticais; produção de estruturas complexas

Fonte: Ref. 19, p. 69.

Por volta dos 5 anos, a criança domina o sistema linguístico do contexto em que está inserida. Com um inventário fonológico completo e por meio da combinação de palavras em frases e de frases em discurso, as crianças são capazes de expressar ideias e intenções de maneira a relacionar fatos e eventos no tempo e no espaço. Elas também possuem uma noção das estruturas conversacionais e interacionais de sua língua materna, bem como das estratégias que podem utilizar para ajustar o uso da linguagem de acordo com seus objetivos comunicativos, as necessidades de seus interlocutores e o contexto em que se encontram. É com esse repertório linguístico, rico e complexo, de natureza oral, adquirido espontaneamente e alicerçado em um amplo conhecimento implícito das regras de seu funcionamento, que a criança estimulada e protegida de fatores negativos para o desenvolvimento do capital mental, chega à escola para receber instrução específica que a habilitará à leitura a partir da apreensão dos princípios do sistema alfabético. O processo de aprendizagem da leitura, entretanto, já começa antes da chegada à escola; as estruturas sonoras, o vocabulário e a segmentação dos sons aqui apresentados formam o alicerce para a aprendizagem da leitura.

Ciência para educação: uma ponte entre dois mundos

Aprender a ler: a reconfiguração cultural da linguagem no cérebro da criança

A compreensão da linguagem oral vale-se de um circuito do cérebro humano que está pré-disposto para essa habilidade, mas compreender a linguagem escrita não conta com essa facilidade. Além disso, o estímulo pertinente para a aprendizagem da leitura não está presente no dia a dia como aquele para a oralidade. A aprendizagem da leitura tem obstáculos que salientam o quanto esse processo é frágil e dependente de estímulo. Primeiro, aprender a ler depende de acesso à instrução, acesso à cultura letrada, ao livro e à forma escrita da língua em geral. Sabe-se que crianças que chegam ao ensino fundamental sem terem a oportunidade de desenvolver a consciência dos sons da língua (consciência fonológica) e o vocabulário terão mais dificuldade de aprender a ler. Segundo, há os transtornos de aprendizagem, e especificamente a dislexia do desenvolvimento, que se apresentam como um obstáculo neurobiológico para a leitura.

Por que há crianças que já começam a ler com até 4, 5 anos e outras que chegam aos 8, 9 anos ainda sem ler? Existe a possibilidade do atraso na aprendizagem pela ausência de um estímulo que ajude a desenvolver o vocabulário da criança; por exemplo, já aos 36 meses de vida o vocabulário de uma criança de pais com maior escolaridade chega a ser o dobro daquelas de pais com menor escolaridade[22]. O vocabulário é determinante para o processo de aprendizagem da leitura.

A presença de estímulo pertinente para a aprendizagem da leitura durante a primeira infância serve de base para esse vocabulário. O que seria pertinente? A leitura de narrativas infantis, o cântico e a rima, a experiência com a língua letrada. Em casos de transtornos de aprendizagem, como a dislexia do desenvolvimento, há ainda um obstáculo no funcionamento e organização do cérebro da criança. Esses obstáculos ressaltam o quanto a aprendizagem da leitura tem de ser prioridade desde a primeira infância, e o quanto essa aprendizagem é frágil para aquelas crianças que não têm a oportunidade de ter contato com esse tipo de estímulo que desenvolve as habilidades básicas para a aprendizagem da leitura: vocabulário e consciência fonológica. Ressalta-se que não há contradição com a afirmativa de que a criança adquire seu vocabulário na linguagem oral naturalmente, como estabelecido aqui. O que se apresenta é que há uma habilidade específica e uma quantidade ainda maior de vocabulário que se apresenta para a criança com o estímulo adequado na primeira infância e na pré-escola.

Nesta seção, a discussão partirá do ponto de vista linguístico e cognitivo e estará voltada para o processo de alfabetização e as adaptações que este envolve. O ponto de partida: a alfabetização precisa apoiar-se em (1) aprendizagem de relações entre fonema e grafema em palavras, como "pato", que podem ser lidas a partir da generalização das relações básicas entre som e escrita; e em (2) processos de repetição e memória para as relações irregulares na transição som-escrita. Em português brasileiro, na direção fonema-grafema, por exemplo, o [s] da fala pode ser *codificado* como "s", "-ss", "ç", "c", "sc" e "x"; na direção grafema-fonema, a letra "o" pode ser *decodificada* como [ ] em "bola" ou [o], em "bolo", mas sem um diacrítico (acento ou sinal) que sinalize essa diferença para a criança. Essas irregularidades da língua escrita, e a sua frequência, variam de ortografia para ortografia e influenciam o tempo que se leva para alfabetizar[23,24].

A evidência é clara: a criança *não consegue aprender a ler por si mesma*, por hipóteses que produziria sozinha, sem instrução. À criança, é preciso dar o instrumento, que são as relações entre som e escrita (fonemas e grafemas). À criança, é preciso dar o contato, a oportunidade de repetição na leitura de palavras irregulares para que desenvolva a fluência na leitura. É com a quebra do código escrito e com o desenvolvimento da fluência leitora que a habilidade leitora será desenvolvida com sua multidimensionalidade de fatores psicológicos, sociais, emocionais e culturais que interagem para que se alcance a compreensão do texto escrito.

A leitura lenta, laboriosa, freia a compreensão e a habilidade do leitor de aprender e construir relações com o texto. Os recursos cognitivos de que se dispõe têm limites; a capacidade de me-

Capítulo 5   Linguagem – Das Primeiras Palavras à Aprendizagem da Leitura

mória operacional, aquela que opera no aqui e agora, exaure-se na leitura lenta e laboriosa[25]. A leitura sem fluência dificulta a compreensão do texto justamente pelas limitações impostas pelos recursos cognitivos que se tem. Preso à palavra, ao leitor não fluente sobram poucos recursos para compreender as frases, suas conexões, o parágrafo e, por fim, o texto. Enfatiza-se que essa habilidade leitora no sentido mais amplo depende de processos de apropriação cultural, depende de quem é o leitor para quem se escreve, depende de conhecimento prévio, entre outras dimensões pessoais e de conhecimento. O desenvolvimento dessa habilidade no sentido amplo não faz parte do escopo deste capítulo. Há ainda uma questão ideológico-política relacionada com o método de alfabetização e abordagens construtivistas, sobretudo no Brasil, que também foge do escopo deste capítulo. Para uma discussão aprofundada sobre métodos, ver a referência 26.

Em suma, aprender a ler é suscetível a fatores ambientais, diferente de adquirir a língua oral. Os fatores ambientais que dificultam a aprendizagem da leitura incluem a pobreza de estímulos que ajudam a preparar a criança para a alfabetização e os fatores neurobiológicos, como os transtornos de aprendizagem, especialmente a dislexia do desenvolvimento (DD). Em uma analogia simples, a aquisição oral acontece, pois o cérebro, como um computador, já estaria com seu *hardware* preparado para a instalação de um *software* específico, o da linguagem oral. Na mesma analogia, a aprendizagem da leitura vai depender de uma *atualização* no "*software*" do cérebro humano; quanto mais o "software *original*" (a língua oral) estiver preparado (consciência fonológica) para uma integração com o "*novo* software" (a leitura), mais facilitado será o processo de adaptação. Todos sabemos o quanto uma atualização de *software* em um computador que não está preparado para o novo programa pode dar problemas. É uma simplificação do processo, essa analogia. Mas ressalta-se a questão do que nascemos preparados para aprender, e do que precisamos de ajuda.

A aprendizagem da leitura, seus estágios e os marcadores da aprendizagem no cérebro

Há estágios descritos empiricamente para a aprendizagem da leitura. O modelo de desenvolvimento da leitura mais conhecido e aceito no meio científico é o da psicóloga alemã Uta Frith[27], que postula três estratégias a serem desenvolvidas no leitor, em três etapas: a logográfica, a alfabética e a ortográfica. Trata-se de estratégias cujos estágios podem ser sobrepor, e que permitem explicar a variabilidade no processo de aprendizagem da leitura: os avanços e retrocessos constantes na aprendizagem (platôs, melhoras súbitas ou graduais, e retrocessos)[27].

As três habilidades propostas por Frith ilustram uma complexificação do objeto da aprendizagem da leitura pela criança e relacionam-se com aprendizagem de regras e o desenvolver da automaticidade e da leitura fluente. A primeira habilidade, a logográfica, estabelece-se com a identificação de palavras familiares por sua forma (como se fossem logotipos); essa habilidade é de reconhecimento como de um outro objeto visual qualquer, e a criança ainda não reconhece a troca de letras dentro de uma forma visual familiar[24]. A segunda habilidade, a alfabética, estabelece-se com o aprender das correspondências entre grafemas e fonemas. É um estágio essencialmente associativo que depende de uma abordagem sistemática de ensino das relações entre letras e sons[27]. Essa habilidade relaciona-se com a aprendizagem da leitura de palavras regulares. A terceira habilidade, ortográfica, estabelece-se com a leitura automática de palavras para além das relações regulares entre grafema e fonema. Estabelece-se no nível morfológico e desenvolve-se com repetição e possíveis "retrocessos" ainda associados à habilidade alfabética; a criança precisa sistematicamente avançar das regularidades e aprender as irregularidades a partir do contato com as mesmas e da memória (a criança aprende a ler "tóxico", por exemplo, somente a partir do seu contato com essa palavra).

Ciência para educação: uma ponte entre dois mundos

Os estágios alfabético e ortográfico associam-se a mudanças também no cérebro da criança. Ambos estágios são associativos e, assim, desenvolvem-se com a adaptação de uma rede de regiões posteriores no cérebro que envolvem o lobo temporal (cuja natureza é, também, de um *locus* para processos associativos). O estágio alfabético está alicerçado na rota fonológica do cérebro (dorsal), cujo processo principal é marcado pela ativação na junção entre os lobos temporal e parietal. O estágio logográfico, por sua vez, está associado à chamada rota lexical (ventral) no cérebro, cujo processo principal é marcado pela ativação e adaptação da área da forma visual das palavras, que fica na junção entre o lobo temporal e o lobo occipital[24]. Essas duas regiões estão ilustradas abaixo (**Figura 5.1**). Sua ativação em processos de leitura representa um marcador de desenvolvimento desses estágios (assim como a ausência desta ativação representa marcadores de atraso na aprendizagem de associações grafema-fonema, ou de um possível transtorno de aprendizagem).

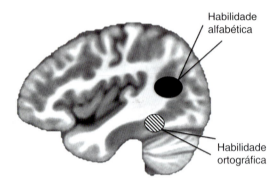

▶ **Figura 5.1.** Centros associativos do "cérebro da leitura" cuja ativação marca o desenvolvimento das habilidades alfabéticas e ortográficas. A elipse em preto assinala a junção entre o lobo temporal e o parietal (parte da rota fonológica; a ativação dessa região na aprendizagem da leitura relaciona-se com o desenvolvimento da habilidade alfabética); o círculo com linhas diagonais indica a junção entre o lobo temporal e o occipital (parte da rota lexical; a ativação dessa região na aprendizagem da leitura relaciona-se com o desenvolvimento da habilidade ortográfica). Figura modificada de Buchweitz[28].

O processo de aprendizagem da leitura depende de habilidades cujo desenvolvimento pode ser identificado com adaptações no cérebro da criança. Do mesmo modo, dificuldades de leitura têm sido sistematicamente associadas a uma redução de atividade na região temporoparietal e occipitotemporal. Recentemente, a intervenção na leitura com efeitos positivos no desempenho leitor tem sido associada a uma maior ativação dessas regiões[29-33]. Ou seja, a mudança no perfil leitor da criança resulta em uma alteração correspondente no funcionamento do seu cérebro, de maneira a que se assemelhe ao funcionamento do leitor típico e fluente. A contribuição da ciência para o entendimento da aprendizagem da leitura reflete-se no modelo empírico de habilidades, como se desenvolvem, e seus estágios e, mais recentemente, na identificação de processos neurobiológicos associados.

Capítulo 5 — Linguagem – Das Primeiras Palavras à Aprendizagem da Leitura

A dislexia do desenvolvimento: quando aprender a ler é um obstáculo difícil e o que ela nos ensina

Se o cérebro da criança não está programado para ler, assim como, por exemplo, não estaria programado para jogar futebol, é plausível que alguma porcentagem da população tenha dificuldades de ler, assim como alguma porcentagem das crianças, por mais que pratique, não aprende a jogar futebol muito bem. A analogia é simples, mas o ponto é que a leitura, assim como o futebol (ou outro esporte), são invenções culturais. Nascemos com a habilidade de adquirir a linguagem oral. Essa habilidade não nos torna leitores automaticamente. Nascemos também com a habilidade natural de caminhar e essa habilidade não nos torna, automaticamente, bons jogadores de futebol. Jogar futebol, como ler, é cultural.

Uma porcentagem que varia de 5% a 10% dos leitores encontra na habilidade de leitura fluente um obstáculo de difícil transposição[34]. Esses são leitores acometidos pelo transtorno da dislexia do desenvolvimento. Na leitura, não serão "craques de bola". Aprenderão a "jogar bola" (ler), mas irão jogar mais devagar. Como dito antes, a dislexia é um transtorno de aprendizagem de origem neurobiológica. Isso significa que está associada a disfunções no cérebro desses leitores; essas disfunções são um comportamento "mal-adaptativo" do cérebro para a leitura. Em outras palavras, aqueles circuitos (**Figura 5.1**) que precisam se reconfigurar para a leitura, pouco ou nada o fazem. E esse pouco ou nada relaciona-se com a habilidade de leitura que se desenvolve (assim como quanto mais o circuito occipitotemporal responde e está ativado para palavras, maior a fluência da leitura). Ver também sobre esse assunto no Capítulo 7.

Há evidências desde a década de 1970 de diferenças na organização neuronal dos disléxicos[35,36] e, atualmente, os dados da neuroimagem funcional, obtidos em pacientes e crianças durante o processo de alfabetização, corroboram a origem neurobiológica do transtorno. Identificaram-se diferenças significativas na ativação da junção occipitotemporal e da região temporal esquerda em disléxicos de ortografias transparentes e opacas[37]. Mais recentemente, um estudo multilíngue de neuroimagem e compreensão auditiva e leitora mostrou que quanto mais as redes neurais associadas a esses dois processos convergem (ou seja, se assemelham), maior a proficiência do leitor. Em outras palavras, o bom leitor apresenta, no funcionamento do seu cérebro, uma maior integração da leitura e da oralidade. Retomando a analogia que fizemos, o *software* da leitura se integrou bem com o *software* da oralidade. O estudo foi feito com sistemas de escrita transparentes e opacos, bem como logográficos![38]. De modo geral, os estudos de neuroimagem sobre a dislexia apresentam evidências de uma disfunção em áreas associativas do cérebro em diferentes formas de escrita. Um ponto crítico é o funcionamento da região occipitotemporal.

A junção entre os lobos temporal e occipital do cérebro serve como uma ponte entre o sistema visual e o circuito do processamento de linguagem no cérebro. Há evidências em diversas ortografias de que a ausência de atividade nessa região em associação ao aprendizado da leitura está relacionada com a dislexia, inclusive em português brasileiro[39]. Essa ausência de atividade na região occipitotemporal é uma das evidências que caracterizam a dislexia como um transtorno neurobiológico e não adaptativo, ou de problemas no processo de adaptação para que uma criança aprenda a ler com fluência.

Além da região occipitotemporal, há evidências também do desengajamento de uma região frontal do cérebro, conhecida como área de Broca, na dislexia[40,41]. Para a fala e a compreensão oral, a área de Broca exerce importante função articulatória e de ordenamento de informações (processamento sintático); com a aprendizagem da leitura, envolve-se na articulação e no processamento sintático durante a leitura. A dificuldade de articulação de palavras, nesse sentido, é um dos sinais de risco para dislexia. Essa dificuldade pode se manifestar em atraso de fala e fala infantilizada, por exemplo[40].

Ciência para educação: uma ponte entre dois mundos

Em suma, apresentamos as evidências para o processo de adaptação complexo e frágil que precisa ocorrer para que a criança aprenda a ler. A informação e a consciência sobre os obstáculos, bem como sobre os fatores positivos que afetam esse processo, são fundamentais para a formação dos professores que alfabetizam as crianças. Espera-se que, com o melhor conhecimento dos processos envolvidos, e suas possíveis rupturas, seja possível auxiliar o professor do ensino fundamental e da pré-escola a pensar na sua contribuição para a aprendizagem da leitura e a avaliar seus instrumentos de trabalho (muitas vezes defasados ou sem conteúdos que estimulem a decodificação e leitura fluente, como mostra um estudo sobre os livros utilizados no ensino fundamental brasileiro)[42].

Referências Bibliográficas

1. Chomsky N (2009) Linguagem e mente. São Paulo: Editora UNESP.
2. Kisilevsky BS, Hains SM, Brown CA, Lee CT, Cowperthwaite B, Stutzman SS, Swansburg ML, Lee K, Xie X, Huang H, Ye HH, Zhang K, Wang Z (2009) Fetal sensitivity to properties of maternal speech and language. *Infant Behavior and Development* 32:59-71.
3. Mampe B, Friederici AD, Christophe A, Wermke K (2009) Newborns' cry melody is shaped by their native language. *Current Biology* 19:1994-1997.
4. Wermke K, Ruan Y, Feng Y, Dobnig D, Stephan S, Wermke P, Ma L, Chang H, Liu Y, Hesse V, Shu H (2017) Fundamental frequency variation in crying of Mandarin and German neonates. *Journal of Voice*, 31: 255.e25-255.e30.
5. Werker JF, Tees RC (1984) Cross-language speech perception: evidence for perceptual reorganization during the first year of life. *Infant Behavior and Development*, 7: 49-63.
6. Yoshida KA, Fennell CT, Swingley D, Werker JF (2009) Fourteen-month-old infants learn similar-sounding words. Developmental Science 12:412-418.
7. Collischonn GA (1996a) A sílaba em português. In: Bisol L. *Introdução a estudos de fonologia do português brasileiro*. Porto Alegre: EDIPUCRS. 3ª. edição, 91-123.
8. Collischonn GA (1996b) O acento em português. In: Bisol L. *Introdução a estudos de fonologia do português brasileiro*. Porto Alegre: EDIPUCRS. 3ª. edição, 125-158.
9. Morais J, Cary L, Alegria J, Bertelson, P (1979) Does awareness of speech as a sequence of phones arise spontaneously? *Cognition* 7:323–331.
10. Morais J (2013) *Criar Leitores - para Professores e Educadores*. Barueri: Minha Editora.
11. Hart B, Risley TR (1995) *Meaningful Differences in the Everyday Experience of Young American Children*. Baltimore, EUA: Paul H Brookes Publishing.
12. Noble KG, Houston SM, Brito NH, Bartsch H, Kan E, Kuperman JM, Akshoomoff N, Amaral DG, Bloss CS, Libiger O, Schork NJ, Murray SS, Casey BJ, Ernst TMN, Frazier JA, Gruen JR, Kennedy DN, Van Zijl P, Mostofsky S, Kaufmann WE, Kenet T, Dale AM, Jernigan TL, Sowell ER (2015) Family income, parental education and brain structure in children and adolescents. *Nature Neuroscience* 18:773–778.
13. Piccolo LR, Merz EC, He X, Sowell ER, Noble KG (2016) Age-related differences in cortical thickness vary by socio-economic status. *PLoSONE* 11: e0162511.
14. Fernald A, Marchman VA, Weisleder A (2013) SES differences in language processing skill and vocabulary are evident at 18 months. *Developmental Science* 16:234–248.
15. Matzenauer (2013) Unidades da fonologia na aquisição da linguagem. *Revista Prolíngua* 8:17-40.
16. Matzenauer (2015a) Gramática na aquisição da linguagem: o desenho da fonologia. *Estudos da Língua(gem)* 13:9-34.
17. Matzenauer (2015b) Gramáticas fonológicas no processo de aquisição da linguagem: a construção do inventário segmental. *Revista Prolíngua* 10: 62-78.
18. Quadros R M (2013) O paradigma gerativista e a aquisição da linguagem. In R. M. de Quadros; I. Finger (Orgs.). Teorias de aquisição da linguagem. 2ª. ed. Florianópolis: Editora UFSC, pp.41-71.
19. Grolla E, Silva MCF (2014) Para conhecer aquisição da linguagem. São Paulo: Contexto.
20. Clark E (2012) First language vocabulary acquisition. Em: Chapelle CA (Ed.), *The Encyclopedia of Applied Linguistics*. Oxford: Blackwell Publishing.
21. Pinker S (1995) *The Language Instinct: How the Mind Creates Language*. New York: Harper Perennial.
22. Araujo A (2011). *Aprendizagem infantil: uma abordagem da neurociência, economia e psicologia cognitiva*. 1ª ed. Rio de Janeiro: Academia Brasileira de Ciências.
23. Seymour PHK, Aro M, Erskine JM (2003) Foundation literacy acquisition in European orthographies. *British Journal of Psychology* 94 (Pt 2):143–743.
24. Dehaene S (2012) *Os neurônios da leitura: como a ciência explica a nossa capacidade de ler*. (Trad.: Leonor Scliar-Cabral) Porto Alegre: Editora Penso.

Capítulo 5 — Linguagem – Das Primeiras Palavras à Aprendizagem da Leitura

25. Just MA, Carpenter PAA (1992) A capacity theory of comprehension: individual differences in working memory. *Psychological Review* 99:122–149.
26. Soares MN (2016) *Alfabetização: A Questão dos Métodos*. São Paulo: Contexto
27. Frith U (1985) Beneath the surface of developmental dyslexia. In: Patterson K, Marshall J, Coolheart M (Eds.) *Surface Dyslexia*. Londres: Erlbaum, p. 301–330.
28. Buchweitz A (2016) Language and reading development in the brain today: neuromarkers and the case for prediction. *Jornal de Pediatria* 92:S8–S13.
29. Hoeft F, Ueno T, Reiss AL, Meyler A, Whitfield-Gabrieli S, Glover GH, Keller TA, Kobayashi N, Mazaika P, Jo B, Just MA, Gabrieli JD (2007) Prediction of children's reading skills using behavioral, functional, and structural neuroimaging measures. *Behavioral Neuroscience* 121:602–613.
30. Meyler A, Keller TA, Cherkassky VL, Lee D, Hoeft T, Whitfield-Gabrieli S, Gabrieli JD, Just MA (2007) Brain activation during sentence comprehension among good and poor readers. *Cerebral Cortex* 17:2780–2787.
31. Meyler A, Keller TA, Cherkassky VL, Gabrieli JD, Just MA (2008) Modifying the brain activation of poor readers during sentence comprehension with extended remedial instruction: a longitudinal study of neuroplasticity. *Neuropsychologia* 46:2580–2592.
32. Shaywitz SE, Shaywitz BA, Pugh KR, Fulbright RK, Constable RT, Mencl WE, Shankweiler DP, Liberman AM, Skudlarski P, Fletcher JM, Katz L, Marchione KE, Lacadie C, Gatenby C, Gore JC (1998). Functional disruption in the organization of the brain for reading in dyslexia. *Proceedings of the National Academy of Sciences of the USA* 95:2636–2641.
33. Shaywitz BA, Shaywitz SE, Pugh KR, Mencl WE, Fulbright RK, Skudlarski P, Constable RT, Marchione KE, Fletcher JM, Lyon GR, Gore JC (2002) Disruption of posterior brain systems for reading in children with developmental dyslexia. *Biological Psychiatry* 52:101–110.
34. Shaywitz SE (2008) *Vencer a Dislexia*. Porto: Porto Editora.
35. Galaburda AM, Kemper TL (1979). Cytoarchitectonic abnormalities in developmental dyslexia: a case study. *Annals of Neurology* 6:94–100.
36. Galaburda AM, Sherman GF, Rosen GD, Aboitiz F, Geshwind N (1985) Developmental dyslexia: four consecutive patients with cortical anomalies. *Annals of Neurology* 18:222–233.
37. Paulesu E, Démonet JF, Fazio F, McCroy E, Chanoine V, Brunswick N, Cappa SF, Cossu G, Habib M, Frith CD, Frith U (2001) Dyslexia: cultural diversity and biological unity. *Science* 291:2165–2167.
38. Rueckl JG, Paz-Alonso PM, Molfese PJ, Kuo WJ, Bick A, Frost SJ, Hancock R, Wu DH, Mencl WE, Duñabeitia JA, Lee JR, Oliver M, Zevin JD, Hoeft F, Carreiras M, Tzeng OJ, Pugh KR, Frost R (2015) Universal brain signature of proficient reading: Evidence from four contrasting languages. *Proceedings of the National Academy of Sciences of the USA* 112:15510–15515.
39. Buchweitz A, Costa, A, Toazza R, Moraes, AB, Cara VM, Esper NB, Aguzolli C, Gregolim, B, Dresch L, Soldatelli M, Costa JC, Portuguez MW, Franco, AR (2017). Decoupling of the occipitotemporal cortex and the brain's default-mode network in dyslexia and a role for the cingulate cortex in good readers: a brain imaging study of Brazilian children. *Developmental Neuropsychology*, no prelo.
40. Shaywitz S (2008). *Overcoming Dyslexia: A New and Complete Science-Based Program for Reading Problems at Any Level.l* New York: Vintage.
41. Finn ES, Shen X, Holahan JM, Scheinost D, Lacadie C, Papademetris X, Shaywitz AS, Shaywitz BA, Constable RT (2014) Disruption of functional networks in dyslexia: A whole-brain, data-driven analysis of connectivity. *Biological Psychiatry* 76:397–404.
42. Oliveira, JBA. Cartilhas de alfabetização : a redescoberta do Código Alfabético. *Avaliação das Políticas Públicas em Educação*. Rio de Janeiro, v. 18, n.69, pp. 669-710.

Aprendizagem Numérica em Diálogo

Neurociências e Educação

Beatriz Vargas Dorneles[1] e Vitor Geraldi Haase[2]

Palavras-chave: Educação matemática; Teorias da aprendizagem; Transtornos de aprendizagem na matemática

Resumo

Este capítulo apresenta um conjunto de conhecimentos a respeito de como as crianças aprendem matemática nos seus primeiros anos de escolaridade, e descreve as funções neurais envolvidas em tais aprendizagens. Também apresenta e discute diferentes teorias que explicam a aprendizagem da matemática buscando estabelecer um diálogo construtivo e de complementaridade entre as mesmas. Destacam-se as contribuições da Neurociência Cognitiva e da Psicologia Cognitiva, estabelecendo-se elos de ligação entre elas. Apresenta as características de crianças com transtorno de aprendizagem, a prevalência de tais transtornos, suas manifestações escolares, bem como alternativas de superação das mesmas. Conclui-se apontando limitações e possibilidades de contribuições da Neurociência Cognitiva para a Educação. O glossário apresentado no final do capítulo auxilia a compreensão do conjunto de termos da área médica utilizados.

Afiliações:
[1]Faculdade de Educação, Universidade Federal do Rio Grande do Sul e
[2]Departamento de Psicologia, Universidade Federal de Minas Gerais

Introdução

Este é um capítulo de revisão sobre a aprendizagem da matemática nos anos iniciais da escola elementar, cujo objetivo central é analisar um conjunto de conceitos e ideias a respeito do que se sabe hoje sobre tal aprendizagem, conhecimento esse especialmente oriundo das Neurociências e da Psicologia Cognitiva, que tem sido acumulado nos últimos 30 anos. Essa revisão será feita por meio de um diálogo entre diferentes áreas do conhecimento, em especial, a Neurociência Cognitiva e a Psicologia Cognitiva. Além disso, pretende-se discutir como esse conhecimento pode ajudar os professores a entender os processos de construção do conhecimento matemático facilitando o ensino do mesmo. Não foi feita uma revisão sistemática, mas destacamos as principais ideias e conceitos originados das áreas referidas acima. Por limitações de espaço, optamos por destacar os conceitos relevantes para a compreensão do desenvolvimento numérico inicial, seguidos do desenvolvimento das quatro operações: adição, subtração, multiplicação e divisão. Logo, discutimos três perspectivas de aprendizagem da matemática que têm definido os modos de intervenção escolar e apontamos suas possibilidades e limitações. Por fim, resumimos parte do que sabemos sobre as crianças com dificuldades de aprendizagem na matemática, um grupo de crianças pouco conhecido e compreendido, e finalizamos com um diálogo entre o conjunto de conhecimentos revisado e as possibilidades de aprendizagem na escola. Completamos o capítulo com um Glossário, que inclui os conceitos neurológicos mais importantes para a compreensão das ideias desenvolvidas. Cinco perguntas-chave nortearam o desenvolvimento do capítulo. A primeira pergunta a ser respondida nos próximos dois tópicos é: Como as crianças aprendem os sistemas numéricos e as operações aritméticas?

Desenvolvimento numérico inicial

A natureza das representações quantitativas primitivas ainda é objeto de debate. Na perspectiva da Neurociência Cognitiva, a psicóloga norte-americana Susan Carey propôs[1] que o conceito simbólico de número se origina da interação entre representações visuais não quantitativas que permitem individualizar os elementos de conjuntos com até quatro itens e os processos verbais recrutados pela contagem. O neurocientista Stanislas Dehaene[2], por outro lado, postulou que o conceito exato de número depende da interação entre as representações simbólicas e um sistema não simbólico que implementa representações analógicas e imprecisas de numerosidade discreta. Há evidências neurofisiológicas de que o sistema de numerosidade não simbólica aproximada já está ativo em bebês, permitindo-lhes discriminar a grandeza de conjuntos caracterizados por diferenças numéricas grandes[3]. Considerando-se tal posição epigenética, interacionista, o conceito de número se desenvolve a partir da interação entre primitivos conceituais[Ga], tais como as representações não simbólicas de numerosidade e princípios da contagem, com a experiência e a progressiva perícia com os procedimentos de contagem. A experiência progressiva com a recitação dos números criaria uma moldura para que a criança infira gradualmente os significados quantitativos dos numerais verbais[1]. Outros autores[4] propõem que a aprendizagem da aritmética depende de interações bidirecionais sucessivas entre representações conceituais e procedimentos aritméticos.

A importância da contagem, principalmente usando os dedos, é apoiada por vários estudos de neuroimagem funcional. Representações numéricas baseadas nos dedos ativam as regiões mais anteriores do sulco intraparietal[G], onde é mapeada a representação das mãos (representado por C na **Figura 6.1**). Ao mesmo tempo, a realização de cálculos aritméticos simples por crianças pequenas também ativa essas áreas anteriores do sulco intraparietal[5]. Há evidências neurofisiológicas de que as áreas sensoriomotoras relacionadas com os dedos são ativadas de modo implí-

---

[a] *As palavras e expressões assinaladas pelo sobrescrito G são explicadas no Glossário ao final do capítulo.*

cito durante procedimentos de contagem, inclusive em adultos[6]. Também há evidências de que a habilidade das crianças e adolescentes em discriminar quantidades é ligada à razão entre duas quantidades comparadas[7]. Por exemplo, as crianças são piores ao comparar 8 e 12 (cuja razão é 2:3) do que ao comparar 8 e 16 (cuja razão é 1:2). Já quando se trata de pequenos números (1 a 4), crianças e adolescentes utilizariam um processo automático chamado em inglês de '*subitizing*', que é uma enumeração perceptiva rápida de pequenos conjuntos, processo observado também em outras espécies. Na medida em que as quantidades se tornam maiores, as representações de números se tornam menos precisas.

De uma perspectiva da Psicologia Cognitiva de cunho interacionista, pode-se dizer que desde muito cedo as crianças interagem com um mundo muito rico de situações de matematização nos ambientes familiares e culturais nos quais estão inseridas, e com os quais vão desenvolver as habilidades descritas aqui. Com efeito, os bebês se deparam com diferentes quantidades de objetos para brincar, partem e repartem bolos, frutas e brinquedos e iniciam uma tentativa de entender como se estabelecem relações entre essas quantidades e como se pode representá-las. Tal perspectiva propõe uma compreensão de número com base na ideia de que existem diferentes sentidos de número, tal como sintetizada em literatura recente[8,9] considerando-se como ponto de partida a ideia de que conhecer as relações que existem entre números dentro de um sistema numérico é essencial para compreender como se aprendem tais sistemas e que as definições de número e aritmética não são independentes uma da outra, ou seja, a forma como entendemos os sentidos de número influenciam fortemente a forma como entendemos as operações aritméticas. Destacamos, também, a ideia de que números e quantidades não são a mesma coisa: enquanto podemos falar em quantidades sem representá-las por meio de números (por exemplo: eu tenho mais balas do que Luís e Luís tem mais balas que Maria, quem tem maior quantidade de balas?), lembramos que números são signos para quantidades. O escritor francês Denis Guedj[10] definiu Aritmética como "a Ciência dos números, que analisa o comportamento de vários números nas quatro operações: adição, subtração, multiplicação e divisão" (p. 63). O autor considera que Aritmética inclui classificar números, pares ou ímpares, por exemplo; encontrar padrões em operações aritméticas, e analisar conjecturas. Como foi bem destacado por nosso grupo[9], o conceito de Guedj de Aritmética é diferente do conceito em geral associado à aritmética escolar, que tem sido ligada à ideia de aprender a calcular, em geral usando a memorização de fatos básicos. Assim, reconhecendo que números e quantidades não são a mesma coisa e que números são signos para as quantidades, as quais expressam relações, podemos iniciar uma breve descrição de como as crianças vão se apropriando das relações envolvidas no sistema numérico e vão utilizando o sistema de forma significativa.

Para compreendermos os conceitos matemáticos essenciais que a criança desenvolve na sua experiência com os objetos, é preciso considerar tais conceitos em três dimensões[11]:

a) O conjunto de situações que tornam o conceito útil e pleno de significado, situações essas que vão se ampliando na medida em que as crianças percebem que o conceito pode ser aplicado em muitos contextos diferentes;

b) O conjunto de invariantes operacionais que os indivíduos podem usar para dar conta de tais situações, tais como as relações que existem dentro do sistema decimal e a capacidade de estabelecer a relação inversa entre adição e subtração; e

c) O conjunto de representações simbólicas, linguísticas, gráficas e gestuais que podem ser usadas para representar as invariantes, incluindo os sistemas culturais que representam as quantidades, os números, mas também as representações criadas pelas próprias crianças.

A construção do número é um bom exemplo de como as crianças constroem os conceitos numéricos nas diferentes dimensões apontadas aqui. O conjunto de situações culturais que se apresenta às crianças permite que elas vão reconhecendo a possibilidade de quantificar, e que vão

Ciência para educação: uma ponte entre dois mundos

compreendendo a existência de um sistema de quantificação com várias regularidades, incluindo as invariantes operacionais. Paralelamente, entendem que é possível registrar as quantificações de diferentes maneiras: traços, bolas, figuras e até numerais. A primeira expressão de tal percurso é a contagem, uma das ferramentas mais importantes para a aprendizagem numérica. A contagem fornece a base para o desenvolvimento de muitas habilidades aritméticas. Em torno dos 5 ou 6 anos de idade, muitas crianças são capazes de contar até 10 apontando os objetos contados e tentando entender os cinco princípios da contagem[12]: a correspondência um a um, ou seja, o reconhecimento de que um nome de número deve ser relacionado com cada objeto contado; a ordem estável, compreensão de que o conjunto dos nomes de números deve ser invariável em todas as situações de contagem; a cardinalidade, entendimento de que o último número representa a quantidade de itens; a irrelevância da ordem, que significa compreender que se pode contar da direita para a esquerda ou vice-versa; e a abstração, ou seja, compreender que se podem contar conjuntos homogêneos ou heterogêneos da mesma maneira[12].

Pesquisas mais recentes mostraram que os princípios da contagem aparecem mais ou menos ao mesmo tempo em diferentes culturas[13], que a habilidade de contagem é uma eficiente precursora da aprendizagem matemática[14,15], e que intervenções com jogos que envolvam comparações entre números e contagem melhoram a aritmética mental[16]. Outro trabalho, ainda mais recente[8], descreve quatro conquistas ligadas à contagem, que as crianças vão alcançando e que formam a base dos conhecimentos matemáticos posteriores. Em primeiro lugar, além de conhecer os princípios da contagem, as crianças precisam coordenar tais princípios para quantificar numericamente objetos e conjuntos, já que dominar os princípios não significa contar com a compreensão do significado. A segunda conquista diz respeito à aprendizagem das crianças de criar conjuntos com um número específico de objetos, o que é diferente de somente contar. Muitas crianças sabem contar até 10, mas não conseguem criar um conjunto com dez objetos, já que dominar os princípios de contagem não significa, necessariamente, dar sentido aos números. Algumas crianças sabem contar, mas não sabem quantos objetos cada número contado representa. A terceira conquista que as crianças alcançam está relacionada com aprender a usar diferentes maneiras de representar as quantidades para solucionar problemas, qualquer que seja a forma de representação: traços, bolas ou numerais. A quarta conquista descrita pelos autores refere-se ao uso de todo esse conhecimento de uma forma integrada, para fazer inferências sobre números e quantidades. Essa descrição das conquistas das crianças[8] é uma ferramenta teórica bastante eficiente para entendermos como as crianças de diferentes culturas aprendem a contar e a utilizar sistemas numéricos diversos, como analisamos recentemente[17].

Já a Neurociência Cognitiva nos ajuda a pensar a contagem como a aquisição de uma habilidade cognitiva, como muitas outras, como descreveremos mais adiante. As fases iniciais da aquisição de habilidades cognitivas demandam processamento controlado e recursos cognitivos gerais, tais como memória de trabalho e funções executivas[18]. A resolução de tarefas novas é demorada e laboriosa, exigindo esforço mental consciente e atenção. Inicialmente, o desempenho é também muito impreciso, dependendo de processos de monitorização, e detecção e correção de erros. Com a aquisição de perícia, os processos vão sendo gradualmente automatizados. O desempenho passa a depender progressivamente menos da atenção e do esforço mental consciente, tornando-se mais rápido e eficiente. Assim, são liberados recursos de processamento controlado para a aquisição de novas habilidades, desenvolvimento de outras tarefas e resolução de problemas mais complexos. No caso da contagem, na medida em que as crianças automatizam o processo, podem utilizar esse recurso controlado para a aprendizagem de todos os conteúdos matemáticos posteriores mais complexos, incluindo as quatro operações e os outros conjuntos de números, como, por exemplo, os negativos e os racionais.

Capítulo 6   Aprendizagem Numérica em Diálogo – Neurociências e Educação

As quatro operações

Antes de entrar para a escola, as crianças já utilizam formas de raciocínio que indicam uma reflexão sobre as ações envolvidas nas quatro operações. Nas brincadeiras que envolvem dar e receber brinquedos, objetos ou figuras, as crianças começam a perceber o que significa acrescentar ou retirar quantidades de um conjunto inicial, somando e diminuindo, ainda sem usar os algoritmos da adição ou da subtração. Do mesmo modo, quando brincam com bonecas que têm duas saias e três blusas e realizam todas as combinações possíveis entre elas ou colocam dois carros em cada garagem e percebem que precisam de quatro garagens para oito carros, já estão estabelecendo relações que fazem parte das operações de multiplicação e divisão. Destacamos esse conhecimento inicial, já que ele dá suporte para a compreensão do significado das operações e de suas representações. Retomamos, então, a ideia dinâmica de Aritmética de Denis Guedj, que nos leva a uma definição de operações aritméticas que inclui os diferentes sentidos de número e as relações que cada uma das operações inclui. Por exemplo, no caso da adição e da subtração, tão importante quanto a ideia de adicionar ou retirar é compreender a relação inversa existente entre as duas operações, entendida em sua totalidade, ou seja, em todas as situações nas quais tal relação pode aparecer. Cabe ressaltar o conjunto de relações quantitativas, que engloba tanto o raciocínio aditivo como o raciocínio multiplicativo. O raciocínio aditivo é baseado em quantidades conectadas por relações de parte-todo, presentes nas operações de adição e subtração, enquanto o raciocínio multiplicativo é baseado em quantidades conectadas por relações de correspondência um para muitos ou razões, presentes nas operações de multiplicação e divisão[8,9].

Muitas pesquisas foram realizadas a partir dos anos 1980 para compreender as relações quantitativas que definem os diferentes tipos de problemas com os quais os alunos se deparam nos primeiros anos da escola primária[9]. Tais relações quantitativas são entendidas na medida em que as crianças vão interagindo com situações de quantificação e vão refletindo sobre as mesmas. Progressivamente, elas compreendem que existem formas de representar tais situações, com regularidades e regras próprias a cada operação. O conceito de relações quantitativas, que engloba tanto o raciocínio aditivo quanto o multiplicativo, oferece uma contribuição importante para a organização curricular, na medida em que indica parte dos processos cognitivos subjacentes às operações e integra-as em um todo coerente.

De forma complementar, a Neurociência Cognitiva nos ajuda a entender as bases orgânicas dos processos cognitivos descritos aqui. Tal perspectiva nos mostra que o desenvolvimento da perícia na contagem permite que a criança intua os princípios subjacentes, começando pelas operações aditivas[19]. Os estudos de neuroimagem funcional[5] mostram que, ao aprenderem a realizar as operações aritméticas simples, as crianças ativam mais as áreas corticais anteriores relacionadas às operações de controle (9, 46, 32, 24 e 33 na **Figura 6.1**[b]) e a região do sulco intraparietal envolvida com o processamento de magnitude (sip na **Figura 6.1**). À medida que os fatos aritméticos vão sendo automatizados, o foco de ativação se desloca para o giro angular[G] esquerdo (39 na **Figura 6.1**).

Os padrões de ativação observados em crianças durante a aprendizagem das operações aritméticas e automatização dos fatos são semelhantes àqueles observados nos adultos[20], com uma notável diferença. A aquisição e resgate dos fatos aritméticos em crianças se associam com ativações temporárias da região do hipocampo[G] (situado na superfície medial dos hemisférios cerebrais e representado por Hp na **Figura 6.1**), as quais não são observadas em adultos[21]. A ativação do hipocampo no processo de aprendizagem dos fatos aritméticos se reveste de enorme significado teórico, uma vez que essa estrutura é sabidamente envolvida nos processos de consolidação da memória de longo prazo.

---

[b] *Os números das áreas do córtex cerebral aqui mencionados correspondem a uma classificação amplamente aceita pelos neurocientistas e neurologistas, feita há mais de um século pelo neurologista alemão Korbinian Brodmann (1868-1918).*

Ciência para educação: uma ponte entre dois mundos

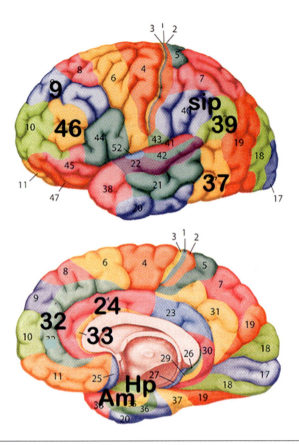

▶ **Figura 6.1.** Rede neural envolvida na aprendizagem da aritmética. Acima: superfície lateral do hemisfério esquerdo. *Giro fusiforme* (área 37 de Brodmann, BA): representações dos numerais arábicos. *Giro angular* (BA 39): representações dos numerais verbais e resgate dos fatos aritméticos. *Sulco intraparietal* (sip): Representações não simbólicas aproximadas de numerosidade. *Córtex pré-frontal dorsolateral* (BA 46 e 9): memória de trabalho e estratégias. Abaixo: superfície medial do hemisfério direito. *Córtex pré-frontal dorsomedial* (giro do cíngulo, BA 24, 32 e 33): Monitorização, detecção e correção de erros. *Hipocampo* (Hp): consolidação dos fatos aritméticos na memória de longo prazo. *Amígdala* (Am): regulação emocional da aprendizagem da aritmética.

A segunda pergunta a ser respondida a seguir é: Quais as explicações teóricas que temos para entender como se aprende o conhecimento matemático?

Diferentes formas de compreender o conhecimento numérico e ensinar as operações

Mesmo correndo o risco de simplificar demais, discutiremos três perspectivas teóricas que têm ajudado a entender como se aprendem as regularidades numéricas e suas consequências para o ensino. Antes, porém, é importante retomar a ideia de que as definições de número e de aritmética não são independentes uma da outra, isto é, a forma como entendemos os sentidos de número influenciam diretamente a forma como entendemos as operações aritméticas, pois cada uma das três perspectivas que analisaremos a seguir tem sua própria forma de compreender a noção de número, com consequências para o ensino da aritmética.

Capítulo 6 Aprendizagem Numérica em Diálogo – Neurociências e Educação

Em primeiro lugar, o paradigma sociointeracionista clássico de Jean Piaget[22] e Lev Vygotsky[23] descreve a aprendizagem do conhecimento matemático como um processo que é fruto das interações da criança com o meio ambiente, ou seja, a cultura, e das inferências que a criança vai construindo a partir das interações. O suíço Jean Piaget (1896-1980) já destacava que os números não eram uma simples sequência de palavras em uma ordem fixa, mas refletiam a lógica de classes, isto é, da mesma forma que as classes superiores, por exemplo, frutas, vão incluindo classes subordinadas, por exemplo, limões, cada nome de número (um, dois, três, etc...) engloba os anteriores. Essa perspectiva teve enorme influência na pesquisa sobre como aprendemos a matemática e como lidamos com ela e a ensinamos, especialmente por meio dos métodos de ensino chamados "ativos" ou por "descoberta". Tais métodos enfatizam a interação dos sujeitos com o meio para aprender aritmética, de modo a que os alunos, por exemplo, vão descobrindo as regras sem serem diretamente ensinados. A noção de número subjacente a tal perspectiva não leva em conta a importância da contagem oral e valoriza fortemente a interação da criança com diferentes situações de quantificação.

O segundo paradigma teórico que apresentaremos é o modelo de aprendizagem como aquisição de habilidades, no qual se baseia a maioria dos estudos de neuroimagem funcional sobre aprendizagem da aritmética. Serão examinadas as evidências disponíveis sobre os fundamentos neurais da aprendizagem da aritmética, sendo proposto um modelo descritivo provisório, com finalidades didáticas. O modelo de aprendizagem como aquisição de habilidades, que já mencionamos quando discutimos a aquisição da contagem, tem sido aplicado com sucesso em várias áreas e também na aritmética[20]. Do ponto de vista da Neurociência Cognitiva, a aprendizagem da aritmética envolve uma organização hierárquica através de trajetórias de desenvolvimento, nas quais cada aquisição é condicionada aos desenvolvimentos antecedentes[24]. A complexidade das trajetórias de desenvolvimento da aritmética contrasta com a simplicidade relativa da leitura, cuja aprendizagem pode ser hierarquizada em dois passos, a leitura de palavras, dependente dos mecanismos de correlação grafema-fonema, e a compreensão de textos, dependente de mecanismos mais complexos, tais como conhecimento factual, memória de trabalho verbal, inferências verbais, construção de esquemas e modelos mentais situacionais, etc.[25]. A aritmética envolve uma série de aquisições sequencialmente condicionadas de conceitos e procedimentos, os quais sobrecarregam a memória de trabalho em cada etapa do desenvolvimento da criança. A memória de trabalho é um espaço virtual de processamento de informações de capacidade limitada, o qual envolve a preservação temporária, resgate e manipulação da informação. Esse conceito é ilustrado na **Figura 6.2**.

A **Figura 6.2** ilustra a importância do processamento controlado na memória de trabalho nas fases da aprendizagem para diferentes habilidades aritméticas. São exemplificados três momentos na trajetória do desenvolvimento da aritmética: a contagem, os fatos aritméticos e as operações multidígitos.

Como referimos antes, a contagem é uma das habilidades principais desenvolvidas na educação infantil. A contagem pode ser concebida como uma tarefa de atenção dividida que impõe enormes demandas de processamento para a criança de 3 a 5 anos. A criança precisa recitar a série verbal e, simultaneamente, apontar para cada um dos objetos contados, diferenciando entre os objetos que já foram e que ainda não foram contados, além de atribuir um significado quantitativo às correspondências entre numerais e objetos. Já a aquisição dos fatos aritméticos ilustra outro tipo de sobrecarga da memória de trabalho, iniciando-se pelos fatos de adição nos anos iniciais do ensino fundamental e posteriormente pelos fatos de multiplicação. A aquisição dos fatos aritméticos exige que as associações entre os problemas e as respostas corretas sejam mantidas na memória de trabalho enquanto as respostas concorrentes, porém erradas, são inibidas. Finalmente, o cálculo multidigital, ensinado mais adiante no ensino fundamental, requer a retenção e manutenção de informação visuoespacial na memória de trabalho, bem como a for-

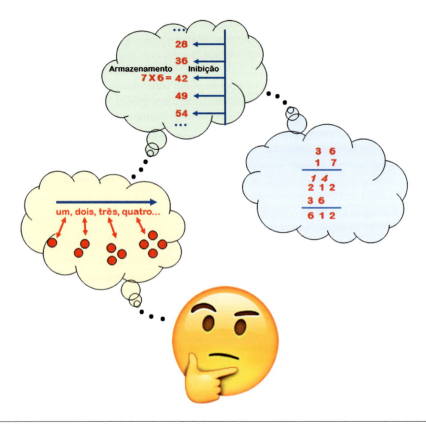

▶ **Figura 6.2.** Importância da memória de trabalho para a aquisição de habilidades aritméticas em diferentes fases do desenvolvimento.

mulação e implementação de uma estratégia de resolução de problemas enquanto os algoritmos não são automatizados.

Os exemplos apresentados na **Figura 6.2,** e comentados, ilustram o fato de que, em cada fase do seu desenvolvimento, a criança se confronta com tarefas matemáticas novas. A resolução de cada uma das novas atividades propostas demanda recursos de processamento controlado até que seja, eventualmente, automatizada. Ao mesmo tempo, a automatização de cada uma dessas tarefas é pré-requisito para a aprendizagem de habilidades mais complexas em etapas ulteriores.

As premissas do modelo de aprendizagem como aquisição de habilidades estão sendo corroboradas pelos estudos de neuroimagem funcional[20]. De modo geral, as fases iniciais do processo de aquisição de habilidades, nas quais o processamento ocorre de modo controlado, ativam áreas corticais anteriores, tais como o córtex pré-frontal dorsolateral[G] (**Figura 6.1**, acima) e o córtex pré-frontal dorsomedial[G] (**Figura 6.1**, abaixo). A automatização dos processos se reflete em um deslocamento do foco de atividade para áreas corticais posteriores, tais como os córtices parietal e temporal (principalmente o giro angular, BA 39 na **Figura 6.1**), e estruturas subcorticais.

Alguns autores[26] analisaram conceitualmente o papel das estruturas subcorticais na aquisição de habilidades. Tradicionalmente, os núcleos da base e o cerebelo têm sido implicados, respectivamente, na regulação de automatismos motores e na coordenação dos movimentos. Nas últimas décadas, foram evidenciadas funções cognitivas e afetivas para essas estruturas subcorticais, as quais são relevantes para a aprendizagem da matemática. Os núcleos da base são envolvidos

Capítulo 6 — Aprendizagem Numérica em Diálogo – Neurociências e Educação

principalmente na formação de hábitos e o desenvolvimento de intuições, por meio de condicionamento operante em um referencial temporal de alguns segundos[27]. A atividade cerebelar é recrutada, por outro lado, em habilidades cognitivas e psicomotoras baseadas em condicionamento reflexo, cuja janela de integração temporal é inferior a um segundo. O cerebelo tem sido implicado na coordenação de algoritmos mentais que dependem da organização sequencial e simultânea rápida e automática de múltiplos passos computacionais[26]. As funções dos núcleos da base e cerebelo no desenvolvimento, manutenção e implementação de rotinas comportamentais podem então ser relevantes para a aprendizagem procedimental da matemática, como, p. ex., a sequência de contagem e os algoritmos de cálculo[26].

Os mecanismos de plasticidade sináptica auxiliam na compreensão dos mecanismos subjacentes à aprendizagem de habilidades culturalmente evoluídas, para as quais não existe pré-programação genética[28,29]. A partir da formulação original de plasticidade de conexões neurais[30], feita pelo psicólogo canadense Donald Hebb (1904-1985)[c], pesquisas ulteriores permitiram caracterizar os mecanismos de plasticidade sináptica dependente de atividade, que constituem o substrato associativo neural da aprendizagem[31,32]. Os mecanismos da plasticidade sináptica consistem basicamente em reforçar as conexões sinápticas entre neurônios simultaneamente ativos e enfraquecer as conexões de neurônios que não descarregam sincronicamente. É por meio desse mecanismo de plasticidade sináptica que a experiência modifica a estrutura anatômico-funcional do cérebro. Com a experiência, neurônios simultaneamente ativos passam a constituir redes neurais das quais não participam os neurônios cujos padrões de atividade não estão sincronizados. Os neurônios de uma rede podem estar geograficamente dispersos no córtex, mas funcionam de modo integrado e são recrutados sempre que a função dessa rede é requisitada.

Uma comparação com a aprendizagem da leitura de palavras pode ser interessante, uma vez que este é o outro artefato cultural adquirido na escolarização inicial. O processo de aprendizagem da leitura de palavras isoladas exige que se formem conexões entre representações da estrutura fonológica e semântica das palavras e os caracteres ortográficos que fundamentam o sistema escrito de representação da linguagem. Por isso, propôs-se[29] que a leitura de palavras depende da automatização entre representações ortográficas e representações lexicais e fonológicas das palavras. A leitura proficiente exige o processamento automático de representações ortográficas, a partir das quais o indivíduo acessa as representações fonológicas e semântico-lexicais.

Como a invenção da leitura-escrita é um fenômeno historicamente recente, não houve tempo para que essas representações cerebrais evoluíssem por seleção natural. Acredita-se que os caracteres ortográficos são representados no cérebro por meio de um processo conhecido como reciclagem neuronal. A área cortical mais propícia para assumir essas funções fica no córtex occipital-temporal ventral (área 37 de Brodmann ou giro fusiforme[G], mostrado na **Figura 6.1**), o qual evoluiu originalmente para processar a identidade e expressões faciais, objetos visuais dos mais significativos e complexos para os primatas. O processamento ortográfico é lateralizado para a esquerda, uma vez que a área 37 de Brodmann desse lado é a que se situa mais próxima às áreas envolvidas com a linguagem. O engajamento do giro fusiforme nos processos de leitura representa, portanto, uma exaptação[G] ou reciclagem cultural[G] de uma adaptação evoluída para o processamento visual complexo, com a finalidade de dar suporte a um artefato cultural, a leitura[29]. O Capítulo 5 traz mais detalhes sobre esse tema.

Os mecanismos de plasticidade dependente de atividade, que explicam a aprendizagem da leitura de palavras, podem estar envolvidos também na aprendizagem da aritmética. O modelo da reciclagem cultural[29] para a aprendizagem da aritmética se apoia no estabelecimento de

---

[c] *Hebb dizia que os circuitos neurais mais ativos se tornariam mais duradouros no sistema nervoso, o que ficou conhecido por um famoso trocadilho na língua inglesa: "neurons that fire together, wire together" (neurônios que disparam juntos conectam-se mais fortemente, em tradução livre).*

Ciência para educação: uma ponte entre dois mundos

conexões entre três tipos de representações, o chamado código triplo: a) *representações intuitivas, aproximadas e não simbólicas de numerosidade discreta*, implementadas filogeneticamente no sulco intraparietal bilateralmente, já presentes em bebês, são compartilhadas com diversas outras espécies animais e fornecem o conteúdo semântico quantitativo ao conceito de número; b) *representações fonológicas dos numerais verbais*, que promovem a contagem como mecanismo de quantificação precisa da cardinalidade dos conjuntos e o resgate de fatos aritméticos, sendo posteriormente acrescidas de representações ortográficas dos números; e c) *numerais arábicos*, exaptados a partir dos mecanismos computacionais visuais no giro fusiforme bilateralmente, oferecendo suporte ao cálculo multidigital.

Meta-análises[d] disponíveis reunindo estudos de neuroimagem funcional com adultos[33] e crianças[5] permitiram corroborar e ampliar o modelo dos três códigos representacionais numéricos e da reciclagem cultural[29] para a aprendizagem da aritmética. O modelo representacional sugere que as representações não simbólicas de numerosidade precisam ser ativadas para realizar as operações de subtração e divisão, uma vez que essas não são comutativas e sempre há necessidade de determinar a magnitude dos operandos. Os resultados das operações simples de adição e multiplicação podem, por sua vez, ser armazenadas de forma fonológica como fatos aritméticos, constituindo um domínio especializado da semântica verbal. O giro angular esquerdo (39 na **Figura 6.1**) é a estrutura consistentemente implicada no resgate dos fatos aritméticos. Finalmente, a sintaxe posicional do sistema arábico permitiu o desenvolvimento dos algoritmos de cálculo multidigital.

No entanto, a realização de operações de cálculo multidigital não depende apenas da manipulação de algarismos arábicos. Mecanismos cognitivos adicionais recrutados no cálculo multidigital são: a) transferência entre colunas, a qual requer manipulações espaciais implementadas no córtex parietal superoposterior; b) seleção, planejamento e implementação de estratégias de resolução de problemas, as quais são implementadas por áreas pré-frontais; e c) desenvolvimento e automatização de algoritmos de cálculo, as quais requerem o concurso dos núcleos da base e do cerebelo.

O modelo de reciclagem cultural pressupõe que a aprendizagem da aritmética depende inicialmente do estabelecimento de conexões entre os primitivos conceituais quantitativos discretos e representações simbólicas de numerosidade culturalmente evoluídas[29]. Alguns poucos autores[34] postulam a existência de mecanismos inatos de representação numérica não simbólica exata e contagem não verbal. A maioria, entretanto, adota uma perspectiva epigenética segundo a qual o desenvolvimento do conceito de número, bem como dos conceitos e procedimentos de contagem e operações aritméticas, depende da interação de primitivos conceituais com a experiência de contagem[1,2].

Os estudos mencionados[5,33] indicam que o modelo original de três códigos e reciclagem cultural para o desenvolvimento da aritmética precisa incorporar aspectos estratégicos mediados pelo córtex pré-frontal. O aspecto menos investigado até o momento diz respeito ao desenvolvimento dos algoritmos de cálculo, o qual pode depender também de estruturas subcorticais[26]. Adicionalmente, confirmou-se que a realização das operações aritméticas por crianças é mais dependente de ativação do córtex pré-frontal[5]. Ao mesmo tempo, o foco de atividade progride das regiões corticais anteriores para as posteriores, à medida que as operações são automatizadas, do mesmo modo que se observa no adulto[20].

Tal perspectiva, ao ligar a aritmética à aprendizagem do cálculo, especialmente utilizando recursos de memorização, tem desdobramentos educacionais que incluem uma ênfase no ensino

---

[d] *Meta-análise é uma revisão da literatura científica sobre um determinado tema, que obedece a uma metodologia rigorosa incluindo técnicas estatísticas, de modo a extrair generalizações mais robustas de dados esparsos em artigos de diferentes autores.*

Capítulo 6　　　　Aprendizagem Numérica em Diálogo – Neurociências e Educação

direto e explícito de regras e procedimentos de contagem e depois, de cálculo, bem como o ensino de fórmulas e a memorização de muitas informações, como, por exemplo, a tabuada de multiplicação. Assim, mais do que a compreensão do sentido dos conteúdos matemáticos, o que está em jogo é a representação de tais conteúdos e os procedimentos envolvidos em cada um deles.

Já o terceiro paradigma[8,35] inclui elementos de ambas as teorias, em uma perspectiva integradora, que vai além da ideia de construção cognitiva e considera os aspectos neuropsicológicos do segundo paradigma, destacando a construção das relações matemáticas essenciais à aprendizagem da matemática, levando em conta os princípios de contagem e a importância de ensinar os procedimentos, bem como as possibilidades de representação numérica em vários níveis. Em tal perspectiva, ainda bastante incipiente, destaca-se a ideia de que compreender que a criança representa as quantidades de forma análoga a uma reta numérica mental implica entender que os números não são representados mentalmente como entidades discretas, mas sim são armazenados como aproximações de quantidades.

Na mesma direção da última perspectiva descrita aqui, ao discutir diferentes tipos de conhecimento matemático, a pesquisadora norte-americana Norma Presmeg sugeriu[36] que parte do conhecimento das convenções matemáticas está mais ligada ao acúmulo de conhecimentos culturais do que à construção lógica do pensamento racional. Ainda assim, a autora considera que a instrução efetiva de alguns conhecimentos matemáticos pode facilitar o desenvolvimento de construções que estão presentes nos cânones do conhecimento matemático, defendendo a ideia de que a instrução e a construção podem se constituir mutuamente em um ajuste que ela denomina "dança".

Cada perspectiva tem suas perguntas, resultados de pesquisa e limitações. Consideramos que a terceira perspectiva segue um movimento da ciência contemporânea de integrar elementos diferentes, algumas vezes de áreas de conhecimento diversas, procurando ir além do que cada uma delas, separadamente, conseguiu alcançar. Assim, essa visão integradora não deixa de considerar as bases orgânicas destacadas pela segunda perspectiva, mas também considera as formas como cada cultura, com seus sistemas de contagem e usos dos mesmos, bem como cada grupo cultural, vão influenciar fortemente as aprendizagens matemáticas, destacando as interações e a construção de significados. Ainda, abarcando tanto a ideia de uma construção cultural, assim como reconhecendo aspectos biológicos e representativos, abre-se um leque de alternativas conceituais muito ricas que pode ajudar a entender melhor a grande e variada gama de aprendizagens presentes na matemática, incluindo, insistimos, tanto a construção de relações e significados dos conceitos numéricos como a representação e memorização de procedimentos e algoritmos.

A aprendizagem da matemática também provoca emoções fortes, as quais podem afetar a motivação e o desempenho cognitivo, para o bem ou para o mal. A matemática é considerada um domínio complexo do conhecimento. Por sua complexidade ou pelas experiências negativas com sua aprendizagem, podem surgir manifestações de ansiedade, tais como excitação psicofisiológica, emoções e atitudes negativas e comportamentos de evitação. Os níveis de ansiedade matemática são mais elevados em pessoas do sexo feminino e em algumas profissões, tais como pedagogia e enfermagem[37]. Há evidências também de que a ansiedade matemática das professoras pode se transmitir preferencialmente para as meninas[38].

A relevância das emoções para a aprendizagem da aritmética despertou interesse pelos mecanismos neurais subjacentes. Descobriu-se[39] que a ansiedade matemática ativa a amígdala[G] (Am na **Figura 6.1**), a qual exerce efeitos inibitórios sobre estruturas corticais responsáveis pelo processamento cognitivo, tais como o córtex pré-frontal dorsolateral (9 e 46 na **Figura 6.1**) e o sulco intraparietal (sip na **Figura 6.1**). Há evidências, portanto, de que mecanismos de regulação emocional implementados pela amígdala influenciam o funcionamento de outras estruturas cerebrais envolvidas no processamento cognitivo numérico[40].

Ciência para educação: uma ponte entre dois mundos

Cabe destacar outro aspecto da aprendizagem matemática referente à importância do apoio familiar. Uma pesquisa recente[41] indicou que o envolvimento familiar na escola, bem como as expectativas dos pais, estão ligados a um melhor desempenho escolar matemático na educação infantil. E mais, os esforços da escola para comunicar-se com as famílias e para envolver as mesmas no processo de aprendizagem também mostraram ter relação direta com o desempenho das crianças no final da educação infantil.

Resumindo-se a aprendizagem do sistema numérico e das quatro operações, a terceira pergunta que se impõe é: Como se pode ensinar matemática nas séries iniciais?

Possibilidades de ensino inicial da matemática na escola

A Educação Matemática tem considerado duas grandes perspectivas de ensino, com variações internas: o ensino efetivo da matemática ligado à compreensão do significado dos conteúdos pelas crianças e adolescentes, *versus* a aprendizagem instrucional de conceitos e procedimentos[36] que estão diretamente vinculadas aos paradigmas apresentados no item anterior. Enquanto alguns autores consideram a possibilidade de pensar tais perspectivas de forma não oposta e sim complementar[36], outros apostam mais fortemente na construção dos significados[42]. No entanto, esse significado pode não ser imediato, pode ter sentido mais adiante, quando unido a outro conteúdo. Esse é um dos grandes desafios que os professores enfrentam ao ensinar as noções numéricas: como mostrar aos alunos que determinados conteúdos serão importantes mais adiante?

Outro aspecto a ressaltar é a ideia de que existem muitas formas diferentes de ensinar um mesmo conteúdo e nem sempre se sabe exatamente qual funciona melhor para os alunos ou, pelo menos, para uma parte deles. Ainda, se algumas formas de ensinar funcionam para alguns, quais as formas que funcionam para os outros e por quê? São questões que permanecem sem uma resposta clara. Sabe-se que o sucesso, em longo prazo, da aprendizagem e do desenvolvimento das crianças requer experiências de qualidade durante os primeiros anos de escolarização, bem como um ensino fortemente voltado para a aprendizagem de conceitos matemáticos e processos de resolução de problemas matemáticos com compreensão. Só para citar um exemplo de proposta curricular que propõe tal perspectiva: o Conselho Nacional de Professores de Matemática dos EUA, uma organização profissional dedicada a melhorar o ensino da Matemática, tem defendido constantemente o ensino da Matemática com sentido e não baseado na resolução mecânica de exercícios[43]. A escola pode favorecer o desenvolvimento dos conceitos matemáticos que as crianças, de algum modo, já trazem consigo de suas experiências anteriores, ou dificultar a compreensão dos mesmos, propondo formas de lidar com eles que tenham, ou não, a ver com tais experiências.

Considerando o percentual muito alto de alunos que não tem bom rendimento escolar na matemática nos exames nacionais, e após a saída da escola, é importante pensar em uma educação que priorize a compreensão dos processos matemáticos, com intervenções abrangentes e preventivas que beneficiem a maior parte dos alunos, de acordo com a realidade brasileira. Adotar uma perspectiva que priorize o ensino da matemática vinculado à realidade tem várias consequências, tais como começar um ensino das operações com situações nas quais os alunos são convidados a pensar de forma matemática, mais do que iniciar com o ensino do algoritmo de cada operação e, posteriormente, incluir sua aplicação em problemas. Assim, parece-nos que partir de situações significativas já vivenciadas e construídas pelas crianças é uma proposta bastante coerente com o conjunto de pesquisas que temos até agora.

A seguir, destacaremos dois temas que têm sido tratados recentemente na pesquisa em educação matemática: a flexibilidade mental necessária para a resolução de cálculos aritméticos e a importância das transições na aprendizagem da Matemática.

Capítulo 6
Aprendizagem Numérica em Diálogo – Neurociências e Educação

Há pouco consenso sobre a definição de flexibilidade mental, mas o pouco que existe envolve dois aspectos: o conhecimento de diferentes métodos de solução e a habilidade de adaptá-los apropriadamente ao resolver um problema[9]. Discute-se a importância do desenvolvimento do conhecimento das relações numéricas e do conhecimento conceitual como condições essenciais para o desenvolvimento de estratégias e flexibilidade mental no cálculo[3]. No entanto, as pesquisas ainda são recentes e pouco conclusivas, apontando a necessidade de continuar estudando o tema, especialmente quanto às possibilidades de desenvolvimento da flexibilidade mental.

Já o tema das transições na aprendizagem da Matemática é um tema abrangente. Tais transições podem se dar entre diferentes níveis de aprendizagem e até entre o conhecimento oral ou informal, adquirido fora da escola, e o conhecimento escolar. Apesar de não ser um tema novo, foi recentemente revisto[45], enfatizando que o desconhecimento das transições entre o conhecimento adquirido fora da escola e o conhecimento exigido pela escola pode estar entre os fatores que dificultam a aprendizagem da matemática, e que é papel da escola construir pontes entre esses dois tipos de conhecimento.

Após revisarmos os aspectos do desenvolvimento e os aspectos educacionais descritos aqui, impõe-se uma quarta pergunta, a ser tratada no próximo tópico: o que acontece com algumas crianças que não conseguem entender os conceitos matemáticos essenciais?

Crianças com dificuldades de aprendizagem de matemática

Nos próximos parágrafos, analisaremos dois tópicos importantes na área da educação matemática que têm sido investigados, mas pouco relacionados com o conhecimento escolar. O primeiro refere-se a algumas dificuldades que boa parte das crianças apresenta ao se defrontar com determinados tipos de conceitos matemáticos, tais como a aprendizagem de adição e subtração de números multidígitos e das frações. O segundo descreve parte do conhecimento que já se produziu sobre um grupo de crianças, pouco conhecido, que apresenta transtornos específicos na aprendizagem da matemática.

É possível afirmar que muitos conceitos matemáticos trazem desafios enormes para as crianças que tentam aprendê-los. Com efeito, alguns conceitos parecem ser bastante difíceis para boa parte das crianças, como é o caso das operações de adição e subtração com números multidígitos, sobre o qual há um conjunto bem significativo de pesquisas que abordam as dificuldades que tais números impõem às crianças[46-49]. Tais dificuldades podem ser entendidas de diferentes maneiras: uma fraca compreensão do valor posicional, uma desconexão entre a compreensão do sistema de base dez e as regras da sintaxe computacional ensinadas na escola. Do mesmo modo, a implementação de procedimentos incorretos resultantes de obstáculos pedagógicos criados pela aprendizagem de regras como "não se pode tirar um número grande de um pequeno (então, sempre tem que tirar o menor do maior)", e a falta de conservação do minuendo na subtração, por exemplo, quando a criança toma "emprestado" de uma coluna, mas esquece de reduzir o valor[9]. Como referimos antes, tais dificuldades são bem documentadas em pesquisas realizadas em escolas de diferentes países, o que sugere que, algumas vezes, tais dificuldades possam ser derivadas de formas inapropriadas de ensinar, ou são parte do processo de aprendizagem de muitos alunos que aprendem matemática.

Outro exemplo de conteúdo matemático, bem documentado na literatura, que impõe dificuldades a boa parte dos alunos, é o caso das frações. As frações trazem um conjunto novo de sentidos de números que é desafiador para as crianças. O conceito de fração envolve uma compreensão numérica mais complexa do que aquela exigida para os números inteiros, e uma reorganização do conhecimento numérico que inclui a compreensão de que as propriedades dos números inteiros não definem os números em geral. Enquanto a criança vai construindo tal com-

Ciência para educação: uma ponte entre dois mundos

preensão, enfrenta conflitos entre as informações sobre frações e as propriedades dos números inteiros, tais como ter um único sucessor ou precedente; ser expresso por um único símbolo; ter a unidade como menor unidade; ter um número finito de termos em um intervalo; aumentar ou ficar igual após uma adição ou multiplicação; e diminuir ou ficar igual após uma subtração ou divisão[50].

Esses novos sentidos de número vão sendo entendidos progressivamente. É importante destacar que há um conjunto de situações nas quais as frações são utilizadas, mas, por limitações de espaço, neste capítulo citaremos apenas duas delas: as *situações de parte-todo*, que envolvem uma relação de partição, e as *situações de quociente*, que envolvem uma relação de correspondência. A distinção entre partição e correspondência[51] é que, nas situações de partição, ou parte-todo, existe um único conjunto ou medida que será partido, enquanto nas situações de quociente, ou correspondência, existem duas quantidades ou grandezas que serão relacionadas. Há certo consenso quanto à necessidade de explorar situações cotidianas significativas como base para o ensino das frações, e, especialmente, situações de quociente, nas quais a noção de correspondência um-para-muitos está envolvida[52] antes das situações de parte-todo, que estão relacionados com a ideia de partição. Com efeito, o conjunto de conhecimento acumulado a respeito das frações indica que as crianças compreendem inicialmente as relações existentes nas frações em situação de quociente para depois aprender as relações em situação parte-todo. Uma das razões que poderia explicar esse fato é a constatação de que a correspondência um-para-muitos é usada pelas crianças bem antes do ensino formal sobre multiplicação e divisão na escola. No entanto, sabe-se que as escolas, em geral, começam o ensino das frações pelas situações parte-todo, desconhecendo o conjunto de evidências de pesquisa que temos até agora.

Os exemplos das operações com números multidígitos e das frações são apenas uma amostra de alguns conceitos que criam dificuldades para as crianças por várias razões, entre elas, por falta de compreensão dos educadores a respeito dos processos cognitivos envolvidos nos mesmos e do melhor modo de abordá-los.

Paralelamente às dificuldades pedagógicas que boa parte dos alunos enfrenta, existe um grupo de alunos que tem sido estudado mais intensamente nas últimas três décadas, que é o grupo de crianças com transtornos específicos na aprendizagem da matemática. Apesar de haver estudos esporádicos sobre o tema desde o início do século 20, é somente nas décadas de 1970 e 1980 que as pesquisas se intensificaram. A área de estudo dos transtornos de aprendizagem de matemática é vasta, e o grupo de crianças com transtornos desse tipo é bastante heterogêneo. Na diversidade de áreas envolvidas em cada subdomínio da matemática, as crianças precisam de habilidades cognitivas variadas. Os índices de prevalência de transtornos variam de 3% a 6% da população em idade escolar[53]. Tais índices referem-se a crianças que, com uma instrução adequada, apresentam dificuldades significativas para a aprendizagem da matemática desde a contagem e as primeiras operações aritméticas. São dificuldades cognitivas na habilidade de representar ou processar informações em uma ou em muitas das subáreas da matemática (por exemplo, Aritmética e Geometria). O mesmo ocorre em um ou mais procedimentos dentro de uma determinada área, como, por exemplo, o uso da base dez com compreensão real de seus princípios. Recentemente, o Manual Diagnóstico e Estatístico de Transtornos Mentais (2014) utilizou o termo Transtorno Específico da Aprendizagem, com prejuízo na Matemática, para descrever uma "dificuldade significativa na aprendizagem da matemática em um ou mais de quatro aspectos: senso numérico[G], memorização de fatos aritméticos, precisão ou fluência de cálculo e precisão no raciocínio aritmético", apontando "discalculia" como um termo alternativo para designar a situação. A seguir, descreveremos brevemente como o conhecimento sobre as dificuldades de aprendizagem na matemática evoluiu da década de 1970 até os dias atuais.

Capítulo 6 — Aprendizagem Numérica em Diálogo – Neurociências e Educação

Nas décadas de 1970 e 1980, desenvolveu-se um grande esforço de pesquisa orientada a dificuldades na aprendizagem da leitura. Quanto à matemática, havia uma compreensão mais ou menos generalizada de que fatores ligados à maturação, referentes ao esquema corporal, à memória, a percepções auditiva e visual e a noções de ritmo e lateralidade estariam ligadas às dificuldades na matemática[54], já sendo usado o termo "discalculia" para designar essas dificuldades. Com o avanço da pesquisa sobre as diferentes habilidades cognitivas que subjazem às aprendizagens, em geral, começou a ser definida a importância da memória, especialmente com o surgimento do conceito de memória de trabalho[55]. Esse conceito caracteriza a memória de trabalho como tendo três componentes: o *executivo central*, que coordena as atividades da atenção e define as respostas; a *alça fonológica*, mais tarde também chamada de *memória de trabalho verbal*, que codifica as informações auditivas e guarda o discurso interior por pouco tempo para compreensão verbal; e o *esboço visuoespacial*, mais tarde chamado de *memória de trabalho visuoespacial*, decodificador de informações visuais, que guarda por um espaço curto de tempo algumas imagens visuoespaciais. Os três componentes do modelo estão em constante interação. Como já definimos, a memória de trabalho é um espaço virtual de processamento de informações de capacidade limitada, o qual envolve a preservação temporária, resgate e manipulação da informação. Surgem, nesse período, os primeiros levantamentos que apontavam que um percentual significativo de crianças apresenta dificuldades na área da matemática e constatou-se que, muitas vezes, essas dificuldades estão associadas a dificuldades na leitura.

No início da década de 1990, uma revisão da literatura da área apontou os principais achados até aquele momento quanto aos déficits que as crianças com dificuldades na matemática apresentam[56]. O autor resumiu-os em três grandes grupos: dificuldades na representação ou recuperação de fatos aritméticos da memória semântica; problemas na execução de procedimentos aritméticos; e problemas na representação espacial da representação numérica. Os três grupos poderiam ou não estar associados. Essa mesma revisão já apontava a necessidade de reconhecer diferentes tipos de transtornos apresentados por grupos de crianças com padrões variados de desenvolvimento cognitivo, constatação que tem se fortalecido cada vez mais, e sugeria que a memória de trabalho e seus componentes poderiam estar associados às dificuldades na matemática. Começaram a ser descritas com mais precisão as habilidades cognitivas em tais crianças, aumentando o número de pesquisas que indicavam que a memória de trabalho, com seus diferentes componentes, seria a habilidade cognitiva mais prejudicada nesse grupo de crianças[57].

No entanto, intensificavam-se as controvérsias quanto ao tipo de habilidades cognitivas prejudicadas, considerando-se desde as dificuldades nos processos executivos de manutenção da informação na memória de trabalho, como a recuperação de fatos da memória de longo prazo, processos de responsabilidade do executivo central[57] até tipos diferentes de habilidades, a saber: dificuldades procedurais, que incluem o uso de procedimentos imaturos de contagem, dificuldades na memória semântica e dificuldades visuoespaciais[56,58-62], associadas ou não. Enquanto a recuperação de fatos na memória de longo prazo, associada ao funcionamento da memória de trabalho[62-65], foi apontada como uma das habilidades mais prejudicadas nas crianças com dificuldades de aprendizagem na matemática por um grupo de pesquisadores, outros[66] sugeriram que as dificuldades na recuperação dos fatos numéricos seriam devidas a uma representação empobrecida dos números na memória de longo prazo, oriunda de duas dimensões: ou de dificuldades nos processos fonológicos ou de um senso numérico pouco desenvolvido, senso numérico entendido aqui como a representação de vários aspectos do número e do sistema numérico. Em outras palavras, com uma memória de trabalho limitada, usando estratégias de contagem primitivas e com dificuldades para reter informações, essas crianças facilmente esquecem parte da operação que está sendo realizada e têm mais dificuldade para armazenar o resultado encontrado (correto ou não).

Ciência para educação: uma ponte entre dois mundos

No século 21, tem ocorrido uma proliferação de estudos na área, os quais procuram explicar o funcionamento cognitivo das crianças com dificuldades na matemática. O termo *discalculia* se manteve, mas outras nomenclaturas também passaram a designar esse grupo de crianças: *transtorno específico na aprendizagem da matemática* e *discalculia do desenvolvimento*, entre outros. Alguns autores[60] indicaram a necessidade de realizar avaliações mais precisas para diferenciar, pelo menos, dois grupos de crianças com dificuldades: crianças com severas dificuldades de aprendizagem na matemática, portadoras do transtorno específico na aprendizagem da matemática, e aquelas com apenas baixo desempenho. Os autores enfatizaram os diferentes perfis cognitivos encontrados nos dois grupos. No primeiro, foi encontrado um prejuízo em todas as habilidades cognitivas ligadas a tarefas matemáticas mediadas pela memória de trabalho, e/ou baixa velocidade de processamento, entendida como a rapidez necessária para registrar, decodificar e responder a registros numéricos. Já no segundo grupo, um desempenho semelhante ao das crianças sem dificuldades no uso de estratégias de recuperação da memória para a resolução de problemas, mas com desempenho inferior na fluência de processamento numérico, nas estimativas na linha numérica e na velocidade de recuperação de fatos na memória, dificuldades consideradas menos severas do que as do primeiro grupo citado.

O fato de que os diferentes componentes da memória de trabalho afetam diversos aspectos da aprendizagem matemática foi apontado como uma razão possível para explicar os achados inconsistentes quanto ao papel dos diferentes componentes da memória de trabalho em pesquisas anteriores[67]. Paralelamente, surgiram evidências de que a memória de trabalho interfere também na resolução de problemas e pode ser um bom preditor de dificuldades na resolução de problemas em crianças com dificuldades de aprendizagem nas séries iniciais[68]. É nesse mesmo período que foi acrescentado[69] um quarto componente ao modelo de memória de trabalho estabelecido na década de 1970: o *buffer* episódico, um sistema de capacidade limitada que conecta as informações dos sistemas subsidiários e da memória de longo prazo em uma representação episódica unitária e integrada. Esse modelo continua sendo muito utilizado nos estudos da área e prosseguem as investigações que procuram definir se as dificuldades na matemática abrangem todo o sistema da memória de trabalho ou apenas alguns componentes específicos. Foram encontradas dificuldades no executivo central[70], sugerindo que o déficit se restringiria ao processamento e armazenamento simultâneo de informações numéricas e verbais em crianças exclusivamente com dificuldades na matemática. Quando tais dificuldades associavam-se à leitura, concentravam-se no processamento e armazenamento de informações numéricas e visuais.

No entanto, nem todas as pesquisas indicam que a memória de trabalho com seus componentes seria o principal fator responsável pelas dificuldades na aprendizagem da matemática. Um modelo inicial que indicou o senso numérico, incluindo a representação de magnitudes numéricas, como elemento central na explicação das dificuldades de aprendizagem na matemática[71-73], tem convivido com outro modelo levemente diferente que sugere que a dificuldade seria para acessar a informação, ou seja, no processamento numérico básico ou, dito de outra forma, na representação exata de números naturais[74]. Também coexiste um terceiro modelo que sugere dificuldades no processamento fonológico como o elemento central ligado tanto à aprendizagem da leitura como da matemática[66,75,76]. Com efeito, há evidências recentes[77] de que existem mecanismos compartilhados na leitura e escrita de palavras e numerais arábicos. Pesquisa realizada com crianças brasileiras em idade escolar indicou que a consciência fonêmica é a variável cognitiva que sistematicamente prediz as habilidades escolares investigadas, sejam elas de tarefas numéricas ou com palavras, o que sugere que essa possa ser uma habilidade cognitiva compartilhada por muitas tarefas escolares e um fator importante associado às dificuldades tanto na leitura quanto na matemática[77]. Em tal perspectiva, fortalece-se a ideia de que existem dois subgrupos de crianças com dificuldades específicas na matemática: um com prejuízos no senso numérico

Capítulo 6 — Aprendizagem Numérica em Diálogo – Neurociências e Educação

e outro com prejuízos no processamento fonológico, com padrões cognitivos diferentes e com consequências para o planejamento das intervenções clínicas[78] ou educacionais. Tal resultado corrobora os achados de pesquisas anteriores[66], e talvez seja um dos resultados de pesquisa mais interessantes dos últimos anos na área, já que nos ajuda a entender por que as dificuldades na matemática com muita frequência aparecem acompanhadas de dificuldades na leitura. De todo modo, tal conjunto de pesquisas descritas aqui fortalece a ideia da existência de mais de um perfil cognitivo no grupo de crianças com dificuldades específicas na aprendizagem da matemática.

É relativamente recente a proposta de que a área de conhecimento sobre as dificuldades de aprendizagem na matemática possa ser considerada uma nova disciplina. Alguns autores discutiram tal proposta e revisaram a história da área[79], mostrando o quanto o conhecimento das dificuldades na aprendizagem da matemática se beneficiou de diferentes disciplinas, a saber, Psicologia do Desenvolvimento, Psicologia Educacional, Educação Especial e, mais recentemente, Neurologia. Com efeito, os avanços no conhecimento sobre os processos prejudicados, nas crianças com dificuldades, só têm sido possíveis pela interlocução entre várias áreas de conhecimento, tendência que, provavelmente, se manterá nos futuros estudos da área.

Além do grupo de crianças com dificuldades específicas na matemática, descrito nos parágrafos anteriores, constata-se que outros grupos de crianças apresentam também dificuldades específicas na aprendizagem da matemática. Com efeito, tais dificuldades foram registradas em crianças com Transtorno de Déficit de Atenção e Hiperatividade/TDAH[80,81], Síndrome de Turner, Síndrome de X-Frágil[82], Prader-Willi[83], e em crianças surdas[84,85].

Quanto ao primeiro grupo, com TDAH, um conjunto de pesquisas indica que em torno de 40% de crianças com a síndrome têm baixo desempenho em matemática[86-88]. Um estudo recente[89] descreveu os efeitos de uma intervenção combinada em memória de trabalho e raciocínio aritmético aplicada a estudantes com TDAH, comparada a resultados de uma intervenção, de mesma duração, somente em memória de trabalho. Quarenta e seis estudantes com TDAH de terceiro e quarto ano de escolas públicas de Porto Alegre foram avaliados antes, logo após, e três meses depois da intervenção realizada. Depois de pareados quanto à idade e QI, os estudantes receberam uma intervenção combinada ou somente intervenção em memória de trabalho durante 22 sessões de uma hora cada uma. Os estudantes que receberam intervenção combinada apresentaram um desempenho muito melhor do que aqueles que receberam intervenção somente em memória de trabalho, tendo sido registrada, também, uma diminuição significativa da intensidade dos sintomas de TDAH.

Algumas crianças com Síndrome de Turner e Síndrome de X-Frágil também apresentam baixo desempenho em matemática[82], bem como dificuldades nas habilidades espaciais e na memória de trabalho, algumas vezes associadas a dificuldades na expressão verbal e habilidades de leitura. Esse trabalho indicou que 50% das crianças com as duas síndromes citadas aqui têm dificuldades persistentes na matemática e perfis cognitivos variados: enquanto as crianças com Síndrome do X-Frágil apresentam dificuldades cognitivas ligadas às funções executivas (tomada de decisão, planejamento, organização e manutenção da atenção), há evidências de que as dificuldades na aprendizagem da matemática nas meninas com Síndrome de Turner estão ligadas a dificuldades visuoespaciais. Estudos de caso realizados em crianças brasileiras com Síndrome do X-Frágil evidenciaram um atraso no desenvolvimento dos princípios de contagem, bem como em algumas crianças com Síndrome de Prader-Willi[83]. Assim, a pesquisa sobre essas síndromes nos leva, de novo, à constatação de que existem diferentes perfis cognitivos entre as crianças com dificuldades na aprendizagem da matemática.

Já a situação das crianças surdas parece ser um pouco diferente das anteriores, apesar de haver evidências de que elas aprendem a contar com mais lentidão do que as crianças ouvintes[84,85]. No entanto, dentro de sua escala de contagem, as crianças surdas com idade entre 3 e 6 anos parecem ser capazes de utilizar os princípios da contagem[90], o que sugere que a dificuldade não está nos procedimentos da contagem, mas na aquisição de uma sequência numérica de natureza linguística. Ainda assim, e especialmente considerando a importância da contagem para as aprendizagens matemáticas futuras, as crianças surdas parecem estar em desvantagem na compreensão das regularidades do sistema numérico[84] e tal desvantagem parece persistir ao longo da vida. Lembramos aqui que, conforme destacamos na primeira parte do capítulo, as crianças aprendem matemática informal na família, com os amigos, irmãos, assistindo à televisão ou brincando, antes de chegar à escola. Considerando-se que essas interações iniciais, na sua maior parte, são acompanhadas por interações linguísticas, pode-se supor que tais interações são menos frequentes para as crianças surdas inseridas em famílias de pais e irmãos ouvintes que não dominem a língua de sinais, diminuindo, assim, as oportunidades de construírem os primeiros conhecimentos matemáticos. No entanto, também há evidências de que as crianças surdas respondem bem a intervenções especialmente projetadas para melhorar seu desempenho na matemática[85,91].

Alguns aspectos do desenvolvimento das crianças com dificuldades na aprendizagem da matemática têm sido recentemente investigados, entre eles a flexibilidade no cálculo mental. Pesquisa realizada com estudantes com baixo desempenho em matemática[92] sugere que eles precisam de abordagens específicas para desenvolver flexibilidade no cálculo mental, tema recente e pouco explorado até agora.

Cabe destacar uma última pergunta, antes de finalizarmos o capítulo: é possível utilizar esse conjunto de conhecimentos descrito no item anterior para ajudar a escola a melhorar as condições de aprendizagem dos alunos que apresentam dificuldades em matemática?

Como abordar na escola os transtornos de aprendizagem de matemática?

Apontamos algumas dificuldades que são comuns a muitas crianças que tentam aprender matemática, destacando o exemplo das operações com multidígitos e frações. Para enfrentar tais dificuldades, mostramos que já existe um conjunto de conhecimentos que poderia ser mais bem conhecido pela escola para favorecer a aprendizagem de todos os alunos. Salientamos parte dos conhecimentos ligados à Neurociência Cognitiva, que descreve as bases neuroanatômicas da aprendizagem matemática, destacando a dinâmica funcional presente nos processos de aprendizagem.

Paralelamente, descrevemos as dificuldades de grupos diferentes de crianças que apresentam transtornos específicos em matemática. Um conjunto de trabalhos tem mostrado que tais grupos respondem a intervenções planejadas para atender as suas necessidades. Desde a intervenção proposta com o programa computadorizado "Number Race"[72], disponível na *web* e replicada recentemente[93], que estimula as crianças a avançarem em uma reta numérica de acordo com seu conhecimento numérico, outros recursos foram criados e utilizados para ajudar essas crianças. A maior parte deles é composta por *softwares* que incluem desde programas para desenvolver a representação espacial de números na reta numérica[94,95], intervenções para estimular a recuperação de fatos aritméticos[81], intervenções em memória de trabalho[90], intervenções combinadas em memória de trabalho e raciocínio aritmético[89], bem como programas de estimulação neurológica de diferentes naturezas[96], todos indicando que as crianças com dificuldades na aprendizagem da matemática respondem, em maior ou menor grau, a intervenções especificamente planejadas para elas. Mesmo considerando que boa parte dos programas descritos aqui foi empregada em escolas, cabe ressaltar que concordamos com autores[95] que destacam que não há recurso, seja programa computadorizado ou outro, que possa tomar o lugar de um bom ensino. Tais programas ou métodos de intervenção não substituem um bom ensino, mas servem como suporte para uma perspectiva inclusiva, apontando caminhos de ajuda para tais crianças dentro do ambiente esco-

Capítulo 6   Aprendizagem Numérica em Diálogo – Neurociências e Educação

lar. É possível afirmar que a busca por alternativas que ajudem esse grupo de crianças a melhorar seu desempenho escolar tem se ampliado nos últimos anos e mostra-se um campo de pesquisa promissor.

No entanto, a vastidão do campo da matemática, bem como a falta de conhecimento sobre a aquisição de muitos conceitos da área, nos indica que ainda é preciso avançar muito para compreender como as crianças aprendem matemática. É razoável esperar que, na medida em que o conhecimento das diferentes habilidades envolvidas nas várias áreas do conhecimento matemático for aumentando, possamos paralelamente ampliar nossa compreensão das crianças com transtornos específicos. De todo modo, já se acumulam evidências de que esse grupo de crianças apresenta um progresso mais lento na aquisição e no desenvolvimento dos princípios da contagem e na recuperação de fatos na memória, dificuldades para reter informações na memória de trabalho, alterações no processamento fonológico, bem como dificuldades no desenvolvimento lógico, processos diretamente ligados à compreensão de conteúdos matemáticos. Porém, como destacamos, há evidências de que tais dificuldades são passíveis de intervenção, embora as possibilidades de ajuda ainda sejam pouco conhecidas pela escola. Em outras palavras, tal grupo de crianças não está sendo compreendido na sala de aula e não tem recebido o ensino adequado a suas peculiaridades. Como observamos, os critérios para diagnóstico e o percentual de crianças com dificuldades na matemática permanecem questões não totalmente resolvidas. Cabe ressaltar, ainda, que não existe um protocolo oficial brasileiro para avaliar as crianças com dificuldades de aprendizagem na matemática no Brasil, apesar dos esforços para validar tarefas simples e eficazes que permitam reconhecer tais crianças nos primeiros anos de escolaridade[97]. Além disso, a maior parte dos programas de intervenção citados aqui não está disponível em português, o que torna a avaliação e a ajuda a essas crianças ainda mais difícil. No entanto, um ensino que leve em conta as possibilidades cognitivas dos alunos pode fazer uma grande diferença no seu progresso, sobretudo entre aqueles que apresentam dificuldades em um ou mais processos entre os descritos aqui. Assim, um bom início é a compreensão de tais processos e o estudo de formas de ensinar baseadas em evidências, ou seja, nas conclusões que tais estudos sugerem, ainda que parciais e incompletas.

A relevância da Neurociência Cognitiva para o ensino de matemática

O mundo contemporâneo é caracterizado por uma demanda crescente por habilidades cognitivas. A capacidade cognitiva da população é considerada atualmente como um importante ativo econômico[98], com especial destaque para as habilidades matemáticas[99]. O reconhecimento da importância das habilidades cognitivas no mundo contemporâneo associado às dificuldades em promover o desempenho acadêmico da população fazem com que um número crescente de profissionais e pesquisadores volte seus olhos para a neurociência em busca de eventuais subsídios para melhorar a educação da população. Tal interesse se reflete na criação de uma nova área interdisciplinar de investigação, a neurociência educacional, a qual já conta com, ao menos, dois periódicos científicos dedicados ao assunto: *Mind, Brain and Education* e *Trends in Neurocience and Education*. É crescente também o número de obras de referência sobre neurociência educacional[100,101]. A ideia subjacente a essa empreitada é que o desvendamento dos mecanismos neurais da aprendizagem pode contribuir para modificar as práticas didáticas.

O desenvolvimento de uma Neurociência Cognitiva que, eventualmente, contribua com subsídios para a prática educacional enfrenta, entretanto, obstáculos de diversas naturezas. Um dos principais é de ordem epistemológica. A teorização pedagógica tem se fundamentado principalmente nas ideias do construtivismo[102,103], ignorando as contribuições da Psicologia Cognitiva e Ciências Cognitivas[104-106]. As divergências envolvem diferenças ontológicas, epistemológicas,

151

Ciência para educação: uma ponte entre dois mundos

metodológicas e, inclusive, éticas e políticas cuja resolução dependeria de um amplo e profundo trabalho de análise conceitual e conciliação.

Por outro lado, a Neurociência Cognitiva ainda está longe de produzir resultados com relevância para as práticas em sala de aula[107]. Até o momento, os métodos e resultados da Neurociência Cognitiva têm servido principalmente como arena de teste para o exame de hipóteses e modelos oriundos da Psicologia Cognitiva. Esse é o caso, por exemplo, do modelo de aprendizagem como aquisição de habilidades e a progressão de processamento controlado para automático no decorrer da aprendizagem[5,20], modelo que descrevemos no decorrer do capítulo.

Outra contribuição relevante da Neurociência Cognitiva, porém com implicações práticas incertas, diz respeito ao fato de que os métodos de neuroimagem podem detectar efeitos sutis de intervenções pedagógicas, antes mesmo dos efeitos se expressarem no desempenho comportamental[108]. A utilidade prática desses resultados é questionável, na medida em que o sucesso de qualquer intervenção pedagógica depende, em última análise, de modificações no desempenho e, portanto, no comportamento.

Não seria temerário afirmar que, até o momento, a Neurociência Cognitiva tem contribuído mais para o exame e adjudicação entre modelos cognitivos concorrentes oriundos da psicologia do que para o desenvolvimento de inovações conceituais ou metodológicas com impacto na educação. Até o momento, a grande realização da Neurociência Cognitiva tem sido chamar atenção dos educadores para modelos e resultados da Psicologia Cognitiva que não são usualmente considerados na pedagogia.

Isso não quer dizer que a Neurociência Cognitiva não tenha futuro. Uma área promissora diz respeito às técnicas biológicas não invasivas de melhora cerebral, tais como estimulação elétrica cortical por microcorrentes[109] ou *neurofeedback*[110]. O aperfeiçoamento de técnicas não invasivas de manipulação biológica pode vir a constituir uma importante ferramenta auxiliar da aprendizagem escolar. A Neurociência Cognitiva permanece sendo, portanto, terra incógnita, porém promissora.

A título de conclusão

A intenção deste capítulo foi rastrear um conjunto de conceitos importantes para a compreensão do que acontece quando as crianças e adolescentes tentam aprender matemática e como podemos compreender os obstáculos que eles enfrentam em tal aprendizagem. Assim, retomamos alguns conceitos centrais da área, buscando pistas conceituais que indiquem como compreender a aprendizagem da matemática nas séries iniciais. Esse exercício foi feito, especialmente, ao se estabelecer um diálogo entre a Psicologia Cognitiva de cunho interacionista e a Neurociência Cognitiva. Procuramos aproximar tais conhecimentos daquele da área das dificuldades de aprendizagem na matemática, aproximação muitas vezes difícil e desafiadora.

Diferenciamos as dificuldades de aprendizagem que são frequentes em muitos grupos de crianças daquelas que são dificuldades de um grupo de crianças bem delimitado: as que têm um transtorno específico na aprendizagem da matemática. Para compreender tais dificuldades, bem como responder às perguntas que elencamos no decorrer do texto, nosso melhor recurso foi o diálogo entre diferentes áreas de conhecimento e perspectivas teóricas, considerando que fenômenos complexos, como a aprendizagem da matemática, exigem explicações abrangentes. Para finalizar, cabe ressaltar que quanto mais os professores souberem sobre o desenvolvimento dos conceitos matemáticos iniciais, melhor eles poderão entender as dificuldades que as crianças enfrentam. Talvez algumas dessas dificuldades pudessem ser evitadas se os educadores tivessem uma compreensão abrangente de como as crianças aprendem, de quais as bases orgânicas e processos envolvidos em tal aprendizagem e das razões porque algumas crianças aprendem com mais facilidade do que outras.

Referências Bibliográficas

1. Carey S (2009) *The origin of concepts.* New York, Oxford University Press.
2. Dehaene S (2011) *The number sense. How the mind creates mathematics* (Revised and updated edition). Oxford, Oxford University Press.
3. Izard V, Dehaene-Lambertz G, Dehaene S (2008) Distinct cerebral pathways for object identity and number in human infants. *PLoS Biology,* 6(2):e11.
4. Rittle-Johnson B, Siegler RSS, Alibali MW (2001) Developing conceptual understanding and procedural skill in mathematics: An iterative process. *Journal of Educational Psychology.* 93(2):346-362
5. Kaufmann L, Wood G, Rubinstein O, Henik A (2011) Meta-analyses of developmental fMRI studies investigating typical and atypical trajectories of number processing and calculation. *Developmental Neuropsychology* 36:763-787.
6. Andres M, Olivier E, Badets A (2008) Actions, words, and numbers. A motor contribution to semantic processing. *Current Directions in Psychology* 17:313-317.
7. Jordan K E, Brannon E M (2006) The multisensory representation of number in infancy. *Proceedings of the National Academy of Sciences USA* 103:3486-3489.
8. Nunes T, Bryant P (2015) The development of quantitative reasoning. *In* Liben L S, Müller U (Eds.) *Handbook of child psychology and developmental science.* Hoboken, NJ: Wiley.
9. Nunes T, Dorneles B V, Lin P-J, Rathgeb-Schnierer E (2016) Teaching and learning about whole numbers in primary school. *ICME-13 Topical Surveys.* Springer Open.
10. Guedj D (1998) *Numbers: A Universal Language.* London: Thame and Hudson.
11. Vergnaud G (1997) The nature of mathematical concepts. In T. Nunes & P. Bryant (Eds) *Learning and Teaching Mathematics. An International Perspective* Hove (UK): Psychology Press.
12. Gelman R Gallistel C R (1978) *The Child's Understanding of Number.* Cambridge, MA: Harvard University Press.
13. Miller K F, Kelly M, Zhou X (2005) Learning mathematics in China and the United States: Cross-cultural insights into the nature and course of preschool mathematical development. *In* Campbell J I (Ed.) *Handbook of mathematical cognition.* New York: Psychology Press, pp. 163-178.
14. Passolunghi M C (2007) The precursors of mathematics learning: Working memory, phonological ability and numerical competence. *Cognitive Development* 22:165-184.
15. Stock P, Desoete A, Roeyers H (2009) Detecting children with arithmetic disabilities from kindergarten: Evidence from a 3-year longitudinal study on the role of preparatory arithmetic abilities. *Journal of Learning Disabilities* 43:250–268.
16. Praet M, Desoete A (2014) Enhancing young children's arithmetic skills through non-intensive, computerized kindergarten interventions: A randomized controlled study. *Teaching and Teacher Education* 39:56–65.
17. Dorneles B V (2016) Counting in the First Years: The Case of Two Different Systems. *International Conference in Mathematics Education* (ICME), Hamburg, 24–31 July.
18. Willingham D (2011) *Por que os alunos não gostam da escola.* Porto Alegre: ARTMED.
19. Ashcraft M H (1982) The development of mental arithmetic: a chronometric approach. *Developmental Review* 2:213-236.
20. Zamarian L, Ischebeck A, Delazer M (2009) Neuroscience of learning arithmetic - Evidence from brain imaging studies. *Neuroscience and Biobehavioral Reviews,* 33:909-925.
21. Menon V (2016) Memory and cognitive control circuits in mathematical cognition and learning. *Progress in Brain Research* 227:159-186.
22. Piaget J (1952) *The Child's Conception of Number.* London: Routledge & Kegan Paul.
23. Vygotsky L (1987) Thinking and speech. In R. Rieber & A. Carton (Eds.), *Collected works (Vol. 1).* New York: Plenum.
24. Sarama J, Clements DH (2009) *Early childhood mathematics education research. Learning trajectories for young children.* New York: Routledge.
25. Gough PB (1996) How children learn to read and why they fail. *Annals of Dyslexia* 46:3-20.
26. Koziol LF, Barker LA, Joyce AW, Hrin S (2014) Large-scale brain systems and subcortical relationships: the vertically organized brain. *Applied Neuropsychology: Child.* 3:253-263.
27. Lieberman MD (2000) Intuition: a social cognitive neuroscience approach. *Psychological Bulletin* 126:109-137.
28. Anderson ML (2010) Neural reuse: a fundamental organizational principle of the brain. *Behavioral and Brain Sciences* 33:245-313.
29. Dehaene S, Cohen L (2007) Cultural recycling of cortical maps. *Neuron* 56:384-398.
30. Hebb DO (1949) *The organization of behaviour.* New York, Wiley.
31. Haase VG, Lacerda SS (2003). Neuroplasticidade, variação interindividual e recuperação funcional em neuropsicologia. *Temas em Psicologia da SBP,* 11:28-42.
32. Haase VG, Cruz TKF, Souto DO, Antunes AM (2016) Aprendizagem e Neuroplasticidade. In: Metring RA, Sampaio S (Orgs.) *Neuropsicopedagogia e Aprendizagem.* Rio de Janeiro, Wak.
33. Arsalidou M, Taylor, MJ (2011) Is 2 + 2 = 4? Meta-analyses of brain areas needed for numbers and calculations. *NeuroImage* 54:2382-2393.

34. Gelman R, Galllistel CR (1986) *The child's understanding of number*. Cambridge, MA: Harvard University Press.
35. Goswami U, Bryant P (2007) *Children's Cognitive Development and Learning* (Primary Review Research Survey 2/1a), Cambridge: University of Cambridge, Faculty of Education.
36. Presmeg N (2014) A dance of instruction with construction in mathematics education. *In*: Kortenkamp et al. (eds.). *Early Mathematics Learning*. Springer Science, New York.
37. Júlio-Costa A, Lima BACR, Haase VG (2015) Meninos são melhores em matemática! Você está certo disso? In Zeggio E L, Bueno, OFA (eds.) *Caçadores de neuromitos. O que você sabe sobre o seu cérebro é verdade?* São Paulo: Memnon.
38. Beilock SL, Gunderson EA, Ramirez G, Levine SC(2010) Female teachers' math anxiety affects girls' math achievement. *Proceedings of the National Academy of Sciences USA* 107:1860-1863.
39. Young CB, Wu SS, Menon V (2012) The neurodevelopmental basis of math anxiety. *Psychological Science*, 23:492-501.
40. Artemenko C, Daroczy G, Nuerk H C (2015) Neural correlates of math anxiety: an overview and implications. *Frontiers of Psychology* 6:1333.
41. Galindo C, Sheldon SB (2012) School and home connections and children's kindergarten achievement gains: The mediating role of family involvement. *Early Childhood Research Quarterly* 27:90–103.
42. Fuson KC, Wearne D, Hiebert JC, Murray HG, Human PG, Olivier AI, Carpenter T, Fennema E (1997) Children's conceptual structures for multidigit numbers and methods of multidigit addition and subtraction. *Journal for Research in Mathematics Education*, 28:130–162.
43. National Council of Teachers of Mathematics/NCTM (2013) *Principles to Actions. Executive Summary*.
44. Rechtsteiner-Merz Ch (2013) Flexibles Rechnen und Zahlenblickschulung – eine Untersuchung zur Entwicklung von Rechenkompetenzen bei Erstklässlern, die Schwierigkeiten beim. Rechnenlernen zeigen [Flexible calculation and number sense—A study on numeracy skills of first graders with disabilities in learning mathematics]. Münster. Waxmann.
45. Gueudet G, Bosch M, diSessa AA, Kwon ON, Verschaffel L (2016) Transitions in mathematics education. *ICME-13 Topical Surveys*. Springer Open Access.
46. Brown JS, VanLehn K (1982) Towards a generative theory of 'bugs'. *In* Carpenter TP; Moser JM, Romberg TA (Eds.) *Addition and Subtraction: A Cognitive Perspective*. Hillsdale, NJ: Erlbaum.
47. Carpenter TP, Franke ML, Jacobs VR, Fennema E, Empson SB (1997) A longitudinal study of invention and understanding in children's multidigit addition and subtraction. *Journal for Research in Mathematics Education* 29:3-20.
48. Hennessy S (1994) The stability of children's mathematical behavior: When is a bug really a bug? *Learning and Instruction* 3:315-338.
49. Hiebert J, Wearne D (1996) Instruction, understanding, and skill in multidigit addition and subtraction. *Cognition and Instruction* 14: 251-283.
50. Stafylidou S, Vosniadou S (2004) The development of students' understanding of the numerical value of fractions. *Learning and Instruction* 14:503-518.
51. Nunes T, Bryant P (2009) *Key understandings in mathematics learning*. Paper 3. Understanding rational numbers and intensive quantities, 2009. Disponível em: http://www.nuffieldfoundation.org/fileLibrary/pdf/P3_amended_FB2.pdf.
52. Mamede E, Nunes T, Bryant P (2005) The equivalence and ordering of fractions in part-whole and quotient situations. Paper presented at the 29th Conference of the International Group for the Psychology of Mathematics Education, Melbourne.
53. Shalev RS, Auerbach J, Manor O, Gross-Tsur V (2000) Developmental dyscalculia: Prevalence and prognosis. *European Child Adolescent Psychiatry*, 9:58-64.
54. Giordano LH, de Ballent EG (1976) *Discalculia escolar: dificultades en el aprendizaje de las matemáticas*. Buenos Aires, Ediciones IAR.
55. Baddeley AD, Hitch G (1974) Working memory. *Psychology of Learning and Motivation* 8:47-89.
56. Geary DC (1993) Mathematical disabilities: Cognitive, neuropsychological, and genetic components. *Psychological Bulletin* 114:345-362.
57. McLean JF; Hitch GJ (1999) Working memory impairments in children with specific arithmetic learning difficulties. *Journal of Experimental Child Psychology* 74:240–260.
58. Geary DC (1990) A componential analysis of an early learning deficit in mathematics. *Journal of Experimental Child Psychology* 49:363-83.
59. Geary DC, Brown SC, Samaranayake VA (1991) Cognitive addition: A short longitudinal study of strategy choice and speed-of-processing differences in normal and mathematically disabled children. *Developmental Psychology* 27:787-797.
60. Geary DC, Hoard MK; Bird-Craven J, Nugent L, Numtee C (2007) Cognitive mechanisms underlying achievement deficits in children with mathematical learning disability. *Child Development* 78:1343-1359.
61. Geary DC, Bow-Thomas CC, Yao Y (1992) Counting knowledge and skill in cognitive addition: a comparison of normal and mathematically disabled children. *Journal of Experimental Child Psychology* 54(3):372-91.
62. Geary DC (2004) Mathematics and learning disabilities. *Journal of Learning Disabilities* 37:4-15.

63. Swanson HL, Sachse-Lee C (2001) Mathematical problem solving and working memory in children with learning disabilities: Both executive and phonological processes are important *Journal of Experimental Child Psychology.* 79:294–321.

64. Geary DC, Bjorklund DF (2000) Evolutionary Developmental Psychology. *Child Development* 71: 57–65.

65. Orrantia J, Martinez J, Morán M, Fernandez MC (2002). Dificultades en el aprendizaje de la aritmética: un analisis desde los modelos cronométricos**.** *Cognitiva* 14:183-201.

66. Robinson CS, Menchetti BM, Torgesen JK (2002) Toward a two-factor theory of one type of mathematics disabilities. *Learning Disabilities: Research and Practice.* 17:81-89.

67. Corso LV, Dorneles BV (2015) Memória de trabalho, raciocínio lógico e desempenho em aritmética e leitura. *Ciências & Cognição* 20:293-300.

68. Swanson HL, Jerman O, Zheng X (2008) Growth in working memory and mathematical problem solving in children at risk and not at risk for serious math difficulties. *Journal of Educational Psychology* 2:343–379.

69. Baddeley A (2000) The episodic buffer: a new component of working memory? *Trends in Cognitive Sciences.* 4:417-423.

70. Andersson U, Lyxell B (2007) Working memory deficits in children with mathematical difficulties: a general or specific deficit? *Journal of Experimental Child Psychology*, 96:97-228.

71. Dehaene S (1992) Varieties of numerical abilities. *Cognition.* 44:1-42.

72. Wilson AJ, Dehaene S, Pinel P, Revkin SK, Cohen L, Cohen D (2006) Principles underlying the design of "The Number Race", an adaptive computer game for remediation of dyscalculia. *Behavioral and Brain Functions.* 2:19-38.

73. Defever E, Sasanguie D, Gebuis T, Reynvoet B (2011) Children's representation of symbolic and nonsymbolic magnitude examined with the priming paradigm. *Journal of Experimental Child Psychology* 109:174–186.

74. Noël MP, Rousselle L (2011) Developmental changes in the profiles of dyscalculia: An explanation based on a double exact-and-approximate number representation model. *Frontiers in Human Neuroscience* 1-9.

75. Simmons FR, Singleton C (2008) Do weak phonological representations impact on arithmetic development? A review of research into arithmetic and dyslexia. *Dyslexia* 14:77–94.

76. Vukovic RK, Lesaux NK (2013) The relationship between linguistic skills and arithmetic knowledge. *Learning and Individual Differences* 23:87–91.

77. Lopes-Silva JB, Moura R, Júlio-Costa A, Wood G, Salles JF, Haase VG (2016) What is specific and what is shared between numbers and words? *Frontiers in Psychology*: 7; 1-9.

78. Júlio-Costa A, Starling-Alves I, Lopes-Silva JB, Wood G, Haase VG (2015) Stable measures of number sense accuracy in math learning disability: It is time to proceed from basic science to clinical application? *PsyCh Journal* 4:218–225.

79. Berch, D, Mazzocco MM (2007) *Why is Math so Hard for Some Children? The Nature and Origins of Mathematical Learning Difficulties and Disabilities.* Maryland: Brookes.

80. Capano L, Minden D, Chen SX, Schachar RJ, Ickowicz A (2008) Mathematical learning disorder in school-age children with attention-deficit hyperactivity disorder. *Canadian Journal of Psychiatry* 53:392–399.

81. Costa AC, Rohde LAP, Dorneles BV (2015) Teaching facts of addition to Brazilian children with attention deficit/hyperactivity disorder. *Educational Research and Reviews* 10:751-760.

82. Mazzocco MMM, Murphy MM, McCloskey M (2007) The contribution of syndrome research to understanding mathematical learning disability: The case of Fragile X and Turner syndromes. In Berch D, Mazzocco MMM (Eds.) *Why is Math so Hard for Some Children? The nature and origins of mathematical learning difficulties and disabilities.* Maryland: Brookes.

83. Rosso TRF, Dorneles BV (2012) Contagem numérica em estudantes com síndromes de X-Frágil e Prader-Willi. *Revista Brasileira de Educação Especial* 18: 231-244.

84. Nunes T (2004) *Teaching mathematics to deaf children.* London: Whurr, Whiley.

85. Vargas RC, Dorneles BV (2013) Uma intervenção em Contagem com duas crianças surdas. *Caderno do Cedes*, Campinas, 33:411-427.

86. Zentall SS (2007) Math performance of students with ADHD: cognitive and behavioral contributors and interventions. *In*: Berch D, Mazzocco MM (Eds.). *Why is Math so Hard for Some Children? The Nature and Origins of Mathematical Learning Difficulties and Disabilities.* Maryland: Brookes.

87. DuPaul GJ, Gormley MJ, Laracy SD (2012) Comorbidity of LD and ADHD: Implications of DSM-5 for assessment and treatment. *Journal of Learning Disabilities.* 46:1-9.

88. Dorneles BV, Corso LV, Costa AC, Pisacco NM, Sperafico YL, Rohde LA (2014) Impacto do DSM-5 no diagnóstico de transtornos de aprendizagem em crianças e adolescentes com TDAH: um estudo de prevalência. *Psicologia: Reflexão e Crítica* 27:599-607.

89. Sperafico YL (2016) Combined Intervention in Working Memory and Arithmetic Reasoning in Students With ADHD. *Tese de doutorado*. UFRGS. Porto Alegre.

90. Leybaert J, Van Cutsem MN (2002) Counting in sign language. *Journal of Experimental Child Psychology* 81:482-501.

91. Nunes T, Barros R, Evans D, Burman D (2014) Improving deaf children's working memory through training. *International Journal of Speech & Language Pathology and Audiology* 2: 51-66.

Ciência para educação: uma ponte entre dois mundos

92. Verschaffel L, Torbeyns J, De Smedt B, Luwel K, Van Dooren W (2007) Strategy flexibility in children with low achievement in mathematics. *Educational and Child Psychology* 24:16-27.

93. Sella F, Tressoldi P, Lucangeli D, Zorzi M (2016) Training numerical skills with the adaptive videogame "The Number Race": A randomized controlled trial on preschoolers. *Trends in Neuroscience and Education* 5:20–29.

94. Kucian K, Grond U, Rotzer S, Henzi B, Schönmann C, Plangger F, Gälli M, Martin E, von Aster M (2011) Mental number line training in children with developmental dyscalculia. *NeuroImage* 57:782– 795.

95. Rauscher L, Kohn J, Käser T, Mayer V, Kucian K, McCaskey U, Esser G, von Aster M (2016) Evaluation of a computer-based training program for enhancing arithmetic skills and spatial number representation in primary school children. *Frontiers in Psychology*. 7:913.

96. Kadosh RC, Dowker A, Heine A, Kaufmann L, Kucian K (2013) Interventions for improving numerical abilities: Present and future. *Trends in Neuroscience and Education*. 2:285–293.

97. Moura R, Lopes-Silva JB; Vieira LR; Paiva GM, Prado AC, Wood G, Haase VG (2015) From "five" to 5 for 5 minutes: Arabic number transcoding as a short, specific, and sensitive screening tool for mathematics learning difficulties. *Archives of Clinical Neuropsychology* 30:88–98.

98. Beddington J, Cooper CL, Field J. Goswami U, Huppert FA, Jenkins R, Jones HS, Kirkwood TB, Sahakian BJ, Thomas SM (2008). The mental wealth of nations. *Nature* 455:1057-1060.

99. Parsons S, Bynner J (2005) *Does Numeracy Matter More?* London: University of London, Institute of Education National Research and Development Centre for Adult Literacy and Numeracy.

100. Della Sala S, & Anderson M (eds.) (2012). Neuroscience and education: The good, the bad, and the ugly. Oxford: Oxford University Press.

101. Mareschal D, Butterworth B, Tolmie A (eds.) (2013) *Educational Neuroscience*. Chichester: Wiley.

102. Matthews MR (1993) Constructivism and science education: Some epistemological problems. *Journal of Science Education and Technology* 2:359–370.

103. Matthews MR (2002) Constructivism and science education: a further analysis. *Journal of Science Education and Technology* 11:121-134.

104. Anderson J R, Reder L M, Simon H (1998). Radical constructivism and cognitive psychology. In D. Ravitch (Ed.) *Brookings papers on education policy*. Washington, DC: Brookings Institute Press.

105. Kirshner PA, Sweller J, Clark R (2010) Why minimal guidance during instruction does not work: an analysis of the failure of constructivist, discovery, problem-based, experimental, and inquiry-based teaching. *Educational Psychology* 41:75-86.

106. Mayer RE (2004). Should there be a three-strike rule against pure discovery learning? the case for guided methods of instruction. *American Psychologist* 59:14-19.

107. Bowers JS (2016) The practical and principled problems with educational neuroscience. *Psychological Review* 123:600-612.

108. Jolles D, Supekar K, Richardson J, Tenison C, Ashkenazi S, Rosenberg-Lee M, Fuchs L, Menon V (2016) Reconfiguration of parietal circuits with cognitive tutoring in elementary school children. *Cortex* 83:231-245.

109. Sarkar A, Cohen KR (2016) Transcranial electrical stimulation and numerical cognition. *Canadian Journal of Experimental Psychology*, 70: 41-58.

110. Wang Q, Sourina O (2013) Real-time mental arithmetic task recognition from EEG signals. *IEEE Transactions on Neural Systems and Rehabilitation Engineering*, 21:225-232.

Glossário

Amígdala: A amígdala é uma estrutura transicional entre os núcleos subcorticais e o córtex, situando-se bilateralmente nas regiões mediais dos hemisférios cerebrais, anteriormente justaposta ao hipocampo. A amígdala faz parte do cérebro olfatório, um tipo primitivo de córtex com três camadas (paleocórtex), do qual se origina a maioria das estruturas neocorticais ventrais. A amígdala e os sistemas neocorticais ventrais estão envolvidos em vários níveis do processamento emocional, tais como atenção a estímulos potencialmente relevantes do ponto de vista emocional, atribuição de significado emocional, aprendizagem emocional (p. ex., condicionamento de medo) e regulação emocional. Grosseiramente, pode-se dizer que a amígdala funciona como um filtro emocional com valência negativa. A amígdala é ativada em circunstâncias com potencial para afetar a sobrevivência e o sucesso adaptativo do indivíduo. No contexto da aprendizagem matemática, há evidências de que a ativação da amígdala associada à ansiedade matemática suprime a atividade cognitiva de outras áreas corticais, tais como o córtex pré-frontal dorsolateral e o sulco intraparietal, envolvidos, respectivamente, com a memória de trabalho e processamento estratégico e com o senso numérico.

Córtex pré-frontal dorsomedial anterior: O córtex pré-frontal dorsomedial corresponde às áreas de Brodmann (BA) 24, 32, 33 e se situa, como o nome diz, nas regiões mediais dos hemisférios cerebrais. O córtex pré-frontal medial anterior tem uma origem embrionária dupla. As regiões ventrais se originam do paleocórtex e estão envolvidas nas operações de regulação emocional. As regiões dorsais se originam do arquicórtex (hipocampo) e desempenham papel importante na regulação cognitiva. O sistema do giro do cíngulo anterior ou córtex pré-frontal dorsomedial pode ser equiparado de forma didática a um operador de radar que monitora a atividade mental e os estímulos ambientais, visando detectar ameaças, oportunidades e erros de desempenho, sinalizando-os e corrigindo-os. No contexto da aprendizagem da matemática, a atividade do córtex pré-frontal dorsolateral é importante para a monitorização da execução de procedimentos aritméticos, tais como os algoritmos de contagem, cálculo ou transcodificação. Falhas nos mecanismos de monitorização durante a execução de algoritmos podem explicar os padrões de erro atencional observados frequentemente em indivíduos com TDAH.

Córtex pré-frontal dorsolateral: O córtex pré-frontal dorsolateral corresponde às áreas de Brodmann 9 e 46, situando-se na superfície lateral e dorsal do córtex pré-frontal. A origem embrionária é ligada ao hipocampo (arquicórtex). Essa região faz parte da rede que implementa alguns dos processos cognitivos mais sofisticados, tais como o executivo central da memória de trabalho, pensamento estratégico, incluindo o raciocínio e resolução de problemas, bem como inteligência geral. Em associação com a região do sulco intraparietal e córtex pré-frontal dorsolateral, constitui a rede parietofrontal da inteligência. O córtex pré-frontal dorsolateral é ativado nas etapas iniciais da aprendizagem de praticamente todas as habilidades matemáticas, refletindo a demanda por processamento controlado na memória de trabalho. O córtex pré-frontal dorsolateral desempenha importante papel também na emergência das representações numéricas simbólicas, isto é, associação de representações de numerosidade com sistemas simbólicos, tais como algarismos ou numerais verbais.

Exaptação: Exaptação é um termo usado na biologia para se referir a adaptações somáticas ou comportamentais que não evoluem diretamente como resultado da seleção natural e sexual (filogênese), mas como subproduto desses processos no desenvolvimento do indivíduo (ontogênese). Segundo a teoria da reciclagem cultural (ver a seguir) a invenção da leitura colocou demandas por processamento ortográfico. As áreas cerebrais que mais se adequam a essa finalidade são o córtex occipital-temporal ventral, também conhecido como giro fusiforme (área 37 de Brodmann). Essa área evoluiu originalmente para o processamento da identidade e expressões faciais. Suas capacidades computacionais de processar estímulos visuais complexos são então exaptadas durante o processo de aprendizagem da leitura, especializando-se o giro fusiforme esquerdo de cada indivíduo no processamento ortográfico.

Giro angular: Junto com o giro supramarginal (área de Brodmann 40), o giro angular (área 39 de Brodmann) constitui o córtex parietal inferior. O córtex parietal inferior e as porções posteriores do giro temporal superior (área 22 de Brodmann ou área de Wernicke) fazem parte da encruzilhada têmporo-parieto-occipital ou centro associativo posterior de Flechsig. Essa área amadurece, do ponto de vista das conexões corticais e organização citoarquitetônica, por volta dos 6 ou 7 anos de idade. É uma área implicada tradicionalmente no desenvolvimento das representações simbólicas, por exemplo, linguagem e números. O giro angular esquerdo desempenha um papel importante no armazenamento e resgate de informação semântico-verbal. No contexto da cognição numérica, o giro angular esquerdo é importante para o resgate dos fatos aritméticos. O giro angular esquerdo é também a região cerebral cuja lesão com mais frequência causa acalculia adquirida em adultos.

Giro fusiforme: O giro fusiforme ou área 37 de Brodmann situa-se nas porções mais ventrais das regiões limítrofes entre o córtex occipital e o córtex temporal. O giro fusiforme faz parte da via visual ventral, especializada na identificação de objetos e eventos, em contraposição à via dorsal, que cursa pelo lobo parietal e se especializou na localização espacial e programação de ação. O giro fusiforme é uma área especializada na análise e no reconhecimento de objetos visuais complexos. Em primatas, o giro fusiforme é a porta de entrada para os processos de reconhecimento da identidade e emoções expressas pela face, desempenhando, assim, um papel fundamental no comportamento social. A partir da invenção da escrita, o giro fusiforme é exaptado pela aprendizagem escolar para representar os caracteres

Ciência para educação: uma ponte entre dois mundos

ortográficos. Com a aprendizagem da leitura-escrita, áreas do giro fusiforme esquerdo se especializam na detecção e representação de caracteres ortográficos (recebendo o nome de área visual da forma da palavra), os quais são então associados aos fonemas e significados. O giro fusiforme também processa bilateralmente os caracteres visuais da numeração indo-arábica, os algarismos. A aprendizagem da leitura pode ser concebida, então, como um processo de conectar representações ortográficas implementadas no giro fusiforme esquerdo, com representações fonêmicas e semântico-lexicais. A aprendizagem da aritmética, por outro lado, depende do estabelecimento de conexões entre os algarismos processados no giro fusiforme bilateralmente, os numerais verbais implementados pelo giro angular esquerdo e as representações semânticas de numerosidade, associadas bilateralmente ao sulco intraparietal.

Hipocampo: O hipocampo é uma estrutura situada bilateralmente na superfície medial e ventral do lobo temporal, constituída por arquicórtex, uma forma originária de córtex com apenas três camadas, da qual emergem as estruturas neocorticais dorsais, tais como os córtices parietal e frontal. O hipocampo está envolvido com diversas funções cognitivas, sobretudo, mas não exclusivamente, com a memória associativa. Pacientes com lesões bilaterais do hipocampo apresentam quadros graves de amnésia. Os estudos de neuroimagem funcional mostram que o hipocampo é ativado ao menos transitoriamente durante a aquisição de fatos aritméticos na idade escolar. O papel desempenhado pelo hipocampo na aprendizagem dos fatos aritméticos está relacionado com a vinculação de padrões de associação entre problemas e respostas representados em outras áreas corticais. O papel do hipocampo na aprendizagem dos fatos aritméticos parece estar mais relacionado com a consolidação das memórias. O giro angular esquerdo é a estrutura crucial implicada no resgate dos fatos.

Primitivos conceituais: O desenvolvimento humano se baseia na interação epigenética entre influências gênicas (natureza) e as experiências individuais, tais como a aprendizagem escolar (criação). A hipótese dos primitivos conceituais é de que, apesar de não existirem conceitos inatos, há predisposições para adquirir determinadas formas de representação conceitual, que foram selecionadas na evolução da espécie. Esses primitivos conceituais representam estratégias evolutivamente estáveis, presentes em todas as culturas e cuja atividade já é detectada em bebês e desempenham um importante papel adaptativo. Os principais primitivos conceituais dizem respeito aos conceitos de pessoa e grupo (personalidade, *self*, vínculos afetivos), vida (agência, animado *versus* inanimado), física (tempo, espaço e causalidade). A noção aproximada de quantidade numérica ou senso numérico é considerada um primitivo conceitual, presente em animais e bebês, a partir do qual se desenvolvem formas mais sofisticadas de aritmética simbólica.

Reciclagem cultural: A hipótese de exaptação ou reciclagem cultural pressupõe que dois artefatos culturais importantes, a leitura-escrita e a aritmética, se servem de estruturas neurais previamente evoluídas para processar outros tipos de informação biologicamente relevantes. Os caracteres ortográficos e os algarismos são processados pelo giro fusiforme (área 37 de Brodmann), a qual evoluiu para processar a identidade e emocionalidade nas faces. Quando a escrita e a aritmética simbólica foram inventadas, tornou-se necessária a ativação de áreas cerebrais que permitissem a análise e o reconhecimento automático de estímulos visuais complexos. A área cujas propriedades computacionais mais se aproximam dessa necessidade é o giro fusiforme. Segundo a hipótese da reciclagem cultural, a aprendizagem da leitura se baseia no estabelecimento de conexões entre representações ortográficas no giro fusiforme e representações linguísticas fonêmicas e semântico-lexicais implementadas pelas áreas perissilvianas da linguagem no hemisfério esquerdo (giro angular, área de Wernicke, área de Broca, neo-córtex temporal lateral). A aprendizagem da aritmética, por sua vez, depende do estabelecimento de conexões entre as representações de algarismos (giro fusiforme bilateralmente), as representações numéricas verbais (área perissilviana esquerda) e senso numérico (sulco intraparietal bilateralmente).

Senso numérico: Há duas concepções de senso numérico. Na pedagogia da idade pré-escolar, o conceito de senso numérico é usado de forma ampla para se referir a todos os processos de representação e manipulação de números, quer sejam simbólicos ou não simbólicos. Na ciência cognitiva, o termo senso numérico é usado em uma acepção mais específica, para se referir à capacidade que humanos e animais compartilham de estimar e discriminar com muita rapidez, sem contar e de forma aproximada, a grandeza numérica de conjuntos de itens. As evidências psicofísicas disponíveis indicam que o senso numérico corresponde a representações aproximadas de numerosidade (o equivalente psicológico da cardinalidade), as quais podem ser representadas analogicamente como posições em uma linha numérica espacialmente orientada na memória de trabalho visuoespacial. Essas representações aproximadas de numerosidade são implementadas pelo sulco intraparietal bilateralmente e podem constituir os primitivos conceituais a partir dos quais se desenvolvem as representações simbólicas (verbais e arábicas) de numerosidade.

Sistema de numerosidade aproximada: Como o termo senso numérico é usado em duas acepções, uma mais ampla e outra mais restrita, a tendência contemporânea em ciência cognitiva é utilizar o termo sistema de numerosidade aproximada para se referir ao sistema neurocognitivo centrado no sulco intraparietal que implementa as representações não simbólicas aproximadas de numerosidade.

Sistema de individuação de objetos: Uma das formas mais precoces de discriminação de quantidades numéricas é representada pelo fenômeno de *subitização*. O termo vem do inglês, *subitizing*, mas é originário do italiano *subito*, significando rápido, imediato. Subitização é uma habilidade de discriminar a grandeza numérica de pequenos conjuntos de objetos com até três ou quatro itens. As evidências experimentais mostram que os bebês já apresentam essa capacidade de discriminar a numerosidade de pequenos conjuntos de objetos. A principal evidência experimental é de que até cerca de três ou quatro itens o acréscimo de novos itens ao conjunto a ser discriminado não aumenta o tempo de reação. A partir do limite de subitização, o acréscimo de itens aos conjuntos de estímulos acarreta um aumento proporcional no tempo de reação. A subitização permite a discriminação imediata, não simbólica e precisa da numerosidade de pequenos conjuntos. Mas a subitização não é considerada uma propriedade numérica propriamente dita. As evidências experimentais sugerem que a subitização deriva da capacidade que o sistema atencional tem de individuar objetos até um determinado limite. Uma hipótese atual é de que as capacidades de discriminação numérica de bebês sejam relacionadas com esse sistema de individuação de objetos. Outra hipótese é que o desenvolvimento do conceito simbólico de número dependa da interação entre a contagem verbal e o sistema de individuação de objetos e/ou sistema de numerosidade aproximada.

Sulco intraparietal: O sulco intraparietal divide o córtex parietal posterior nas regiões inferior e superior. O córtex parietal inferior (giro angular e giro supramarginal) é implicado no processamento numérico simbólico. O córtex parietal superior implementa as manipulações da memória de trabalho visuoespacial necessárias para trabalhar com as numerosidades na linha mental numérica. O sulco intraparietal é um dos centros associativos mais importantes do neocórtex. Em associação ao córtex pré-frontal dorsolateral, a atividade na região do sulco intraparietal é importante para a resolução de testes de inteligência, constituindo a rede parietofrontal da inteligência. Os neurônios situados na região do sulco intraparietal também contribuem para a atenção visuoespacial, transformação de coordenadas espaciais na programação da ação, controle da exploração visual do espaço por meio de movimentos oculares, controle das habilidades manuais em tarefas de alcançar, agarrar e manipular, entre outras funções. Um dos aspectos mais importantes da função do sulco intraparietal é a representação de numerosidade, o equivalente psicológico da cardinalidade. Neurônios do sulco intraparietal formam uma rede com células da região do córtex pré-frontal dorsolateral, a qual é responsável pela representação de numerosidade. O sulco intraparietal, principalmente à direita, é considerado o principal portal das representações não simbólicas aproximadas de numerosidade. O córtex pré-frontal tem um papel mais importante na emergência das representações numéricas simbólicas. O sulco intraparietal esquerdo também processa preferencialmente as numerosidades simbólicas. A atividade no sulco intraparietal direito é mais estreitamente relacionada com as numerosidades não simbólicas.

Capítulo 7

Transtornos do Desenvolvimento que Impactam o Aprendizado

Paulo Mattos[1,2]

Palavras-chave: TDAH; Dislexia; Desenvolvimento neuropsicológico

Resumo

O Transtorno do Déficit de Atenção e Hiperatividade (TDAH) se caracteriza por níveis de desatenção e inquietude elevados. A dislexia, o principal transtorno do aprendizado, se caracteriza por dificuldades inesperadas de leitura. Ambos os transtornos têm seu início precocemente ainda na infância e ambos possuem bases neurobiológicas, com forte influência genética. Diversas alterações neurofuncionais foram descritas tanto no TDAH quando na dislexia.

Afiliações:
[1]Instituto de Psiquiatria da Universidade Federal do Rio de Janeiro, e [2]Instituto D'Or de Pesquisa e Ensino

Introdução

Os **transtornos do desenvolvimento** são assim chamados porque seu início ocorre precocemente, ainda na infância ou início da adolescência, quando o indivíduo está se desenvolvendo. Durante muito tempo, não ocorreu uma integração entre a psiquiatria infantojuvenil e a de adultos: quando o médico futuro psiquiatra decidia por uma dessas duas especialidades, dificilmente ou nunca iria aos congressos da outra a partir daquele momento. Também não faria cursos de atualização sobre aquilo que não considerava pertinente à sua prática clínica. Assim, durante muito tempo, sem que uns conhecessem bem aquilo que os outros faziam, não se sabia que os transtornos de crianças e adolescentes podiam ou não desaparecer, ou persistir durante muitos anos ou mesmo toda a vida. Hoje, sabemos que os transtornos do desenvolvimento *começam* na infância ou no máximo na adolescência, mas não são restritos a essas épocas da vida. Paralelamente, parece não ter ocorrido uma disseminação desse conteúdo científico para psicólogos e educadores.

Os transtornos do desenvolvimento, possivelmente mais do que quaisquer outros, deram margem ao longo da história a teorias as mais diversas, algumas ainda sobrevivendo aqui e ali, aludindo a causas bem distintas: ora a culpa era dos pais (sobretudo da mãe, para variar), ora da sociedade, ora do sistema político (por mais incrível que pareça, órgãos representativos *oficiais* de psicólogos brasileiros chegaram a veicular isso em documentos), ora da própria criança que tinha "bloqueios" secundários a problemas psíquicos.

Como em várias outras áreas, o progresso das neurociências permitiu que se compreendesse o que acontece com os portadores de transtornos do desenvolvimento. O uso da investigação científica, somente possível com o avanço de técnicas para "observar" melhor o sistema nervoso, permitiu *separar o joio do trigo* e proporcionar a esses indivíduos terapias que fossem baseadas na melhor evidência científica. Ainda hoje, há pais preocupados com o desempenho acadêmico de seus filhos, que ouvem que "uma hora eles terão um *clique*", como se algum botão fosse enigmaticamente apertado (pelo indivíduo ou sabe-se lá por quem) e todos os seus problemas fossem resolvidos num estalo. Com mais de 30 anos de experiência, nunca vi o tal *clique* e nunca conheci alguém que o tivesse presenciado. Simplesmente aguardar o tempo passar para quem tem um transtorno do aprendizado pode trazer consequências muito, muito ruins, como veremos adiante.

Hoje, há inúmeros livros para o público geral[a] nos quais se discute a ausência de embasamento científico de diversas "teorias" empregadas na educação, algumas delas infelizmente ainda encontradas (e incensadas) em nosso meio. Esse tema preocupante também já foi debatido na Academia Brasileira de Ciências[b]. Um triste exemplo do que ocorre quando neurociência e educação não caminham juntas: menos de 30% das escolas brasileiras utilizam o *método fônico* na alfabetização, embora existam centenas de pesquisas científicas demostrando a sua superioridade sobre todos os demais[1]. Todas essas pesquisas foram publicadas em revistas científicas e estão disponíveis.

Neste capítulo abordaremos o *Transtorno do Déficit de Atenção/Hiperatividade* (TDAH) e os *Transtornos Específicos da Aprendizagem*, que correspondem à grande maioria dos casos de transtornos do desenvolvimento. Informações adicionais sobre o desenvolvimento da criança até a adolescência podem ser encontradas no Capítulo 1 deste livro.

---

[a] *Um exemplo é: "When Can You Trust the Experts?: How to Tell Good Science from Bad in Education" de Daniel Willingham*

[b] *http://www.abc.org.br/publicacoes/ba/ NABCII53/index.asp?np=9#np9*

Capítulo 7 — Transtornos do Desenvolvimento que Impactam o Aprendizado

Transtorno do Déficit de Atenção e Hiperatividade/Impulsividade (TDAH)

O TDAH se caracteriza por vários sintomas de desatenção, hiperatividade e impulsividade, em diferentes combinações entre eles (os sintomas são apresentados na **Tabela 7.1**). Alguns indivíduos têm mais sintomas de desatenção, outros mais de hiperatividade/impulsividade e outros ainda tanto sintomas de desatenção quanto de hiperatividade/impulsividade.

No TDAH, os sintomas são excessivos e inadequados para a faixa etária e se associam a diversos problemas nas vidas acadêmica, familiar e social. O quadro clínico que hoje chamamos de TDAH é descrito desde o século 18, embora com nomes diferentes (é comum na medicina que doenças recebam nomes diferentes à medida que novas descobertas vão sendo realizadas).

A primeira descrição em um texto médico foi feita pelo alemão Melchior Adam Weikard (1742-1803), em 1775, na Alemanha. Ele descreveu assim esses indivíduos: "Não dedicam tempo suficiente e não têm paciência para pesquisar um assunto específico ou suas partes com a precisão adequada. Só escutam metade das coisas; memorizam ou relatam metade das coisas ou então o fazem de modo confuso. Quase sempre inquietas, quase sempre considerando inúmeros projetos imprudentes. São muito inconstantes na execução das coisas". Embora seja considerada a primeira descrição médica, certamente não foi a primeira. O grego Hipócrates (460-370 a.C.), considerado o "pai da medicina ocidental", em 493 a.C. menciona indivíduos que têm "respostas rápidas às experiências sensoriais, mas também menor tenacidade (atenção) porque a alma se move rapidamente para a próxima impressão"[2]. Na segunda cena do primeiro ato da peça Henrique VIII, de William Shakespeare (1564-1616), há referência a uma personagem que sofre de "mallady of attention".

Um importante estudo brasileiro de meta-análise compreendendo todos os estudos de prevalência (número total de casos) de TDAH em crianças e adolescentes demonstrou que ele ocorre em cerca de 5% dos casos em diversas regiões do mundo e que esse número não vem aumentando ao longo do tempo, além de não variar de acordo com a região geográfica onde é realizado o estudo[3]. Esse resultado parece ser contrário à impressão (correta) de que o número de diagnósticos aumentou de modo relevante nos últimos anos. Duas considerações importantes devem ser feitas com relação a isso. Em primeiro lugar, quando se passa a conhecer melhor uma doença e a se divulgar mais informações sobre ela, o número de diagnósticos e tratamentos aumenta bastante. Por exemplo, no início da década de 1980, eram provavelmente muito poucas as pessoas que qualquer um de nós conhecia fazendo uso de *estatinas*, medicamentos para baixar o colesterol. Hoje, as estatinas são o grupo de medicamentos mais vendido em todo o mundo. Embora nossos hábitos alimentares e de vida sejam possivelmente piores na atualidade (o que contribuiria para o aumento de pessoas com colesterol alto), o incrível aumento da prescrição de estatinas se deveu a um conhecimento mais difundido dos males que o aumento do colesterol causa no indivíduo.

Em segundo lugar, o estudo brasileiro mencionado aqui investigou a prevalência de TDAH em pesquisas que empregavam critérios muito específicos, objetivos, para o diagnóstico do transtorno. Isso é muito diferente do que ocorre na prática diária dos ambulatórios e consultórios, onde não são empregados critérios mais rigorosos (mencionados adiante). Mesmo em algumas pesquisas, como a do CDC (Center for Disease Control) dos Estados Unidos, que revelou um grande aumento de casos de TDAH, os dados foram obtidos pelo telefone, perguntando-se "se alguma criança já havia sido diagnosticada por um profissional de saúde" naquela residência[4]. Portanto, embora não pareça existir um aumento no número real de casos de TDAH, provavelmente existe um maior número de pessoas sendo diagnosticadas. Como veremos adiante, isso é mais provável de acontecer quando os sintomas do transtorno também ocorrem em outras situações e também em indivíduos normais.

O diagnóstico não é feito na base do *tudo ou nada* – isto é, ou você tem ou você não tem – como ocorre com as infecções (ou você tem ou não tem um determinado vírus ou bactéria no

Ciência para educação: uma ponte entre dois mundos

corpo) e com várias outras doenças. Esses são diagnósticos chamados de *categoria*: ou você está na categoria dos que têm ou dos que não têm a doença. O diagnóstico do TDAH, por outro lado, é feito na base do *quanto o indivíduo tem de determinada característica*, isto é, se ele apresenta algo que é excessivo em relação aos demais. É o mesmo que acontece com os diagnósticos de diabete (excesso de açúcar) e hipertensão arterial (níveis mais altos de pressão), dentre inúmeros outros. Esses são diagnósticos de *dimensão*: todo mundo tem determinado aspecto (açúcar, pressão arterial), mas alguns indivíduos têm um *exagero* ou *excesso*: esses indivíduos recebem um diagnóstico porque estão num ponto extremo da dimensão. Todo mundo tem algum grau de desatenção e/ou inquietude, mas alguns indivíduos (uma minoria) apresentam um excesso ou exagero desses sintomas. Como em diversas áreas da psiquiatria, é necessária *expertise* para diferenciar com razoável margem de segurança a normalidade da patologia. Isso é particularmente importante numa área em que não há biomarcadores (obtidos através de exames) que possam indicar o diagnóstico.

Sintomas de desatenção e hiperatividade/impulsividade ocorrem em inúmeros transtornos diferentes (o TDAH é apenas um deles) e também ocorrem em menor grau em indivíduos normais. Possivelmente devido ao fato de alguns sintomas de TDAH serem observados em indivíduos normais (do mesmo modo que qualquer um de nós apresenta níveis de açúcar no sangue), alguns grupos chegaram a concluir, equivocadamente, que o TDAH era uma "doença inventada". Como veremos adiante, indivíduos que apresentam um excesso de sintomas (ou seja, com diagnóstico de TDAH) têm um funcionamento cerebral diferente, como também um histórico familiar com parentes que apresentam o transtorno.

Déficits atencionais restritos à leitura exigem que se descarte a presença de *transtorno específico da aprendizagem da leitura* ou *dislexia* (veja o Capítulo 5 para mais informações sobre a aprendizagem da leitura e seus transtornos). Disléxicos se distraem facilmente enquanto leem, ou seja, "perdem o fio da meada", de modo muito semelhante aos portadores de TDAH. Entretanto, o disléxico não terá dificuldades de concentração ao assistir a uma aula ou palestra, não será especialmente desatento ao conversar com os demais ou assistindo a um filme: sua desatenção é restrita ao contexto da leitura. No TDAH, a desatenção ocorre em diversos contextos diferentes. Veremos mais detalhes adiante.

Além de ser observada em indivíduos normais, a desatenção também faz parte do quadro clínico dos chamados *transtornos de ansiedade* e *transtornos do humor* (*depressão* e *transtorno do humor bipolar*). Portanto, é esperado que crianças e adolescentes ansiosos ou depressivos relatem algum grau de desatenção. É importante salientar que um relato de desatenção ocorrendo de modo restrito aos períodos de surgimento (ou agravamento) de ansiedade ou depressão sugerem não se tratar de um déficit atencional primário, isto é, não se tratar de TDAH.

O TDAH, quando não tratado, resulta em inúmeros prejuízos não apenas para o indivíduo como também para a sociedade. Um estudo brasileiro demonstrou que a ausência de tratamento possui um custo bastante elevado: quase 2 bilhões de reais por ano são gastos, levando-se em conta apenas as taxas de repetência escolar e o atendimento em serviços de emergência, uma vez que essas crianças são mais propensas a acidentes[5]. Pesquisas em diversos países, incluindo o Brasil, demonstram que crianças com TDAH são propensas a suspensões e reprovações na escola[6]. Uma série de desfechos negativos acaba levando a baixa autoestima, desvantagem socioeconômica em relação a seus pares e baixo rendimento profissional na vida adulta[7,8].

O diagnóstico do TDAH é feito clinicamente, isto é, sem recorrer a exames complementares, como ocorre com todos os demais diagnósticos em psiquiatria (autismo, depressão, esquizofrenia, fobias, etc.). O diagnóstico deve ser feito por profissional com experiência no TDAH, embora

Capítulo 7   Transtornos do Desenvolvimento que Impactam o Aprendizado

ele seja muito suspeitado por educadores numa primeira etapa, em função da grande experiência que possuem com comportamentos infantis. Para o diagnóstico, são muito empregados os critérios do Código Internacional de Doenças (CID-10) ou do Manual Diagnóstico e Estatístico de Transtornos Mentais (DSM-5), produzido pela Associação Americana de Psiquiatria; este último costuma ser o mais utilizado (**Tabela 7.1**).

Para o diagnóstico em crianças e adolescentes, usa-se o ponto de corte de *pelo menos* seis sintomas de desatenção e/ou seis sintomas de hiperatividade-impulsividade do critério A. É importante ressaltar que o critério E exige que o diagnóstico seja feito por um profissional com experiência clínica, uma vez que os sintomas podem ser encontrados em outros transtornos (por exemplo, ansiedade, como vimos) e que eles possam ser mais bem explicados por outro diagnóstico que não o TDAH. Para tornar as coisas ainda mais complicadas, é possível coexistirem um ou mais transtornos com o TDAH, e muitos sintomas podem fazer parte de diversos diagnósticos diferentes. Acredita-se que em cerca de 70% dos casos o TDAH apresenta comorbidade, isto é,

---

Tabela 7.1. Critérios Diagnósticos para o TDAH, conforme DSM-5

A. Um padrão persistente de desatenção e/ou hiperatividade/impulsividade que interfere no funcionamento /ou desenvolvimento, conforme caracterizado por (1) e/ou (2):

1. Desatenção: Seis (ou mais) dos seguintes sintomas persistem por pelo menos seis meses em um grau que é inconsistente com o nível do desenvolvimento e tem impacto negativo diretamente nas atividades sociais e acadêmicas/profissionais:

  a. Com frequência, não presta atenção em detalhes ou comete erros por descuido em tarefas escolares, no trabalho ou durante outras atividades.

  b. Com frequência, tem dificuldade em manter a atenção em tarefas ou atividades lúdicas.

  c. Com frequência, parece não escutar quando alguém lhe dirige a palavra diretamente.

  d. Com frequência, não segue instruções até o fim e não consegue terminar trabalhos escolares, tarefas ou deveres no local de trabalho.

  e. Com frequência, tem dificuldade para organizar tarefas e atividades.

  f. Com frequência, evita, não gosta, ou reluta em se envolver em tarefas que exijam esforço mental prolongado.

  g. Com frequência, perde coisas necessárias para tarefas ou atividades.

  h. Com frequência, é facilmente distraído por estímulos externos.

  i. Com frequência, é esquecido em relação a atividades diárias.

2. Hiperatividade e impulsividade: Seis (ou mais) dos seguintes sintomas persistem por pelo menos seis meses em um grau que é inconsistente com o nível de desenvolvimento e tem impacto negativo diretamente nas atividades sociais e acadêmicas/profissionais:

  a. Com frequência, remexe ou batuca as mãos ou os pés ou se contorce na cadeira.

  b. Com frequência, levanta da cadeira em situações em que se espera que permaneça sentado.

  c. Com frequência, corre ou sobe nas coisas em situações em que isso é inadequado.

  d. Com frequência, é incapaz de brincar ou se envolver em atividade de lazer calmamente.

  e. Com frequência, "não para", agindo como se estivesse "com o motor ligado".

  f. Com frequência, fala demais.

  g. Com frequência, deixa escapar uma resposta antes que uma pergunta tenha sido concluída.

  h. Com frequência, tem dificuldade para esperar a sua vez.

  i. Com frequência, interrompe alguém ou se intromete em alguma conversa entre terceiros.

B. Vários sintomas de desatenção ou hiperatividade/impulsividade estavam presentes antes dos 12 anos de idade.

C. Vários sintomas de desatenção ou hiperatividade/impulsividade estão presentes em dois ou mais ambientes.

D. Há evidências claras de que os sintomas interferem no funcionamento social, acadêmico ou profissional ou de que reduzem a sua qualidade.

E. Os sintomas não ocorrem exclusivamente durante o curso de esquizofrenia ou outro transtorno psicótico e não são mais bem explicados por algum outro transtorno mental.

Ciência para educação: uma ponte entre dois mundos

coexistência com outro transtorno, algo demonstrado por pesquisadores em todo o mundo, inclusive no Brasil[9].

Um aspecto importante diz respeito ao critério C: os sintomas não podem ser observados apenas num contexto, por exemplo, o doméstico. Por isso, é necessário obter informações do professor sobre o comportamento em sala de aula, o que pode ser feito por inventários padronizados como o SNAP-IV, que foi traduzido para o português[10]. Não existe, entretanto, uma concordância completa entre os relatos parentais e de professores; a correlação entre eles é moderada. Nem poderia ser diferente, uma vez que os contextos (situacionais e emocionais) nos quais se observa a criança ou o adolescente são muito diferentes entre si. As recomendações dos principais consensos sobre o TDAH são de coletar informações sobre o ambiente doméstico com os pais e sobre o ambiente escolar com professores. Quando se procura obter informações sobre o comportamento da criança ou do adolescente na escola a partir dos próprios pais (ou seja, indiretamente) existe menor fidedignidade do relato. Também, nem sempre o relato materno é idêntico ao paterno: casais costumam ter *exatamente* a mesma opinião sobre tudo?

As causas do TDAH, à semelhança do que ocorre em muitas doenças em medicina (pense na hipertensão arterial), não são completamente compreendidas. Sabe-se, entretanto, que há um forte componente genético. Existem atualmente na literatura científica inúmeros estudos demonstrando alterações tanto estruturais (em regiões cerebrais) quanto funcionais (de funcionamento destas regiões) em indivíduos com TDAH. Sabe-se, por exemplo, que o processo conhecido como "poda" (*pruning*) que ocorre até o final da adolescência e que modifica a espessura do córtex cerebral (a camada mais externa do cérebro) acontece de modo mais lento no TDAH, levando a um atraso de vários meses no desenvolvimento[11] (ver Capítulo 1).

Dentre as diversas alterações cerebrais no TDAH, uma delas envolve o chamado *sistema cerebral de recompensa*[12]. O sistema de recompensa é extremamente importante do ponto de vista evolutivo, porque todos nós (e os demais animais...) tendemos a repetir comportamentos que resultem em consequências positivas (seja para obter comida ou sobreviver na savana, conviver num grupo social ou ainda ser bem-sucedido na cocção de alimentos, apenas como alguns exemplos). Num indivíduo normal, o núcleo cerebral chamado *corpo estriado ventral* (que é parte integrante do sistema de recompensa) se "ativa" quando conseguimos obter algo importante, de que gostamos ou precisamos, nossa recompensa. Curiosamente, ele também é capaz de "aprender" a *prever* quando essas coisas boas (a recompensa) estão a caminho, ou seja, ele reconhece "pistas" de que estamos indo na direção certa. A ativação do estriado ventral frente a uma "pista" indica que aquele é o comportamento com mais chances de sucesso (encontrar comida ou sobreviver a um animal selvagem na savana, não ser excluído da tribo e conseguir cozinhar de modo correto o alimento). Em indivíduos normais, o estriado ventral se ativa inicialmente quando a recompensa é obtida; com o passar do tempo e o aprendizado, ele se ativa apenas quando ocorre a "pista", já que ela vai sinalizar que a recompensa virá em seguida. No processo de evolução das espécies, isso é muito vantajoso: a ativação do nosso cérebro é que modifica o nosso comportamento, no final das contas. É melhor, portanto, ser "guiado" antes pelas pistas e não por uma recompensa que só vai ocorrer depois de muita tentativa-e-erro.

No TDAH, existe um funcionamento deficitário do sistema cerebral de recompensa. Embora o estriado ventral se ative quando a recompensa é obtida inicialmente, ocorre uma ativação gradativamente menor com o tempo; a ativação passa a ocorrer quando um indivíduo normotípico recebe "pistas" de que está no caminho certo (ou seja, antes do resultado final). No TDAH, o estriado ventral não se ativa com as "pistas" e continua sendo ativado por ocasião da recompensa, no final. Quando o cérebro não envia tais "sinais", fica mais difícil manter a atenção, sobretudo quando se está fazendo algo monótono ou cansativo. A recompensa relacionada com a dedicação pelo estudo, por exemplo, não é imediata, ocorrerá somente no futuro (por vezes, distante): aprender coisas novas, passar de ano, ser elogiado, saber que estamos progredindo e que seremos premiados. Se as pistas me mantêm "ativado", informado que estou no caminho certo, tudo fica mais fácil.

Além das pistas não ativarem o estriado ventral no TDAH, uma ativação excessiva por ocasião das recompensas também não é algo vantajoso. Mexer com o colega do lado e se divertir com o susto dele, intrometer-se e empolgar-se com a conversa atrás de você, são recompensas imediatas que irão "ativá-lo" muito e fazê-lo sair do caminho anterior.

A **Figura 7.1** mostra o que acontece quando se apresenta primeiro uma pista e depois se entrega a recompensa.

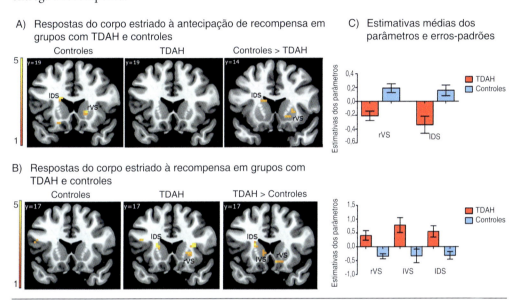

▶ **Figura 7.1**. Sistema de recompensa em controles normais e no TDAH. (lDS = corpo estriado dorsal lateral; rVS = corpo estriado ventral rostral; lVS = corpo estriado ventral lateral). Figura reproduzida de Furukawa e colaboradores (ref. 12), com a devida permissão.

O tratamento do TDAH sempre deve começar pela *educação sobre transtornos*: os pais devem informar-se sobre o transtorno, suas causas, consequências e tratamentos cientificamente provados. Eles devem procurar fontes confiáveis de informação e também podem participar de organizações de pais[c], algo que quase sempre traz grande conforto, além de ser ótima troca de experiências e atualizações. O tratamento é em geral multidisciplinar, envolvendo farmacoterapia, psicoterapia e, quando existem transtornos específicos da aprendizagem, em comorbidade, podem incluir também fonoterapia ou psicopedagogia. É importante ressaltar que todos os membros da equipe devem ter a mesma concepção do transtorno, de modo a trabalhar de modo integrado e coeso.

Os psicoestimulantes constituem a primeira escolha no que diz respeito ao tratamento farmacológico, mas eles não são indicados para crianças em idade pré-escolar, porque não são muito eficazes e se associam a muitos eventos adversos nessa faixa etária. Em geral, os estimulantes são indicados a partir dos 7 anos. Os estimulantes são eficazes em curto e longo prazo, com resultados positivos na esfera acadêmica[13], na diminuição do risco de ocorrência de diversas comorbi-

---

[c] *No Brasil, existe a ABDA – Associação Brasileira do Déficit de Atenção, uma entidade sem fins lucrativos (www.tdah.org.br)*

Ciência para educação: uma ponte entre dois mundos

dades psiquiátricas ao longo do tempo[14] e também na redução do uso de serviços de emergência, por acidentes ou lesões[15]. Algumas abordagens, tais como a modificação do ambiente (exemplos: uso de murais com lembretes e miniagenda, regras explícitas, diminuição dos estímulos aparentes, etc.), não têm a mesma eficácia dos medicamentos, mas costumam ser empregadas porque uma grande parte dos profissionais acredita que trazem benefícios.

O tratamento farmacológico com psicoestimulantes é eficaz em cerca de 70% dos casos, tanto em crianças como em adolescentes. Muitas vezes, os sintomas de desatenção, hiperatividade e impulsividade melhoram de forma dramática, mas outras vezes a melhora é apenas parcial. Mesmo assim, o principal tipo de medicamento utilizado no TDAH, do grupo dos estimulantes, apresenta uma eficácia considerada excelente em toda a medicina (chama-se a isso de "tamanho de efeito"). Como é relativamente comum que os pais tenham receio de iniciar o tratamento com medicamentos, acaba-se optando por outras abordagens que não trazem resultados satisfatórios quando feitos isoladamente.

Os estimulantes estão relacionados na **Tabela 7.2**.

Diversos eventos adversos (efeitos colaterais) podem ser observados com os medicamentos. Há indivíduos que apresentam náusea, desconforto gástrico, diminuição do apetite, gastrite, dores de cabeça e dificuldade de conciliar o sono quando usam estimulantes. Os estimulantes também podem exacerbar tiques motores em indivíduos que já os tinham previamente, embora haja estudos demonstrando melhora desses eventos após o tratamento. A atomoxetina e os antidepressivos podem se associar, em alguns casos, a insônia ou sonolência, palpitações e dificuldades na esfera sexual. A clonidina pode causar sonolência e queda na pressão arterial. Como acontece com qualquer tratamento medicamentoso, apenas alguns indivíduos apresentam eventos adversos; mesmo assim, muitos deles tendem a desaparecer dentro de poucos dias ou semanas.

O tratamento deve ser mantido enquanto os sintomas forem evidentes, o que pode fazer que o medicamento necessite ser tomado posteriormente na vida adulta. Quando os sintomas melhoram muito ou desaparecem, é possível interromper o tratamento e observar se eles ainda ocorrem de modo clinicamente significativo. Um número bastante expressivo de casos tem remissão do TDAH ao final da adolescência.

Alguns estudos relataram pequena diminuição da taxa de crescimento em algumas (não todas) crianças. Uma vez que os estimulantes podem diminuir o apetite, a simples diminuição da alimentação pode fazer com que a velocidade de ganho de altura fique mais lenta. Algumas crianças podem ter um ritmo menor de crescimento logo no início, atingindo a mesma altura de seus pares com o passar do tempo. É importante lembrar que a altura é geneticamente determinada, pelo menos em parte: pais que não são altos tendem a ter filhos que também não serão altos.

Houve suspeita de que os estimulantes usados no tratamento do TDAH se associassem a mortes súbitas (têm esse nome porque são inesperadas e ocorrem em pessoas que não tinham histórico anterior de doenças graves). No entanto, os estudos de prevalência de mortes súbitas na população em geral, conduzidos por órgãos governamentais americanos, canadenses e europeus não mostram que o uso de estimulantes esteja associado a um aumento de sua ocorrência. Também não há evidências científicas de que os estimulantes se associem a problemas cardiovasculares em geral. Por fim, vários estudos mostram que o uso de estimulantes por portadores de TDAH não se associa a dependência ao próprio medicamento e também não se associa a um risco aumentado de dependência a outras drogas (algo comumente perguntado por pais). Os casos de abuso de estimulantes geralmente envolvem: a) pessoas que não têm TDAH e passam a abusar do medicamento do portador, em geral um familiar ou amigo com fins não médicos; b) portadores de TDAH que têm outro problema associado em comorbidade, em geral *transtorno de conduta* (um distúrbio mais grave do comportamento infantojuvenil, no qual são desrespeitadas regras universais, tais como não roubar, mentir, destruir propriedade alheia, ser cruel com animais ou forçar atividade sexual, por exemplos).

Capítulo 7 — Transtornos do Desenvolvimento que Impactam o Aprendizado

Tabela 7.2. Medicamentos recomendados em consensos de especialistas

Nome Químico	Nome Comercial	Dosagem	Duração Aproximada do Efeito
PRIMEIRA ESCOLHA: estimulantes (em ordem alfabética)			
lis-dexanfetamina	**Venvanse**	30, 50 ou 70 mg pela manhã	12 a 13 horas
Metilfenidato (liberação imediata)	**Ritalina**	5 a 20 mg de 2 a 3 vezes ao dia	3 a 5 horas
Metilfenidato (ação prolongada)	**Concerta Ritalina LA**	18, 36 ou 54 mg pela manhã	12 horas
		20, 30 ou 40 mg pela manhã	8 horas
SEGUNDA ESCOLHA: caso o primeiro estimulante não tenha obtido o resultado esperado, deve-se tentar o segundo estimulante			
TERCEIRA ESCOLHA			
Atomoxetina[1]	**Strattera**	10,18,25,40 e 60 mg 1 vez ao dia	24 horas
QUARTA ESCOLHA: antidepressivos (nem todo antidepressivo é utilizado no tratamento do TDAH; os antidepressivos tricíclicos [imipramina e nortriptilina] exigem exame prévio de eletrocardiograma em crianças)			
Imipramina (antidepressivo)	**Tofranil**	2,5 a 5 mg por kg de peso divididos em 2 doses	
Nortriptilina (antidepressivo)	**Pamelor**	1 a 2,5 mg por kg de peso divididos em 2 doses	
Bupropiona (antidepressivo)	**Wellbutrin**	150 mg 2 vezes ao dia (ou Wellbutrin XL 1 vez ao dia)	
QUINTA ESCOLHA: caso o primeiro antidepressivo não tenha obtido o resultado esperado, deve-se tentar o segundo antidepressivo			
SEXTA ESCOLHA: alfa-agonistas			
Clonidina (medicamento anti-hipertensivo)[2]	**Atensina**	0,05 mg ao deitar ou 2 vezes ao dia	12 a 24 horas
OUTROS MEDICAMENTOS (sem aprovação oficial para uso no TDAH)			
Modafinila (medicamento para distúrbio do sono)	**Stavigile**	100 a 200 mg por dia, no café	24 horas

[1] O Strattera ainda não é comercializado no Brasil, mas pode ser importado através de empresas de importação de medicamentos.
[2] A clonidina raramente é usada de modo isolado no tratamento do TDAH. A guanfacina é uma molécula derivada da clonidina e vem sendo utilizada no exterior.

Há vários estudos sugerindo que a prescrição de estimulantes aumentou de modo significativo em muitos países. Por outro lado, existem evidências de que um número significativo de indivíduos com TDAH não esteja recebendo tratamento adequado. Nos Estados Unidos, onde a mídia leiga sugere ser exagerado o tratamento, em quatro comunidades pesquisadas, menos de 13% das crianças com TDAH estavam recebendo tratamento adequado. No Brasil, um estudo com pesquisadores de três universidades (as Federais do Rio de Janeiro e do Rio Grande do Sul, e a Universidade de São Paulo), usando um método conservador de análise, demonstrou que menos de 20% dos indivíduos com TDAH receberam tratamento considerado adequado entre 2009 e 2010[16].

Ciência para educação: uma ponte entre dois mundos

Os tratamentos não farmacológicos incluem a prescrição de dietas sem determinados componentes, o uso de ômega-3 e 6, o *neurofeedback* e o treinamento cognitivo. Um estudo de meta-análise investigando a eficácia dessas terapêuticas demonstrou ser muito pequena, embora existente. Ou seja, elas não poderiam ser consideradas alternativas ao tratamento farmacológico descrito aqui porque sua eficácia é considerada muito inferior[17].

Transtornos Específicos da Aprendizagem

O TDAH isoladamente se associa a mau desempenho acadêmico mesmo quando se leva em conta vários fatores que potencialmente justificariam um rendimento abaixo do esperado, tais como o nível socioeconômico e a escolaridade parental, como demonstraram pesquisadores de todo o mundo, inclusive o Brasil[18].

Tanto os portadores de TDAH quanto os de *transtorno específico da aprendizagem com comprometimento da leitura* (dislexia) referem desatenção durante a leitura. Porém, apenas os disléxicos precisam ler mais de uma vez para *entender* o texto, têm dificuldades para acompanhar legendas de filmes e cometem muitos erros na escrita. Além disso, não conseguem automatizar regras gramaticais (isto é, cometem sempre os mesmos erros ao escrever), e apresentam dificuldades com pontuação e acentuação. Cabe ressaltar que o diagnóstico de comorbidade (coexistência) Dislexia-TDAH não é incomum, tornando esse diagnóstico diferencial frequentemente difícil na prática clínica, como veremos adiante. Obtenha mais informações sobre o aprendizado da leitura no Capítulo 5.

O Transtorno Específico da Aprendizagem é definido como uma dificuldade persistente e inesperada para a idade, e que não pode ser explicada por deficiência intelectual, falta de oportunidades educacionais ou adversidades psicológicas. Devido à enorme conexão entre linguagem e aprendizado, dominar a leitura é essencial para aprender. As dificuldades com a leitura irão progressivamente diminuir o interesse pelos estudos formais ao longo do tempo.

A prevalência de transtornos específicos da aprendizagem em crianças e adolescentes gira em torno de 5% a 15% da população geral; nos adultos, a prevalência é estimada em torno de 4%. Esses transtornos se agregam em famílias: o risco relativo de ocorrência de dislexia é 4 a 8 vezes mais alto em familiares de primeiro grau e o de outro transtorno semelhante, de aprendizagem da matemática (também chamado de *discalculia*) é 5 a 10 vezes mais alto. Estudos com técnicas avançadas de neuroimagem identificaram alterações consistentes em crianças com dislexia: existe uma menor ativação do córtex temporoparietal esquerdo, área onde ocorre o chamado *processamento fonológico*. É interessante notar que a instituição de uma terapêutica precoce e correta (isto é, cientificamente embasada) é capaz de minimizar essa alteração[19]. Não existem tratamentos farmacológicos aprovados e não há terapias alternativas ao tratamento com fonoaudiólogos recomendadas por órgãos oficiais.

A leitura é um processo complexo que envolve, basicamente, dois aspectos: o *reconhecimento* das palavras e a *compreensão* do seu significado (Capítulo 5). Curiosamente, esses dois processos podem se desenvolver de modo independente.

As crianças utilizam as informações fonológicas ("sons") que aprenderam ouvindo dos pais e depois falando elas mesmas para conseguir começar a mapear as associações entre os fonemas, que já dominam, e os grafemas que passam a aprender. Elas começam por identificar visualmente as letras e distingui-las umas das outras. Depois, vão aos poucos a correlacionar os grafemas com os fonemas, elevando muito sua compreensão fonética da linguagem escrita. Essas são as chamadas *habilidades pré-gráficas*; quando suficientemente dominadas pela criança, permitirão a leitura de palavras inteiras e posteriormente frases nas fases seguintes.

A **Figura 7.2** ilustra os processos envolvidos na leitura. O *córtex temporoparietal esquerdo* é o responsável pela análise fonológica dos grafemas, sendo a área inicialmente ativada pelas crianças que estão começando a ler: aqui, nosso cérebro faz a associação entre um grafema (conjunto de letras que ocorre em combinações predeterminadas) e o fonema (som) correspondente. Uma vez que esse circuito está desenvolvido, é possível ler uma palavra inédita, porque se consegue transformar cada um dos "pedaços" (grafema) num som (fonema) correspondente e, depois, "juntar" tudo, do mesmo modo que juntamos as partes de um quebra-cabeça quando identificamos cada uma das peças.

À medida que a criança vai se tornando mais eficiente nos processos iniciais de leitura, ela começa a se utilizar das *experiências visuais* passadas para "identificar" rapidamente as palavras mais frequentes, comuns, que ela já leu em outras ocasiões. Ela consegue fazer isso sem precisar decodificar cada grafema da palavra em seu respectivo fonema como fazia antes, e passa a ler a palavra como um todo (chama-se a isso *identificação ortográfica*). O *córtex occipitotemporal* é o responsável por esse processo e proporciona à criança uma leitura mais veloz do que antes, porque ela lê a palavra por inteiro, como uma coisa só, sem decodificar os "pedaços".

Por fim, o *giro frontal inferior*, que se conecta intensamente com o córtex occipitotemporal, também processa uma análise visual (ortográfica), embora sua função não esteja completamente conhecida.

No caso da dislexia, diversas pesquisas demonstraram que não existe ativação das áreas temporoparietal e occipitotemporal, havendo uma ativação desproporcional do giro frontal. Assim, as palavras lidas não correspondem a um som conhecido e, por conseguinte, não têm um sentido evidente à primeira vista[20].

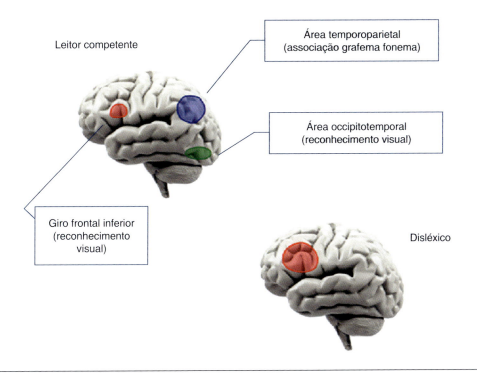

▶ **Figura 7.2.** Ativação das regiões cerebrais na leitura.

A leitura também depende de várias outras habilidades inter-relacionadas, tais como a capacidade linguística mais geral (ou seja, envolvendo a linguagem oral também) e até mesmo habi-

Ciência para educação: uma ponte entre dois mundos

lidades metalinguísticas[d]. Para que a leitura seja finalmente proficiente, será necessário também ter domínio sobre a sintaxe, a semântica e a pragmática (o *uso* da linguagem).

Para o diagnóstico de *transtorno específico da aprendizagem* o sistema DSM-5 utiliza o que chamamos de critério de RTI (*Response To Intervention* – Resposta à Intervenção): é necessário primeiro submeter o aluno a uma terapêutica cientificamente embasada, e somente fazer o diagnóstico final se as dificuldades persistirem após um período mínimo de seis meses. Esse critério diminui as chances de um diagnóstico falso-positivo por conta de efeitos ambientais adversos, que são algumas vezes difíceis de serem ponderados no entendimento do quadro.

Os transtornos específicos da aprendizagem podem ser divididos em três grandes grupos, que podem se apresentar isoladamente ou em diferentes combinações entre si:

a) **Com prejuízo da leitura**: quando estão comprometidas a velocidade, a precisão e a compreensão de material lido (linguagem escrita).

Existe uma clara discrepância entre a capacidade de entender e memorizar algo que é lido para o indivíduo (pelos pais ou pelos professores) e o que ele lê sozinho. Aqui também é utilizado o termo clássico *dislexia*. Em geral, quando a leitura está comprometida, também se observa dificuldades com a escrita, embora isso não seja obrigatório.

b) **Com prejuízo da expressão escrita**: quando há comprometimento da ortografia, gramática, pontuação, clareza e coesão de material escrito (redação).

Nesses casos, a leitura encontra-se bem menos deficitária ou até mesmo normal, com grande discrepância entre a capacidade de ler e entender um texto e responder por escrito perguntas relacionadas com o mesmo.

c) **Com prejuízo na matemática**: quando há comprometimento do senso numérico, do raciocínio matemático, da precisão de cálculos e na memorização de fatos numéricos.

Aqui também é utilizado o termo clássico *discalculia*. Cabe ressaltar que não são apenas observadas dificuldades com procedimentos matemáticos (por exemplo, contas), mas também dificuldades para se estimar magnitudes (exemplos comuns: Qual dos dois conjuntos apresenta maior número de bolas? Coloque o número 60 nessa linha representando uma régua que vai do 0 ao 100). Do mesmo modo que ocorre na dislexia, em que frases mais longas e complexas ou com inferências são mais difíceis para o indivíduo, na discalculia contas de somar e subtrair serão mais fáceis que as de multiplicação, divisão ou que simplesmente tenham mais dígitos. Mais informações sobre o aprendizado da matemática podem ser encontradas no Capítulo 6.

Dificuldades acadêmicas atribuíveis à deficiência intelectual (*transtorno do desenvolvimento intelectual*, também chamado *retardo mental*) envolvem diversos domínios cognitivos e não apenas habilidades "específicas" (leitura, cálculo). Por isso, indivíduos que apresentam inteligência abaixo dos limites de variação da normalidade (o quociente de inteligência, QI) não recebem o diagnóstico de transtorno específico da aprendizagem (como também em geral não recebem clinicamente o diagnóstico de TDAH, porque a desatenção pode ser mais bem explicada pela dificuldade de compreensão do material que é apresentado – não se mantém atenção por longo tempo em algo que não se compreende – a causa não é um déficit primário de atenção).

Cabe ressaltar que os transtornos específicos da aprendizagem podem ter manifestações comportamentais, em especial a relutância progressiva em envolver-se com atividades acadêmicas e o distanciamento de atividades de leitura, mesmo quando não relacionadas com tarefas escolares. Com alguma frequência, pais relatam que os filhos têm mau desempenho acadêmico porque não estudaram com a dedicação necessária. Embora isso seja verdade num bom número de casos, existe também a possibilidade oposta. Uma criança ou adolescente com transtorno específico da aprendizagem perceberá com o tempo que por mais que se dedique e se esforce, não

---

[d] *Diversas formas de linguagem verbal (como figuras de linguagem) e não verbal (como a prosódia), utilizadas para expressar o sentido de algo.*

conseguirá ter o desempenho correspondente ao esperado. Assim, cada vez menos se dedicará ao estudo, porque concluirá que "não adianta, mesmo".

O transtorno específico da aprendizagem pode permanecer por toda a vida, mas o seu curso e o impacto no cotidiano do indivíduo vão depender não só de sua gravidade, como também das exigências ambientais, existência de apoio e intervenção terapêutica adequada e, por fim, da presença de comorbidade com outros transtornos (o que agrava o prognóstico).

Muitos indivíduos com transtorno específico da aprendizagem não diagnosticado acabam abandonando os estudos ou então completando apenas os níveis mais elementares para iniciar alguma atividade profissional que não dependa de educação superior. Esses transtornos podem comprometer sobremaneira a autoestima de crianças e adolescentes, além de serem causa muito frequente de *bullying*.

Sintomas precoces já podem ser observados em idade pré-escolar, como dificuldade para nomear logotipos (o "M" da rede de lanchonetes McDonald's, por exemplo), brincar com jogos de rimas, reconhecer letras e números, aprender sequências (como os dias da semana ou os meses do ano) e aprender a contar. Diversos problemas com o aprendizado e uso da linguagem – mesmo antes do ingresso na vida acadêmica – já foram demonstrados por pesquisadores em diferentes culturas, com diferentes sistemas alfabéticos[21].

Durante a alfabetização, crianças com dislexia terão muitas dificuldades, quando comparadas a seus pares na mesma classe, sendo esse um aspecto importante no seu histórico. Em casos mais leves, elas podem ter desempenho próximo do esperado, mas irão apresentar dificuldades progressivas nos períodos escolares subsequentes, à medida que os textos se tornam mais longos e complexos e exijam compreensão de conteúdo implícito (inferências). Com o passar dos anos, os alunos têm mais conteúdo para estudar e com prazos a serem cumpridos.

Crianças pequenas com transtornos específicos da aprendizagem terão dificuldades para associar letras a sons (associação grafema-fonema), usar combinações de letras ou de sílabas, reconhecer palavras que rimam (gato e rato; bola e cola). Aos 7 anos, por exemplo, uma criança normal já é capaz de dizer qual palavra é formada quando se apresentam a ela as letras A – V – O. Crianças com transtorno específico da aprendizagem terão dificuldades para "brincar" com partes das palavras: na palavra "barata", se tirarmos o som do meio, como ela fica?

Nos anos posteriores, as dificuldades aparecerão de modo expressivo na compreensão de leitura: é comum que crianças com transtorno específico da aprendizagem errem porque não entenderam corretamente o enunciado das questões, mesmo quando estudaram e sabem o conteúdo exigido. As palavras irregulares ou **menos frequentes** na língua serão aquelas para as quais terão mais dificuldades, obviamente. A leitura será lenta e trabalhosa, havendo releitura de frases e parágrafos com enorme frequência. Como esses indivíduos não "incorporam" (automatizam) as regras da língua, cometem os mesmos erros ortográficos e gramaticais, mesmo quando repetidamente corrigidos, o que não acontece com indivíduos normais[22].

O diagnóstico diferencial entre TDAH e os transtornos da aprendizagem pode ser difícil e exigir uma avaliação mais cuidadosa, que dificilmente consegue ser realizada numa consulta clínica comum. Isso se deve à semelhança entre sintomas de ambos os diagnósticos: "não prestar atenção no que lê", por exemplo, tanto pode ser secundário a uma desatenção primária do TDAH quanto a uma dificuldade de processamento da leitura no transtorno específico da aprendizagem. Para dificultar ainda mais essa distinção (que irá definir quais serão as estratégias terapêuticas necessárias), as taxas de comorbidade (coexistência) entre TDAH e o transtorno específico de aprendizagem variam entre 31% e 45%, muito mais do que o esperado matematicamente pelo acaso[23].

Vale lembrar que a leitura, em geral, exige níveis satisfatórios de atenção, algo que sabemos ser deficiente no TDAH. Por outro lado, é fácil entender porque uma criança disléxica não presta

Ciência para educação: uma ponte entre dois mundos

atenção durante a leitura: dificilmente alguém se manteria concentrado (tendo ou não dislexia) em algo que não consegue compreender e que exige um esforço pessoal significativo. Mais ainda, um dos sintomas comuns da dislexia, a releitura (ir e voltar para ler uma mesma frase ou parágrafo), torna o processo de leitura algo muito cansativo.

No TDAH, além do déficit atencional, existem outras dificuldades com grande frequência – o comprometimento das chamadas *funções executivas* – que também podem afetar a leitura. Uma das funções executivas é a memória operacional, um subtipo de memória que consiste em armazenar temporariamente informações (uma espécie de memória RAM do computador: os dados estão ali, na tela, mas não estão armazenados no disco rígido, o HD). A memória operacional permite manter em mente determinadas informações enquanto se faz algo (as instruções de como proceder para consertar uma coisa ou para chegar a um certo lugar, por exemplo), ou quando se prepara para fazer algo em seguida. Ela não é resistente como a memória propriamente dita, nem deveria ser. É impensável ter que "registrar" tudo o que acontece conosco no cotidiano: só subsiste duradouramente na memória (no nosso HD) o que realmente tem importância. A memória operacional serve para nos "guiarmos" no dia a dia, fazendo uma espécie de "ponte" entre o ambiente à nossa volta e todas as informações que guardamos na memória. A memória operacional é extremamente importante na leitura, porque mantém o registro daquilo que acabamos de ler no início da frase ou mesmo na frase anterior, de modo que consigamos extrair sentido do texto, isto é, seguir o "fluxo da leitura". Ela também é importante porque antecipa o enredo daquilo que lemos. Outras funções executivas importantes são a capacidade de organizar, planejar e solucionar problemas; elas são necessárias quando nos deparamos com um trecho do texto onde há palavras desconhecidas ou partes que não são muito evidentes ou coerentes à primeira vista.

Apenas um exame mais detalhado (como o exame neuropsicológico incluindo exame de linguagem) permitirá investigar todos esses processos e diagnosticar corretamente a presença de TDAH, de transtorno específico da aprendizagem ou de ambos. Cabe ressaltar que diversos exames complementares podem ser solicitados para investigar *aspectos específicos* em *casos muito particulares*, mas não servem para fins diagnósticos; esse é o caso do exame de Processamento Auditivo, Potencial Evocado, Eletroencefalograma e Ressonância Magnética.

Referências Bibliográficas

1. Academia Brasileira de Ciências (2011) *Aprendizagem Infantil: Uma abordagem da neurociência, economia e psicologia cognitiva.*
2. Martinez-Badía J, Martinez-Raga J (2015) Who says this is a modern disorder? The early history of attention deficit hyperactivity disorder. *World Journal of Psychiatry* 5: 379–386
3. Polanczyk G, de Lima MS, Horta BL, Biederman J, Rohde LA (2007) The worldwide prevalence of ADHD: a systematic review and metaregression analysis. *American Journal of Psychiatry* 164:942-8.
4. Visser S, Danielson M, Bitsko R, et al. (2014) Trends in the Parent-Report of Health Care Provider-Diagnosis and Medication Treatment for ADHD disorder: United States, 2003–2011. *Journal of the American Academy of Child and Adolescent Psychiatry* 53:34–46.e2
5. Maia CR, Stella SF, Mattos P, Polanczyk GV, Polanczyk CA, Rohde LA (2015) The Brazilian policy of withholding treatment for ADHD is probably increasing health and social costs. *Revista Brasileira de Psiquiatria* 37:67-70.
6. Kessler RC, Adler LA, Berglund P, Green JG, McLaughlin KA, Fayyad J, et al (2014) The effects of temporally secondary co-morbid mental disorders on the associations of DSM-IV ADHD with adverse outcomes in the US National Comorbidity Survey Replication Adolescent Supplement (NCS-A). *Psychological Medicine* 44:1779-92.
7. Russell AE, Ford T, Williams R, Russell G (2016) The association between socioeconomic disadvantage and Attention Deficit/Hyperactivity Disorder (ADHD): A systematic review. *Child Psychiatry and Human Development* 47:440-58
8. Mazzone L, Postorino V, Reale L, Guarnera M, Mannino V, Armando M, et al (2013) Self- esteem evaluation in children and adolescents suffering from ADHD. *Clinical Practice and Epidemiology in Mental Health* 9:96-102.
9. Souza I, Pinheiro MA, Denardin D, Mattos P, Rohde LA (2004) Attention-Deficit/Hyperactivity Disorder and comorbidity in Brazil. Comparisons between two referred samples. *European Child and Adolescent Psychiatry* 13:243–248.

10. Mattos P, Serra Pinheiro MA, Rohde L, Pinto D (2006) Apresentação de uma versão em português para uso no Brasil do instrumento MTA-SNAP-IV de avaliação de sintomas de transtorno do déficit de atenção/hiperatividade e sintomas de transtorno desafiador e de oposição. *Revista de Psiquiatria do Rio Grande do Sul* 28:162-168.
11. Shaw P, Malek M, Watson B, Greenstein D, Rossi O, Sharp W (2013) Trajectories of cerebral cortical development in childhood and adolescence and adult Attention-Deficit/Hyperactivity Disorder. *Biological Psychiatry* 74:599–606.
12. Furukawa E, Bado P, Tripp G, Mattos P, Wickens J, Bramati I et al (2014) Abnormal Striatal BOLD Responses to Reward Anticipation and Reward Delivery in ADHD. *PLOS One* e89129
13. Langberg JM, Becker SP (2012) Does long-term medication use improve the academic outcomes of youth with attention-deficit/hyperactivity disorder? *Clinical Child and Family Psychology Review* 15:215-233.
14. Biederman J, Monuteaux MC, Spencer T, Wilens TE, Faraone SV (2009) Do stimulants protect against psychiatric disorders in youth with ADHD? A 10-year follow-up study. *Pediatrics* 124:71-78.
15. Dalsgaard S, Leckman JF, Mortensen PB, Nielsen HS, Simonsen M (2015) Effect of drugs on the risk of injuries in children with attention deficit hyperactivity disorder: a prospective cohort study. *Lancet Psychiatry* 2:702-709.
16. Mattos P, Rohde LA, Polanczyk GV (2012) ADHD is undertreated in Brazil. *Revista Brasileira de Psiquiatria* 34:513-516.
17. Sonuga-Barke E, Brandeis D, Cortese S, Daley D, Ferrin M, Holtman M et al (2013) Nonpharmacological Interventions for ADHD: Systematic review and meta-Analyses of randomized controlled trials of dietary and psychological treatments. *American Journal of Psychiatry* 170:275-289
18. Pastura G, Mattos P, Pruffer A (2009) Academic performance in ADHD when controlled for comorbid learning disorders, family income, and parental education in Brazil. *Journal of Attention Disorders* 12:469-473.
19. Gabrieli J (2009) Dyslexia: A new synergy between education and cognitive neuroscience. *Science* 325: 280-283.
20. Glezer L, Eden G, Jiang X, Luetje M, Napoliello E, Kim J, Riesenhuber M (2016) Uncovering phonological and orthographic selectivity across the reading network using fMRI-RA. *NeuroImage* 138: 248–256
21. Carroll JM, Mundy IR, Cunningham AJ (2014) The roles of family history of dyslexia, language, speech production and phonological processing in predicting literacy progress. *Developmental Science* 17: 727–742.
22. Haase VG, Santos FH (2014) Transtornos específicos de aprendizagem: dislexia e discalculia. Capítulo 10, pp 137-153, in *Neuropsicologia – Teoria e Prática*, 2ª edição. Artmed, Porto Alegre.
23. Stubenrauch C, Freund J, Alecu de Flers S, Scharke W, Braun M, Jacobs AM, Konrad K (2014) Nonword reading and stroop interference: what dierentiates attention-deficit/ hyperactivity disorder and reading disability? Journal of Clinical and Experimental Neuropsychology 36: 244–260.

Capítulo 8

Desenvolvimento Socioemocional

Do Direito à Educação à Prática na Escola[a]

Ricardo Paes de Barros[1,2], Diana Coutinho[2] e Marina de Cuffa[1]

Palavras-chave: direito à educação, educação para o século 21, competências socioemocionais, competências não cognitivas, currículo

Resumo

Sem sombra de dúvidas, o desenvolvimento das competências socioemocionais ocupa hoje papel central, se ainda não na prática educacional, ao menos nos planos e debates sobre política educacional. Essa centralidade é fortalecida pela íntima relação entre a educação socioemocional (entendida como práticas voltadas ao desenvolvimento das competências socioemocionais) e o que hoje se denomina "educação integral". Segundo a quase totalidade dos proponentes da educação integral[b], a dimensão socioemocional é um de seus componentes constitutivos. A ar-

---

[a] *Este material é uma atualização do texto: Barros RP, Coutinho D, Cuffa M (2015). Desenvolvimento socioemocional: do direito à educação à prática na escola. Em: Cognição Social: Desenvolvimento, Avaliação e Intervenção (Dias NM, Mecca TP, Org.). 1ª ed. São Paulo: Memnon Edições Científicas.*

[b] *"A educação integral inclui e vai além dos conhecimentos já reconhecidos e avaliados pelos sistemas educativos, como os relacionados com o letramento, o numeramento e os diversos conteúdos disciplinares. Considera os jovens em sua inteireza e diversidade, situando-os no centro do processo educativo, desenvolvendo com intencionalidade e evidência um conjunto de competências fundamentais para viver no século 21. Essas competências combinam aspectos cognitivos e socioemocionais, que, em geral, não fazem parte da atuação intencional das escolas, mas não podem ser desconsiderados, já que fortalecem enormemente a aprendizagem escolar e fazem diferença nas realizações presentes e futuras dos estudantes, em um mundo cada vez mais complexo e dinâmico." (ref. 1, p. 13).*

Afiliações:
[1]INSPER, São Paulo;
[2]Instituto Ayrton Senna, São Paulo

Ciência para educação: uma ponte entre dois mundos

gumentação de que educação socioemocional é componente essencial da educação decerto não é novidade. Conforme amplamente citado, Aristóteles teria dito que *"educar a mente sem educar o coração, simplesmente, não é educação"*[c].

Nosso objetivo neste capítulo é mapear a evolução da inserção do tema socioemocional na legislação nacional e internacional sobre educação, contrastando-a com a sua presença nos planos para a garantia do direito à educação e em seus sistemas de monitoramento. Procuramos também contrastar a forma como o socioemocional aparece na legislação com: (i) a forma como é percebido nas escolas pelos educadores e ii) a capacidade que a escola efetivamente tem de promover o desenvolvimento socioemocional de seus alunos.

Educação socioemocional como parte do direito à Educação em acordos internacionais

Embora por vezes alguns possam tratar a educação socioemocional como elemento novo no debate mundial sobre educação, esta é certamente uma visão equivocada. Poucas vezes, a dimensão socioemocional deixa de ser explicitamente considerada nas conferências e acordos internacionais. O exemplo máximo é sua presença explícita na própria *Declaração Universal dos Direito Humanos*, promulgada em 10 de dezembro de 1948, em Paris, pela Organização das Nações Unidas[2].

Inobstante o fato de que o significado exato de uma educação voltada para o ***pleno desenvolvimento da personalidade humana*** nunca tenha sido ou ficado plenamente explicitado e operacionalizado (levando a um continuado debate), é evidente na declaração o papel central da educação socioemocional. Em particular, é explícita a referência do papel da educação no desenvolvimento das competências sociais em prol da compreensão e apreciação da diversidade entre as nações e grupos.

O direito à educação, como a maioria dos direitos humanos nas décadas que se seguiram à Declaração Universal, foi reafirmado e progressivamente detalhado numa série de convenções e acordos internacionais (vide **Apêndice 1**). A base internacional para o direito à educação é o *Pacto Internacional dos Direitos Econômicos, Sociais e Culturais*[3], adotado pelas Nações Unidas em 1966 e ratificado pelo Brasil em 1992. A despeito das quase duas décadas desde a *Declaração Universal dos Direitos Humanos*, esse documento pouco avança em termos de oferecer maior explicitação do significado de educação.

O tímido avanço no que toca à dimensão socioemocional se restringe a menções a "dignidade" e "participação efetiva na sociedade", acrescidas aos objetivos da educação. Em 1989, mais de duas décadas após o *Pacto Internacional dos Direitos Econômicos, Sociais e Culturais*, a Assembleia-Geral nas Nações Unidas adotou a *Convenção sobre os Direitos da Criança*[4], logo ratificada pelo Brasil. Seu artigo 29, que trata do direito à educação, novamente acrescenta pouco em relação ao texto original da *Declaração Universal dos Direitos Humanos*.

Novamente, temos a referência ao desenvolvimento da personalidade, sem maior especificidade, e a explícita reafirmação da preparação da criança para *"assumir uma vida responsável numa sociedade livre"* como objetivos da educação. Os avanços são mais visíveis na importância dada aos aspectos das competências sociais: (i) respeito e (ii) compreensão e tolerância. O espectro do respeito é ampliado consideravelmente, deixando de cobrir apenas o respeito aos direitos humanos e às liberdades fundamentais (presente nas declarações anteriores) e passando a incluir o respeito aos pais, à cultura e aos valores nacionais, a outras civilizações, e ao meio ambiente. O papel da educação na promoção da compreensão e tolerância também é expandido pela inclusão

---

[c] *Note-se, contudo, que nenhuma referência explícita a essa afirmação pode ser encontrada nas obras de Aristóteles.*

Capítulo 8 Desenvolvimento Socioemocional – Do Direito à Educação à Prática na Escola

das questões de igualdade entre sexos e do desenvolvimento de um espírito de amizade entre povos, grupos nacionais e com as populações indígenas[4].

Quase simultaneamente com a *Convenção sobre os Direitos da Criança*, ocorreu em Jomtien, na Tailândia, uma conferência mundial sobre educação. Dessa conferência, resultou a tão celebrada *Declaração Mundial sobre Educação para Todos*[5], lançada em 1990. Embora o foco da declaração seja a garantia de acesso e a equidade em educação, avanços foram feitos quanto ao conteúdo da educação. Pela primeira vez, o foco do direito à educação recai com clareza sobre o aprendizado (resultado) em vez do acesso ou mesmo da qualidade dos insumos (escolas, professores, etc.). Essa nova visão é evidente no próprio título do primeiro e quarto artigos da declaração: "Satisfazer as necessidades básicas de aprendizagem" e "Concentrar a atenção na aprendizagem"[d], respectivamente. Ao especificar o que seriam as necessidades básicas, a declaração aponta para o desenvolvimento de valores, atitudes e competências para a vida e, portanto, na direção da necessidade de uma educação socioemocional, ainda que sem nominá-la.

Em 2000, exatamente uma década após a *Declaração Mundial de Educação para Todos*, de Jomtien, foi realizado em Dakar um fórum mundial de educação, que revisitou a *Declaração de Jomtien* e aprovou o que passou a ser conhecido como o *Compromisso de Dakar*[6]. Esse Compromisso – além de reafirmar a *Declaração de Jomtien* e enfatizar o direito à aprendizagem em contraposição ao simples acesso a uma escola com insumos de qualidade – também avança na questão do conteúdo da educação. Afinal, o direito à educação é o direito ao aprendizado do quê?

O *Compromisso de Dakar* afirma em seu terceiro artigo que o direito à aprendizagem inclui o direito a "aprender a aprender, a fazer, a conviver e a ser", numa clara referência aos quatro pilares propostos pelo (que ficou conhecido como) *Relatório Delors*, da Unesco[7]. Embora o Compromisso não especifique claramente, "aprender a conviver" e "aprender a ser" referem-se ao desenvolvimento das competências sociais e emocionais, respectivamente. No item VI do sétimo artigo, o Compromisso fala da necessidade de assegurar o desenvolvimento das "competências essenciais à vida", das quais, como é de amplo reconhecimento, as competências socioemocionais são parte constitutiva. A despeito da importância dada ao aprendizado e, em menor escala, ao desenvolvimento das "competências essenciais à vida", quando da construção do sistema de indicadores para monitoramento do Compromisso, a dimensão socioemocional desaparece e as preocupações continuam exclusivamente voltadas à garantia do acesso à educação e da qualidade dos insumos.

Recentemente, em celebração aos 25 anos da *Declaração de Jomtien*, realizou-se em Incheon, na Coreia do Sul, novo fórum mundial sobre educação. Como resultado, foi adotada uma nova declaração, denominada *Declaração de Incheon*[8], que reafirma os compromissos assumidos em Jomtien e Dakar e estabelece objetivos e metas para 2030. A *Declaração de Incheon* é ainda mais enfática sobre o direito ao aprendizado em contraposição ao simples acesso a serviços oferecidos gratuitamente e com insumos de qualidade. E, além disso, essa Declaração é bem mais clara sobre qual é o aprendizado a que todos têm direito.

Trata-se possivelmente da primeira vez em que pudemos ver, nos acordos internacionais, a inclusão explícita das competências sociais e interpessoais como parte constitutiva do direto ao aprendizado e, portanto, do direito à educação. Adicional confirmação da importância dada ao desenvolvimento das competências socioemocionais pode ser encontrada no artigo 22, que trata do foco na qualidade e no aprendizado. Esse artigo enfatiza que melhorias no acesso à educação devem ser acompanhadas por melhorias na qualidade da educação e que melhorias na qualidade da educação, para serem relevantes, precisam necessariamente levar a nítidos e mensuráveis avanços no aprendizado[8].

---

[d] *O artigo 4, dentre outras afirmações, estabelece que: "Em consequência, a educação básica deve estar centrada na aquisição e nos resultados efetivos da aprendizagem, e não mais exclusivamente na matrícula, frequência aos programas estabelecidos e preenchimento dos requisitos para a obtenção do diploma" (ref. 5, p. 4).*

Infelizmente, tal como no caso do *Compromisso de Dakar*, ao passar da declaração dos direitos aos indicadores para seu monitoramento, toda a referência ao desenvolvimento das competências socioemocionais é perdido. O sistema de monitoramento proposto pela *Declaração de Incheon* constitui-se no *4º Objetivo de Desenvolvimento Sustentável – ODS4: Educação de Qualidade*, entendida como "assegurar a educação inclusiva, equitativa e de qualidade, e promover oportunidades de aprendizagem ao longo da vida para todos". Embora em sua definição o ODS4 faça referência à promoção de oportunidades de aprendizado, nenhum dos dez indicadores escolhidos para monitorá-lo trata do aprendizado socioemocional de forma explícita. Ainda que o monitoramento do aprendizado apareça de forma explícita em ao menos quatro das dez metas propostas (1ª, 4ª, 6ª e 7ª), nestas, o conteúdo do aprendizado é qualificado para que seja "relevante e eficaz" (1ª meta), deve ter "relevância para o trabalho" (4ª meta), é identificado como "alfabetização e conhecimento básico de matemática" (6ª meta), e deve "promover desenvolvimento sustentável, direitos humanos, igualdade de gênero, promoção de uma cultura de paz e não violência, cidadania global e valorização da diversidade cultural" (7ª meta). Em outras palavras, nenhuma das metas trata explicitamente do desenvolvimento das competências mencionadas na *Declaração de Incheon* como não cognitivas, sociais ou interpessoais. Apesar disso, em salvaguarda do ODS4, pode-se dizer que o aprendizado socioemocional encontra-se implicitamente considerado na 1ª meta: "*4.1: Até 2030, garantir que todas as meninas e meninos completem o ensino primário e secundário livre, equitativo e de qualidade, que conduza a **resultados de aprendizagem relevantes** e eficazes*".

Educação socioemocional como parte do direito à Educação no cenário institucional brasileiro

A legislação brasileira referente ao direito à educação é avançada. O direito à educação é constitucional, tendo o Brasil ratificado tanto o *Pacto Internacional dos Direitos Econômicos*[3] como a *Convenção sobre os Direitos da Criança*[4]. A Constituição Federal[9] trata da educação em dez artigos da Seção I de seu Capítulo III. O Artigo 205 é o que trata dos objetivos da educação. Este afirma que a educação deve visar ao "**pleno desenvolvimento da pessoa**, seu preparo para o exercício da cidadania e sua qualificação para o trabalho".

A *Lei de Diretrizes e Bases da Educação Nacional – LDB*[10], promulgada em 1996, como o nome indica estabelece a legislação educacional básica no País. A LDB, além de reafirmar em seu 2º Artigo os objetivos da educação estabelecidos na Constituição, apresenta em artigos subsequentes uma série de especificações adicionais, na direção de incluir o aprendizado socioemocional entre os objetivos da educação. No Artigo 27, afirma que a educação básica tem por finalidade "*a difusão de valores fundamentais ao interesse social, aos direitos e deveres dos cidadãos, de respeito ao bem comum e à ordem democrática*". O Artigo 32 inclui entre os objetivos da educação fundamental a "*formação de atitudes e valores; e o fortalecimento dos vínculos de família, dos laços de solidariedade humana e de tolerância recíproca em que se assenta a vida social*", numa clara referência à necessidade do desenvolvimento das competências interpessoais. Por fim, no Artigo 35, que trata dos objetivos do Ensino Médio, são incluídos "*o aprimoramento do educando como pessoa humana, incluindo a formação ética e o desenvolvimento da autonomia intelectual e do pensamento crítico*". A referência ao aprimoramento do educando como pessoa humana é evidente quanto à importância do desenvolvimento das competências intrapessoais. Em suma, embora não exista na LDB referência nominal ao desenvolvimento das competências socioemocionais, transparece dos objetivos estabelecidos para a educação que esta deve ir além da aquisição de conhecimentos e necessariamente incluir o aprendizado de valores e atitudes, o desenvolvimento da metacognição, de competências ligadas à convivência e ao aprimoramento como pessoa humana.

Capítulo 8   Desenvolvimento Socioemocional – Do Direito à Educação à Prática na Escola

A especificação dos objetivos da educação pela legislação brasileira torna-se ainda mais explícita nos *Parâmetros Curriculares Nacionais – PCNs*[11]. Com respeito à educação fundamental, os PCNs estabelecem dez objetivos (ver **Quadro 8.1**).

Os PCNs foram produzidos nos últimos anos do último milênio, entre 1997 e 2000, logo após a divulgação do Relatório para a Unesco da Comissão Internacional sobre Educação para o século XXI, conhecido como Relatório Delors[7]. O conceito de educação nos PCNs foi crescentemente influenciado pela proposta desenvolvida no referido Relatório, a ponto do último PCN adotá-lo oficialmente como base para as diretrizes curriculares brasileiras. Conforme estabelecem os Parâmetros Curriculares Nacionais para o Ensino Médio: "Incorporam-se como diretrizes gerais e orientadoras da proposta curricular as quatro premissas apontadas pela Unesco (pelo Relatório Delors) como eixos estruturais da educação na sociedade contemporânea: (i) aprender a conhecer, (ii) aprender a fazer, (iii) aprender a (con)viver e (iv) aprender a ser". Vale, portanto, aprofun-

Quadro 8.1. Objetivos da educação segundo os Parâmetros Curriculares Nacionais

1	Compreender a cidadania como participação social e política, assim como exercício de direitos e deveres políticos, civis e sociais, adotando, no dia a dia, atitudes de **solidariedade**, **cooperação** e repúdio às injustiças, **respeitando o outro** e **exigindo para si o mesmo respeito**
2	Posicionar-se de maneira **crítica**, **responsável** e construtiva nas diferentes situação sociais, utilizando o **diálogo** como forma de **mediar conflitos** e de **tomar decisões**
3	Conhecer características fundamentais do Brasil nas dimensões sociais, materiais e culturais como meio para construir progressivamente a noção de **identidade nacional e pessoal** e o sentimento de pertinência ao País
4	Conhecer e valorizar a pluralidade do patrimônio sociocultural brasileiro, bem como aspectos socioculturais de outros povos e nações, posicionando-se **contra qualquer discriminação** baseada em diferenças culturais, de classe social, de crenças, de sexo, de etnia ou outras características individuais e sociais
5	Perceber-se integrante, dependente e agente transformador do ambiente, identificando seus elementos e as interações entre eles, contribuindo ativamente para a melhoria do meio ambiente
6	Desenvolver o **conhecimento ajustado de si mesmo** e o **sentimento de confiança** em suas capacidades afetiva, física, cognitiva, ética, estética, de **interrelação pessoal e de inserção social**, para agir como perseverança na busca de conhecimento e no exercício da cidadania
7	Conhecer e cuidar do próprio corpo, valorizando e adotando hábitos saudáveis como um dos aspectos básicos da qualidade de vida e agindo com responsabilidade em relação à sua saúde e à saúde coletiva
8	Utilizar as diferentes linguagens – verbal, matemática, gráfica, plástica e corporal – como meio para produzir, **expressar e comunicar suas ideias**, interpretar e usufruir das produções culturais, em contextos públicos e privados, atendendo a diferentes intenções e situações de comunicação
9	Saber utilizar diferentes fontes de informação e recursos tecnológicos para adquirir e contruir conhecimentos
10	**Questionar a realidade formulando-se problemas e tratando de resolvê-los**, utilizando para isso o **pensamento lógico**, a **criatividade**, a intuição, a capacidade de **análise crítica**, selecionando procedimentos e verificando sua adequação

Ciência para educação: uma ponte entre dois mundos

darmos o conteúdo desses quatro eixos e a sua relação com o desenvolvimento das competências socioemocionais. Informações adicionais podem ser encontradas no Capítulo 1.

Aprender a conhecer. Embora também vise à aquisição de um amplo repertório de saberes pré-codificados (cultura geral), aprender a conhecer trata fundamentalmente do desenvolvimento do aprender a questionar e investigar, do aprender a resolver e achar soluções, do aprender a aprender e, então, da busca e aquisição da autonomia intelectual. Essa autonomia requer o desenvolvimento da atenção e da memória, em particular da memória associativa, e também o domínio do raciocínio concreto e abstrato e dos diversos métodos cognitivos (dedutivo e indutivo, por exemplo). Aprender a conhecer envolve a "necessidade de uma cultura geral vasta e da possibilidade de trabalhar em profundidade determinado número de assuntos"[7]. Pela cultura geral, estimula-se a abertura, a capacidade de comunicação e o interesse pela cooperação; pelo trabalho em profundidade, desenvolve-se a necessária autonomia intelectual. É como se a cultura geral estimulasse a curiosidade por aprender, por propor e resolver novos problemas, enquanto a autonomia intelectual fornecesse a capacidade para efetivamente aprender ou resolver os problemas novos identificados. Não resta dúvida, portanto, de que aprender a aprender está intimamente inter-relacionado com o aprendizado socioemocional. Por um lado, a metacognição, tão central a esse pilar, requer o desenvolvimento da capacidade de autorregular tanto a atenção, o esforço, o tempo e os objetivos como as emoções; por outro, o desenvolvimento da autonomia intelectual é em si uma competência intrapessoal que requer aguçada apreciação, curiosidade e criatividade intelectual, além de um senso crítico bem desenvolvido e de profunda autoconsciência e capacidade de reflexão sobre os próprios pensamentos e sentimentos.

Aprender a fazer. Este pilar está relacionado com o desenvolvimento de competências voltadas para colocar na prática, a serviço de objetivos concretos e específicos, os conhecimentos adquiridos. Embora aprender a fazer englobe muito da formação profissional, esse pilar vê a formação de uma forma mais abstrata, porquanto precisa preparar as pessoas sem que seja possível prever qual será o trabalho que ela terá ou mesmo qual será a natureza do trabalho em geral na sociedade do futuro. Mas o aprender a fazer não se limita a competências voltadas para colocar na prática conhecimento adquirido. Esse pilar busca também o desenvolvimento de uma variedade de competências interpessoais que desenvolvem: a capacidade de liderança e empreendedorismo – aqui incluídas a iniciativa, a capacidade de lidar com o risco e incerteza; a competência para gerir e resolver conflitos e a capacidade para formar e manter unida uma equipe, bem como a aptidão para o trabalho em equipe – aqui incluída a capacidade de se comunicar; e a capacidade de estabelecer e manter relações. Do exposto, também não resta dúvida de que aprender a fazer requer, além da natural formação profissional, uma ampla variedade de competências interpessoais, em particular relacionadas com cooperação, comunicação e capacidade de estabelecer e manter relacionamentos.

Aprender a conviver. Trata-se de aprender a viver junto, no sentido de desenvolver conhecimento objetivo sobre a diversidade (cultura, religião e costumes), mas também sobre a identidade humana; de desenvolver a capacidade de se colocar no lugar do outro e compreender as suas reações (empatia); de aprender a evitar conflitos ou gerir inteligentemente pelo diálogo aqueles que forem inevitáveis; e de perceber as interdependências entre as pessoas e as vantagens da cooperação. Posto isso, fica também bem estabelecida a relação entre o aprender a conviver e o desenvolvimento das competências interpessoais, em particular as relacionadas a empatia, cooperação e resolução de conflitos.

Aprender a ser. Este pilar está intimamente relacionado ao aprender a conhecer, no sentido de que seu principal objetivo é promover a autonomia intelectual e o protagonismo. Dessa forma, o aprender a ser busca garantir que cada pessoa possa ter a liberdade necessária para desenvolver plenamente seus talentos e aprender a ser, na medida do possível, protagonista de sua própria vida. Para que a autonomia seja alcançada, é necessário compreender o mundo e os atores que

Capítulo 8 Desenvolvimento Socioemocional – Do Direito à Educação à Prática na Escola

Quadro 8.2. Competências gerais da Base Nacional Comum Curricular

1 Valorizar e utilizar os conhecimentos historicamente construídos sobre o mundo físico, social e cultura para entender e explicar a realidade (fatos, informações, fenômenos e processos linguísticos, culturais, sociais, econômicos, científicos, tecnológicos e naturais), colaborando para a construção de uma sociedade solidária

2 Exercitar a curiosidade intelectual e recorrer à abordagem própria das ciências, incluindo a investigação, a reflexão, a análise crítica, a imaginação e a criatividade, para investigar causas, elaborar e testar hipóteses, formular e resolver problemas e inventar soluções com base nos conhecimentos das diferentes áreas

3 Desenvolver o senso estético para reconhecer, valorizar e fruir as diversas manifestações artísticas e culturais, das locais as mundiais, e também para participar de práticas diversificadas da produção artístico-cultural

4 Utilizar conhecimentos das linguagens verbal (oral e escrita) e/ou verbo-visual (como Libras), corporal, multimodal, artística, matemática, científica, tecnológica e digital para expressar-se e partilhar informações, experiências, ideias e sentimentos em diferentes contextos e, com eles, produzir sentidos que levem ao entendimento mútuo.

5 Utilizar tecnologias digitais de comunicação e informação de forma crítica, significativa, reflexiva e ética nas diversas práticas do cotidiano (incluindo as escolares) ao se comunicar, acessar e disseminar informações, produzir conhecimentos e resolver problemas

6 Valorizar a diversidade de saberes e vivências culturais e apropriar-se de conhecimentos e experiências que lhe possibilitem entender as relações próprias do mundo do trabalho e fazer escolhas alinhadas ao seu projeto de vida pessoal, profissional e social, com liberdade, autonomia

7 Argumentar com base em fatos, dados e informações confiáveis, para formular, negociar e defender ideias, pontos de vista e decisões comuns que respeitem e promovam os direitos humanos e a consciência socioambiental em âmbulo local, regional e global, com posicionamento ético em relação ao cuidado de si mesmo, dos outros e do planeta

8 Conhecer-se, apreciar-se e cuidar de sua saúde física e emocional, reconhecendo suas emoções e as dos outros, com autocrítica e capacidade para lidar com elas e com a pressão do grupo

9 Exercitar a empatia, o diálogo, a resolução de conflitos e a cooperação, fazendo-se respeitar e promovendo o respeito ao outro, com acolhimento e valorização da diversidade de indivíduos e de grupos sociais, seus saberes, identidades, culturas e potencialidades, sem preconceitos de origem, etnia, gênero, idade, habilidade/necessidade, convicção religiosa ou de qualquer outra natureza, reconhendo-se como parte de uma coletividade com a qual deve se comprometer

10 Agir pessoal e coletivamente com autonomia, responsabilidade, flexibilidade, resiliência e determinação, tomando decisões, com base nos conhecimentos construídos na escola, segundo princípios éticos democráticos, inclusivos, sustentáveis e solidários

Ciência para educação: uma ponte entre dois mundos

nos rodeiam e aprender a nos comportar como atores responsáveis e justos. Mas para compreender o mundo, é antes necessário que conheçamos a nós mesmos e também que possamos dar asas à imaginação e à criatividade. Nesse sentido, o aprender a ser "é antes de mais nada uma viagem interior, cujas etapas correspondem às da maturação contínua da personalidade"[7]. Dessa descrição, pode-se ver que aprender a ser é acima de tudo um exercício de autoconhecimento, seguido da busca por compreender o mundo e, assim, alcançar a autonomia intelectual e o protagonismo da própria vida. Trata-se, portanto, de processo profundo de desenvolvimento de competências intrapessoais, em particular do autoconhecimento.

Em sua totalidade, os *Parâmetros Curriculares Nacionais*[11] oferecem visão detalhada dos objetivos últimos que a educação brasileira deve ter. Como visto aqui, esses Parâmetros não deixam margem a dúvida sobre o papel central que o desenvolvimento socioemocional deve ter na educação do País. Por incorporar de forma tão explícita a educação socioemocional, a legislação brasileira pode ser considerada avançada em nível internacional. O avanço na legislação, entretanto, tem tido pouca repercussão, quer em termos de um tratamento explícito da educação socioemocional nos currículos, quer na prática em sala de aula. Ainda mais preocupante é o contraste entre a importância dada pelos PCNs à dimensão socioemocional e a sua total negligência no *Plano Nacional de Educação – PNE*[12], de 2014. Tal como as metas associadas ao quarto *Objetivo do Desenvolvimento Sustentável – ODS-4*, todas as metas do PNE se referem ou à cobertura, ou ao aprendizado das disciplinas tradicionais, ou à disponibilidade e qualidade dos insumos escolares (gastos, vagas, professores, etc.) ou à igualdade nessas dimensões[12]. Nenhuma das 20 metas do PNE faz qualquer referência ao desenvolvimento das competências socioemocionais.

Desde o estabelecimento dos PCNs, há 20 anos, as competências socioemocionais vêm ganhando importância no contexto da educação. Em abril de 2017, o Ministério da Educação apresentou a terceira versão da Base Nacional Comum Curricular[13], conjunto de orientações norteadoras dos currículos de todas as escolas públicas e privadas do Brasil. Segundo o Ministério, "A Base estabelecerá direitos e objetivos de aprendizagem, isto é, o que se considera indispensável que todo estudante saiba após completar a educação básica. Fará isso estabelecendo os conteúdos essenciais que deverão ser ensinados em todas as escolas, assim como as competências e as competências que deverão ser adquiridas pelos alunos". O documento, na sua forma ainda em discussão no Conselho Nacional de Educação, apresenta dez competências gerais a serem desenvolvidas ao longo da educação básica.

Como se vê no **Quadro 8.2**, diversos aspectos socioemocionais permeiam as competências gerais incluídas na Base. A conexão entre o desenvolvimento dessas competências e os objetivos de desenvolvimento pleno também é ressaltada no documento, que explica a inclusão do conjunto de competências gerais na medida em que ele "explicita o compromisso da educação brasileira com a formação humana integral e com a construção de uma sociedade justa, democrática e inclusiva".

A percepção dos educadores (professores, coordenadores pedagógicos e diretores)

Na seção anterior, ilustramos como a importância da educação socioemocional é amplamente reconhecida por instituições nacionais e internacionais. Nesta seção, passamos a palavra aos professores, coordenadores pedagógicos e diretores. Os resultados ora apresentados resultam de duas fontes relacionadas. Em primeiro lugar, derivam da resposta de cerca de 200 professores de escolas públicas estaduais capixabas a um questionário autopreenchido, administrado antes e após a participação em palestra sobre competências socioemocionais e política educacional, realizada em novembro de 2015. Em segundo lugar, do resultado de três grupos focais realizados com participantes do evento, logo após a sua conclusão.

Capítulo 8 Desenvolvimento Socioemocional – Do Direito à Educação à Prática na Escola

Inobstante a atenção crescente da ciência para a educação socioemocional desde o fim do milênio, na sala de aula essa questão parece ter sido sempre tratada. De fato, quase 90% dos professores, coordenadores pedagógicos e diretores entrevistados concordam que a escola desenvolve, mesmo que não intencionalmente, as competências socioemocionais do aluno, e uma fração ainda maior concorda que, se a escola não desenvolve, ela deveria fazê-lo (veja **Tabela 8.1**). Além disso, a quase totalidade dos entrevistados aponta para que todos os atores da escola deveriam entender o que são competências socioemocionais. Nos grupos focais, também encontramos ampla evidência de que a questão socioemocional não constitui uma novidade para a escola. Por exemplo,

"Eu acho que todos nós professores trabalhamos o socioemocional indiretamente com os alunos. Talvez, sem saber que fosse o tema 'socioemocional'."

- Professores -

"A questão do socioafetivo, para mim, já está inerente à questão do professor, já está inerente ao trabalho desenvolvido nas escolas. Ou, pelo menos, deveria estar."

- Técnicos Pedagogos –

Os educadores não só concordam que o desenvolvimento socioemocional é uma das funções da escola, como também concordam que o seu desenvolvimento não conflita com o aprendizado das disciplinas tradicionais. Ao contrário, mais de 84% dos educadores entrevistados concordam que o tempo dedicado na escola ao desenvolvimento de competências socioemocionais potencializa o aprendizado nas disciplinas tradicionais, como apresentado na **Tabela 8.1**.

Embora os educadores concordem que, sim, é função da escola desenvolver as competências socioemocionais e que, de algum modo, a escola já vem desempenhando essa função, ao mesmo tempo enfatizam que tal não pode ser uma responsabilidade exclusiva da escola. Argumentam que o desenvolvimento socioemocional é função de toda a sociedade, em particular, da família. Veja, por exemplo,

"O verdadeiro educador, na verdade, tem que ser a família. O termo 'educação', ele só foi emprestado para nós, mas, na verdade, quem educa é a família, juntamente com a sociedade, com o professor, mas o professor não pode ser o único educador. O papel da educação não pode ser primordialmente do professor, porque aí você não consegue construir. Se a família não faz a parte dela, se a sociedade não faz a parte dela, não tem como o professor fazer."

- Diretores -

Ainda que a vasta maioria dos educadores entrevistados concorde que a escola deva desenvolver as competências socioemocionais e que essa tarefa não conflita, mas potencializa o aprendizado nas disciplinas tradicionais, eles, ao mesmo tempo, julgam que a escola não está preparada para assumir a educação socioemocional. Em particular, acreditam que os professores não têm a formação adequada. Com efeito, quase 90% dos entrevistados discordam de que a atual escola brasileira está preparada para desenvolver as competências socioemocionais do aluno e uma parcela ainda maior discorda que o professor está preparado para desenvolver as tais competências do estudante, levando a que 85% concordem que a capacitação é essencial para que o professor possa desenvolver as competências socioemocionais do aluno. A mesma percepção de impotência pode ser vista a partir dos discursos de professores, coordenadores pedagógicos e diretores nos grupos focais. Por exemplo,

Ciência para educação: uma ponte entre dois mundos

Tabela 8.1. Resultados do questionário aplicado no Espírito Santo			
Item	Concordam	Neutro	Discordam
A escola desenvolve, mesmo que não intencionalmente, as competências socioemocionais do aluno.	87%	9%	3%
O socioemocional do professor, mesmo que não intencionalmente, afeta o aluno.	96%	2%	2%
A escola desenvolve as competências socioemocionais do aluno.	59%	26%	15%
A escola deveria desenvolver as competências socioemocionais do aluno.	91%	7%	2%
A atual escola brasileira está preparada para desenvolver as competências socioemocionais do aluno.	14%	21%	65%
Todos os atores da escola devem entender o que são competências socioemocionais.	97%	2%	1%
O professor está preparado para desenvolver as competências socioemocionais do aluno.	10%	30%	60%
Uma capacitação é essencial para que o professor possa desenvolver as competências socioemocionais do aluno.	85%	8%	6%
Outros profissionais, que não os professores, devem ser os responsáveis por desenvolver as competências socioemocionais.	52%	25%	23%
O desenvolvimento das competências socioemocionais deve ser realizado dentro da sala de aula.	59%	25%	16%
A sala de aula não é um local apropriado para o desenvolvimento de competências socioemocionais.	19%	19%	62%0
O desenvolvimento de competências socioemocionais, quando acontece em sala de aula, deve ser um objetivo explícito para o professor.	57%	26%	17%
O desenvolvimento de competências socioemocionais, quando acontece em sala de aula, deve ser um objetivo explícito para o aluno.	52%	27%	20%
O desenvolvimento de competências socioemocionais, quando acontece na escola, deve ser incorporado em todas as disciplinas tradicionais.	82%	12%	6%
O desenvolvimento de competências socioemocionais, quando acontece na escola, deve ser objeto de uma disciplina separada.	10%	17%	73%
O tempo dedicado na escola ao desenvolvimento de competências socioemocionais compromete o aprendizado nas disciplinas tradicionais.	9%	12%	78%
O tempo dedicado na escola ao desenvolvimento de competências socioemocionais potencializa o aprendizado nas disciplinas tradicionais.	84%	11%	4%
Alunos com perfis socioemocionais diferentes devem receber atenção diferenciada.	70%	14%	16%
É impossível planejar atividades diferenciadas para cada aluno de acordo com seu perfil socioemocional.	29%	20%	51%
A avaliação das competências socioemocionais dos alunos ajuda o professor a desenvolver tais competências.	87%	11%	2%
A avaliação das competências socioemocionais dos alunos ajuda o professor a planejar atividades diferenciadas mais adequadas para cada aluno.	83%	13%	4%
Qualquer tipo de avaliação das competências socioemocionais do aluno é inadequada no contexto escolar.	10%	11%	79%

Capítulo 8   Desenvolvimento Socioemocional – Do Direito à Educação à Prática na Escola

"(...) imagina que você tenha feito Matemática. Na sua cabeça, você está indo para a escola ensinar e fazer a matemática dele [o aluno] ser a melhor possível, e você começa a encontrar problemas sociais que dificultam você ensinar matemática. Você não tem formação para isso. Você fica dando chute o tempo todo."

- Diretores -

"Eu me sinto incompetente, vou para casa desesperada e triste, porque eu não consegui atender aquela criança dentro do seu contexto socioemocional, que está para além do que o pedagógico pode fazer."

- Professores -

Embora exista grande concordância entre os educadores de que o desenvolvimento socioemocional do aluno é função da escola, existe divergência entre eles quanto a quem deve ser responsável por esse desenvolvimento e onde deve ocorrer. Quanto ao local, apenas 60% dos educadores concordam que o desenvolvimento das competências socioemocionais deve ser realizado dentro da sala de aula. Quanto a quem deve ser responsável, apenas pouco mais da metade concorda que outros profissionais, que não os professores, devem ser os responsáveis por desenvolver as competências socioemocionais. Os discursos dos educadores nos grupos focais apontam também na direção de reconhecer que têm responsabilidades sobre o desenvolvimento socioemocional dos alunos, mas lhes faltam recursos. Por exemplo,

"Estamos precisando de ajuda, a gente precisa de ajuda. Então, que o governo coloque pessoas profissionais que vão auxiliar nesse processo. Ou tira essa obrigação da escola."

- Professores -

Quanto à forma como o desenvolvimento das competências socioemocionais deve ser incorporado às práticas em sala de aula, existem concordâncias e divergências. Os educadores, em grande medida (mais de 80%), concordam que o desenvolvimento de competências socioemocionais, quando acontece na escola, deve ser incorporado em todas as disciplinas tradicionais e, coerentemente, apenas 10% concordam que deva ser objeto de disciplina separada. Dois comentários a essa visão dos professores se fazem necessárias.

Em primeiro lugar, o posicionamento a favor do aprendizado socioemocional integrado às disciplinas tradicionais é de certo modo inconsistente com o posicionamento dos mesmos educadores apresentado aqui, em que 40% dos educadores não concordam que o desenvolvimento de competências socioemocionais deva ser realizado dentro da sala de aula e mais de 54% concordam que isso deva ser realizado por outros profissionais, que não os professores. Assim, as respostas dos educadores entrevistados indicam que cerca de ¼ deles acredita que o desenvolvimento das competências socioemocionais deva ocorrer integrado às disciplinas tradicionais, mas administrado por outros profissionais fora da sala de aula!

Em segundo lugar, vale ressaltar que não parece haver evidência de que a integração do aprendizado socioemocional às disciplinas tradicionais seja melhor opção que a sua oferta em momentos especificamente reservados na grade curricular. De fato, a maioria dos programas explicitamente dedicados ao aprendizado socioemocional oferece as duas alternativas. Existe, no entanto, evidência de que a efetividade da educação socioemocional é bem maior quando administrada por professores em sala de aula do que por outros profissionais ou fora da sala de aula[14].

Os educadores, no entanto, divergem em que medida a educação socioemocional precisa ser um objeto explícito do aprendizado. Menos de 60% concordam que o desenvolvimento de competências socioemocionais deva ser um objetivo explícito para o professor e apenas pouco mais da metade que deva ser um objetivo explícito para o aluno. Nesse caso, também, os autores citados aqui[14] apresentam evidência apontando para maior efetividade dos programas que tratam explicitamente da educação socioemocional.

Como ocorre com toda forma de educação, é difícil imaginar como a educação socioemocional poderia ser implementada de modo eficaz sem algum tipo de avaliação. Ainda que a viabilidade da avaliação de tais competências (exceto em boa medida a utilizada para fins formativos) continue em debate[15,16], os educadores entrevistados foram quase unânimes em reconhecer a importância da avaliação. De fato, menos de 5% discordam de que avaliação das competências socioemocionais dos alunos ajuda o professor a desenvolver tais competências e apenas 10% concordam que qualquer tipo de avaliação das competências socioemocionais do aluno é inadequada no contexto escolar.

Educação socioemocional como parte do direito à Educação no cenário mundial

Sem grandes surpresas, vê-se que a centralidade da educação socioemocional para uma verdadeira educação é hoje presente no discurso dos principais pensadores e instituições voltadas a promover ou monitorar o progresso educacional. Afinal, foram justamente eles que influenciaram a decisão de incluir esse componente da educação nas legislações e acordos internacionais e nacionais.

Do ponto de vista de personalidades, vale ressaltar o sistemático trabalho desenvolvido pelo *Centro Dalai Lama*. Segundo Sua Santidade Tenzin Gyatso (14º *Dalai Lama*): *"Ao educarmos o intelecto de uma criança, é vital que não nos esqueçamos de desenvolver sua compaixão"*, numa clara manifestação da importância do desenvolvimento de valores, atitudes e competências interpessoais.

Na atualidade, diversas instituições têm ressaltado a absoluta centralidade da educação socioemocional. Como já ressaltado, a Unesco com o *Relatório Delors*[7] e seus quatro pilares seminais (aprender a conhecer, aprender a fazer, aprender a conviver e aprender a ser) deram estrutura à formação socioemocional, que pôde ser integralmente incorporada aos objetivos da educação no Brasil e também em diversos outros países. Também a Organização para a Cooperação e Desenvolvimento Econômico[17] aponta para a importância das competências socioemocionais em seu recente relatório sobre *As Competências para o Progresso Social*, ao concluir que: *"Para ajudar as pessoas a enfrentar os desafios do mundo moderno, os responsáveis pelas políticas precisam pensar mais amplamente e considerar uma grande variedade de capacidades, em que as competências socioemocionais são tão importantes quanto as cognitivas"* (ref. 17, p. 34).

Vale também ressaltar o relatório relativamente recente[18] do Conselho de Pesquisas dos Estados Unidos, que reúne as Academias de Ciências, de Engenharias e de Medicina, sobre a educação para a vida e para o trabalho. Esse relatório também reconhece que crescentemente a sociedade vem atribuindo às competências socioemocionais papel mais central, ao argumentar que: *"Líderes políticos e empresariais crescentemente têm demandado que as escolas promovam o desenvolvimento de competências como resolução de problemas, pensamento crítico, comunicação, colaboração e autogestão."*

Não parece haver, nem nunca ter havido, qualquer voz dissonante, seja entre acadêmicos, líderes, gestores públicos ou educadores, sobre a natureza constitutiva da educação socioemocional para o direito à educação. A presença explícita desse componente nos currículos e na sala de aula, no entanto, tem sido um processo mais recente e ainda relativamente incipiente. No entanto, algumas importantes exceções permitem iluminar o caminho a ser trilhado e, por isso, merecem destaque. Diversos países, ou províncias e estados, já incorporam de forma explícita as competências socioemocionais em seus currículos. Exemplos são os currículos nacionais aus-

Capítulo 8 Desenvolvimento Socioemocional – Do Direito à Educação à Prática na Escola

traliano e mexicano, e os currículos da província canadense da Columbia Britânica e do estado norte-americano de Illinois.

Austrália

O currículo australiano[19] incorpora essas competências como parte das competências básicas, denominadas *capacidades pessoais e sociais*, reconhecidamente muito similares às propostas pela ONG australiana CASEL[20] e por ela denominadas *Social and Emotional Learning (SEL)*[21]. Essas propostas cobrem quatro domínios (elementos organizadores, segundo a nomenclatura australiana): autoconhecimento, autogestão, consciência social e gestão social.

No currículo australiano, o *autoconhecimento* significa o conhecimento das qualidades e fraquezas individuais, o que proporciona um grau de autoconfiança realista e bem embasado. Além disso, envolve o conhecimento das emoções, a consciência sobre os próprios sentimentos e o conhecimento dos fatores que levaram a esses sentimentos e das formas como se reagiu a eles.

A *autogestão* tem um componente tanto emocional como funcional. Assim, envolve, por um lado, a capacidade de efetivamente regular, gerenciar e monitorar as próprias emoções, possibilitando a expressão das emoções de modo apropriado. Por outro, envolve a capacidade de ter a autodisciplina necessária para persistir, superar obstáculos, organizar o tempo e os recursos necessários para realizar atividades e alcançar metas. Estudantes com boa autogestão tendem a ser aqueles com iniciativa e capazes de trabalhar de forma independente, e que ao mesmo tempo mostram-se perseverantes, resilientes e pouco impulsivos.

A *consciência social* envolve a capacidade de identificar, compreender e respeitar o sentimento, a perspectiva e as necessidades dos outros e de saber como, em que medida e quando prestar assistência e apoio. Envolve também conhecer e respeitar normas e papéis próprios ou de outras pessoas e grupos. Tendo por base essas competências, a consciência social também envolve a capacidade de estabelecer e manter relações interpessoais respeitosas, seguras e duradouras.

Por fim, a *gestão social* é o elemento que busca garantir efetividade nas interações sociais. Envolve, portanto, a capacidade de se comunicar e negociar de modo eficaz, bem como de evitar e resolver conflitos. A gestão social envolve, ainda, a capacidade de trabalhar e tomar decisões em grupo, cooperar e liderar.

México

O currículo mexicano[22] incluiu desde 2011 um conjunto de *competências para a vida,* dividido em cinco domínios. Dois desses domínios são claramente constituídos por competências interpessoais ou intrapessoais. As de natureza interpessoal estão agrupadas nos domínios (i) *Competências para a convivência*, que envolvem empatia, interação harmoniosa com os outros e com a natureza, ser assertivo, trabalhar de forma colaborativa, tomar decisões e negociar com os outros, aprender com os outros, reconhecer e valorizar a diversidade social, cultural e linguística; e (ii) *Competências para a vida em sociedade*, que inclui decidir e agir com juízo crítico contra os valores, as normas sociais e culturais, proceder em favor da democracia, da liberdade, paz, do respeito pela legalidade e dos direitos humanos, a consciência das implicações sociais do uso da tecnologia, o combate à discriminação e ao racismo e a consciência de pertencimento à cultura do seu país e do mundo.

As de natureza intrapessoal formam o domínio chamado *Competências para lidar com situações*, que compreende competências como lidar com o risco e a incerteza, planejar e executar tarefas, gerir o tempo, tomar decisões e assumir as consequências, lidar com fracasso, frustração e decepção e agir com autonomia na concepção e desenvolvimento de projetos de vida.

189

Ciência para educação: uma ponte entre dois mundos

Existem outros dois domínios referentes à captura, sistematização e comunicação da informação, que são: (iii) *Competências para a aprendizagem ao longo da vida*, capacidade de leitura integrada na cultura escrita, comunicar-se em mais de um idioma, uso de mídia e tecnologia e a competência de aprender a aprender; e (iv) *Competências para gestão da informação*, que envolvem identificar o que se precisa saber, aprender a olhar, identificar, avaliar, selecionar, organizar e sistematizar informações adequadas criticamente, usá-las e compartilhá-las com senso ético.

Colúmbia Britânica – Canadá

No Canadá, onde a educação é ainda mais descentralizada do que no Brasil, diversas províncias e governos locais têm seu próprio currículo, muitos incluindo de forma explícita a educação socioemocional. Merece destaque o currículo da Província da Colúmbia Britânica[23]. Esse currículo inclui, sob a significativa égide de *competências essenciais*, três domínios: *Comunicação*, *Pensamento*, e *Interpessoal e social*.

Estão incluídas no domínio da *Comunicação* aquelas competências que os alunos utilizam para comunicar e trocar informações, experiências e ideias, para explorar o mundo em torno deles, e para compreender e efetivamente engajar-se no uso de mídia digital. O domínio da Comunicação é formado por quatro facetas: (i) *Conectar-se e engajar-se com o outro*, o que envolve competências como o engajamento em conversas informais e estruturadas, nas quais os alunos escutam, contribuem, desenvolvem a compreensão e as relações interpessoais, além de aprender a considerar diversas perspectivas e construir consensos; (ii) *Adquirir, interpretar e apresentar informações*, o que compreende as competências de investigar e buscar informações acerca dos mais variados temas e preparar apresentações utilizando mídia digital e tecnologia; (iii) *Colaborar para planejar, construir, realizar e revisar atividades*, o que inclui trabalhar em grupo para atingir objetivos, resolução de problemas, planejamento e execução de projetos; e (iv) *Explicar e refletir sobre experiências e realizações*, o que compreende dividir experiências e refletir sobre o que foi aprendido e o que pode ser melhorado.

Já no domínio do Pensamento, estão incluídas as competências *Criatividade* e *Pensamento Crítico*. Criatividade se refere à geração de novas ideias e conceitos que têm valor para o indivíduo ou para outros, e a transformação dessas ideias e conceitos de pensamento em realidade. Criatividade é composta por três facetas: (i) *Novidade e valor*, que se refere ao grau de novidade e de valor de uma ideia. Existem diferentes graus de novidade – uma ideia pode ser nova para o estudante ou o para os seus pares, para um grupo etário específico ou mesmo para uma comunidade mais ampla. A ideia pode ter valor em uma variedade de formas e contextos diversos. Pode ser divertida, pode proporcionar um sentimento de realização, pode resolver um problema que ocorre naturalmente, pode ser uma forma de autoexpressão, pode fornecer uma nova perspectiva que influencia o modo como as pessoas pensam sobre algo ou as ações que as pessoas tomam; (ii) *Criar ideias novas*, que consiste em competências como estar consciente do processo de geração de novas ideias e fazer uso deste processo, estimulando a proposição de ideias originais; e (iii) *Desenvolver ideias novas*; que se refere a competências de avaliar as ideias novas, decidir quais desenvolver, refiná-las, e trabalhar para realizá-las de algum modo.

Já o Pensamento Crítico envolve fazer julgamentos com base no raciocínio, considerar opções e analisá-las utilizando critérios específicos, tirar conclusões e fazer julgamentos. Inclui ainda examinar o próprio pensamento e o dos outros, as informações recebidas pela observação, experiência e diversas formas de comunicação. O Pensamento Crítico é composto por três facetas: (i) *Analisar e criticar*, que envolve analisar e fazer julgamentos sobre uma obra, uma posição, um processo, uma *performance*, ou outro produto, considerando as mais variadas perspectivas; (ii) *Questionar e investigar*, que engloba competências como identificar e explorar diversos aspectos relacionados com questões ou situações problemáticas na escola ou na comunidade. Também

Capítulo 8   Desenvolvimento Socioemocional – Do Direito à Educação à Prática na Escola

se refere a desenvolver e aperfeiçoar as perguntas, recolher, interpretar e sintetizar informações e tirar conclusões; e (iii) *Desenvolver e planejar*, que compreende as competências de desenvolver e aperfeiçoar planos, monitorar seu progresso, ajustar os seus procedimentos à luz de critérios e *feedback* e determinar em que medida os objetivos foram atingidos.

E, por fim, o domínio Interpessoal e Social, que é constituído por *Autoconsciência, Identidade Pessoal e Cultural* e *Responsabilidade Social*. A Autoconsciência envolve estabelecer metas saudáveis para a vida e monitorar o seu progresso, regular as emoções, respeitar seus próprios direitos e os direitos dos outros, lidar com o estresse e perseverar em situações difíceis. É composta por três facetas: (i) *Autodeterminação*, que compreende competências de valorizar a si mesmos, suas ideias e suas realizações, expressar suas necessidades e procurar ajuda quando necessário; (ii) *Autorregulação*, que inclui definir metas, monitorar o progresso, compreender e regular suas emoções, bem como ter consciência de que a aprendizagem envolve paciência e tempo, por isso ter a capacidade de perseverar em situações difíceis, e entender como suas ações afetam a si mesmos e aos outros; e (iii) *Bem-estar*, que se refere a reconhecer como suas decisões e ações afetam sua saúde mental, física, bem-estar emocional, social, cognitivo e espiritual. Inclui também manter-se saudável e fisicamente ativos, gerenciar o estresse.

Já a *Identidade Pessoal e Cultural* refere-se à consciência, compreensão e apreciação de todos os aspectos que contribuem para um saudável senso de si mesmo. Inclui a conscientização e compreensão do próprio contexto familiar, patrimônio, língua, crenças e perspectivas em uma sociedade pluralista. É composta por (i) *Relacionamentos e contextos culturais*, que envolve compreender suas relações e contextos culturais como agentes de formação da identidade; (ii) *Valores e escolhas pessoais*, que se refere a definir os valores pessoais para si mesmo e compreender que esses valores foram influenciados por suas experiências de vida; e (iii) *Competências pessoais e potencialidades*, que envolve reconhecer os próprios pontos fortes e competências, considerar a si mesmo como um ser único e parte de uma comunidade maior.

A *Responsabilidade Social* envolve a habilidade e disposição para considerar a interdependência entre as pessoas e o ambiente natural, a contribuição positiva para a família, comunidade, sociedade e meio ambiente, além da resolução de problemas de maneira pacífica. Envolve, ainda, a empatia para com os outros e a habilidade de apreciar as suas perspectivas, para criar e manter relacionamentos saudáveis. É composta por quatro facetas: (i) *Comunidade e meio ambiente*, que é constituída pela habilidade de assumir a responsabilidade por seu desenvolvimento social, físico e ambiental, trabalhando de forma independente e colaborando para o benefício dos outros, das comunidades e do meio ambiente; (ii) *Resolução pacífica de problemas*, que envolve identificar e valorizar diferentes perspectivas e tê-las em mente ao buscar e avaliar estratégias para mediar os conflitos; (iii) *Valorização da diversidade*, que inclui defender os direitos humanos, advogar para os outros e agir com um senso de ética; e (iv) *Construir relacionamentos*, que se refere a desenvolver e manter vínculos diversificados e relações intergeracionais em uma variedade de contextos.

Estados Unidos – Illinois e Califórnia (CORE)

Nos Estados Unidos, como no Canadá e no Brasil, a educação é também altamente descentralizada, possibilitando o estabelecimento do currículo em nível de estado ou, mesmo, distrito. Dois exemplos de currículos que incluem componentes socioemocionais explicitamente e com destaque são o adotado pelo Estado de Illinois e outro por um consórcio de nove distritos educacionais na Califórnia, denominado CORE[15] (*California Office to Reform Education*).

O currículo de Illinois[24] inclui desde 2004 as seguintes *competências para a vida*, conforme optaram por denominá-las: (i) *Autoconhecimento e autogestão*, envolvendo conhecer as próprias emoções, saber como gerenciá-las e expressá-las de forma construtiva, lidar com o estresse, controlar impulsos e motivar-se para perseverar na superação de obstáculos para a realização das ta-

191

Ciência para educação: uma ponte entre dois mundos

refas. Além disso, envolve avaliar com precisão as próprias competências e interesses, desenvolver novos pontos fortes, estabelecer e monitorar o progresso próprio em relação a metas acadêmicas e pessoais; (ii) *Consciência social e competências interpessoais*, o que se refere a competências como construir e manter relacionamentos construtivos com os outros, reconhecer pensamentos, sentimentos e perspectivas em si mesmo e nos outros, cooperar, comunicar-se de forma respeitosa e construtiva e resolver de modo apropriado conflitos com os outros; e (iii) *Competências de tomada de decisão e comportamentos responsáveis*, que envolve promover a própria saúde, evitando comportamentos de risco, lidar de forma honesta e justa com os outros, contribuir para o bem da própria sala de aula, escola, família, comunidade e meio ambiente. Envolve, ainda, tomar decisões e resolver problemas, gerar soluções alternativas, antecipando as possíveis consequências e avaliando e aprendendo com a própria tomada de decisão.

Já o currículo adotado pelo *CORE*[15] está baseado no desenvolvimento de quatro competências: (i) *Autogestão*, que se refere à capacidade de regular as emoções, pensamentos e comportamentos de forma eficaz em situações diferentes, gerir o estresse, adiar a gratificação, motivar-se e trabalhar para alcançar um objetivo; (ii) *Autoconfiança*, que se refere à crença na própria capacidade para ter sucesso na obtenção de um resultado ou alcançar um objetivo, capacidade de exercer controle sobre a própria motivação, comportamento e ambiente; (iii) *Atitudes positivas frente ao desenvolvimento pessoal*, que envolve a crença de que os erros são uma maneira de aprender, a aceitação de desafios e a persistência para alcançar um objetivo, além da crença de que a própria inteligência pode afetar o esforço, envolvimento, motivação e realização das tarefas; e (iv) *Consciência social*, que envolve a capacidade de assumir a perspectiva dos outros, considerar a diversidade de culturas, compreender as normas sociais e éticas, reconhecer a família, a escola e os recursos da comunidade como fontes de suporte.

Em suma, embora o reconhecimento da essencialidade do desenvolvimento das competências socioemocionais para uma educação de qualidade não seja novidade, desde o final do século XX tem crescido a consciência e o reconhecimento da sua importância em todo o mundo e, em particular, no Brasil, que tem ativamente incorporado essas transformações em sua legislação e em seus parâmetros curriculares. Resta saber se existe evidência de que a transformação impacta a vida da criança dentro e fora da escola, questão que tratamos na sequência.

Sobre a evidência de que as competências socioemocionais podem ser desenvolvidas no ambiente escolar

Ao longo das últimas décadas, literalmente centenas de programas voltados ao desenvolvimento de competências socioemocionais no contexto escolar foram desenvolvidos em todo o mundo, inclusive no Brasil. Conforme revela uma consulta a apenas seis dos principais guias disponíveis, *Collaborative for Academic, Social, and Emotional Learning – Casel*[20], *National Registry of Evidence-based Programs and Practices – NREPP*[25], *KiddsMatter*[26], *Blueprints for Healthy Young Development*[27], *Early Intervention Foundation – EIF Guidebook*[28] e *ChildTrends*[29], que aponta para a disponibilidade de quase 400 programas voltados à promoção das competências socioemocionais.

A **Tabela 8.2** mostra o número total de programas encontrados em cada uma das bases online. Em seguida foi aplicado um filtro, onde foram mantidos apenas (1) os programas universais, ou seja, que não foram desenhados para atender alunos com características específicas (autismo, síndrome de Down, etc.) e (2) programas voltados para os ensinos fundamental 1, 2 e médio, excluindo-se primeira infância.

A vasta maioria desses programas já foi utilizada em escala; todos estão bem documentados e prontamente disponíveis. Além disso, substancial esforço foi e continua a ser despendido para

Capítulo 8 — Desenvolvimento Socioemocional – Do Direito à Educação à Prática na Escola

Tabela 8.2. Resultados das buscas por programas voltados para o desenvolvimento de competências socioemocionais.

Base	Número total de programas	Número de programas após filtragem
Blueprints	61	18
CASEL	85	61
Childtrends	612	219
Early Intervation Foundation	46	40
National Registry of Evidence-based Programs and Practices	375	13
KiddsMatter	97	30
Total	**1.276**	**381**
Sem repetições	**1.095**	360

avaliar a eficácia de cada um. Se levarmos em consideração apenas duas meta-análises[14,30] que investigam programas universais (isto é, dirigidos a todos os alunos da escola e não a apenas grupos com determinadas vulnerabilidades ou excepcionalidades), encontramos quase três centenas de criteriosas avaliações de impacto realizadas.

As referidas meta-análises concordam inteiramente tanto quanto à eficácia desses programas em desenvolver as competências socioemocionais, como sobre a complementaridade que esse desenvolvimento tem sobre o dito aprendizado acadêmico (matemática e linguagem). Com efeito, um desses trabalhos[14] encontrou que o impacto médio desses programas sobre o desenvolvimento das competências socioemocionais fica entre 0,5 e 0,7 desvios-padrões, valores inquestionavelmente extremamente elevados.

Com vistas a perceber a dimensão da magnitude do impacto estimado pelo psicólogo Joseph Durlak e colaboradores[14], da Universidade de Chicago, EUA, basta comparar a mudança na posição relativa, em termos de suas competências socioemocionais, de dois alunos que num ano frequentavam a mesma escola e tinham competência socioemocional igual à mediana da escola. Vamos supor que um dos alunos medianos permanece na escola (onde não existe um programa de educação socioemocional) enquanto o outro é transferido para uma escola com programa de educação socioemocional com impacto de 0,6 desvios-padrões. Supondo que o aluno na escola sem educação socioemocional mantenha sua posição mediana, o que foi transferido para a escola com educação socioemocional, ao final do ano, apresenta nível de competências socioemocionais que o colocaria no 73º percentil dos alunos de sua escola original, isto é, se após um ano retornasse a sua escola de origem, teria galgado 23 posições (ultrapassado 23 colegas numa escola com 100 alunos), em termos de sua posição relativa em competências socioemocionais.

Os dois estudos também concordam que a participação em programa dirigido ao desenvolvimento de competências socioemocionais tem impacto estatisticamente significativo sobre o aprendizado acadêmico dos beneficiados, embora de magnitude inferior ao impacto sobre o aprendizado socioemocional. A magnitude do impacto sobre o aprendizado acadêmico é um pouco distinta nos dois estudos, sendo mais elevado na meta-análise conduzida pelo psicólogo holandês Marcin Sklad e seus colaboradores[30], na qual o impacto fica entre 0,3 e 0,6 desvios-padrões, do que na meta-análise conduzida por Durlak e colaboradores[14], na qual o impacto fica entre 0,2 e 0,4. Em qualquer dos casos, o impacto é inquestionavelmente elevado, sendo capaz de fazer com que um aluno beneficiado por um programa com impacto de 0,4 desvios-padrões, originalmente mediano, galgue 16 posições e passe ao 66º percentil. Conforme os autores[14] ressaltam, mesmo que o impacto de um programa socioemocional sobre o aprendizado acadêmico

Ciência para educação: uma ponte entre dois mundos

fosse de 0,30 desvios-padrões, este ainda estaria acima do impacto médio obtido por programas especificamente desenhados com esse fim, conforme aponta um sumário de 76 meta-análises[31].

Resumo e conclusões

Vimos que, embora exista um movimento recente e crescente dedicado a chamar a atenção para a importância do componente socioemocional da educação, na verdade este sempre foi percebido como constitutivo desta, e parte integrante do direito humano universal à educação. A atenção crescente que o tema tem recebido não advém, de forma alguma, de ter havido no passado qualquer divergência sobre sua importância. Como vimos, todos – desde acadêmicos a líderes, gestores públicos e educadores – concordam (e sempre concordaram) que a educação socioemocional é elemento essencial da educação. Tudo indica que sempre existiu consenso de que a educação deve ser voltada para o pleno desenvolvimento humano, e, portanto, que educação sem seu componente socioemocional simplesmente não merece ser denominada educação.

A novidade das últimas duas décadas talvez seja a demonstração cabal da viabilidade e efetividade de se desenvolver de forma explícita essas competências no contexto escolar, em sala de aula, pelo professor. A explosão de programas criados nas últimas décadas com essa finalidade não deixa dúvidas sobre a viabilidade do desenvolvimento socioemocional em sala de aula. As mais de 200 avaliações de impacto realizadas não parecem deixar dúvidas sobre a efetividade desses programas em desenvolver nos alunos essas competências. O que essas últimas décadas trazem de novo, portanto, é a demonstração inequívoca de que existem formas eficazes, empiricamente comprovadas, para promover o desenvolvimento das competências socioemocionais no ambiente escolar.

Mas se todos concordam que a educação socioemocional é parte constitutiva do direito humano universal à educação, se esta é parte explícita das declarações e acordos internacionais, se esse consenso vem sendo progressivamente traduzido em programas curriculares nacionais e locais e se a evidência científica aponta para que o socioemocional pode, sim, ser eficazmente desenvolvido no contexto escolar, então por que não temos educação socioemocional em todas as salas de aula de todas as escolas em todos os países?

Neste estudo não fomos capazes de detectar, por parte de qualquer ator envolvido, resistência significativa à incorporação da educação socioemocional à prática das escolas, exceto pelo despreparo destas e dos educadores para realizar de modo explícito a missão que informal e implicitamente já desenvolvem. Assim, somos levados a crer que a reconhecidamente limitada presença de uma explícita educação socioemocional no ambiente escolar resulta em grande medida de limitações operacionais. A escola, assoberbada com tantas prioridades, encontra dificuldades em incorporar mais uma. Além disso, contribui a natural inércia com que a política pública, e a educacional em particular, incorpora inovações.

Capítulo 8 — Desenvolvimento Socioemocional – Do Direito à Educação à Prática na Escola

APÊNDICE I

Documento	Ano	Local	Artigo/ Página	Trecho
Declaração Universal dos Direitos Humanos	1948	Paris (FRA)	Artigo Nº 26	"A Educação será orientada no sentido do pleno desenvolvimento da personalidade humana e do fortalecimento do respeito pelos direitos do homem e pelas liberdades fundamentais. A instrução promoverá a compreensão, a tolerância e amizade entre todas as nações e grupos raciais ou religiosos, e coadjuvará as atividades das Nações Unidas em prol da manutenção da paz."
Pacto Internacional sobre Direitos Econômicos, Sociais e Culturais	1966	Nova York (EUA)	Artigo Nº 13	"... a educação deverá visar ao pleno desenvolvimento da personalidade humana e do sentido de sua dignidade e a fortalecer o respeito pelos direitos humanos e liberdades fundamentais. Concordam ainda que a educação deverá capacitar todas as pessoas a participar efetivamente de uma sociedade livre, favorecer a compreensão, a tolerância e a amizade entre todas as nações e entre todos os grupos raciais, étnicos ou religiosos e promover as atividades das Nações Unidas em prol da manutenção da paz."
Convenção sobre os Direitos da Criança	1989	Nova York (EUA)	Artigo Nº 29	"1. Os Estados Partes reconhecem que a educação da criança deverá estar orientada no sentido de: a) desenvolver a personalidade, as aptidões e a capacidade mental e física da criança em todo o seu potencial; (...) d) preparar a criança para assumir uma vida responsável numa sociedade livre, com espírito de compreensão, paz, tolerância, igualdade de sexos e amizade entre todos os povos, grupos étnicos, nacionais e religiosos e pessoas de origem indígena; e) imbuir na criança o respeito ao meio ambiente."
Declaração Mundial sobre Educação para Todos	1990	Jomtien (TAI)	Artigo Nº 1	"Essas necessidades (de aprendizagem) compreendem tanto os instrumentos essenciais para a aprendizagem (como a leitura e a escrita, a expressão oral, o cálculo, a solução de problemas), quanto os conteúdos básicos da aprendizagem (como conhecimentos, habilidades, valores e atitudes), necessários para que os seres humanos possam sobreviver, desenvolver plenamente suas potencialidades, viver e trabalhar com dignidade, participar plenamente do desenvolvimento, melhorar a qualidade de vida, tomar decisões fundamentadas e continuar aprendendo."
Relatório Delors - Educação: Um tesouro a descobrir	1996	Paris (FRA)	Cap. 4 p. 89	"Para poder dar resposta ao conjunto das suas missões, a educação deve organizar-se em torno de quatro aprendizagens fundamentais que, ao longo de toda a vida, serão de algum modo para cada indivíduo, os pilares do conhecimento: aprender a conhecer, isto é, adquirir os instrumentos da compreensão; aprender a fazer, para poder agir sobre o meio envolvente; aprender a viver juntos, a fim de participar e cooperar com os outros em todas as atividades humanas; finalmente aprender a ser, via essencial que integra as três precedentes."
Fórum Mundial sobre Educação, Educação para Todos	2000	Dakar (SEN)	Artigo Nº 3	"(...) toda criança, jovem e adulto têm o direito humano de beneficiar-se de uma educação que satisfaça suas necessidades básicas de aprendizagem, no melhor e mais pleno sentido do termo, e que inclua aprender a aprender, a fazer, a conviver e a ser."
			Artigo Nº 7	"[comprometem-se a] melhorar todos os aspectos da qualidade da educação e assegurar excelência para todos, de modo a garantir a todos resultados reconhecidos e mensuráveis, especialmente na alfabetização, matemática e habilidades essenciais à vida."
Educação 2030: Rumo a uma educação de qualidade, inclusiva e equitativa e à educação ao longo da vida para todos	2015	Incheon (COR)	Artigo Nº 9	"A educação de qualidade promove criatividade e conhecimento e também assegura a aquisição de habilidades básicas em alfabetização e matemática, bem como habilidades analíticas e de resolução de problemas, habilidades de alto nível cognitivo e habilidades interpessoais e sociais. Além disso, ela desenvolve habilidades, valores e atitudes que permitem aos cidadãos levar vidas saudáveis e plenas, tomar decisões conscientes e responder a desafios locais e globais(...)"

Referências Bibliográficas

1. Instituto Ayrton Senna (2015) *Diretrizes para a política de educação Integral: Solução Educacional para o Ensino Médio.* São Paulo, Retirado de https://issuu.com/agencialete/docs/cadernoexecutivo_seem em 02 de junho de 2016.
2. Organização das Nações Unidas (1948) *Declaração Universal dos Direitos Humanos.* Paris: UNESCO Publishing.
3. Organização das Nações Unidas (1966) *Pacto Internacional sobre os Direitos Econômicos, Sociais e Culturais.* Nova York: Unesco Publishing.
4. Unicef (1989) Convenção sobre os Direitos da Criança. Retirada de https://www.unicef.pt/docs/pdf_publicacoes/convencao_direitos_crianca2004.pdf em 2 de junho de 2016.
5. Organização das Nações Unidas (1990) *Declaração Mundial sobre Educação para Todos.* Tailândia: Unesco Publishing.
6. Unesco (2000) *Educação para Todos: O Compromisso de Dakar.* Senegal: Unesco Publishing.
7. Unesco (1996) *Educação: um Tesouro a Descobrir. Relatório para a Unesco da Comissão Internacional sobre Educação para o século XXI.* Paris: Unesco Publishing.
8. Unesco (2015) *Educação 2030: Rumo a uma educação de qualidade, inclusiva e equitativa e à educação ao longo da vida para todos.* Coreia do Sul: Unesco Publishing.
9. Brasil (1988) Constituição da República Federativa do Brasil. Brasília, DF: Senado Federal. Retirado de http://www.planalto.gov.br/ccivil_03/Constituicao/Constituicao.htm em 02 de junho de 2016.
10. Lei de Diretrizes e Bases da Educação Nacional (1996) *Lei Nº 9.394, de 20 de dezembro de 1996.* Retirado de http://www.planalto.gov.br/ccivil_03/leis/L9394.htm em 06 de maio de 2016.
11. Brasil (1997) *Parâmetros curriculares nacionais.* Secretaria de Educação Fundamental. Brasília: MEC/SEF, p. 69.
12. Plano Nacional de Educação (2014) Lei nº 13.005, de 25 de junho de 2014, que aprova o Plano Nacional de Educação (PNE) e dá outras providências. Brasília: MEC.
13. Brasil (2017) Ministério da Educação. Base Nacional Comum Curricular. Proposta preliminar. Segunda versão revista. Brasília: MEC.
14. Durlak J, Weissberg RP, Dymnicki AB, Taylor RD, Schellinger KB (2011) The impact of enhancing students' social and emotional learning: A meta-analysis of school-based universal interventions. *Child Development* 82: 405-432.
15. CORE – California Office to Reform Education (2013) *ESEA Flexibility Request for Window 3*, Estados Unidos.
16. Duckworth AL, Yeager DS (2015) Measurement matters: Assessing personal qualities other than cognitive ability for educational purposes. *Educational Researcher* 44:237-251.
17. OCDE – Organização para Cooperação e Desenvolvimento Econômicos (2015) *Competências para o progresso social: o poder das competências socioemocionais.* São Paulo: Fundação Santillana, 2015.
18. National Research Council (2012) *Education for Life and Work: Developing Transferable Knowledge and Skills in the 21st Century.* Division of Behavioral and Social Sciences and Education. Washington, EUA: The National Academies Press.
19. ACARA – Australian Curriculum, Assessment and Reporting Authority (2014) *The Australian Curriculum.* Retirado de http://www.australiancurriculum.edu.au/ em 06 de maio de 2016.
20. Collaborative for Academic, Social, and Emotional Learning – Casel (2016) *The CASEL Guide.* Estados Unidos. Retirado de http://www.casel.org/guide/ em 05 de maio de 2016.
21. Brackett MA, Rivers SE (2014) Transforming student's lives with social and emotional learning. Em Pekrun R, Linnenbrink-Garcia L (Orgs.), *International Handbook of Emotions in Education.* New York, EUA: Routledge.
22. México (2011) *Plan de estudios 2011: Educación Básica.* Cuauhtémoc, México.
23. British Columbia (2015) British Columbia Education Plan: Focus on Learning. Retirado de http://www.bcedplan.ca/ em 02 de junho de 2016.
24. Gordon R, Ji P, Mulhall P, Shaw B, Weissberg RP (2011) *Social and Emotional Learning for Illinois Students: Policy, Practice and Progress.* Illinois: EUA, Retirado de http://www.casel.org/library/2013/11/8/social-and-emotional-learning-for-illinois-studentspolicy-practice-and-progress em 02 de junho de 2016.
25. United States: The Substance Abuse and Mental Health Services Administration (2016) *The National Registry of Evidence-based Programs and Practices (NREPP).* Estados Unidos. Retirado de http://nrepp.samhsa.gov/ em 05 de maio de 2016.
26. Kids Matter (2016) *Programs Guide.* Australia. Retirado de https://www.kidsmatter.edu.au/primary/resources-for-schools/other-resources/programs-guide em 05 de maio de 2016.
27. Blueprints for healthy youth development (2016) Evidence-based programs. Estados Unidos. Retirado de http://www.blueprintsprograms.com/programs em 05 de maio de 2016.
28. Early Intervention Foundation (2016) *The Early Intervention Guidebook.* Reino Unido. Retirado de http://guidebook.eif.org.uk/programmes-library em 05 de maio de 2016.
29. Child Trends (2016) *Child Trends List of Programs.* Estados Unidos. Retirado de http://www.childtrends.org/what-works/list-of-programs/ em 05 de maio de 2016.

30. Sklad M, Diekstra R, Ritter MD, Ben J, Gravesteijn C (2012) Effectiveness of school-based universal social, emotional, and behavioral programs: Do they enhance students' development in the area of skill, behavior, and adjustment? *Psychology in the Schools,* 49:892-909.
31. Hill CJ, Bloom HS, Black AR, Lipsey MW (2007) Empirical benchmarks for interpreting effect sizes in research. *Child Development Perspectives* 3:172–177.

Capítulo 9

Transtornos Emocionais e Comportamentais

Ricardo de Oliveira-Souza[1,2,] Jorge Moll[1] e Domitila Ballesteros[2]

Palavras-chave: personalidade antissocial, TDAH, transtornos cognitivos, transtornos afetivos

Resumo

Os transtornos emocionais e comportamentais constituem uma das principais causas de falência escolar na infância e na adolescência. Sua natureza clínica, que requer a formulação de um diagnóstico preciso para cada caso, muitas vezes passa despercebida de parentes, professores e pedagogos; as alterações emocionais e comportamentais, embora evidentes aos olhos de qualquer um, são então reduzidas a chavões do tipo "falta de limites" ou "malandragem", que em nada contribuem para o encaminhamento e eventual solução do problema. O propósito deste capítulo é elencar, por meio de exemplos reais, algumas das principais condições clínicas que têm como manifestação central o comprometimento acadêmico. Além disso, introduzimos a discussão de conceitos-chave para que o leitor não especializado possa se orientar em meio a temas tão complexos e controvertidos, como o que é ser normal, é certo ou errado medicar uma criança hiperativa, e o abuso de álcool e drogas ilícitas. Obviamente, sem pretensão de esgotar o assunto, esperamos que este ensaio clínico-filosófico abra caminho para o aprofundamento de estudos individuais.

Afiliações:
[1]Instituto D'Or de Pesquisa & Ensino (IDOR);
[2]Universidade Federal do Estado do Rio de Janeiro (UNI-RIO)

Ciência para educação: uma ponte entre dois mundos

Introdução: a importância do diagnóstico médico

Os transtornos[a] emocionais são os principais obstáculos ao aprendizado formal[1c] e à socialização de crianças e adolescentes[2]. Refletem interações complexas entre predisposições genéticas, congênitas, familiares e sociais que, em última análise, determinam a configuração sutil da arquitetura neural[b] de cada um de nós[3]. Contudo, leigos, e até profissionais, tendem a reduzir esses transtornos a problemas psicológicos, de chantagem emocional ou de falta de limites. Além de imprecisas, tais nomeações acabam prejudicando a abordagem de distúrbios eventualmente tratáveis: um diagnóstico incorreto levará a falhas de tratamento e erros de prognóstico. Identificar e nomear corretamente um transtorno é fundamental nos casos em que o prognóstico não se associe ao conceito de *cura* ou em que a melhora seja relativa em vez de absoluta. Somente pela formulação do diagnóstico podem-se estimar os prognósticos de médio e de longo prazo. Com base nas informações colhidas, tanto o paciente quanto seus responsáveis poderão tomar as decisões necessárias em futuro próximo e distante. Outra consequência do diagnóstico é a possibilidade de se alterar o curso natural de diversas doenças comuns na infância e adolescência, oportunidade inconcebível até há apenas poucos anos[4].

A literatura corrente tem relegado a plano secundário a descrição naturalista (ou fenomenológica) das desordens emocionais. Nossa premissa central repousa na concepção de que a descrição pormenorizada dos tipos diagnósticos constitui pré-requisito para a compreensão de suas causas e mecanismos subjacentes. Apenas a partir de descrições substantivas pode-se alçar ao nível da investigação científica em sentido estrito, que exige respeito aos critérios básicos de confiabilidade e validade[d]. Sem sua estrita observância, qualquer investigação supostamente científica resultará em desperdício de recursos e tempo.

A fim de promover uma exposição eminentemente prática, abordaremos os tópicos mais importantes a partir de casos reais[e] retirados do acervo dos autores, buscando a forma mais aproximada da narrativa que nos foi compartilhada em consultas. Na ocasião – e como costuma acontecer nas consultas em geral – evitamos antecipar julgamentos acerca da exposição que nos foi trazida. Essa atitude é essencial para a compreensão do ponto de vista do indivíduo e de seu responsável sobre o problema que motivou a consulta: é raro que o paciente venha ao atendimento desacompanhado, sobretudo crianças. O fluxo livre de fala tem importância garantida na

---

[a] *Por tradição e razões didáticas, os termos distúrbio, desordem e transtorno serão utilizados neste capítulo como equivalentes; de igual modo, daremos preferência à expressão clássica retardamento mental (ref. 5) em vez da revisão terminológica mais recente distúrbio do desenvolvimento intelectual (ref. 6).*

[b] *A aprendizagem formal é patrocinada institucionalmente e ocorre de maneira estruturada em sala de aula.*

[c] *Arquitetura neural é o modo de conexão específico entre as células nervosas. Essa conexão obedece a uma planta arquitetônica genética que vai se construindo durante o desenvolvimento. A estrutura interna do cérebro vivo representa a realização dessa planta.*

[d] *Para ter credibilidade uma pesquisa precisa utilizar instrumentos de medidas que sejam confiáveis e válidos. Confiabilidade e validade são dois requisitos imprescindíveis a todos os elementos e fases de uma pesquisa. O índice de confiabilidade alude ao grau de precisão do instrumento de medida e à constância dos resultados, de modo que medidas posteriores forneçam resultados iguais ou o mais semelhantes possíveis. O conceito de validade se refere ao quanto o instrumento mede, de fato, o fenômeno que propõe medir. Existem diversos tipos de validade, como existem várias técnicas matemáticas e estatísticas para aferição da validade dos instrumentos de medida. Dentre elas, estão a validade de construto, validade de critério e validade de conteúdo. Tradução livre da expressão inglesa face validity, a validade aparente consiste no tipo de validade mais rudimentar. Em inúmeras situações, é essencial demonstrar que determinadas medidas tenham validade aparente antes de prosseguir na determinação de formas mais complexas de validade. O primeiro passo consiste na confirmação da validade aparente, ao rever os conteúdos de um teste e considerar sua propriedade para aquilo que pretendem estudar (ref. 7).*

[e] *Os nomes dos relatos de casos foram retirados, a não ser quando explicitados.*

Capítulo 9   Transtornos Emocionais e Comportamentais

coleta de dados. Por essas razões, transcrevemos, *ipsis litteris*, algumas das expressões utilizadas pelos interlocutores.

Os procedimentos citados são motivados por duplo cuidado. O primeiro vincula-se à necessidade do especialista em detectar as falhas do paciente no desempenho de suas atividades cotidianas, compreendendo onde e como seu comportamento é disfuncional. O outro cuidado diz respeito à manutenção da propriedade da narrativa, que pode ser considerada fundamental para o estabelecimento de validade aparente. O médico ou o psicólogo devem ser capazes de extrair consistência e coerência interna dos relatos trazidos ao consultório sem, por outro lado, contaminá-los com suas próprias ideias preconcebidas.

A outra finalidade de transcrevermos as narrativas tal qual trazidas à consulta repousa em seu caráter didático, posto que se pretende demonstrar ao leitor como o problema é exposto no consultório e como o relato é estruturado na elaboração do diagnóstico.

No **Quadro 9.1,** estão listadas algumas condições com início na infância e na adolescência, perturbando, primária ou secundariamente[f], o equilíbrio emocional do paciente.

Quadro 9.1. Exemplos de condições neurológicas e neuropsiquiátricas* com início na infância e na adolescência	
Retardamento mental	Redução da inteligência global (QI** < 70), com instalação antes da maturidade, ocasionando comprometimento da autonomia***, das atividades instrumentais**** do dia a dia e da socialização. O termo *retardamento mental* é inespecífico quanto à causa do retardamento em cada caso.
Distúrbios disruptivos	Elenco de condições que perturbam a harmonia social e a interação com pares e adultos. • Déficit de atenção com hiperatividade (TDAH) • Distúrbio opositivo-desafiador • Distúrbio de conduta
Distúrbios abrangentes do desenvolvimento	Comprometimento da aquisição da comunicação e das interações sociais recíprocas, atividades e interesses restritos, e comportamentos ritualizados. • Autismo • Síndrome de Asperger • Síndrome de Rett
Tiques e síndrome de Tourette	Movimentos repetitivos e estereotipados, em geral craniofaciais (meneios de cabeça e olhos, pigarros), que ocorrem em resposta a uma sensação subjetiva local. Quando associados a tiques vocais (guinchos, uivos, latidos) têm pior prognóstico e caracterizam a síndrome de (Gilles de la) Tourette
Distúrbios de aprendizado	Desempenho escolar abaixo do esperado para idade e instrução que difere do retardamento mental porque se expressa em domínios cognitivos específicos, sendo, portanto, compatíveis com inteligência normal. • Distúrbio de leitura (dislexia congênita) • Distúrbio de matemática (discalculia) • Distúrbio da escrita (disgrafia)
Distúrbios do desenvolvimento da comunicação	Comprometimento da aquisição da fala e da linguagem, também conhecidos como *afasia do desenvolvimento*. • Distúrbio de expressão • Distúrbio de compreensão • Distúrbio misto • Distúrbio fonológico
Distúrbio do desenvolvimento da coordenação motora	Incoordenação motora que se manifesta na execução de movimentos finos de habilidade, levando a trocas de sílabas, queda de objetos das mãos, e tropeços com quedas; em geral, conhecidos como *estabanados*.

continua >>

---

[f] *Direta ou indiretamente, respectivamente.*

Ciência para educação: uma ponte entre dois mundos

>> Continuação

Quadro 9.1. Exemplos de condições neurológicas e neuropsiquiátricas* com início na infância e na adolescência

* A neuropsiquiatria é uma especialidade médica que cuida do diagnóstico, prognóstico e tratamento das doenças mentais e comportamentais, independentemente do grau de conhecimento de suas bases cerebrais. Difere da psiquiatria pelos métodos terapêuticos: enquanto a primeira se limita aos tratamentos somáticos, ou seja, utiliza medicamentos, eletroestimulação cerebral e psicocirurgia, a segunda pode recorrer a métodos terapêuticos adicionais por exemplo, à psicoterapia que fogem ao âmbito estrito da medicina.

** O QI, ou quociente de inteligência, é a razão entre idade mental (determinada por testes de inteligência) e idade cronológica multiplicada por 100:

$$QI = \frac{\text{Idade Mental}}{\text{Idade cronológica}} \times 100$$

A solução dessa equação resulta em um valor que é comparado à faixa da população normal de mesmo sexo, faixa etária e escolaridade. Esse padrão é matematicamente ajustado para ter média 100 e variação de 85 a 115. O QI normal, portanto, varia de 85 a 115. Por segurança, apenas valores abaixo de 70 são considerados definitivamente anormais.

*** Autonomia é a capacidade de gerar e gerenciar recursos suficientes para prover as necessidades básicas da vida, como abrigo, alimentação, vestimenta, higiene e cuidados pessoais. Difere da independência, que diz respeito à capacidade de deslocamento sem ajuda física de pessoas ou aparelhos. Nesse sentido, um paciente tetraplégico pode ter plena autonomia sem que seja independente, como foi o caso do ator Christopher Reeves, protagonista do filme Superman de 1978; por outro lado, um paciente com demência pode ser independente, mas ter perdido sua autonomia a partir do momento em que passou a depender de terceiros para o gerenciamento de suas necessidades de subsistência.

**** Atividades instrumentais são atividades do dia a dia cuja realização é mediada por instrumentos, ferramentas ou utensílios, como telefone, dinheiro, e meios de transporte.

Fonte: *American Psychiatric Association*, 2000 (ref. 8).

Encaminhamento diagnóstico da criança e do adolescente com falência escolar

O encaminhamento diagnóstico depende do padrão de falência escolar, sendo preciso situar a disfunção quanto ao tempo e ao modo de instalação[9]. À investigação clínica cabe delinear quando o comportamento indesejado se estabeleceu, bem como a maneira pela qual se imiscuiu na vida da criança e em seu entorno. Nos relatos aqui apresentados, o desempenho escolar de algumas crianças sempre foi precário. Em tais circunstâncias, a queixa surge a partir do aumento da demanda cognitiva inerente à progressão acadêmica. Em outros casos, o desempenho da criança é normal ou superior até que os problemas de aprendizado formal se apresentam, não raro, sem razão aparente. Ambas as condições enfeixam categorias diagnósticas que devem ser investigadas por testes clínicos e complementares especializados: exames neuropsicológicos, eletrofisiológicos

---

[g] *Os testes cognitivos, usados para determinação do QI e de domínios cognitivos específicos (como funções executivas, percepção visual, memória) fazem parte do exame neuropsicológico convencional. O eletroencefalograma (EEG) e o exame dos potenciais evocados cognitivos são exames eletrofisiológicos comuns na prática clínica. Dentre os exemplos de exames de neuroimagem estão a ressonância magnética (RM) e a tomografia computadorizada (TC).*

[h] *Não necessariamente na sequência aqui apresentada.*

e de neuroimagem[g]. Em cada caso, é indispensável investigar sistematicamente[h] (a) o nível de inteligência[i], (b) a capacidade de lidar com as atividades instrumentais do dia a dia, (c) a qualidade das interações sociais com pares e adultos, e (d) o ambiente familiar e social – isto é, o ambiente extraescolar.

Gabriel[j]: Distúrbio de conduta com hiperatividade, sucesso na vida adulta

Hoje com 40 anos (**Figura 9.1**), Gabriel recorda com graça sua infância *endiabrada*. Para ele, era impossível se concentrar e parar quieto nas aulas; vivia pulando os muros da escola, dos quais *conhecia cada ângulo*. Tinha o hábito de fugir do ambiente escolar para encontrar os amigos para conversar e jogar bola na rua ou na praia. Quando seus pais não estavam, costumava *matar* aula e ficar dormindo em casa. Gabriel não media consequências, e os castigos e as repreensões eram ineficazes sobre seu comportamento *arteiro e levado*. Inúmeras vezes, sua mãe foi chamada à

▶ **Figura 9.1.** Gabriel (em primeiro plano) e alunos no último dia de aula de 2016. Nessas ocasiões, que ocorrem anualmente, celebram a passagem de faixas, e cada um compartilha suas conquistas e fala sobre no que deve investir para progredir como ser humano. Gabriel costuma encerrar tais eventos com uma breve preleção sobre o esporte e a importância da responsabilidade individual nas ações de cada um de nós.

---

[i] *Os valores referentes ao QI não são absolutos, ou seja, não devem ser considerados isoladamente. Sua importância clínica advém de sua consistência com a desordem cognitiva, comportamental e social da criança ou do adolescente no mundo real. Diversos estudos concordam que o QI resulta da interação entre os seguintes fatores independentes (ref. 10): inteligência fluida, a capacidade de criar soluções originais para problemas novos, é em grande parte determinada geneticamente, sofrendo pouca influência da escolaridade; inteligência cristalizada, a capacidade de resolver problemas conhecidos, é primariamente adquirida e, portanto, dependente da escolaridade; e inteligência visuoespacial, a capacidade de usar imagens e relações espaciais na resolução de problemas. Cada um desses fatores tem implicações sociais e ocupacionais distintas. Por exemplo, enquanto a inteligência fluida se encontra diretamente relacionada com o sucesso no trabalho, seja qual for a ocupação exercida, a inteligência cristalizada é um dos melhores preditores de sucesso acadêmico (ref. 11).*

[j] *A publicação da foto apresentada foi autorizada.*

Ciência para educação: uma ponte entre dois mundos

direção para tratar dos problemas de disciplina do filho que, por fim, acabou *convidado* a sair da escola que foi sua por dez anos.

Aos 18 anos, inscreveu-se para o vestibular de Administração, mas perdeu a prova porque esqueceu os documentos no carro da mãe. Apenas quando os portões se abriram viu que estava sem eles. Fitou o inspetor, *paralisado*, ao mesmo tempo em que pensava consigo mesmo como podia ser tão *idiota* em achar que conseguiria convencer o fiscal a deixá-lo passar do portão de entrada sem documentos. Voltou para casa e ouviu, cabisbaixo, com ódio de si mesmo, a dura repreensão dos pais. Hoje, relembra o ocorrido com alívio e agradece a Deus por não ter feito Administração, carreira na qual certamente fracassaria, porque não tinha nada a ver com *sua natureza*.

Seu *sonho de consumo* na época era *passar o dia em uma grande academia em meio às gostosas e botar toda a sua energia para fora*. Quando, finalmente, venceu a resistência dos pais, que achavam que *Educação Física era coisa de vagabundo*, passou para Educação Física. A partir daí, sua vida mudou. Ao longo dos quatro anos do curso, acordava cedo, chegava pontualmente a todas as aulas, que jamais perdia, e *adorava estudar todas as matérias*. Foi aplaudido de pé pela banca e pela plateia ao terminar a apresentação oral da monografia de conclusão do curso.

Gabriel se considera competitivo, alguém que desafia os próprios limites para vencer uma disputa justa. Por outro lado, *detesta covardia*. Nunca tolerou ser alvo de injustiça e, se alguma vez agiu com covardia, a iniciativa não foi sua. Emociona-se ao recordar os tempos em que ele e seus amigos pediam pizza para roubar o *motoboy* sem se importar se o coitado teria que dar conta do prejuízo ao patrão. No final da adolescência, começou a direcionar sua energia para surfe, futebol, lutas marciais e vela, sua grande paixão esportiva depois do jiu-jitsu, modalidade em que acabou se profissionalizando e se destacando como líder e vencedor. Em 2016, em Las Vegas, foi tricampeão Master no Campeonato Mundial da Confederação Brasileira de Jiu-Jitsu.

Hoje, é querido por todos, um modelo de conduta para os que desfrutam de suas aulas e de sua companhia (**Figura 9.1**). Meigo e espirituoso, não deixa de exercer sua autoridade contra quem busca o esporte para promoção pessoal ou domínio por vantagem física ou técnica. Tanto é assim que mantém o respeito pelos mestres e veteranos mesmo após sagrar-se tricampeão mundial. Há meses, foi convidado a visitar a academia de um mestre faixa preta para uma demonstração coletiva. Embora tivesse dominado o velho professor com relativa facilidade, não o *finalizou*, decidindo afrouxar a gravata técnica – *chocke* – antes que perdesse os sentidos. Sua atitude evitou que o mestre passasse por uma humilhação pública.

Até hoje, Gabriel é *estabanado* e nunca deixou de sentir-se *agitado por dentro*. Vive deixando cair coisas das mãos, e considera ficar sentado mais do que alguns minutos a *mesma tortura que era na infância*.

Sua desatenção se refletiu no Teste de Desempenho Contínuo, motivo pelo qual esse caso demonstra, também, que a desatenção, fenômeno psicopatológico exemplar, é passível de mensuração objetiva[12].

Comentário: Esse caso ilustra como a desatenção somada à hiperatividade e impulsividade podem se perpetuar ao longo da vida, sendo, não obstante, plenamente compatíveis com uma vida pessoal produtiva e carreira profissional de sucesso[13]. Talvez a mensagem mais importante encapsulada nesse relato seja o apelo que nos faz, a todos os envolvidos nos cuidados, diagnóstico, tratamento e orientação de crianças e adolescentes problemáticos, para que jamais nos precipitemos na aceitação de que *não existe solução*. A possibilidade de uma vida adulta saudável e produtiva jamais deve ser perdida de vista, ainda que a situação presente pareça irremediável.

Gabriel preencheu critérios para os diagnósticos de Distúrbio de Conduta, Distúrbio Opositivo-Desafiador e Déficit de Atenção com Hiperatividade na infância e na adolescência. Essas três condições se acham intimamente relacionadas – e frequentemente coexistem – sendo, por essa razão, coletivamente enfeixadas nos Transtornos Disruptivos de Comportamento (veja o **Quadro 9.1**, que elenca esses transtornos)[14].

Em essência, o Transtorno da Personalidade Antissocial no adulto tem seu início na infância e na adolescência, quando se instala o Distúrbio de Conduta/Opositivo-Desafiador. A recíproca, contudo, não é verdadeira, já que nem todo Distúrbio de Conduta/Opositivo-Desafiador se transforma obrigatoriamente, na vida adulta, em Transtorno da Personalidade Antissocial. Em mais da metade dos casos, a hiperatividade infantil diminui a partir do início da vida adulta, se atenuando e até desaparecendo antes dos 30 anos. Muitas pesquisas têm sido realizadas para prever o mais cedo possível quais indivíduos com esse tipo de distúrbio apresentarão, na vida adulta, o transtorno de personalidade antissocial. Em todas as investigações realizadas, os preditores mais robustos são a frieza emocional e a ausência de empatia, que hoje podem ser detectados ainda em idade pré-escolar[15]. Um desses autores[16] identificou dois padrões de comportamento disruptivo em crianças e adolescentes, cada qual com continuidades próprias na vida adulta. No primeiro caso, a conduta antissocial começa antes da idade escolar, ao passo que no segundo os comportamentos antissociais se instalam na adolescência e gradualmente se atenuam até a terceira década da vida. O acompanhamento de centenas desses casos por mais de 30 anos revelou que os de início precoce evoluem com agravamento dos comportamentos antissociais na vida adulta, ao passo que os de início na adolescência têm melhor prognóstico e vida adulta produtiva[17]. Essas observações têm sido repetidamente confirmadas, demonstrando que, em retrospecto, os transtornos de comportamento da maioria dos adultos com personalidade antissocial/psicopatia começam cedo, antes mesmo do ingresso na vida escolar, conforme ilustrado pelo caso a seguir.

Bella: Distúrbio de conduta com hiperatividade, psicopatia na vida adulta

Nascida na Bahia de parto normal de nove meses, filha de pai traficante de paradeiro incerto, Bella foi enviada aos 3 anos de idade para morar com a avó materna, no Rio de Janeiro, *porque não era normal*. Com poucas semanas de convívio, a avó chegou à mesma conclusão, de que *a neta era de má índole*. Tinha 7 anos quando a trouxe pela primeira vez à consulta. Isso ocorreu quando a menina, finalmente, conseguiu afogar o cachorro depois de diversas tentativas frustradas pelo surgimento inesperado da avó. Diante do feito, Bella demonstrou a mesma satisfação de quando matava passarinhos.

Passava boa parte do tempo manipulando a genitália ou roçando-a em travesseiros e toalhas. Brincava com bonecas colocando-as de frente uma para a outra, em encenação de cópula. Muitas vezes, pulava o muro, fugindo ao encontro de meninos, tendo sido pega em meio a dois ou três, todos despidos. Trancafiada no quarto ou acorrentada para não fugir, chorava e gritava, a ponto dos vizinhos terem chamado várias vezes a polícia, acusando a avó de maus-tratos. Dissimulada, parava o que estava fazendo quando surpreendida pela avó. Não tinha amigos, pois *não faz união*. Em duas oportunidades, misturou detergente na mamadeira do primo lactente *para vê-lo espumando*. Não tinha vergonha de nada, nem de ninguém. Perseguia seus colegas para cortá-los, machucá-los, furar-lhes os olhos, o que culminou com a expulsão da escola. Conhecia o significado do dinheiro. Questionada se escolhia Deus ou o Diabo, respondia, sem titubear: *o Diabo*. Desorganizava os locais por onde passava. Ao ser examinada, inicialmente parecia furtiva e calada, mas logo se pôs à vontade para barganhar benefícios pessoais – balas, por exemplo – como condição para cooperar com o exame.

As alterações de comportamento se agravaram ao longo dos anos. Na adolescência, já havia invadido casas vizinhas e até supermercados do bairro para roubar dinheiro e comida. Confrontada, não achava que tivesse feito nada de errado, motivo pelo qual não merecia ser castigada. Negou ter assaltado à mão armada *porque isso é crime! Crime*, respondeu ela, *é matar, assaltar, acusar as pessoas de terem feito alguma coisa errada sem ser verdade*. Embora também negasse uso ou tráfico de drogas ilícitas, havia sido presa por isso três vezes, nos dois anos anteriores, mas liberada em seguida, *porque as vítimas não prestaram queixa*. Indagada sobre o que desejava ser quando crescer, respondia que *queria ser manicure*. Vista em consulta pela última vez com 19 anos, admitiu, após alguma conversa informal, ser interesseira, mentirosa e sedutora para obter o que quer.

Comentário: Trata-se de caso típico de transtorno de conduta e psicopatia na infância com persistência na adolescência e vida adulta. O prognóstico desses casos é sombrio devido a dois fatores. O primeiro deles se deve à eficácia nula ou reduzida de tratamento farmacológico ou psicoterápico. A outra razão reside no fato de que, ao ingressar na idade adulta, o indivíduo vai se engajando, cada vez mais e de forma diversificada, em atividades criminosas[18]. Não obstante o mau prognóstico, casos como esse demonstram a importância de se estabelecer uma distinção clara entre distúrbio de conduta e psicopatia.

A desordem de conduta é uma condição inespecífica do ponto de vista diagnóstico por ser comum a diversos transtornos neuropsiquiátricos, como é o caso da mania, da depressão, do déficit de atenção e da psicopatia. A psicopatia, por sua vez, compreende uma disfunção do desenvolvimento, caracterizada por grave distúrbio de conduta e por ausência ou redução de remorso e de culpa – sentimentos quase sempre resumidos no conceito de *empatia*[19,20].

Boa parte dos transtornos de conduta não associados à psicopatia responde a tratamento farmacológico e psicológico. O mesmo não pode ser dito da psicopatia, cujo mau prognóstico se associa à resposta ausente ou insignificante a qualquer tipo de intervenção, persistindo, portanto, durante toda a vida[21].

Augusto: Doença bipolar do humor antes da puberdade

Um menino de 8 anos de idade, que costumava ter bom rendimento escolar, veio à consulta trazido pela avó materna, por insônia, notas baixas em quase todas as matérias, crises de choro e indisciplina. O garoto vinha se tornando cada vez mais agressivo contra seus colegas, o que justificava como reação às zombarias de que era alvo. As alterações se instalaram ao longo dos nove meses que precederam a consulta, e levaram tempo para serem notadas porque flutuavam em intensidade. Diagnosticada depressão, foi-lhe receitado, durante nove meses, antidepressivos[k], o que pareceu funcionar por um certo período de tempo. Augusto retornou à normalidade fisiológica, escolar e social em menos de um mês, e assim se manteve depois da retirada da medicação. Um ano após o término do tratamento, voltou a ficar agitado e indisciplinado, dormindo pouco, falando alto e desafiando colegas e professores, dizendo ser o *Superboy*. Subia em muros, mesas e cadeiras, dos quais saltava de braços abertos, como que dando impulso para alçar voo. Desesperados, pais e avós o trouxeram novamente à consulta. Na noite anterior, certo de que já havia aprendido a voar, Augusto teria saltado da janela do décimo andar caso não o tivessem impedido. Medicado com antipsicótico[l] e com estabilizador de humor, foi mantido sob vigilância até cessarem os sintomas indesejados, o que se verificou em três semanas. Desde então, tem-se mantido constante e produtivo, fazendo uso de estabilizador de humor.

Comentário: Esse caso ilustra o início da doença bipolar[m] na infância, enfermidade grave, que traz importante prejuízo à vida do indivíduo, em particular durante o episódio de mania. Nessas circunstâncias, a criança pode se colocar em situações de risco de vida. Em teoria, o trans-

---

[k] *Antidepressivo da classe dos inibidores seletivos de recaptação de serotonina.*

[l] *Antipsicótico atípico.*

[m] *A expressão transtorno (ou doença) bipolar substituiu psicose maníaco-depressiva.*

Capítulo 9 — Transtornos Emocionais e Comportamentais

torno bipolar é uma psicopatologia que se caracteriza por oscilações de estados de humor que vão de mania ou euforia até depressão, intercalados com momentos de equilíbrio – eutimia.

O transtorno bipolar em adultos se apresenta como tarefa desafiadora. Em parte, isso acontece devido à dificuldade de se reconhecer a doença em seu estágio inicial, e, por conseguinte, de se identificar qual transtorno acomete o paciente. Em média, os pacientes esperam dez anos para obter diagnóstico acertado[22]. Outro complicador diz respeito à eficácia relativamente baixa dos medicamentos de que hoje dispomos para tratar a condição[23].

Em crianças, a situação é ainda mais difícil. Até a virada para o século 20, poucos autores admitiam a viabilidade da ocorrência de um episódio de mania antes da puberdade, e muito menos discutiam sobre a possibilidade do transtorno bipolar se originar em crianças[24]. Há que se considerar, portanto, o efeito desfavorável dessa lacuna de tempo nas pesquisas relacionadas com o assunto. Com a demonstração de casos de instalação de mania antes mesmo da idade escolar, tal tendência se modificou radicalmente[25]. O reconhecimento da ocorrência do distúrbio em crianças e adolescentes teve múltiplo mérito. A partir daí, novos instrumentos de diagnóstico precoce, a melhor compreensão das apresentações clínicas, bem como o desenvolvimento de tratamentos mais eficazes, tomaram impulso notável[24].

Atualmente, sabemos que o transtorno bipolar cursa em crianças e em adolescentes de forma distinta do adulto. Disso decorre que as características dessa última podem parecer atípicas em crianças e adolescentes[23,24]. A defasagem de tempo para o início das pesquisas mais efetivas em crianças e adolescentes pode ter comprometido seu acompanhamento até a idade adulta. Se assim não tivesse ocorrido, a assistência, a análise e o estudo do curso da desordem em indivíduos de pouca idade provavelmente teriam muito a acrescentar à intervenção terapêutica dos adultos que atualmente convivem com a desordem. Não estranha, portanto, que o diagnóstico de Augusto tenha levado tanto tempo para ser formulado.

Paulinho: Inadequação social

Paulinho nasceu a fórceps, de gestação *muito desejada* de nove meses. A família logo se encantou com o bebê, primeiro filho, neto e sobrinho. Embora *lindo e inteligente*, desde os primeiros dias de vida se mostrava agitado, chorando dia e noite. Moravam no subúrbio em casa com quintal, local onde praticava suas *travessuras*: em duas quedas mais sérias, fraturou a base do crânio e o braço. Paulinho não se corrigia apesar da *educação de príncipe* dada pelos pais. Em parte, isso se devia a *odiar ser contrariado*, descontrolando-se ante as menores frustrações. A partir dos 10 anos, suas notas caíram e começou a ter problemas de disciplina na escola. Matava aulas e, quando se fazia presente, costumava ler revistas durante a classe. Paulinho desafiava os mais velhos, brigava na rua e intimidava os mais novos. Aos 13 anos, começou a fumar maconha, levando os pais ao desespero. Castigos, ameaças e cortes de mesada não surtiam o menor efeito. Apropriava-se de perfumes e de roupas dos irmãos nos finais de semana. Furtava dinheiro do pai e saía com seu carro sorrateiramente para ir a festas no bairro, voltando de madrugada. Não hesitava em trocar pertences seus, ou dos irmãos, por drogas ou dinheiro. Aos 18 anos, mudou-se com a família para a Zona Sul, onde se juntou aos *piores elementos* do bairro. Com esses, manteve o uso regular de maconha, além de iniciar o consumo de outras drogas, principalmente de LSD. O relacionamento com os parentes piorava a cada ano, mesmo passando a maior parte do tempo na praia ou em festas. Adorava correr riscos. Gabava-se por exceder os colegas em saltos de penhascos, ondas e direção perigosa. Concluiu o segundo grau a duras penas, falhando em todas as tentativas subsequentes de trabalho e estudo.

Ao relato da história de Paulinho somavam-se manifestações de outra natureza, mas que também resultavam em grave comprometimento das interações interpessoais. Desde cedo, começou a se interessar por pedras e mitologia, que colecionava e estudava no quarto horas a fio. Sempre adotou atitude professoral em diferentes contextos sociais. Instruía pedreiros a realizarem seu ofício. Ensinava as empregadas a fazer almoço, motivo pelo qual as funcionárias permaneciam poucas semanas no emprego: elas não toleravam suas interferências. Seu quarto era um caos, entulhado com mais de 40 pranchas velhas e mofadas, que colecionava desde a adolescência, por terem pertencido a surfistas famosos. Inventava histórias nas quais protagonizava situações inverossímeis, sem nunca perceber o ridículo ao qual se expunha, como era o que acontecia ao discorrer sobre ter auxiliado Kerry Slater para se tornar celebridade. Também não se apercebeu da intenção depreciativa subjacente de sua *turma de praia* ao criar uma comunidade no Orkut[n] chamada *Eu acredito no Paulinho*, e à qual ele costumava se referir com orgulho. Jamais estabeleceu laços afetivos além dos limites da família nuclear, e os poucos namoros que teve não duraram mais que alguns meses. Quem o conhecia mais de perto, especialmente mãe e irmã, esforçava-se para conviver com seu comportamento excêntrico e ritualizado.

Os exames neurológico e neuropsiquiátrico confirmaram a história relatada. Era um homem de 57 anos, de preparo físico compatível com sua história esportiva, e de comportamento peculiar ao falar e encenar sobre suas técnicas de esporte. Dava pouca atenção às réplicas do examinador. Limitava-se a responder rapidamente às suas perguntas, para, logo em seguida, retornar aos seus temas de preferência, que iam de *mitologia grega* ao *efeito do alinhamento dos planetas sobre a saúde*. Sua pontuação elevada no Instrumento de Rastreamento Antissocial endossou o diagnóstico de distúrbio de conduta e personalidade antissocial[26]. Após algumas consultas, tornou-se evidente sua limitada capacidade de interação interpessoal[27], ratificada pela baixa pontuação no Teste dos Olhos[28] e pelo elevado escore no Quociente do Espectro Autista[29]. Não obstante, a inteligência global situava-se dentro da normalidade[o], assim como seu desempenho em testes de Construção Visuoespacial, de Reconhecimento de Formas pelo Tato, de Reconhecimento de Pantomimas[30], e Denominação Visual[31]. Seu desempenho executivo, por outro lado, encontrava-se incontestavelmente comprometido. Não foi capaz de finalizar nenhuma categoria, além de cometer uma taxa anormalmente elevada de erros perseverativos[p] no Teste de Wisconsin[32]. O exame neurológico revelou blefarospasmo bilateral[q], que respondeu temporariamente à aplicação de toxina botulínica.

Comentário: Em essência, o transtorno da personalidade antissocial no adulto tem seu início na infância e na adolescência, quando se instala o distúrbio de conduta/opositivo-desafiador. A recíproca, contudo, não pode ser afirmada, já que, na vida adulta, nem todo distúrbio de conduta/opositivo-desafiador se transformará, obrigatoriamente, em transtorno da personalidade

---

[n] *O Orkut (www.orkut.com), desativado em setembro de 2014, foi muito popular no Brasil como site de relacionamentos até o aparecimento do www.facebook.com.*

[o] *QI = 85, Mini-Exame do Estado Mental = 30.*

[p] *Erro perseverativo é um tipo qualitativamente distinto de erro, no qual uma resposta correta em determinado contexto se torna incorreta em outro. Por exemplo, precisamos deixar uma encomenda na casa de um amigo que fica na rua ao lado; chegando ao trabalho, damo-nos conta de que esquecemos de modificar o caminho para efetuar a entrega: uma ação correta (neste caso, seguir o caminho habitual para o trabalho) tornou-se incorreta quando o contexto mudou (passar antes na casa do amigo). Erros perseverativos podem ser provocados pedindo que o sujeito abra a boca e depois feche os olhos diversas vezes. Se o sujeito abrir a boca, resposta antes correta, quando solicitado a fechar os olhos, cometerá um erro perseverativo, porque emitiu uma resposta que era correta, mas que se tornou errada porque o contexto mudou. O erro perseverativo não deve ser confundido com outro tipo comum de erro, o erro de alternância, que pode ser provocado por diversos testes simples, como pedir que a criança repita determinada sequência como ○△□ ○△□ ○△□ ○△□.... Nesse caso, um padrão comum de erro de alternância poderia assumir a seguinte forma: ○△□ ○△□ ○△△ △△△ △△△... O elemento gráfico △ está correto apenas como elemento intermediário na sequência ○△□, mas se torna incorreto quando deixa de ocupar aquela posição específica na sequência.*

[q] *O blefarospasmo é o tipo mais comum de distonia focal; caracteriza-se por contrações espasmódicas, involuntárias e bilaterais dos músculos orbiculares da pálpebra.*

antissocial. Em mais da metade dos casos, a hiperatividade infantil no início da vida adulta diminui, de modo que os transtornos de conduta/opositivos se atenuam ou desaparecem.

Muitas pesquisas têm sido realizadas para que se possa prever, o mais cedo possível, quais indivíduos com esse tipo de desordem apresentarão o transtorno de personalidade antissocial quando adultos. Em todas as investigações, os preditores mais robustos são a frieza emocional e a ausência de empatia, que podem ser detectadas já em idade pré-escolar[15]. Dois padrões de comportamento disruptivo em crianças e adolescentes foram identificados[16], cada qual com continuidades próprias na vida adulta. No primeiro caso, a conduta antissocial começa antes da idade escolar, ao passo que no segundo, os comportamentos antissociais se instalam na adolescência e gradualmente se atenuam até a terceira década da vida. Pelo acompanhamento de centenas desses casos por mais de 30 anos, a autora demonstrou que as desordens de início precoce evoluem com agravamento dos comportamentos antissociais na vida adulta. As de início na adolescência, porém, têm melhor prognóstico e são compatíveis com uma vida adulta produtiva[17]. Outros estudos confirmam essas observações, atestando, em retrospecto, que os transtornos de comportamento da maioria dos adultos com personalidade antissocial/psicopatia começaram cedo, antes mesmo do início da fase escolar.

Carolina: Distúrbio primário da vigilância (Síndrome de Weinberg)

Desde o fim do quarto ano, Carolina passava boa parte das aulas de olhos vidrados e indiferente ao entorno, preocupando as professoras por seu alheamento e indiferença. Chamada pelo nome, desculpava-se e se esforçava em prestar atenção, obtendo sucesso apenas por curtos períodos de tempo. Desorganizada, quando não se encontrava abstraída, manipulava, sem propósito, lápis, borracha e cadernos sobre a carteira. O eletroencefalograma em vigília revelou atividade rápida na região temporal esquerda, mas nenhuma evidência clínica ou eletroencefalográfica de crises de ausência[r]. Todavia, respondia prontamente quando chamada, dizendo que *não estava pensando em nada*, que *sua mente estava vazia*. Encaminhada à consulta pela professora, que a descreveu como afável e esforçada, porém com dificuldade de se concentrar e com períodos prolongados de *ausência*[s]. Sua mãe confirmou que atravessava vários e breves períodos de sonolência durante o dia, especialmente quando lia ou assistia televisão. Se não se deitasse até as 20h30, a sonolência e a falta de concentração aumentavam sensivelmente no dia seguinte. Durante o exame, Carolina bocejava, espreguiçava-se e se mexia na cadeira, desligando-se do ambiente tão logo deixada quieta. Nesses momentos, quando inquirida, referia cansaço e sono. Sua interação com o examinador era educada e cooperativa, buscando dar o melhor de si nos testes e exames. Esforçou-se para ler em voz alta um trecho de revista, mas a leitura era lenta e hesitante; nas passagens complicadas, tornava-se ainda mais inquieta e indecisa. O Teste de Desempenho Contínuo foi consistente com déficit de atenção[33]. Na família paterna, havia vários indivíduos que sofriam de sonolência diurna desde a infância. Seu pai havia dormido ao volante diversas vezes; uma de suas máximas era *ler é o melhor sedativo*. Com medicação estimulante do sistema nervoso central[t] no café da manhã e no almoço, Carolina apresentou melhora dramática dos sintomas atencionais e benefícios imediatos no rendimento escolar e social.

---

[r] *O termo ausência foi utilizado aqui como evidência médica, sendo, portanto, passível de observação por profissional da área da medicina.*

[s] *Aqui, o mesmo vocábulo, ausência, foi utilizado com um sentido comportamental, passível de observação por leigo da área médica, no caso, pela professora. Essa dupla utilização do termo, ao qual essa nota e a anterior fazem referência, será discutida no caso a seguir.*

[t] *Medicamento da classe das anfetaminas.*

Ciência para educação: uma ponte entre dois mundos

Comentário: O propósito do relato desse caso é chamar a atenção para um subgrupo de crianças com pronunciado déficit de atenção *sem hiperatividade*. A inexistência da segunda é fundamental para a definição dos distúrbios disruptivos (discutidos no Capítulo 7), que têm, no déficit de atenção com hiperatividade, um dos sintomas mais distintivos. Esse caso é representativo de crianças cuja hiperatividade, quando existe, não causa problemas na sala de aula. Situação muito distinta acontece quando ostentam hiperatividade locomotora disruptiva[u].

Na história de Carolina, a disfunção mais importante se evidenciou como sendo a insuficiência de vigília, a incapacidade de sustentar e adequar o nível de vigília às diferentes demandas cognitivas. Esses pacientes vivem sonolentos, entediados, bocejando com frequência – como fazemos quando estamos com sono e precisamos ficar acordados. Outra característica notável é sua personalidade gentil, afetuosa e compassiva, fato que os leva a serem descritos como *angelicais* pelos mais próximos. A observação da ocorrência de casos semelhantes na mesma família sugere herança autossômica dominante[34].

Esse caso também convida à discussão sobre o sintoma denominado *ausência*, termo utilizado muitas vezes de forma vaga para descrever fenômenos distintos. A maior parte dos casos de ausência acontece em duas situações diferentes. Na primeira, os episódios ocorrem nas crises epiléticas nos quais há comprometimento da consciência, mas sem convulsões generalizadas. Durante tais episódios, que duram alguns segundos apenas, os indivíduos não respondem e não reagem a estímulos ambientes, nem mesmo à dor[35]. Na outra situação, os episódios de ausência coincidem onde há déficit de atenção sem hiperatividade, como nesse caso, a ausência sendo prontamente desfeita por estímulos do ambiente, bastando chamá-los pelo nome para que prontamente atendam.

Não obstante o notável avanço do conhecimento sobre a deficiência de atenção com hiperatividade, diversos aspectos de igual importância para a adequada condução de crianças desatentas carecem de estudos mais aprofundados. A consideração de casos que não se enquadravam no perfil da síndrome levou à reformulação, atualmente aceita, de que a desatenção, com ou sem hiperatividade, consiste em uma desordem que pode ter causas diversas[36]. Um desses transtornos corresponde à entidade original do déficit de atenção com hiperatividade[37]. O **Quadro 9.2** sumaria as principais condições que conduzem à desatenção com ou sem hiperatividade em crianças e adolescentes. Seu reconhecimento é de extrema importância, uma vez que previne erros desnecessários, como seria o caso de um diagnóstico equivocado de TDAH.

Simone: Desatenção e hiperatividade como manifestações de comprometimento cognitivo subjacente

Desde o fim do terceiro ano, Simone preocupava as professoras por seu comportamento agitado e desobediente, características que vinham se acentuando no decorrer do semestre. Suas atitudes desafiadoras não ocorriam no recreio ou em casa, mas quando chamada a fazer os deveres da escola. Inicialmente, suspeitaram que a indisciplina se devesse à preguiça ou à má vontade. Essa explicação, todavia, não se harmonizava com o comportamento dócil e educado de Simone em diversas situações. Em meio a essas incertezas, Simone apresentou duas crises

---

[v] *Redução discreta, mas anormal, da força muscular.*

[u] *Que acaba por interromper o seguimento normal de um processo. Cf. <www.dicio.com.br/> Acesso em 5 de junho de 2017.*

Capítulo 9   Transtornos Emocionais e Comportamentais

Quadro 9.2. Afiliações Clínicas da Deficiência de Atenção em Crianças e Adolescentes	
a) **Transtornos disruptivos:**	• Déficit de atenção com hiperatividade: TDAH em sentido estrito • Distúrbio de conduta • Distúrbio opositivo-desafiador
b) **Déficit de atenção sem hiperatividade:** Síndrome de Weinberg	
c) **Apneia do sono**: geralmente obstrutiva por hipertrofia das amígdalas e adenoides	
d) **Depressão**	
e) **Mania**	
f) **Tiques:** com vocalizações (síndrome de Tourette) e sem vocalizações	
g) **Narcolepsia**	
h) **Ansiedade generalizada**	
i) **Distúrbio obsessivo-compulsivo**	
j) **Autismo e síndrome de Asperger**	
k) **Retardamento mental**	
l) **Distúrbios cognitivos domínio-específicos:** dislexia, discalculia	

convulsivas no recreio e em casa, motivo pelo qual foi levada ao neuropediatra. A consulta neurológica revelou hemiparesia[v] esquerda, acompanhada de reflexos patelares aumentados e sinal de Babinski[w] do mesmo lado. Além disso, o lado esquerdo do corpo era evidentemente menor que o direito, o que configurava o quadro de hemiatrofia[x] esquerda. O exame psicológico revelou redução da inteligência global, com QI = 65, enquanto a ressonância magnética mostrou diminuição de volume do hemisfério cerebral direito de provável origem congênita. Com o esclarecimento do caso, Simone passou a receber atenção especializada, que contava com psicoterapia e tratamento médico. Seus professores foram esclarecidos que a indisciplina era manifestação de sobrecarga de demanda cognitiva. Tomadas essas providências, sua irreverência desapareceu por completo.

Comentário: Simone é um caso da clássica síndrome HHE ou hemiparesia-hemiatrofia-epilepsia[39]. Contudo, para nossos objetivos, o ponto relevante em sua história é o aparecimento de alterações de comportamento que poderiam levar ao diagnóstico errôneo de TDAH, de distúrbio opositivo-desafiador, ou de outras desordens. A chave para o diagnóstico residiu no fato de que as alterações ocorriam apenas em situações específicas, quando Simone não conseguia corresponder às exigências cognitivas crescentes em virtude do seu QI diminuído. As crises convulsivas que

---

[w] *Sinal de Babinski: Quando se estimula com um objeto rombo a metade externa da planta do pé no sentido calcanhar → dedos de um indivíduo deitado, os cinco dedos delicadamente se fletem e o membro inferior se afasta do estímulo, configurando o reflexo da tríplice flexão. Esse reflexo tem finalidade protetora, manifestando-se normalmente quando pisamos em algum objeto pontiagudo ou cortante. Em 1896, Joseph Jules François Félix Babinski relatou que, em casos de lesão de um lado do cérebro, a flexão do hálux (o dedo grande do pé) cede lugar a uma resposta em extensão. Notou também que a extensão do hálux é normal no primeiro ano de vida, convertendo-se no padrão flexor quando a criança aprende a andar. A extensão do hálux em resposta à estimulação plantar externa, portanto, constitui o sinal de Babinski. A tradução dos dois artigos fundamentais nos quais Babinski discorreu sobre esse reflexo se encontra na ref. 38.*

[x] *Atrofia da metade longitudinal do corpo e da face.*

Ciência para educação: uma ponte entre dois mundos

aconteceram não deixaram de ser oportunas, pois alertaram para a necessidade de investigação sistemática, precipitando a ida da criança ao médico.

Aspectos conceituais selecionados

A seção anterior apresentou alguns dos tipos de distúrbios emocionais mais frequentes que incidem na idade escolar e que exercem impacto considerável no aprendizado e na socialização. Passaremos, agora, à discussão de alguns tópicos selecionados por sua importância geral e porque, frequentemente, são trazidos à discussão de modo meramente opinativo, impreciso e equivocado.

O que significa ser normal do ponto de vista médico?

À discussão dos transtornos emocionais e comportamentais subjaz a questão de a que se referem os termos *normal* e *normalidade*. Um transtorno assinala uma perturbação em um ou mais sistemas do organismo, necessariamente referidos à sua contraparte normal. Por exemplo, o daltonismo, ou cegueira para cores, constitui um transtorno dos circuitos visuais que, no indivíduo normal, são responsáveis pela visão das cores.

Parte da polêmica que circunda os conceitos de normal e normalidade é minimizada quando circunscrevemos a discussão à área da saúde mental. Dessa perspectiva, o campo se restringe ao biológico, ao psicológico e ao médico, vinculando-se à produtividade do indivíduo nas principais esferas da vida cotidiana: família, relacionamentos sociais, e rendimento na escola ou no trabalho. Qualquer comprometimento do rendimento em cada um desses domínios é, por definição, anormal. Um indivíduo em crise de enxaqueca, por exemplo, que necessite alguns dias de repouso, terá todas as dimensões da vida comprometidas, ainda que apenas por alguns dias. O mesmo se pode dizer sobre uma senhora que sofra um infarto do coração e se afaste do trabalho por três meses. O caso de uma criança com retardamento mental, que a impeça de se integrar à sociedade, segue o mesmo raciocínio. Sendo assim, se o encaminhamento diagnóstico é prerrogativa do médico e do psicólogo, o mesmo não ocorre com a anormalidade. Existe uma correspondência entre discernir que o indivíduo não está funcional com a percepção do afastamento da normalidade. Tal correlação se interpõe como fator prevalente quando da decisão de conduzir o indivíduo ao especialista. Do mesmo modo, é a partir da constatação da doença que conduz o indivíduo à disfuncionalidade que o diagnóstico é elaborado pelo clínico. Nisso reside o vínculo prático entre os termos.

Os conceitos de normalidade e funcionalidade – anormalidade e disfuncionalidade, por analogia – também admitem articulação com a noção de *cura*. Como afirmamos antes, a cura pode ou não ocorrer, ou ocorrer apenas parcialmente, nos transtornos comportamentais e mentais. O tratamento adequado da maioria das desordens citadas não promove solução definitiva, embora possa eventualmente interromper o curso natural da doença. O retorno à normalidade se inicia quando os sintomas que levam o indivíduo à disfuncionalidade são eliminados ou atenuados, mesmo que a condição patológica original permaneça.

Contudo, não é apenas o critério de melhora ou de cura que se relativiza. A normalidade em si é definida em torno das capacidades de cada indivíduo, a elas devendo ser relacionada. Afirmar que um paciente recuperou sua funcionalidade implica dizer que retornou a uma normalidade construída a partir de seu próprio referencial; logo, desprovida de valor absoluto.

---

[v] *Não nos referimos à totalidade dos indivíduos com transtornos emocionais ou comportamentais devido ao mau prognóstico dos casos de psicopatia e de personalidade antissocial, como exposto nos comentários dos casos Bella e Paulinho.*

Capítulo 9   Transtornos Emocionais e Comportamentais

Outro aspecto comum em discussões sobre *normalidade* é a apresentação do conceito de *normal* como condição padrão ou universal. A maioria[y] dos indivíduos que padecem de transtornos emocionais e comportamentais pode levar uma vida útil e integrada à sociedade sem que dependam de terceiros para sobreviver. A normalidade de cada um é delimitada tanto por suas capacidades como por suas deficiências. Preconizar a existência de uma normalidade pessoal e imanente a cada indivíduo reflete uma atitude positiva em que o sujeito é apto para realizar suas potencialidades. O sucesso terapêutico deve considerar todos esses fatores.

A aferição da normalidade encontra desafio importante no próprio campo da saúde mental. A distinção entre o normal e o patológico precisa se estabelecer de acordo com parâmetros acurados que manifestem a abrangência das evidências e dos pontos de vista disponíveis[40]. Essa empreitada demanda uma instância normativa especializada, validada por um foro de profissionais da saúde. Nesse sentido, existem dois compêndios classificatórios oficiais[z] dos transtornos mentais. Um deles é a Classificação Estatística Internacional de Doenças e Problemas[aa] – a CID, hoje em sua décima edição (CID-10, 1992). Foi somente em sua sexta revisão que esse compêndio incorporou uma seção especial para a classificação dos transtornos mentais. Por essa época, a Associação Americana de Psiquiatria publicou o Manual Diagnóstico e Estatístico dos Transtornos Mentais, o DSM[bb], um glossário de descrições e categorias diagnósticas com o propósito de oferecer alternativa classificatória de aplicação clínica imediata. Em 1980, em sua terceira edição, no DSM-III e no DSM-III-R, de 1987, a Associação Americana de Psiquiatria incluiu alterações metodológicas e estruturais, aperfeiçoadas no DSM-IV (1994)[cc]. O ponto mais notável dessas modificações residiu na apresentação de um sistema multiaxial, desenvolvido com o duplo objetivo de disponibilizar ferramentas diagnósticas para pesquisadores e clínicos, e simplificar a coleta de dados estatísticos. A proposta do sistema multiaxial é mostrar um quadro abrangente do paciente através da construção diagnóstica a partir da articulação de cinco eixos[dd]. O eixo V, Escala de Funcionamento Global (reproduzida no Apêndice, ao final do capítulo), constitui instrumento de aplicação simples, desenhado para quantificar o funcionamento social e ocupacional no período de tempo estipulado pelo examinador. O eixo V codifica o desempenho sócio-ocupacional do indivíduo em escala de 0 a 100 considerando seu funcionamento social, psicológico e ocupacional.

O aspecto mais importante do conceito de normalidade biológica, do qual derivam o normal médico e o normal comportamental (saúde e saúde mental, respectivamente) é o fato de que o normal toma cada indivíduo como sua própria referência, em contraste com os modelos de *homem ideal* dos sistemas totalitários mais sanguinários da história passada e recente[41].

Tratamento medicamentoso (farmacológico) de crianças e adolescentes

Hipócrates (460-370 a.C.), o pai da Medicina, dizia que o sucesso ou o fracasso de qualquer tratamento depende do acerto do diagnóstico. Proclamar que *as crianças hoje em dia são supermedicadas* reclama sentido. Estarão supermedicadas se para elas forem prescritos medicamentos não apropriados e estarão submedicadas se deixarem de receber tratamento ade-

---

[z] *A afirmação diz respeito à área de saúde mental no Ocidente.*

[aa] *O manual foi adotado em âmbito internacional pela primeira vez em 1893. Seu alcance classificatório excede em muito o âmbito dos transtornos mentais.*

[bb] *Diagnostic and Statistical Manual of Mental Disorders.*

[cc] *Atualmente, o DSM se encontra em sua quinta edição, DSM-V.*

[dd] *Os três primeiros eixos configuram diagnósticos formais. O eixo IV reúne os diversos problemas psicossociais e ambientais que podem interagir em cada caso.*

Ciência para educação: uma ponte entre dois mundos

quado[42]. Na idade escolar, o melhor exemplo desse mal-entendido é dado pelo uso da Ritalina ou semelhantes. Muitos adolescentes buscam essa prescrição com o intuito de permanecerem acordados em épocas de prova. É evidente que essa prática deve ser condenada. Por outro lado, não oferecer tratamento com psicoestimulantes a uma criança com diagnóstico de déficit de atenção é incorrer em grave erro médico. Ainda existem aqueles que equivocadamente pressupõem que a omissão do tratamento evitará que o indivíduo seja *intoxicado por drogas que modificam o psiquismo*. Todavia, a prescrição correta da medicação se distingue como aliado indispensável para que a criança possa desenvolver e maximizar suas potencialidades naturais nas fases mais críticas do desenvolvimento.

Uma das principais causas da confusão quanto ao excesso de prescrições é o assédio praticado pela indústria farmacêutica através de diversos canais de comunicação — filmes, revistas, jornais, programas de televisão e até propaganda pseudocientífica — levados aos médicos[43]. Infelizmente, não raro os próprios médicos se perdem nesses labirintos de informações contraditórias, chegando a prescrever a partir de critérios vagos.

Outra objeção, também frequente, provém na ideia de que, mesmo quando bem-sucedido, o tratamento leva à normalidade por meio de estados artificiais, desrespeitando a natureza de cada pessoa. A considerar tal objeção, teríamos que admitir, por analogia, que inúmeras crianças e adolescentes míopes deveriam deixar de se beneficiar do uso de lentes corretoras; ou que outros indivíduos devessem morrer de infecção generalizada por não terem seus apêndices cirurgicamente retirados. O fato é que um número crescente de pessoas com distúrbios comportamentais pode se beneficiar de tratamento medicamentoso[44]. Nossa prática é reunir as informações necessárias para estabelecer o diagnóstico e, por conseguinte, o melhor tratamento para cada situação. Feito isso, procuramos traduzir esses dados em linguagem clara e compreensível para o leigo, para que decida se aceita ou não o tratamento. Excetuando-se algumas situações particulares (pacientes delirantes, por exemplo), a decisão do paciente ou de seu responsável é soberana.

Uso e abuso de álcool e drogas ilícitas

A adolescência constitui o período crítico em que se dá o primeiro contato com nicotina, álcool e drogas ilícitas. Esse é um problema grave e de extrema complexidade, não cabendo aprofundá-lo aqui. Pretendemos apenas enfatizar alguns aspectos práticos que comumente geram dúvida. O primeiro e mais importante é que o uso recreacional e temporário de determinadas drogas é adotado por muitas pessoas. Alguns problemas que tal fato pode acarretar fogem ao escopo desta seção, como é o caso, por exemplo, dos riscos a que um indivíduo se expõe quando está sob o efeito de drogas psicoativas: o sujeito embriagado ou com a consciência alterada dirigindo, ou que vai nadar em praia, rio ou piscina, ou ainda, que se encontra desprotegido em morros, pontes ou edifícios.

Os problemas do uso e abuso de drogas lícitas ou ilícitas começam quando seu uso interfere no rendimento social, familiar ou escolar, estando ou não o usuário sob o efeito da droga. Nessas circunstâncias, *em cerca da metade dos casos, o abuso de álcool e de drogas ilícitas se confirma como um dos sintomas de algum distúrbio de personalidade*. A consequência primordial dessa constatação é que exames clínicos e psicológicos devem ser realizados para estabelecer se o abuso da droga ocorre como fenômeno isolado ou reflete algum transtorno neurológico ou neuropsiquiátrico subjacente. As personalidades anormais que se destacam por cursar com dependência química são a personalidade antissocial, a personalidade *borderline* e a personalidade esquizotípica[45].

O que é o distúrbio de conduta e qual sua relação com a personalidade antissocial e a psicopatia?

A distinção entre esses dois conceitos é imprescindível para a compreensão das desordens emocionais da infância e da adolescência. Seu denominador comum é o desrespeito recorrente e persistente dos direitos dos outros e das regras do bom convívio. Embora as pessoas normais transgridam, suas ofensas são ocasionais e raramente causam danos irreparáveis a si ou a terceiros (p. ex., estacionar em vaga de deficiente, atravessar fora da faixa). No caso dos transtornos de conduta e da personalidade antissocial, as desordens são frequentes e graves, gerando danos materiais e emocionais a terceiros, fato que retrata a essência da personalidade desses indivíduos. Cerca de metade das pessoas acometidas por distúrbio de conduta na infância segue na vida adulta como personalidade antissocial. Nos demais casos, o transtorno se atenua e o adolescente ingressa na vida adulta ajustado e produtivo. O principal determinante do curso maligno ou benigno do distúrbio de conduta é a presença ou ausência, respectivamente, de psicopatia.

A psicopatia consiste em uma forma extrema de distúrbio antissocial, caracterizada pela ausência, redução ou perversão dos sentimentos morais, coletivamente agrupados no termo *empatia*[46]. Portanto, é na esfera das emoções – ou sentimentos – morais que reside a desordem crítica que identifica a psicopatia como um tipo particularmente grave de personalidade antissocial[47].

Conclusão e perspectivas

Este capítulo teve por objetivo trazer ao não especialista um pouco da atmosfera do dia a dia de neurologistas, psicólogos e psiquiatras envolvidos no atendimento clínico de crianças e adolescentes em idade escolar. Optamos pela ilustração de aspectos da prática clínica em vez de uma exposição formal e sistemática, que representa o padrão dos livros-texto mais difundidos em nossos cursos. Embora esse estilo de apresentação conduza com mais realismo as dificuldades e os problemas com que nos deparamos a todo momento, nossa ênfase final recai sobre um truísmo que nunca se deve perder de vista: não há texto ou obra literária que substitua o contato real e duradouro com o paciente. Aí reside a fonte de toda experiência e das inspirações científicas mais criativas dos grandes mestres de hoje e sempre.

Referências Bibliográficas

1. Blakemore S-J, Frith U (2005) *The Learning Brain. Lessons for Education*. Malden, MA: Blackwell.
2. Costello EJ, Angold A (2001) Bad behaviour: An historical perspective on problems of conduct. In J Hill & B Maugham (Editors) *Conduct Disorders in Childhood and Adolescence*. Cambridge, UK: Cambridge University Press: pp. 1-31.
3. Lent R (2010) *Cem Bilhões de Neurônios. Conceitos Fundamentais de Neurociência, 2ª edição*. Rio de Janeiro, RJ: Atheneu.
4. Shoemaker EZ, Tully LM, Niendam TA, Peterson BS (2015) The next big thing in child and adolescent psychiatry: Interventions to prevent and intervene early in psychiatric illnesses. *Psychiatric Clinics of North America* 38: 475-494.
5. Berrios GE (1996) *The history of Mental Symptoms. Descriptive Psychopathology since the Nineteenth Century*. New York, NY: Cambridge University Press.
6. American Psychiatric Association (2013) *Diagnostic and Statistical Manual of Mental Disorders, fifth edition (DSM-5)*. Washington, DC: American Psychiatric Association Press.
7. Martins GA (2006) Sobre confiabilidade e validade. *Revista Brasileira de Gestão de Negócios* 8: 1-12.
8. American Psychiatric Association (2000) *Diagnostic and Statistical Manual of Mental Disorders, fourth edition text revision (DSM-IV-TR™)*. Washington, DC: American Psychiatric Association Press.
9. Brumback RA (1986) Doctor, my child isn't doing well in school. *Journal of Child Neurology* 1: 88.
10. Hunt E (1995) Intelligence in modern society. *American Scientist* 83: 356-368.
11. Gottfredson LS (1997) Why g matters: The complexity of everyday life. *Intelligence* 24: 79-132.
12. Berger I, Slobodin O, Cassuto H (2017) Usefulness and validity of continuous performance tests in the diagnosis of attention-deficit hyperactivity disorder children. *Archives of Clinical Neuropsychology* 32: 81-93.

Ciência para educação: uma ponte entre dois mundos

13. Dias G, Segenreich D, B, Coutinho G (2007) Diagnosticando o TDAH em adultos na prática clínica. *Jornal Brasileiro de Psiquiatria* 56 (Supl. 1): 9-13.
14. Hunter L (2003) School psychology: A public health framework. III. Managing disruptive behavior in schools: the value of a public health and evidence-based perspective. *Journal of School Psychology* 41: 39-59.
15. Frick PJ, Blair RJ, Castellanos FX (2013) Callous-unemotional traits and developmental pathways to the disruptive behavior disorders. In: PH Tolan & BL Leventhal (Editors) *Disruptive Behavior Disorders*. New York, NY: Springer, pp. 69-102.
16. Moffitt TE (1993) Adolescence-limited and life-course-persistent antisocial behavior: A developmental taxonomy. *Psychological Review* 100: 674-701.
17. Moffitt TE, Arseneault L, Belsky D, Dickson N, Hancox RJ, Harrington H, Houts R, Poulton R, Roberts BW, Ross S, Sears MR, Thomson WM, Caspi A (2011) A gradiente of childhood self-control predicts health, wealth, and public safety. Proceedings of the National Academy of Sciences of the USA 108:2693-2698.
18. Frick PJ (1998) *Conduct Disorder and Severe Antisocial Behavior*. New York, NY: Plenum Press.
19. Barry CT, Frick PJ, Grooms T, McCoy MG, Ellis ML, Loney BR (2000) The importance of callous-unemotional traits for extending the concept of psychopathy to children. *Journal of Abnormal Psychology* 109: 335-340.
20. Blair RJR, Leibenluft E, Pine DS (2014) Conduct disorder and callous-unemotional traits in youth. *The New England Journal of Medicine*, 2014; 371: 2207-2216.
21. Black, 2013
22. Suppes T, Leverich GS, Keck PE, Nolen WA, Denicoff KD, Altshuler LL (2001) Post RM. The Stanley Foundation Bipolar Treatment Outcome Network. II. Demographics and illness characteristics of the first 261 patients. *Journal of Affective Disorders* 67: 45-49.
23. Malloy-Diniz LF, Neves SN, Sediyama CYN, Loschiavo-Alvares FQ (2014) Neuropsicologia do transtorno bipolar em adultos. In: DD Fuentes, LF Malloy-Diniz, CHP Camargo, RM Cosenza (Eds.) *Neuropsicologia – Teoria e Prática*, segunda edição. Porto Alegre: Artmed: 193-202.
24. Fu-I L (2004) Transtorno afetivo bipolar na infância e na adolescência. *Revista Brasileira de Psiquiatria* 26 (supl. 3): 22-26.
25. Faedda GL, Baldessarini RJ, Glovinsky IP, Austin NB (2004) Pediatric bipolar disorder: phenomenology and course of illness. *Bipolar Disorders* 6: 305-313.
26. Frick PJ, Hare RD (2002) *Antisocial Process Screening Device*. Toronto, ON: Multi-Health Systems.
27. Tantam D (1988) Lifelong eccentricity and social isolation. II: Asperger's syndrome or schizoid personality disorder? *British Journal of Psychiatry* 153: 783-791
28. Baron-Cohen S, Wheelwright S, Hill J, Raste Y, Plumb I (2001) The "reading the mind in the eyes" test revised version: a study with normal adults, and adults with Asperger syndrome or high-functioning autism. *Journal of Child Psychology and Psychiatry* 42: 241-251.
29. Baron-Cohen S, Wheelwright S, Skinner R, Martin J, Clubley E (2001) The Autism Spectrum Quotient (AQ): Evidence from Asperger syndrome/high-functioning autism, males and females, scientists and mathematicians. *Journal of Autism and Developmental Disorders* 31: 5-17.
30. Benton AL, Sivan AB, Hamsher KS, Varney NR, Spreen O (1994) *Contributions to Neuropsychological Assessment. A Clinical Manual, second edition*. New York: Oxford UP.
31. Benton AL, Hamsher KS, Sivan AB (1994) *Multilingual Aphasia Examination, third ed.* Lutz FL: Psychological Assessment Resources.
32. de Oliveira-Souza R, Ignácio FA, Cunha FRC, Oliveira DLG, Moll J (2001) Contribuição à neuropsicologia do comportamento executivo. Torre de Londres e Teste de Wisconsin em indivíduos normais. *Arquivos de Neuropsiquiatria* 59: 526-531.
33. Conners CK (2014) *Conners Continuous Performance Test (Conners CPT 3™)*. Toronto, ON: Multi-Health Systems.
34. Brumback RA (2000) Weinberg's syndrome: A disorder of attention and behavior problems needing further research. *Journal of Child Neurology* 15: 478-480.
35. Blumenfeld H (2005) Consciousness and epilepsy: why are patients with absence seizures absent? In: S Laureys (Ed.) Progress in Brain Research, vol. 150: *The Boundaries of Consciousness: Neurobiology and Neuropathology*. New York, NY: Elsevier, pp. 271-286.
36. Biederman J, Klein RG, Pine DS, Klein DF (1998) Resolved: Mania is mistaken for ADHD in prepubertal children. *Journal of the American Academy of Child and Adolescence Psychiatry* 37: 1091-1096.
37. Segenreich D, Fortes D, Coutinho G, Pastura G, Mattos P (2009) Anxiety and depression in parents of a Brazilian non-clinical sample of attention-deficit/hyperactivity disorder (ADHD) students. *Brazilian Journal of Medical and Biological Research* 42: 465-469.
38. de Oliveira-Souza R, Figueiredo WM (1995) O reflexo cutâneo-plantar em extensão (Babinski 1896/1898). *Arquivos de Neuropsiquiatria* 53: 318-323.
39. Gastaut H, Poirier F, Payan H, Salamon G, Toga M, Vigouroux M (1959/1960) HHE Syndrome. hemiconvulsions, hemiplegia, epilepsy. *Epilepsia* 1: 418-447.
40. American Psychiatric Association (1994) *Diagnostic and Statistical Manual of Mental Disorders, fourth edition*. Washington, DC: American Psychiatric Association Press.

Capítulo 9 — Transtornos Emocionais e Comportamentais

41. de Oliveira-Souza R, Santos OR (2010) A morte misteriosa de Vladimir Mikhailovich Bechterew. *Anais da Academia Nacional de Medicina* 180: 33-36.

42. Mattos P, Rohde LA, Polanczyk GV (2012) ADHD is undertreated in Brazil. *Revista Brasileira de Psiquiatria* 34: 513-516.

43. Angell M (2007) *A Verdade Sobre os Laboratórios Farmacêuticos.* São Paulo, SP: Record.

44. Pastura GMC, Mattos P, Araújo APQC (2005) Desempenho escolar e transtorno do déficit de atenção e hiperatividade. *Revista de Psiquiatria Clínica* 32: 324-329.

45. Hasin D, Fenton MC, Skodol A, Krueger R, Keyes K, Geier T, Greenstein E, Blanco C, Grant (2011) Personality disorders and the 3-year course of alcohol, drug, and nicotine use disorders. *Archives of General Psychiatry* 68: 1158-1167.

Ciência para educação: uma ponte entre dois mundos

46. Baron-Cohen S (2011) *The Science of Evil. On Empathy and the Origins of Cruelty.* New York, UK: Basic Books.
47. *de* Oliveira-Souza R, Moll J, Ignácio FA, Tovar-Moll F (2008) Cognição e funções executivas. In: R Lent (Editor) *Neurociência da Mente e do Comportamento.* Rio de Janeiro, RJ: Guanabara Koogan, pp. 287-302.

Apêndice

Escala de Funcionamento Global

Considere o funcionamento psicológico, social e ocupacional em uma linha contínua hipotética de doença-saúde mental. Não inclua o comprometimento funcional resultante de limitações físicas e ambientais.

100-91	Funcionamento superior em ampla faixa de atividades; nunca parece perder o controle dos problemas da vida; procurado pelos outros por causa de suas muitas qualidades positivas. Sem sintomas.
90-81	Sintomas ausentes ou mínimos (ex.: ansiedade leve antes de uma prova), bom funcionamento em todas as áreas, interessado e envolvido em ampla faixa de atividades, socialmente efetivo, satisfeito com a vida, não se incomoda ou preocupa além dos problemas do dia a dia (ex.: discussões ocasionais com parentes).
80-71	Se há sintomas, são passageiros e representam reações esperadas a *estressores* psicossociais (ex.: dificuldade de concentração depois de uma discussão na família); nada além de leve prejuízo do funcionamento social, ocupacional ou escolar (ex.: atraso passageiro nos trabalhos escolares).
70-61	Alguns sintomas leves (ex.: humor deprimido com insônia moderada) OU alguma dificuldade no funcionamento social, ocupacional ou escolar (ex.: gazetas ocasionais, furto dentro de casa), mas o funcionamento geral é muito bom; preserva alguns relacionamentos interpessoais significativos.
60-51	Sintomas moderados (ex.: embotamento afetivo e fala circunstancial, ataques de pânico ocasionais) OU dificuldade moderada no funcionamento social, ocupacional ou escolar (ex.: poucos amigos, conflitos com colegas ou funcionários).
50-41	Sintomas graves (ex.: ideação suicida, rituais obsessivos graves, furtos em lojas frequentes) OU qualquer prejuízo sério do funcionamento social, ocupacional ou escolar (ex.: nenhum amigo, incapaz de trabalhar).
40-31	Algum prejuízo do juízo de realidade ou da capacidade de comunicação (ex.: fala ocasionalmente ilógica, obscura ou irrelevante) OU prejuízo acentuado em diversas áreas, como trabalho, escola, relações familiares, julgamento, pensamento ou humor (ex.: retraimento dos amigos por depressão, negligência da família, incapaz de trabalhar; as crianças frequentemente batem nas mais novas, são rebeldes em casa e vão mal na escola).
30-21	Comportamento influenciado de maneira considerável por delírios ou alucinações OU prejuízo acentuado da capacidade de comunicação ou de julgamento (ex.: às vezes incoerente, age de maneira inapropriada a olhos vistos, preocupações suicidas) OU incapacidade de funcionamento em quase todas as áreas (ex.: fica na cama o dia inteiro; sem emprego, amigos ou lar).
20-11	Algum risco de ferir a si e a terceiros OU às vezes deixa de manter a higiene mínima OU comprometimento grosseiro da comunicação (ex.: muito incoerente ou mudo).
10-1	Perigo persistente de ferir a si e aos outros (ex.: violência recorrente) OU incapacidade persistente de manter o mínimo de higiene pessoal OU atos sérios de suicídio com expectativa clara de morte.

Capítulo 9

Transtornos Emocionais e Comportamentais

Grau de Retardamento Mental, Faixas de QI e Respectivos Correlatos Cognitivos, Sociais e Pragmáticos.				
Grau	**QI**	**Cognição**	**Social**	**Pragmático**
Leve	50-70	Na idade pré-escolar, pouca ou nenhuma diferença em relação aos pares. Dificuldade em aprender a ler e escrever, e em lidar com dinheiro; comprometimento do sentido de tempo e das relações temporais.	Imaturidade social refletida na dificuldade de entender expressões emocionais, códigos gestuais não verbais e situações de risco; a comunicação é essencialmente concreta, e os juízos sociais são, no todo, rasos.	Consegue dar conta dos cuidados pessoais, mas requer ajuda nas ocupações complexas do dia-a-dia; participa de jogos e brincadeiras com seus pares, mas requer ajuda extra para dominar alguma atividade profissional (geralmente, manual) e tomar decisões relativas a saúde, segurança pessoal e interesses legais.
Moderado	35-50	Atraso e lentidão no desenvolvimento da linguagem e da cognição global mesmo antes da idade escolar; na escola, o progresso na leitura, matemática, relações de tempo e dinheiro ficam claramente abaixo dos seus pares. Como adultos, precisam de assistência constante em todas as esferas da vida, muitas vezes precisando delegar as mais complexas.	Comprometimento evidente da comunicação e das relações interpessoais; usa a fala como principal meio de comunicação, mas de modo concreto; pode estabelecer laços de afeição e namoro, mas tem dificuldade em perceber e interpretar a linguagem emocional e gestual; precisa de ajuda no trabalho para se comunicar adequadamente.	Requer mais tempo e dedicação para aquisição dos cuidados pessoais (higiene, alimentação) e pode precisar de lembretes ao longo da vida; trabalhos que não demandem habilidades conceituas e de comunicação são possíveis, mas precisa de assistência constante de colegas e supervisores para lidar com expectativas sociais e atribuições paralelas, como transporte, horários, benefícios previdenciários e administração financeira.
Grave	20-35	Limitação da aquisição de conceitos, da leitura e do entendimento de números, quantidades, relações temporais, e do uso e valor do dinheiro.	Expressão oral restrita em vocabulário e gramática, tendendo a focar nos eventos presentes. Entende a fala simples e gestual. Relacionamento familiar prazeroso e produtivo.	Requer ajuda para todas as atividades do dia-a-dia: refeições, banho, asseio, vestir-se. Incapaz de julgar e tomar decisões responsáveis relativas ao bem-estar dele e dos outros.
Profundo	< 20	Os conceitos envolvem o mundo físico ao invés do mundo simbólico; o indivíduo pode usar objetos para atividades direcionadas como higiene, trabalho e recreação. A associação de limitações sensoriais ou motoras constituem barreiras frequentes para comprometer o uso funcional de objetos.	Limitação acentuada da compreensão simbólica na fala e nos gestos, mas pode compreender instruções e gestos elementares; a expressão de emoções e intenções é feita por meios não verbais concretos (não simbólicos); o indivíduo desfruta de relacionamentos com parentes e acompanhantes, e responde às interações sociais por gestos e sinais não verbais.	Dependência de terceiros para todos os aspectos relacionados a cuidados pessoais, saúde e segurança, embora possa colaborar em alguns, como levar pratos para a mesa. Atividades de lazer são possíveis, como ouvir música, sair para dar uma volta, ver televisão e nadar em piscina, toda sob supervisão contínua. A associação de limitações sensoriais ou motoras constituem barreiras frequentes para participação em atividades vocacionais e recreativas.

Fonte: American Psychiatric Association, 2013.

Capítulo 10

O Impacto do Ambiente Familiar Sobre o Desenvolvimento Cognitivo e Linguístico Infantil

Marina L. Puglisi[1] e Jerusa F. Salles[2]

Resumo

Neste capítulo, serão abordados temas referentes ao impacto dos fatores ambientais familiares (como o nível socioeconômico familiar) sobre o desenvolvimento cognitivo-linguístico infantil. Serão apresentados resultados de estudos nacionais e internacionais que enfocam o tema sob a ótica das neurociências, explorando os fatores ambientais considerados de risco para as alterações no desenvolvimento cognitivo-linguístico, especialmente para dificuldades no processo de aprendizagem. Particularmente, focalizaremos as habilidades neuropsicológicas que são de fundamental importância para o sucesso acadêmico, tais como a linguagem (oral e escrita), a memória e as funções executivas. Serão discutidos aspectos cognitivo-linguísticos que são mais vulneráveis ao ambiente, e quais os possíveis impactos desses achados no contexto educacional.

Afiliações:
[1]Universidade Federal de São Paulo, e
[2]Universidade Federal do Rio Grande do Sul

Introdução

O desenvolvimento infantil sofre a influência de múltiplos fatores, dos genéticos aos ambientais. Até o início do século 20, muita ênfase foi dada aos fatores genéticos, já que havia um consenso científico de que aspectos biológicos e hereditários determinavam não só as doenças[1] como também o potencial de aprendizagem de um indivíduo. Por volta dos anos 1960-1970, com o avanço da neurociência e a compreensão de que as experiências também são fundamentais para moldar a maneira como o cérebro funciona, muitos estudos passaram a explorar o impacto dos fatores ambientais sobre o desenvolvimento infantil[2]. Particularmente, os pesquisadores demonstraram que viver em condições de pobreza, em ambientes de extrema vulnerabilidade, é um importante fator de risco para os distúrbios do desenvolvimento[3]. Esses achados são extremamente relevantes para a abordagem da Neuropsicologia Cognitiva[a], que está cada vez mais buscando relacionar os fatores do indivíduo com os do contexto para explicar como ocorre o desenvolvimento neuropsicológico.

O desenvolvimento das funções neuropsicológicas nas crianças sofre uma forte influência de fatores ambientais e sociais, como estilos de interação familiar, cultura e métodos de alfabetização[5]. Há uma interação dinâmica e contínua entre as experiências sociais e ambientais. De acordo com o biólogo francês François Jacob (1920-2013)[6apud7], o comportamento é influenciado por códigos do nosso genoma, classificados como "fechados" e "abertos"[6]. O código fechado é o que nos define como seres humanos e caracteriza aspectos que não são passíveis de mudança, como a cor dos nossos olhos ou o fato de termos um sistema digestivo. O código aberto envolve o substrato pré-estabelecido geneticamente pelo código genético fechado, mas, além disso, também é fortemente influenciado pelo contexto ambiental em que o indivíduo se insere (por exemplo: o desenvolvimento da linguagem)[7].

A noção de código aberto tem grande relação com o conceito de plasticidade cerebral, pois em ambos os casos vemos o cérebro como um órgão flexível, plástico, capaz de moldar-se às necessidades da espécie, filogeneticamente, bem como às necessidades do indivíduo, ontogeneticamente (ver, sobre esse tema, o Capítulo 2). A plasticidade se manifesta como reflexo da interação entre organismo e ambiente com o cérebro. As influências do meio ocorrem mesmo durante o período intrauterino, como desnutrição, doenças infecciosas, drogas, radiação, idade e estado emocional materno (acompanhamento pré-natal)[7].

A plasticidade teria seu ápice em alguns períodos críticos. Período crítico de desenvolvimento é um conceito relacionado com a ideia de que em alguns períodos do desenvolvimento, o organismo é mais receptivo ou vulnerável às influências ambientais do que em outros[7] (esse conceito é elaborado no Capítulo 1). Durante os períodos críticos, o sistema nervoso é altamente plástico em seu desenvolvimento[8], e fatores ambientais acabam sendo cruciais para o desenvolvimento de determinadas funções, provavelmente estabilizando conexões programadas geneticamente.

Atualmente, em virtude do aumento do conhecimento sobre a epigenética[b], a ciência tem buscado compreender não apenas os efeitos isolados dos fatores genéticos ou ambientais, mas principalmente a interação entre eles. Isso porque a grande maioria dos comportamentos hu-

---

[a] *A Neuropsicologia é uma disciplina científica que se ocupa das relações entre cérebro e funções cognitivas (cérebro/mente), ou seja, entre as funções cognitivas e suas bases biológicas. A Neuropsicologia Cognitiva está interessada na análise e funções de processos preservados e nos déficits cognitivos para a melhor compreensão da organização do comportamento normal4. Busca compreender o funcionamento do cérebro normal e com lesões, por meio de modelos ou arquiteturas funcionais de tratamento da informação.*

[b] *Epigenética significa literalmente sobre ou além da genética. Esse é o termo utilizado para definir qualquer herança que não envolva mudanças nas sequências de bases do DNA. Algumas marcas epigenéticas são altamente suscetíveis à ação de fatores ambientais e são transmitidas de geração a geração, como se fossem informações genéticas9. A epigenética, portanto, busca compreender como o ambiente molda nossos genes10.*

Capítulo 10   O Impacto do Ambiente Familiar Sobre o Desenvolvimento Cognitivo e Linguístico Infantil

manos complexos, como a linguagem, depende da combinação entre predisposição genética e contexto ou oportunidade. Por exemplo, gêmeos univitelinos (idênticos) apresentam exatamente o mesmo DNA, mas podem ter características psicológicas e habilidades muito distintas, além de mostrarem diferentes graus de vulnerabilidade a doenças ou condições que podem surgir ao longo do desenvolvimento. A razão pela qual um indivíduo acaba por desenvolver ou não determinado comportamento ainda não é completamente compreendida, mas tem relação com a epigenética e com os conceitos de fator de risco e proteção[11].

Fatores de risco são aqueles associados ao aumento da probabilidade da ocorrência de um comportamento que normalmente traz consequências negativas. Fatores de proteção correspondem àqueles que diminuam o impacto ou até mesmo evitem a ocorrência de um comportamento de risco[12]. A pobreza, por exemplo, é uma variável ambiental que representa um importante fator de risco para alterações do desenvolvimento, e pode trazer consequências não apenas físicas e mentais como também orgânicas e epigenéticas. É dessa forma dinâmica, adaptativa e não unidirecional, que a ciência moderna entende os efeitos do ambiente sobre o desenvolvimento[13], e assim que será tratado todo o conteúdo deste capítulo.

Como medimos as características do ambiente?

A quantidade e a qualidade de estimulação que uma criança tem a oportunidade de vivenciar ao longo de sua vida dependem das características do ambiente em que ela está inserida. Um dos fatores mais utilizados para medir esse ambiente é o nível socioeconômico (NSE) das famílias.

Há diversas maneiras de avaliar o NSE, e todas representam de certo modo aspectos relacionados com a posição econômica, classe ou prestígio social. O uso de capital (bens e recursos) foi e ainda é muito utilizado para medir uma faceta do NSE[14], pois o acesso ao capital financeiro, humano e social está intimamente relacionado com os processos que afetam diretamente o bem-estar. A maioria das medidas do NSE se relaciona apenas parcialmente com essa visão mais geral de capital, e por isso é muito comum buscar um grande constructo socioeconômico, composto por diferentes medidas. Exemplos são o nível de escolaridade e a ocupação dos pais, renda familiar e posses da família, sendo a combinação destes melhor do que qualquer uma dessas medidas isoladas[15].

Em uma revisão recente[16], dirigida especificamente a artigos que avaliaram o impacto de fatores ambientais sobre as funções executivas, verificou-se que os indicadores de NSE avaliados nos estudos foram principalmente a escolaridade dos pais/escolaridade materna, a renda familiar e a ocupação parental, de forma isolada ou combinada em índices. A renda familiar foi avaliada diretamente pelo valor da remuneração mensal ou pelas necessidades de renda da família, calculada pela divisão do valor da renda familiar pelo limiar de pobreza oficial do respectivo país para o tamanho da família. Em alguns estudos, os indicadores econômicos foram combinados em índices, o que dificultou a verificação de quais exerceram maior influência sobre o desempenho neuropsicológico.

Independentemente das variáveis utilizadas, a avaliação do NSE representa uma medida indireta dos efeitos ambientais. A falta de capital *per se* não tem efeitos diretos sobre o desenvolvimento, mas está relacionada com uma série de outros fatores que podem exercer um efeito direto. Por exemplo, ter um baixo NSE está associado a uma maior chance de: pertencer a minorias étnicas ou grupos sociais marginalizados, apresentar gravidez precoce sem os devidos cuidados pré-natais, sofrer exposição a agentes teratogênicos, má nutrição, dificuldade de acesso ao sistema de saúde, falta de condições apropriadas e oportunidades para aprender, e baixa expectativa dos pais e professores[3]. Essas características podem ajudar a explicar os efeitos do NSE sobre o desenvolvimento infantil via mecanismos de moderação ou mediação. Portanto, quando se fala em NSE, não se trata apenas de avaliar a condição econômica da família, mas de se obter um

Ciência para educação: uma ponte entre dois mundos

grande leque de informações que estão relacionadas com as oportunidades de aprendizagem que a criança tem e terá. Essas oportunidades estão fortemente associadas ao desenvolvimento de aspectos físicos, cognitivos e emocionais.

Um outro trabalho[7] alertou para a necessidade de buscar explicar "como" a influência do ambiente (NSE) ocorre. Um dos mecanismos usados para explicar a associação entre NSE e saúde é o estresse[18]. Um conceito importante foi proposto[19] – a teoria da carga alostática (TCA) –, segundo o qual, se a resposta que o organismo apresenta quando é submetido a um estresse crônico é rápida e adaptativa, o organismo é protegido de danos. Porém, se essa resposta – chamada *alostática* – é prolongada, inadequada ou se o estressor aumenta ou se multiplica, ou ainda se há falha de adaptação, o resultado é a sobrecarga alostática, ou seja, má adaptação e danos a vários órgãos, incluindo o cérebro[19]. Em uma revisão da literatura[20] foram encontradas evidências de que grupos com experiência de estresse precoce (e o baixo NSE pode vir associado a essas experiências) apresentam prejuízos em funções, como atenção, linguagem, funções executivas e tomada de decisões.

Outros autores[21] propõem uma compreensão integrativa do desenvolvimento humano, contemplando as variáveis biológicas, cognitivas, emocionais, relacionais e contextuais. De especial interesse para o presente capítulo estão as variáveis contextuais, que contemplam os ambientes sociais, profissionais e comunitários no qual o sujeito circula, assim como os aspectos culturais, religiosos e econômicos. Os autores ressaltam que apesar de essas variáveis estarem definidas de forma isolada, não se pode compreendê-las em separado, visto que ocorrem de forma simultânea, influenciando-se mutuamente. Caso alguma variável não esteja a contento, outra poderá ajudar a compensar as dificuldades[21].

Objetivos

Este capítulo tem o intuito de descrever e relacionar pesquisas que exploram os fatores ambientais familiares considerados de risco para alterações no desenvolvimento cognitivo-linguístico, sobretudo para dificuldades no processo de aprendizagem. Particularmente, focalizaremos as habilidades neuropsicológicas que são de fundamental importância para o sucesso acadêmico, tais como a linguagem (oral e escrita), a memória e as funções executivas. Partindo de evidências científicas na área, o objetivo é discutir quais aspectos do aprendizado são mais vulneráveis ao ambiente e fazer breves considerações sobre o possível impacto desses achados no contexto educacional.

Efeitos do ambiente familiar sobre as funções cognitivo-linguísticas na infância

Como já salientado aqui, as características do ambiente familiar que se relacionam com o desempenho/desenvolvimento das habilidades cognitivo-linguísticas infantis vão muito além do NSE familiar. No entanto, grande parte das pesquisas sobre essa temática se concentra sobre esse aspecto do ambiente. Conforme uma revisão de literatura[17], algumas funções neuropsicológicas parecem ser mais sensíveis aos efeitos do NSE do que outras[22]: é o caso da linguagem[23], da memória[24] e das funções executivas[25]. Especialmente no caso das funções executivas, cujo período de maturação e desenvolvimento é mais prolongado e se estende ao longo de todo o período do Ensino Fundamental, é possível observar um aumento da susceptibilidade a diferenças ambientais[26]. Ainda, essa relação entre ambiente e funções cognitivo-linguísticas depende do período do desenvolvimento. A pobreza no início da infância parece ser o melhor preditor de baixo desempenho cognitivo posterior, comparado à pobreza no meio ou final da infância[27].

Capítulo 10   O Impacto do Ambiente Familiar Sobre o Desenvolvimento Cognitivo e Linguístico Infantil

A seguir, serão analisados estudos nacionais e internacionais sobre a relação entre NSE e outras características do ambiente familiar e as habilidades cognitivo-linguísticas na infância.

Linguagem oral

Um dos primeiros estudos a explorar de forma sistemática a relação entre o ambiente em que a criança vive e o desenvolvimento de linguagem[28] filmou atividades rotineiras de famílias de diferentes níveis socioeconômicos, focalizando a interação entre mães e filhos. Particularmente, os autores registraram a diversidade de palavras e a qualidade das frases produzidas pelas mães nesse contexto comunicativo. As diferenças encontradas foram gritantes: ao longo de três anos de vida, as crianças de alto NSE foram expostas a 30 milhões de palavras a mais do que as crianças de baixo NSE. Essas diferenças na quantidade e qualidade de estímulos aos quais as crianças estão expostas mostraram-se fortemente relacionadas com o tamanho do vocabulário dessas crianças aos 3 anos.

Esse estudo seminal desencadeou uma série de outras pesquisas relacionando o NSE com o desenvolvimento da linguagem. Foram encontradas diferenças robustas entre o desenvolvimento de vocabulário das crianças em função do NSE, e as diferenças linguísticas tiveram forte relação com variações nos seus desempenhos acadêmicos[29].

Em um estudo muito semelhante[31], realizado com crianças de 2,5 a 3,5 anos, procurou-se determinar por que os pais americanos de diferentes contextos socioeconômicos se comunicam de diferentes maneiras com as crianças. Quarenta e sete díades de pais e filhos (idade inicial das crianças = 2,5) foram filmadas em interações naturalísticas em casa por 90 minutos. As transcrições dessas interações forneceram evidências do discurso dirigido à criança. Habilidades de compreensão do vocabulário das crianças foram medidas usando o *Peabody Picture Vocabulary Test* (teste Peabody de vocabulário por imagens) na idade de 2,5 e um ano depois (3,5). Os resultados indicaram que o discurso dirigido à criança na idade de 2,5 anos prediz a habilidade de vocabulário infantil um ano mais tarde; o discurso dirigido à criança relaciona-se com o *status* socioeconômico, medido pela renda familiar e educação dos pais; e a relação entre NSE e o discurso dirigido à criança é mediada pelo conhecimento do desenvolvimento infantil por parte dos pais.

Um outro trabalho[32] investigou a relação entre NSE, influências culturais e experiências da criança sobre a linguagem. Na primeira parte do estudo, os autores investigaram as relações entre NSE familiar, propriedades do discurso da mãe dirigido à criança e vocabulário infantil em uma amostra de crianças de 2 anos de idade nos Estados Unidos. Em linha com os achados de outros estudos, os resultados indicaram que as crianças de alto NSE tiveram um melhor vocabulário do que as de médio NSE. A implicação direta dos achados da pesquisa foi que essas diferenças entre os grupos podem ser, diversas vezes, resultado das diferenças entre a qualidade da linguagem utilizada em diferentes ambientes, e não resultados de um real prejuízo para a aquisição de linguagem. Na segunda parte do estudo, os autores investigaram os mecanismos pelos quais a educação materna e as "práticas maternas de ensino de linguagem" influenciam o vocabulário infantil e desenvolvimento gramatical em uma amostra de crianças de 2-4 anos na China. Embora tenha havido diferenças culturais entre as práticas de ensino nos Estados Unidos e na China, as associações entre educação materna, práticas de ensino e desenvolvimento de linguagem das crianças foram semelhantes nas duas culturas. A educação materna teve uma relação positiva com o desenvolvimento do vocabulário das crianças nos dois estudos. Além disso, em famílias com mães mais escolarizadas, os pais tinham mais chance de conversar com as crianças em formas que ajudavam o desenvolvimento de linguagem. Finalmente, os autores concluíram que as crianças que são mais lentas do que a média na aquisição de linguagem, não apresentam necessariamente um comprometimento nos mecanismos neuropsicológicos responsáveis pela aquisição da linguagem: a causa pode estar no menor acervo de experiências que vivenciam no âmbito familiar.

Ciência para educação: uma ponte entre dois mundos

Para compreender melhor as relações entre o ambiente e o desenvolvimento infantil, pesquisadores se associaram para realizar grandes estudos populacionais de acompanhamento do desenvolvimento desde o nascimento, o que chamamos de estudos de coorte. Um desses estudos[33] foi feito com mais de 16.000 crianças provenientes de uma amostra representativa dos Estados Unidos. As famílias foram divididas em cinco estratos socioeconômicos, o que levou a perceber que as crianças dos dois extremos (NSE muito baixo e muito alto) diferiram, em média, 1,2 desvio-padrão quanto ao desempenho em linguagem. Para se ter uma ideia da magnitude dessa diferença, quando a criança tem um desempenho de 1,5 -padrão abaixo da média em medidas de linguagem, podemos dizer que ela preenche critérios para o diagnóstico de distúrbio de linguagem. Esses números não apenas demonstram grandes diferenças entre as habilidades de linguagem das crianças em função do NSE, mas indicam que, se adotarmos o desempenho das crianças de médio NSE como referência, aquelas de baixo NSE estão muito próximas de serem classificadas, em média, como portadoras de algum distúrbio da linguagem (embora a causa possa ser essencialmente ou principalmente ambiental). É óbvio que isso acarreta uma série de consequências negativas tanto para o desenvolvimento dessas crianças quanto para as oportunidades e experiências que elas terão no futuro.

Reforçando esse padrão, percebeu-se[34] que aos 4 anos, 65% das crianças de baixo NSE preenchiam de fato os critérios clínicos para distúrbio de linguagem. Observou-se também que houve uma relação sistemática entre alterações de linguagem e outros problemas acadêmicos (p. ex., dificuldade em matemática) e socioemocionais (p. ex., maior quantidade de problemas de comportamento).

Portanto, esses estudos demonstram que as diferenças socioeconômicas/ambientais acarretam importantes diferenças no desempenho da linguagem, que podem ter impacto ao longo de toda a vida acadêmica do indivíduo. Essas diferenças já existem desde os 18 meses de idade[2], o que reforça a importância de programas de intervenção precoce que ajudem a minimizar esses déficits. Estudos realizados no Canadá[35] e na Inglaterra[36] indicam que o ingresso em pré-escolas de qualidade ajuda a diminuir essas diferenças, embora não as elimine.

No Brasil, algumas iniciativas estão começando a ser realizadas nessa área mediante parcerias entre pesquisadores e profissionais da educação. Essas parcerias têm o intuito de atuar tanto no nível da promoção do desenvolvimento neuropsicológico quanto da prevenção de alterações em grupos de risco para os distúrbios do desenvolvimento. Em uma dessas iniciativas, pesquisadores da Universidade Federal de São Paulo e da Universidade de São Paulo, em colaboração com instituições internacionais, estão atualmente avaliando a efetividade de programas de intervenção por meio de ensaios clínicos randomizados – o método mais confiável para se testar a eficácia de intervenções. O programa de linguagem oral (*Oral Language Nuffield Programme*[37]) já teve sua eficácia reconhecida internacionalmente e foi completamente adaptado do ponto de vista linguístico e cultural para a população brasileira. O programa tem como foco o desenvolvimento das habilidades de linguagem em populações sem queixa (promoção do desenvolvimento) e em populações de risco para alterações de linguagem (prevenção das alterações). As crianças que estão participando desses estudos têm entre 4 e 6 anos e estudam em escolas de diferentes redes municipais de Ensino Infantil do Estado de São Paulo. Em breve, portanto, poderemos utilizar resultados baseados em evidências científicas para implementar intervenções precoces que ajudem a otimizar o desenvolvimento de linguagem de crianças de baixo NSE no Brasil.

Embora a identificação e a intervenção precoces sejam fundamentais para que as crianças consigam desenvolver suas habilidades de linguagem, os efeitos socioeconômicos sobre a linguagem oral são ainda mais evidentes e mais impactantes a partir da idade escolar. Neste momento, as dificuldades de linguagem acabam gerando consequências importantes para o futuro sucesso acadêmico, pois grande parte do conteúdo acadêmico é transmitido pela linguagem oral e avaliado pela linguagem escrita. Em um estudo multicêntrico realizado nas cidades de São Paulo e

Capítulo 10 O Impacto do Ambiente Familiar Sobre o Desenvolvimento Cognitivo e Linguístico Infantil

Salvador, observou-se que o NSE respondeu por cerca de 50% da variabilidade do desempenho de linguagem[38]. Ou seja, metade da variação nas habilidades de linguagem das crianças depende do ambiente em que a criança vive. Em um estudo internacional[26], encontrou-se a mesma relação, embora em uma proporção menor: o NSE explicou mais de 30% da variabilidade do desempenho em linguagem.

A linguagem é uma das funções mais suscetíveis aos efeitos socioeconômicos, e na idade escolar as diferenças de vocabulário entre crianças de médio e baixo NSE chegam a ser maiores do que em outras áreas, como a memória e atenção[23,38]. Nem todas as áreas da linguagem, no entanto, são igualmente suscetíveis aos fatores ambientais. A maioria dos estudos explorando essa temática avalia quase exclusivamente o desenvolvimento do vocabulário[28-30], e há um grande consenso de que essa é uma das áreas da linguagem que mais sofre a influência dos efeitos do ambiente. Isso é fácil compreender na medida em que a aprendizagem de novas palavras depende necessariamente de experiência. Porém, outros subsistemas da linguagem, como a fonologia e a gramática, podem depender menos do ambiente do que o sistema lexical. O Capítulo 5 apresenta uma descrição dos processos de desenvolvimento da linguagem.

Uma das teorias mais proeminentes na linguística, proposta pelo conceituado pesquisador norte-americano Noam Chomsky em 1957[39], baseia-se na noção de que alguns componentes da linguagem – a gramática e a fonologia – sejam inatos. De acordo com esta teoria, denominada mais especificamente como gramática gerativa, o indivíduo nasce com um arcabouço inato para o aprendizado de algumas regras da língua (princípios e parâmetros) e a experiência apenas ajuda a acionar quais desses princípios e parâmetros são válidos para cada língua. Ou seja, de acordo com Chomsky, o ambiente tem o papel de apenas sinalizar o "formato" da língua, mas não é suficiente para que o indivíduo aprenda regras gramaticais e fonológicas. Um exemplo clássico utilizado largamente pelos gerativistas para ratificar a teoria é o de uma criança aprendendo a conjugar verbos. Quando uma criança produz uma frase como *"eu fazi tudo direitinho"*, ela está se apropriando da regra morfológica correta para verbos regulares, mas aplicando-a de forma inapropriada (a um verbo irregular). Se a criança se baseasse apenas naquilo que ouve e apenas produzisse frases por imitação, ela jamais cometeria esse tipo de erro. O fato de a criança produzir espontânea e criativamente palavras novas a partir de combinações de morfemas que correspondem a uma regra gramatical é um dos comportamentos que leva a crer que exista algum tipo de componente inato da linguagem. Por isso, é compreensível que as habilidades gramaticais sejam menos influenciadas pelo ambiente[32,40] do que a aquisição do vocabulário[26,39,40-42].

Linguagem escrita (leitura) e consciência fonológica

O desenvolvimento da leitura e das habilidades metafonológicas (consciência fonológica) estão estreitamente inter-relacionados[43]. A aquisição da leitura e sua relação com a consciência fonológica são evidenciadas na hipótese de um processo de autoensinamento[44]. Desde o início da aquisição da leitura, um nível mínimo de consciência fonêmica e conhecimento letra-som pode habilitar uma criança a adquirir rudimentar habilidade de autoensinamento, permitindo-a identificar precisamente novas palavras e, desse modo, adquirir representações ortográficas primitivas.

O desenvolvimento típico, de um lado, e as dificuldades de leitura, de outro, são influenciados por uma interação entre múltiplas variáveis, entre cognitivas, psicológicas, biológicas e ambientais. No ambiente familiar, considerando os preditores socioeconômicos familiares do desempenho em leitura das crianças, há estudos apontando a relação entre fatores da família (especialmente NSE e escolaridade dos pais) e o desempenho em leitura[45-48].

Dentre os fatores familiares que potencialmente influenciam o aprendizado escolar geral, estão: NSE[49], oferta de recursos físicos (disponibilidade de passeios, brinquedos e jogos adequados

Ciência para educação: uma ponte entre dois mundos

para a idade da criança)[501], exposição à leitura no ambiente doméstico[48], organização e recursos do lar (condições físicas satisfatórias da moradia e ambiente tranquilo e acolhedor)[51], famílias numerosas[51], número de filhos[50], envolvimento dos pais com a vida escolar da criança[52], escolaridade e idade dos pais[53], e depressão materna[54].

Dentre esses aspectos, a exposição à leitura no ambiente doméstico é bastante relevante para o desempenho escolar da criança[48] e especificamente para a leitura[50] e a consciência fonológica[55-56]. As mães com maior nível de educação parecem ser mais propensas a ler com frequência para seus filhos do que mães com níveis mais baixos de escolaridade[53].

Um estudo nacional[46] investigou uma amostra de crianças de baixo NSE e encontrou correlações negativas entre morbidade psiquiátrica materna (SRQ-20) e desempenho na leitura de palavras da criança, e entre o número de familiares que moravam com a criança e o desempenho em leitura de palavras (famílias numerosas associam-se a um menor desempenho em leitura da criança). A renda familiar correlacionou-se positivamente com o desempenho na tarefa de compreensão de leitura textual. Apenas o número de familiares que residiam com a criança foi preditor do desempenho em leitura de palavras. Assim, o desempenho na leitura parece estar indiretamente relacionado com a renda familiar, a saúde psicológica da mãe e a quantidade de pessoas que residem com a criança (quanto menos pessoas, melhor é o desempenho da criança).

Outro estudo brasileiro[45] mostrou associação significativa entre o grupo a que a criança pertencia (com dificuldade em leitura e escrita ou competente em leitura e escrita) e a presença de transporte próprio na família (mais frequente no grupo competente), a percepção dos familiares de que a criança teve dificuldades para aprender a ler e no seu desempenho da leitura, bem como o maior índice de repetência escolar e a história de dificuldade na leitura em familiares (mais frequente no grupo com dificuldade). As autoras observaram que no grupo com dificuldades de leitura e escrita houve famílias com maior número de filhos, menor renda e menor número de famílias que residem em casa própria, e mais crianças dividem seu quarto com outros familiares. Nesse grupo, o sustento da casa estava mais vinculado à figura da mãe ou de outras pessoas, com uma participação menor do pai, e a maior parte das famílias não tinha carro próprio. Embora isoladamente essas informações não sejam muito relevantes, a integração de todos esses dados sugere diferenças entre os dois grupos, no sentido de que as crianças com dificuldade na leitura e escrita podem apresentar menor NSE familiar[45].

No Brasil, o desempenho em tarefas de leitura é diferente se a criança é proveniente de escolas públicas ou privadas. Crianças de escolas privadas tendem a ter desempenho superior ao de escolas públicas tanto em tarefas de leitura de palavras[57] quanto em compreensão de leitura textual[58]. O tipo de escola apresenta um efeito principal sobre a leitura de palavras e sobre a compreensão de leitura de texto, avaliado pelo reconto da história lida[59]. No Brasil, as escolas públicas recebem alunos que em sua maioria pertencem a classes menos favorecidas economicamente, enquanto as escolas particulares tradicionalmente recebem alunos das classes média e alta. As variáveis tipo de escola e NSE do aluno estão interligadas e têm também relação com o ensino – da metodologia usada ao papel e características do professor. Aspectos socioeconômicos, familiares e escolares diferenciam os alunos de escolas privadas e públicas[59].

Outra pesquisa brasileira[60] investigou como o desempenho escolar (avaliado pelo Teste de Desempenho Escolar, TDE) pode ser influenciado por: contextos de desenvolvimento (família *vs.* instituição de acolhimento), sexo, idade e passagem do tempo (T1 *vs.* T2), em crianças e adolescentes com idade média de 11,13 anos (da 1ª à 8ª série). Investigou-se, ainda, se o tempo de permanência na instituição de acolhimento tem efeito sobre o desempenho escolar, nos dois momentos de avaliação. Foram encontrados escores significativos do ponto de vista estatístico e superiores no TDE nos participantes que viviam com suas famílias, em comparação com aqueles que moravam em instituições de acolhimento. As autoras da pesquisa salientam a importância dos contextos de desenvolvimento no desempenho escolar. Apesar de os participantes da insti-

Capítulo 10   O Impacto do Ambiente Familiar Sobre o Desenvolvimento Cognitivo e Linguístico Infantil

tuição manterem médias de desempenho mais baixas no TDE, em comparação com os residentes com suas famílias, o desempenho escolar dos participantes do abrigo progrediu mais, na passagem do tempo (T1 e T2), em comparação com os participantes da família. A experiência da instituição de acolhimento, na qual passam a ter um contato regular com a escola, poderia justificar a maior mudança de resultados obtidos por esse grupo de participantes[60].

Nos Estados Unidos[61], um estudo longitudinal (do jardim da infância até a terceira série) avaliou o impacto do NSE sobre as habilidades de leitura das crianças. Os pesquisadores estavam interessados em determinar em qual extensão os recursos, a experiência e as interações dentro dos contextos da família, do bairro e da escola poderiam explicar independente ou cumulativamente as diferenças individuais no NSE sobre a leitura e seu desenvolvimento nas crianças. No jardim da infância, as características da família contribuíram de forma mais significativa para a predição das habilidades iniciais, incluindo ambiente de letramento familiar, envolvimento dos pais na escola e tensões com o papel de pais (*parental role strain*, ou seja, o grau de dificuldade ou de tensão que o respondente vivenciou no seu funcionamento como pai/mãe). Com relação à família, as variáveis "ambiente de letramento familiar" (*home literacy*), "número de livros em casa" e "estresse parental" tiveram uma expressiva relação com o desempenho em leitura da criança.

É importante ainda considerar que a relação entre ambiente e desempenho em leitura pode ser mediada por outras funções cognitivas. Foi possível testar[62] vários modelos estatísticos (de equações estruturais ou *structural equations modeling* – SEM) sobre diferentes relações entre NSE, inteligência e funções executivas (variáveis independentes) e o desempenho em compreensão de leitura textual em crianças do 4º ao 6º ano do Ensino Fundamental de escolas públicas e privadas brasileiras. No modelo de melhor ajuste, o efeito do NSE sobre a compreensão leitora foi totalmente mediado pelas funções executivas, enquanto a inteligência não teve efeito significativo. Nesse estudo, o NSE explicou 31% da variância em funções executivas, que, por sua vez, foi responsável por explicar 52% da variância em compreensão de leitura textual. Dito de outro modo, a influência do NSE sobre as habilidades de compreensão textual não foi direta, mas mediada por outra variável cognitiva também muito importante para a compreensão leitora[63]. Essa contribuição, no primeiro estudo[62], ficou em mais de 50%.

Considerando outro país da América Latina, a Argentina, um estudo[64] analisou a relação entre o desempenho em leitura de estudantes de educação primária de escolas de gestão pública e privada de Mar del Plata, e o NSE dos participantes (consideraram-se variáveis, como tipo de escola, classe social, condição sócio-ocupacional do chefe de família, nível educacional dos pais e situação ocupacional atual do chefe de família dos participantes). O desempenho em leitura variou em função do tipo de escola e do NSE (desempenho inferior em estudantes da escola pública e proveniente de famílias de NSE mais baixo).

Também se demonstrou[65] que a influência do ambiente na leitura vai além das culturas com línguas alfabéticas. Os autores do estudo examinaram a relação entre NSE, processos fonológicos iniciais, vocabulário e leitura em crianças chinesas com diferentes NSE, dos 4 aos 9 anos de idade. As habilidades fonológicas e de vocabulário iniciais exerceram mediação forte e independente sobre os efeitos do NSE sobre o desempenho em leitura das crianças ao final do 3º ano. Esses achados não apenas replicam estudos em línguas alfabéticas, mas também demonstram o potencial de intervenções dirigidas ao aprimoramento das habilidades iniciais de linguagem das crianças.

Aspectos culturais (e não apenas o NSE) podem influenciar o desempenho em habilidades linguísticas ou mais especificamente metalinguísticas, como demonstra um estudo multicêntrico[66] que utilizou dados fornecidos por cerca de 100 alunos de segundo ano de Pequim, Hong Kong, Coreia e Estados Unidos. Os autores investigaram as relações entre consciência fonológica e morfológica, vocabulário e reconhecimento de palavras (leitura). Os resultados indicaram que em todas as línguas, a consciência fonológica e a consciência da estrutura morfológica estão associadas entre si e com conhecimento de vocabulário. Entretanto, a consciência fonológica

229

e a consciência da estrutura morfológica têm diferentes associações com o reconhecimento de palavras em diferentes línguas entre os alunos do segundo ano. Especificamente, a consciência fonológica pode ser mais importante para ler em inglês e coreano do que para ler em chinês. Em contraste, a consciência da estrutura morfológica pode ser mais importante para a leitura em chinês e coreano do que para a leitura em inglês nesse nível de escolaridade.

Uma outra pesquisa[67] investigou a relação entre NSE, sensibilidade fonológica e desempenho em leitura em crianças de primeiro ano. Dois grupos de crianças de 5 anos de idade provenientes de famílias que diferiram acentuadamente em termos de escolaridade foram avaliados com testes de QI, vocabulário receptivo, gramática, memória de trabalho verbal, sensibilidade fonológica, conhecimento de letras e habilidades de leitura iniciais. No final do primeiro ano, o desempenho acadêmico foi avaliado. Observaram-se diferenças entre grupos na maioria das medidas, mesmo após controlar para os efeitos do QI. Quando os efeitos da habilidade verbal geral foram controlados, as diferenças de sensibilidade fonológica, leitura de palavras e aritmética foram mantidas. Quando os efeitos de sensibilidade fonológica também foram controlados, as diferenças permaneceram apenas no desempenho aritmético. Os resultados são consistentes, segundo o autor, com a visão de que as diferenças de *status* socioeconômico no nível de leitura de palavras são mediadas em parte por diferenças preexistentes na sensibilidade fonológica.

Memória, habilidades visuoconstrutivas e funções executivas

As principais funções neuropsicológicas compreendem atenção, percepção, orientação, linguagem oral, linguagem escrita, raciocínio, memória, cálculo, praxias, e funções executivas. Memória é a aquisição, formação, conservação e evocação de informações[68]. Ela é classificada de diferentes formas, conforme os modelos teóricos. Um deles, o modelo dos sistemas múltiplos de memória[69], faz uma distinção entre memórias não declarativas (memória implícita, como, por exemplo, saber como andar de bicicleta) e memórias declarativas (episódica e semântica, como por exemplo lembrar de fatos ou adquirir conhecimento sobre coisas). As habilidades visuoconstrutivas definem-se como a capacidade para realizar atividades formativas ou construtivas (agrupamentos, construções, desenhos). Essa habilidade requer a organização de partes ou estímulos para formar uma entidade única[70].

As funções executivas envolvem componentes, como volição, atenção seletiva, resistência à distração ou controle inibitório, flexibilidade cognitiva, afetiva e comportamental, além de memória operacional, metacognição e autorregulação, capacidade de eleger objetivos, planejar-se, realizar automonitoramento, autoavaliação e comportar-se orientado por metas e propósitos[71].

O desenvolvimento das funções neuropsicológicas, como o da memória, por exemplo, está relacionado aos seguintes fatores, além dos fisiológicos: 1) o meio no qual organizamos as informações (conhecimento do conteúdo e uso de estratégias) e, no caso das crianças, a aquisição da linguagem, e 2) o contexto ambiental, ou seja, ter oportunidades para praticar uma determinada tarefa baseada na memória, por exemplo. Cultura, experiência e demandas ambientais afetam o uso de estratégias para aprimorar a memória, o que leva aos achados dos efeitos de nível de escolaridade no desempenho das tarefas[72]. Essas oportunidades são oferecidas nos ambientes familiar e escolar, entre outros que a criança frequenta.

Uma revisão recente da literatura[16] constatou que as diferenças nas habilidades de memória operacional em função do NSE foram maiores a partir dos 3 anos[25,26,38,73], mas em estudos avaliando outras funções executivas a influência do NSE foi geralmente fraca ou moderada em crianças de até 5 anos. Isso pode ocorrer pois a influência do NSE sobre as funções neuropsicológicas não é a mesma em todas as idades. As funções que se desenvolvem mais cedo (como a linguagem, por exemplo) tendem a ser afetadas pelo NSE também mais cedo, enquanto aquelas que têm uma

Capítulo 10 O Impacto do Ambiente Familiar Sobre o Desenvolvimento Cognitivo e Linguístico Infantil

maturação mais tardia (como as funções executivas, por exemplo) demoram mais para começar a sofrer o impacto socioeconômico.

Um estudo que enfocou a análise de habilidades cognitivas de apenas uma amostra de crianças de baixo NSE mostra que uma parte delas apresenta suspeita de atraso de desenvolvimento neuropsicomotor e que esse grupo teve desempenho inferior em habilidades visuoconstrutivas, memória visual e QI, comparado ao grupo com NSE, também desfavorecido, mas sem suspeita de atraso no desenvolvimento neuropsicomotor. Nesse estudo[74], os autores compararam o desempenho em testes de QI (WASI), memória visuoespacial e habilidades visuoconstrutivas (Instrumento de Avaliação Neuropsicológica Breve NEUPSILIN-INF e do Teste de Retenção Visual de Benton -BVRT) de 64 crianças brasileiras de 9-10 anos de idade provenientes de uma coorte de famílias de NSE baixo (classes C, D e E), que foram divididas em dois grupos: com ou sem suspeita de atraso de desenvolvimento neuropsicomotor aos dois anos de idade (Denver II). Os resultados mostraram que as crianças com suspeita de atraso de desenvolvimento apresentaram QI inferior em relação às sem suspeita de atraso. Excluindo-se as crianças com déficit intelectual na idade escolar, observou-se que as crianças com suspeita de atraso de desenvolvimento apresentaram déficits em habilidades visuoconstrutivas, manifestados por escores inferiores e mais erros, trocas de posição e distorções em relação às sem suspeita nas tarefas de cópia do BVRT (praxia e habilidades visuoconstrutivas). Além disso, aquelas com suspeita de atraso acertaram menos, apresentaram mais erros, distorções, omissões, perseverações, rotação e trocas de posição, e foram mais lentas na realização da tarefa de memória visual.

Uma outra revisão da literatura[75] avaliou pesquisas que examinaram a relação entre o NSE, estresse (avaliado por níveis de cortisol e carga alostática) e desempenho neurocognitivo (funções executivas, memória e inteligência). Os resultados mostraram que, no geral, NSE, estresse e desempenho neurocognitivo mostraram-se independentemente relacionados nos estudos (NSE × desempenho neurocognitivo; stress e desempenho neurocognitivo). Além disso, há evidências iniciais sugerindo que o estresse é um mecanismo que medeia a relação entre NSE e desempenho neurocognitivo, especificamente em memória de trabalho visuoespacial e nas tarefas de funções executivas na infância.

Complementando essa revisão, um estudo empírico com crianças brasileiras[76] investigou se a reatividade ao estresse (medidas de cortisol salivar) e o ambiente familiar podem explicar o desempenho cognitivo (memória e funções executivas) na primeira infância e na idade escolar. Encontrou-se que níveis de cortisol elevados, bem como alta ocorrência de psicopatologia materna (na primeira infância e em idade escolar) e disfunção familiar mostraram se associados a baixo desempenho em tarefas de funções executivas e memória de trabalho. As variáveis "ambiente familiar" e "alterações nos níveis de cortisol" explicaram cerca de 20% da variação no desempenho de tarefas cognitivas de memória e funções executivas.

Um outro grupo de pesquisadores[77] verificou que crianças brasileiras desnutridas crônicas apresentaram pior desempenho que as eutróficas, em vocabulário e memória operacional visuoespacial. O resultado é consistente com outras evidências[16] que analisam as relações entre NSE familiar e desempenho em funções executivas e memória de trabalho em crianças/adolescentes. A maioria das pesquisas sugere que um NSE mais elevado exerce influência positiva no desempenho em medidas de funcionamento executivo, enquanto condições socioeconômicas menos favoráveis estão associadas a mais dificuldades nessas medidas. A revisão também mostrou que a influência do NSE foi geralmente fraca ou moderada em estudos utilizando medidas compostas de funcionamento executivo em crianças de até 5 anos. Não houve um padrão de efeitos do NSE observado em estudos com crianças. Houve variações conforme as tarefas usadas para avaliar essas funções ou memória de trabalho, e seus subcomponentes. As controvérsias nos resultados, segundo as autoras, podem ser explicadas, em parte, pelos diferentes métodos utilizados nos estudos, até mesmo na definição de NSE.

Ciência para educação: uma ponte entre dois mundos

Um dos componentes das funções executivas que também envolve linguagem, é a fluência verbal. Crianças de NSE mais baixo apresentaram mais dificuldade nas tarefas de fluência verbal fonológica e semântica (funções executivas), sendo a escolaridade materna a única variável do NSE capaz de predizer a fluência verbal, explicando 21% da variância de fluência verbal fonológica[78].

Outro trabalho[26] identificou que o NSE (medido por um índice composto por idade, escolaridade e ocupação dos pais) explica entre 16,7% e 5,5% do desempenho em memória e funções executivas em crianças. Em um estudo nacional[38], essa proporção chegou a ser o dobro: o NSE respondeu por mais de 30% da variabilidade das funções executivas.

Considerando os estudos apresentados, não há como negar que as características do ambiente familiar, nesse caso representadas pelo NSE, têm repercussões sobre o desempenho em habilidades cognitivo-linguísticas na infância. Como se sabe[74], não se tem a intenção de fazer previsões deterministicas sobre os efeitos do NSE sobre o desenvolvimento das crianças e suas famílias. Os estudos nessa área auxiliam a conhecer as variáveis que afetam o desenvolvimento cerebral e as funções cognitivas, e assim obter ferramentas para promover ações que revertam, minimizem ou, idealmente, evitem as dificuldades no desenvolvimento neurocognitivo e linguístico das crianças.

Considerações finais

Este capítulo apresentou evidências científicas de que crianças provenientes de famílias de baixo NSE apresentam piores habilidades neuropsicológicas do que aquelas de famílias mais privilegiadas, incluindo linguagem, memória e funções executivas. As diferenças começam a ser evidenciadas aos 18 meses de idade, e se estendem por toda a infância, adolescência, e idade adulta caso não haja nenhum tipo de intervenção. Esse desnível pode, inclusive, aumentar com o tempo, um fenômeno bem conhecido na área da sociologia como efeito Matthew[79]. Em outras palavras, o fenômeno descreve analogamente que "o rico fica mais rico e o pobre fica mais pobre".

Esse conjunto de achados demonstra a triste realidade enfrentada por países que possuem um abismo socioeconômico, como o Brasil. Por um lado, esse tipo de pesquisa ajuda a retratar de forma sistemática como as diferenças socioeconômicas exercem um impacto por toda a vida do indivíduo. São trabalhos relevantes por descreverem em detalhes quais aspectos do desenvolvimento infantil são mais vulneráveis ao ambiente e os menos afetados; e assim ajudam a traçar um panorama mais realista a respeito do impacto da pobreza sobre o aprendizado. Por outro lado, essas pesquisas apontam para uma necessidade urgente e prioritária de investir no desenvolvimento de programas de identificação e intervenção precoce, a fim de reduzir esse desnível de origem social o mais cedo possível e oferecer oportunidades semelhantes de aprendizagem às crianças vindas de ambientes menos favorecidos. Esses programas precisam necessariamente levar em conta as características da cultura brasileira e a realidade do sistema educacional, incluindo a formação e remuneração do professor e a infraestrutura de nossas escolas.

É apenas por meio de políticas públicas que utilizem dados comprovados cientificamente que conseguiremos trazer soluções para muitos dos problemas sociais e educacionais que enfrentamos em países como o Brasil. Do ponto de vista econômico, sabe-se que a taxa de retorno ao investimento em capital humano é comprovadamente maior quanto antes ocorra a intervenção[80], e, a cada dólar investido, chegam a ser economizados em torno de 3 a 7 dólares[81].

Para isso, é necessário que pesquisadores e educadores unam forças para desenvolver e testar a eficiência de programas de intervenção precoce e programas escolares que incluam o treinamento das habilidades neuropsicológicas. Os professores precisam ser capacitados a identificar o mais cedo possível as crianças que apresentam dificuldades cognitivo-linguísticas, pois é provável que estas são as que virão a demonstrar algum tipo de fracasso acadêmico no futuro.

Capítulo 10 — O Impacto do Ambiente Familiar Sobre o Desenvolvimento Cognitivo e Linguístico Infantil

Conforme sugerem alguns autores[74], tendo em vista que o efeito do NSE sobre as funções cognitivas pode comprometer o desempenho acadêmico e aumentar o risco de doenças mentais, são necessárias intervenções preventivas direcionadas à melhoria das condições ambientais da criança em condição de menor NSE. Sabendo quais habilidades são mais suscetíveis aos efeitos socioeconômicos, como a linguagem, a memória, as habilidades visuoconstrutivas e as funções executivas, os professores podem buscar agir de forma mais precisa e estimular essas habilidades no contexto educacional.

É preciso entender que apesar de focalizarmos aqui o desenvolvimento infantil, alguns impactos ambientais podem se estender para toda a vida. Há um modelo proposto[82] de otimização do desenvolvimento cognitivo ao longo do ciclo vital e de como prevenir o declínio cognitivo, chamado *Cognitive Health Environment Life Course Model* (CHELM). O modelo sugere uma maneira de compreender como os fatores sociodemográficos, estilo de vida e de saúde influenciam o desenvolvimento cognitivo e um possível declínio. Nesse modelo, o autor salienta que as múltiplas influências sobre o funcionamento cognitivo podem orientar pesquisa e política. Conforme o autor comenta, a pesquisa demonstrou que é necessário priorizar ambientes saudáveis e oportunidades educacionais para crianças e adolescentes a fim de otimizar o desenvolvimento do cérebro e da cognição, e construir uma reserva cognitiva. Em outras palavras, ao agir de forma preventiva na infância e adolescência, buscando otimizar o desenvolvimento de áreas que sabemos ser vulneráveis aos efeitos ambientais, não só aumentamos as chances de sucesso acadêmico, como também podemos diminuir os riscos ou o impacto do declínio cognitivo no futuro.

Sugestões para Leitura

1. Salles JF, Haase VG, Malloy-Diniz LF (2016) *Neuropsicologia do Desenvolvimento: Infância e Adolescência.* Porto Alegre: Artmed.
2. Roazzi A, Justi FRR, Salles JF (2013) *A Aprendizagem da Leitura e da Escrita: contribuições de pesquisas* (1ª ed.), vol 1., São Paulo: Vetor.
3. Engel de Abreu, PMJ, Tourinho, CJ, Puglisi, ML, Nikaedo, C, Abreu, N, Miranda, M C, Befi-Lopes, D M, Bueno, O F A, Martin, R (2015) A Pobreza e a Mente: Perspectiva da Ciência Cognitiva. Walferdange, Luxembourg: The University of Luxembourg. http://cienciaparaeducacao.org/wp-content/uploads/2015/10/A-pobreza-e-a-mente_perspectiva-da-ciencia-cognitiva_DEVPOLUX.compressed.pdf

Referências Bibliográficas

1. Kremen WS, Panizzon MS, Cannon TD, (2016) Genetics and neuropsychology: A merger whose time has come. *Neuropsychology* 30:1–5.
2. Fernald A, Marchman VA, Weisleder A (2013) SES differences in language processing skill and vocabulary are evident at 18 months. *Developmental Science* 16:234–248.
3. Bradley RH, Corwyn RF (2002) Socioeconomic status and child development. *Annual Review of Psychology* 53:371-399.
4. Seron X (1997) *La neuropsychologie cognitive.* Paris: PUF.
5. Miranda MC, Muszkat M (2004) Neuropsicologia do Desenvolvimento. In *Neuropsicologia do Desenvolvimento – Conceitos e Abordagens* (Andrade VM, Santos FH, Bueno OF, orgs). São Paulo: Memnon.
6. Jacob F (1970) *La logique du vivant. Une histoire de l'hérédité.* Gallimard, Paris.
7. Andrade VM, Bueno OFA (2005) A influência dos fatores socioculturais no neurodesenvolvimento. In *Neuropsicologia do Desenvolvimento – Conceitos e Abordagens* (Mello CB, Miranda MC, Muskat M, orgs.). São Paulo: Memnon.
8. Gazzaniga MS, Ivry RB, Mangun GR (2006) *Neurociência Cognitiva: a Biologia da Mente.* Porto Alegre: ArtMed.
9. Holliday R (2002) Epigenetics comes of age in the twenty-first century. *Journal of Genetics* 81: 1-4.
10. Francis RC (2011) *Epigenetics: How Environment Shapes our Genes.* Norton, New York.
11. Fraga MF, Ballester E, Paz MF, Ropero S, Setien F, Ballestar ML, Esteller, M (2005) Epigenetic differences arise during the lifetime of monozygotic twins. *Proceedings of the National Academy of Sciences USA* 26:10604-10609.
12. O'Connell ME, Boat T, Warner KE (2009) Preventing mental, emotional, and behavioral disorders among young people: Progress and possibilities. *The National Academies Press.* Washington, DC.
13. Stiles J (2011) Brain development and the nature versus nurture debate. *Progress in Brain Research* 189:3-22.

Ciência para educação: uma ponte entre dois mundos

14. Entwisle DR, Alexander K L, Olson LS (1994) The gender gap in math: its possible origins in neighborhood effects. *American Sociological Review* 59:822–838.

15. White KR (1982) The relation between socioeconomic status and academic achievement. *Psychological Bulletin* 91:461–481.

16. Sbicigo JB, Abaid JLW, Dellaglio DD, Salles JF (2013) Nível socioeconômico e funções executivas em crianças/adolescentes: revisão sistemática. *Arquivos Brasileiros de Psicologia* 65:51-69.

17. Piccolo LR, Sbicigo JB, Grassi-Oliveira R, Salles JF (2016) Efeitos do nível socioeconômico no desempenho neuropsicológico de crianças e adolescentes. In *Neuropsicologia do Desenvolvimento: Infância e Adolescência* (Salles JF, Haase VG, Malloy-Diniz LF, orgs.) Porto Alegre: Artmed.

18. Hackman DA, Farah MJ, Meaney MJ (2010) Socioeconomic status and the brain: mechanistic insights from human and animal research. *Nature Reviews. Neuroscience*, 11:651–659.

19. McEwen BS, Stellar E (1993) Stress and the individual. Mechanisms leading to disease. *Archives of Internal Medicine* 153:2093–2101.

20. Oliveira PA, Scivoletto S, Cunha PJ (2010) Estudos neuropsicológicos e de neuroimagem associados ao estresse emocional na infância e adolescência. *Revista de Psiquiatria Clínica* 37:271–279.

21. Boeckel MG, Wagner A, Kluwe-Schiavon B, Camargo J, Grassi-Oliveira R (2016) Família, estresse e aspectos neurocognitivos: Um modelo desenvolvimental. In *Neuropsicologia do Desenvolvimento: Infância e Adolescência* (Salles JF, Haase VG, Malloy-Diniz LF, orgs.). Porto Alegre: Artmed.

22. Hackman DA, Farah MJ, Meaney MJ (2010) Socioeconomic status and the brain: mechanistic insights from human and animal research. *Nature Reviews. Neuroscience* 11:651–659.

23. Farah MJ, Shera DM, Savage JH, Betancourt L, Giannetta JM, Brodsky NL, Malmud EK, Hurt H (2006) Childhood poverty: specific associations with neurocognitive development. *Brain Research* 1110:166-174.

24. Evans GW, Fuller-Rowell TE (2013) Childhood poverty, chronic stress, and young adult working memory: the protective role of self-regulatory capacity. *Developmental Science* 16: 688–696.

25. Sarsour K, Sheridan M, Jutte D, Nuru-Jeter, A, Hinshaw S, Boyce WT (2011) Family socioeconomic status and child executive functions: the roles of language, home environment, and single parenthood. *Journal of the International Neuropsychological Society* 17:120–132.

26. Noble KG, McCandliss BD, Farah MJ (2007) Socioeconomic gradients predict individual differences in neurocognitive abilities. *Developmental Science* 10:464–480.

27. Tomalski P, Moore DG, Ribeiro H, Axelsson EL, Murphy E, Karmiloff-Smith A, Kushnerenko E (2013) Socioeconomic status and functional brain development – associations in early infancy. *Developmental Science* 16:676–687.

28. Hart B, Risley T (1995) *Meaningful Differences in the Everyday Experience of Young American Children.* Brookes Publishing, Baltimore, 308 pp.

29. Fernald A, Perfors A, Marchman VA (2006) Picking up speed in understanding: Speech processing efficiency and vocabulary growth across the 2nd year. *Developmental Psychology* 42:98–116.

30. Marchman VA, Fernald A (2008) Speed of word recognition and vocabulary knowledge in infancy predict cognitive and language outcomes in later childhood. *Developmental Science* 11:F9-F16.

31. Rowe ML (2008) Child-directed speech: relation to socioeconomic status, knowledge of child development and child vocabulary skill. *Journal of Child Language* 35:185–205.

32. Hoff E, Tian C (2005) Socioeconomic status and cultural influences on language. *Journal of Communication Disorders* 38:271–278.

33. Lee VE, Burkam, DT (2002) *Inequality at the Starting Gate: Social Background Differences in Achievement as Children Begin School.* Economic Policy Institute, Washington, DC.

34. Nelson KE, Welsh JA, Vance Trup EM, Greenberg MT (2011) Language delays of impoverished preschool children in relation to early academic and emotion recognition skills. *First Language* 31: 164-194.

35. Geoffroy MC, Côté SM, Giguère CÉ, Dionne G, Zelazo P, Tremblay RE, Séguin JR (2010) Closing the gap in academic readiness and achievement: the role of early childcare. *Journal of Child Psychology and Psychiatry, and Allied Disciplines* 51:1359–1367.

36. Sammons P, Hall J, Sylva K, Melhuish E, Siraj-Blatchford I, Taggart B (2013) Protecting the development of 5-11 year olds from the impacts of early disadvantage: the role of primary school academic effectiveness. *School Effectiveness and School Improvement* 24:251-268.

37. Caroll JM, Bowyer-Crane C, Duff FJ, Hulme C, Snowling MJ (2011) Developing language and literacy: Effective intervention in the early years. Wiley-Blackwell, Oxford.

38. Engel de Abreu PMJ, Tourinho CJ, Puglisi ML, Nikaedo C, Abreu N, Miranda MC, Befi-Lopes DM, Bueno OFA, Martin R (2015) *A Pobreza e a Mente: Perspectiva da Ciência Cognitiva.* Walferdange, Luxembourg: The University of Luxembourg. http://cienciaparaeducacao.org/wp-content/uploads/2015/10/A-pobreza-e-a-mente_perspectiva-da-ciencia-cognitiva_DEVPOLUX.compressed.pdf

39. Chomsky N (1957) *Syntactic structures.* Tradução Brasileira (Português): Othero GA, Menuzzi SM. *Estruturas sintáticas.* Ed. Vozes, 2015.

40. Noble KG, Norman MF, Farah MJ. Neurocognitive correlates of socioeconomic status in kindergarten children. *Developmental Science* 8:74-87.

Capítulo 10   O Impacto do Ambiente Familiar Sobre o Desenvolvimento Cognitivo e Linguístico Infantil

41. Raviv T, Kessenich M, Morrison FJ (2004) A mediational model of the association between socioeconomic status and three-year-old language abilities: The role of parenting factors. *Early Childhood Research Quarterly* 19:528–547.
42. Engel PMJ, Santos FH, Gathercole SE (2008) Are working memory measures free of socioeconomic influence? *Journal of Speech Language and Hearing Research* 51:1580-1587.
43. Hatcher PT, Hulme C, Ellis AW (1994) Ameliorating early reading failure by integrating the teaching of reading and phonological skills: The phonological linkage hypothesis. *Child Development* 65:41–57.
44. Share DL (1995) Phonological recoding and self-teaching: sine qua non of reading acquisition. *Cognition* 55:151-218.
45. Enricone JRB, Salles JF (2011) Relação entre variáveis psicossociais familiares e desempenho em leitura/escrita em crianças. *Psicologia Escolar e Educacional* 15:199-210.
46. Piccolo LR, Falceto OG, Fernandes CL, Levandowski DC, Grassi-Oliveira R, Salles JF (2013) Variáveis psicossociais e desempenho em leitura de crianças de baixo nível socioeconômico. *Psicologia: Teoria e Pesquisa* 28:389-98.
47. Duursma E, Pan BA, Raikes H (2008) Predictors and outcomes of low-income fathers' reading with their toddlers. *Early Childhood Research Quarterly* 23:351-365.
48. Noble KG, Mccandliss BD (2005) Reading development and impairment: Behavioral, social, and neurobiological factors. *Developmental and Behavioral Pediatrics* 26:370-378.
49. Peeters M, Verhoeven L, de Moor J, van Balkom H, van Leeuwe J (2009) Home literacy predictors of early reading development in children with cerebral palsy. *Research in Developmental Disabilities* 30:445–461.
50. Marturano EM (2006) The home environment resources scale. *Psicologia: Reflexão e Crítica* 19:498–506.
51. D'Avila-Bacarji KMG, Marturano EM, Elias LC dos S (2005) Recursos e adversidades no ambiente familiar de crianças com desempenho escolar pobre. *Paideia* 15: 43-55.
52. Okano CB, Loureiro SR, Linhares MBM, Marturano EM (2004) Crianças com dificuldades escolares atendidas em programa de suporte psicopedagógico na escola: avaliação de autoconceito. *Psicologia: Reflexão e Crítica* 17:121-128.
53. Skibbe LE, Justice LM, Zucker TA, McGinty AS (2008) Relations among maternal literacy beliefs, home literacy practices, and the emergent literacy skills of preschoolers with specific language impairment. *Early Education and Development* 19:68–88.
54. Snowling MJ, Muter V, Carroll J (2007) Children at family risk of dyslexia: a follow-up in early adolescence. *Journal of Child Psychology and Psychiatry* 48:609–618.
55. Foy JG, Mann V (2003) Home literacy environment and phonological awareness in preschool children: Differential effects for rhyme and phoneme awareness. *Applied Psycholinguistic,* 24:59–88.
56. Kim YS (2009) The relationship between home literacy practices and developmental trajectories of emergent literacy and conventional literacy skills for Korean children. *Reading and Writing* 22:57–84.
57. Salles JF, Piccolo LR, Zamo R, Toazza R (2013) Normas de desempenho em tarefa de leitura de palavras/pseudopalavras isoladas (LPI) para crianças de 1º ano ao 7º ano. *Estudos e Pesquisas em Psicologia* 13:1-10.
58. Corso HV, Piccolo LR, Mina CS, Salles JF (2015) Normas de desempenho em compreensão de leitura textual para crianças de 1º ano à 6ª Série. *Psico* 46: 68.
59. Corso HV, Sperb TM, Salles JF (2013) Leitura de palavras e de texto em crianças: efeitos de série e tipo de escola, e dissociações de desempenhos. *Letras de Hoje* 48:81-90.
60. Diniz EDB, Piccolo LR, Couto MCP, Salles JF, Koller SH (2014) Influences of developmental contexts and gender differences on school performance of children and adolescents. *Educational Psychology* 34: 787-798.
61. Aikens NL, Barbarin O (2008) Socioeconomic differences in rReading trajectories: The contribution of family, neighborhood, and school contexts. *Journal of Educational Psychology* 100:235–251.
62. Corso HV, Cromley JG, Sperb TM, Salles JF (2016) Modeling the relationship among reading comprehension, intelligence, socioeconomic status and neuropsychological functions-the mediating role of executive functions. *Psychology & Neuroscience* 9:32-45.
63. Salles JF, Paula FV (2016) Compreensão da leitura textual e sua relação com as funções executivas. *Educar em Revista* 62:53-67.
64. Urquijo S, Coni AG, Fernandes D (2015) Relación entre aprendizaje de la lectura y nivel socioeconómico en niños argentinos. *Avances en Psicología Latinoamericana* 33: 303-318.
65. Zhang Y, Tardiff T, Shu H, Liu H, McBride-Chang C, Liang W, Zhang Z (2013) Phonological skills and vocabulary knowledge mediate socioeconomic status effects in predicting reading outcomes for Chinese children. *Developmental Psychology* 49:665–671.
66. McBride-Chang C, Cho JR, Liu H, Wagner RK, Shu H, Zhou A, Cheuk CSM, Muse A (2005) Changing models across cultures: Associations of phonological awareness and morphological structure awareness with vocabulary and word recognition in second graders from Beijing, Hong Kong, Korea, and the United States. *Experimental Child Psychology* 92:140–160.
67. Bowey JA (1995) Socioeconomic status differences in preschool phonological sensitivity and first-grade reading achievement. *Journal of Educational Psychology* 87:476-487.
68. Izquierdo I (2002) *Memória*. Porto Alegre: Artmed.
69. Tulving E (1985) How many memory systems are there? *American Psychologist* 40:385-398.

Ciência para educação: uma ponte entre dois mundos

70. Galeano AR, Politis DG (2008) Trastornos visuoconstructivos. In *Tratado de Neuropsicología Clínica. Bases Conceptuales y Técnicas de Evaluación* (Labos E, Slachevsky A, Fuentes P, Manes F, orgs.), pp. 253-257. Buenos Aires, Argentina: Libreria Akadia Editorial.

71. Diamond A (2013) Executive functions. *Annual Review of Psychology* 64:135-168.

72. Sternberg RJ (2000) *Psicologia Cognitiva*. Porto Alegre: Artes Médicas.

73. Fernald LCH, Weber A, Galasso E, Ratsifandrihamanana L (2011) Socioeconomic gradients and child development in a very low income population: evidence from Madagascar. *Developmental Science* 14:832-847.

74. Piccolo LR, Arteche A, Fonseca RP, Grassi-Oliveira R, Salles JF (2016) Influence of family socioeconomic status on IQ, language, memory and executive functions of Brazilian children. *Psicologia: Reflexão e Crítica* 29:2-10.

75. Piccolo LR, Sbicigo JB, Grassi-Oliveira R, Salles JF (2014) Does SES and stress reactivity really matter for neurocognitive performance? *Psychology & Neuroscience* 107:567-575.

76. Piccolo LR, Salles JF, Fernandes CL, Falceto OG, Grassi-Oliveira R (2016) Can reactivity to stress and family environment explain memory and executive functions performance in early and middle childhood? *Trends in Psychiatry and Psychotherapy* 38:80-89.

77. Miranda ML, Kim D, Galeano MAO, Paul CJ, Hull AP, Morgan SP (2007) The relationship between early childhood blood lead levels and performance on end-of-grade tests. *Environmental Health Perspectives* 115:1242–1247.

78. Arán-Filippetti V (2011) Verbal fluency according to task type, time interval and socioeconomic status in school-aged children. *Anales de Psicología* 27:816-826.

79. Merton RK (1968) The Matthew Effect in Science. The reward and communication systems of science are considered. *Science* 159:56-63.

80. Knudsen EI, Heckman JJ, Cameron JL, Shonkoff JP (2006) Economic, neurobiological, and behavioral perspectives on building America's future workforce. *Proceedings of the National Academy of Sciences of the USA* 103:10155-10162.

81. Doyle O, Harmon CP, Heckman JJ, Tremblay RE (2009) Investing in early human development: timing and economic efficiency. *Economy and Human Biology*, 7:1-6.

82. Anstey KJ (2014) Optimizing cognitive development over the life course and preventing cognitive decline: Introducing the Cognitive Health Environment Life Course Model (CHELM). *International Journal of Behavioral Development* 38:1–10.

Capítulo 11

Máquinas que Aprendem

O Que nos Ensinam?

Isvani Frías Blanco[1] e André Carlos Ponce de Leon Ferreira de Carvalho[1]

Palavras-chave: Aprendizado de máquina; Mineração de dados; Mineração de dados educacionais; Inteligência artificial; Ciência de dados

Resumo

A Inteligência Artificial é uma área da ciência da computação que estuda como a computação, por meio de métodos e dispositivos computacionais, pode ser utilizada para o projeto e desenvolvimento de ferramentas computacionais baseadas na capacidade humana de raciocinar, perceber, tomar decisões, e resolver problemas. Dentre as várias áreas da Inteligência Artificial, a área de Aprendizado de Máquina pesquisa como isso pode ser realizado, inserindo nos computadores a capacidade de aprender a partir de experiências passadas. As técnicas de Aprendizado de Máquina podem ser aplicadas a vários processos de ensino-aprendizagem para que dados sobre experiências passadas de estudantes possam ser utilizados de modo que os estudantes aprendam de forma mais personalizada e eficiente. As ferramentas computacionais que usam técnicas de Aprendizado de Máquina têm evoluído consideravelmente nos últimos anos, a tal ponto que, em muitas situações, as máquinas conseguem executar tarefas que requerem inteligência de uma melhor forma que os humanos. No entanto, os esforços para trazer o Aprendizado de Máquina para o espaço educativo são mais recentes e em menor quantidade, quando comparados com aqueles empreendidos em outras áreas. Além disso, apesar dos progressos nas pesquisas e nas novas tecnologias de ensino, raramente elas são usadas nas instituições por professores e alunos. Este capítu-

Afiliações:
[1]Instituto de Ciências Matemáticas e de Computação, Universidade de São Paulo, São Paulo, Brasil

Ciência para educação: uma ponte entre dois mundos

lo tem o propósito de introduzir o leitor no tema e mostrar algumas das principais ferramentas e pesquisas existentes; e como essas ferramentas e pesquisas podem ser, e têm sido, utilizadas nos processos de ensino-aprendizagem.

Introdução

Com o crescimento do volume de dados produzidos nos últimos anos, a análise manual por especialistas é, com frequência, humanamente impossível. Para lidar com essa grande quantidade de dados, ferramentas computacionais mais sofisticadas precisam ser utilizadas. Essas ferramentas não apenas devem ser capazes de responder perguntas simples para grandes volumes de dados, elas devem ser capazes de extrair conhecimento novo, útil e relevante desses dados, que tragam benefícios para quem possui e para quem gera esses dados. Isso deu origem a novas áreas de conhecimento e fortaleceu áreas existentes, mas, por limitações tecnológicas, pouco utilizadas, cujo interesse é analisar os dados para apoiar a tomada de decisão, como é o caso da Inteligência Artificial (IA).

A IA é uma das várias subáreas da computação. Pesquisadores da IA estudam como métodos ou dispositivos computacionais podem ser utilizados para projetar e desenvolver ferramentas computacionais que apresentem capacidades de percepção e cognição semelhantes às observadas em seres humanos na resolução de problemas, apresentando um comportamento inteligente[1]. Por sua vez, a IA também possui diferentes linhas, uma delas a de Aprendizado de Máquina (AM).

Pesquisadores que trabalham com AM investigam como tornar as máquinas, no caso os computadores, capazes de aprender a realizar uma dada tarefa por meio de extração de conhecimento de experiências passadas. Nas últimas décadas, várias técnicas de AM foram desenvolvidas, com diferentes finalidades e funcionalidades, além de formas de aprender e representar o conhecimento aprendido. Técnicas de AM têm sido aplicadas a uma ampla variedade de tarefas, cobrindo os mais diversos domínios de conhecimento. Uma das principais aplicações de técnicas de AM é no desenvolvimento de sistemas de mineração de dados (MD). A MD engloba o tratamento dos dados e a aplicação de técnicas capazes de extrair modelos desses dados. As técnicas de modelagem mais utilizadas atualmente são técnicas de AM. É possível identificar o uso de técnicas de AM para MD em tarefas como:

- Diagnóstico médico.
- Veículos autônomos.
- Assistentes de voz utilizados em celulares.
- Jogos.
- Sistemas de recomendação de filmes.
- Sistemas de suporte ao aprendizado.

As técnicas de AM podem ser aplicadas a vários processos de ensino-aprendizagem para que os estudantes aprendam de modo mais personalizado e eficiente. As ferramentas computacionais que usam técnicas de AM têm evoluído consideravelmente nos últimos anos, a tal ponto que, em muitas situações, as máquinas conseguem executar tarefas que requerem inteligência de uma melhor forma que os humanos. Além disso, em muitos cenários, o uso de ferramentas baseadas em AM reduz a exposição de humanos a atividades de risco que necessitam de uma grande capacidade de concentração e execução de tarefas repetitivas. Assim, é natural pensar no uso de máquinas inteligentes no ensino[2]. O objetivo de usar técnicas de IA no ensino é claro: lograr que os estudantes aprendam de maneira mais eficiente, escalável, personalizada, padronizada e automatizada.

Na atualidade, existem várias escolas *on-line* em que grande parte do ensino ocorre por meio de programas de computador, ferramentas computacionais que utilizam, de algum modo, AM. Essa relação entre professor humano e computador pode ser a próxima fronteira para a educação.

Os professores e as máquinas inteligentes podem se unir para oferecer experiências educacionais mais eficientes e estimulantes para os alunos de todos os níveis, desde a escola primária até a universidade, passando pela educação continuada.

Na educação tradicional, o professor ministra o mesmo conteúdo de disciplinas, na mesma ordem, para os estudantes de uma mesma turma. No entanto, os estudantes são diferentes, têm diferentes afinidades, facilidades, habilidades e dificuldades. As ferramentas de computação baseadas em AM podem mudar a forma de ensino-aprendizagem para resolver esses problemas eficazmente. Por exemplo, o processo de tentativa-e-erro é uma parte fundamental da aprendizagem, mas muitos alunos têm medo de falhar na frente de seus colegas e professores. A aprendizagem por computador pode proporcionar um ambiente mais favorável nesses casos. Os alunos também poderiam receber aulas, cursos específicos, informações e materiais de professores, muitas vezes alguns dos maiores especialistas de suas áreas, de todo o mundo, em qualquer momento. Tudo isso com o conforto e conveniência de estudar em casa. Exemplos dessa possibilidade são abordados no Capítulo 12.

O desejo de automatizar o ensino e a aprendizagem não é novo. Por exemplo, o psicólogo norte-americano Sidney L. Pressey (1888-1979) recebeu a primeira patente dos Estados Unidos para uma máquina de ensino em 1928. Poderíamos também voltar mais longe, em 1866, quando surgiu um dispositivo para ensinar ortografia. Outro psicólogo, também norte-americano, Burrhus F. Skinner (1904-1990), na década de 1960, desenvolveu máquinas de ensinar e ensino programado. As máquinas de ensinar de Skinner eram programadas com vários exercícios que deveriam ser respondidos por cada aluno. Cada resposta correta era corrigida na mesma hora (reforço imediato) e cada aluno resolvia os exercícios em seu tempo. Simples e eficaz, o professor passava a ser um monitor, tirando dúvidas e explicando apenas o necessário para cada exercício.

Desde então, as tecnologias e as pesquisas têm evoluído consideravelmente, chegando a sistemas muito sofisticados baseados em AM, como o assistente Watson, da IBM[3]. "Imagine descobrir que seu assistente de ensino é realmente um robô", escreveu *The Wall Street Journal*[4] em 2016, para descrever um experimento realizado com alunos de um curso *on-line*. O assistente virtual Watson postava perguntas, lembretes de prazo no fórum de discussão da classe, e respondia a perguntas de rotina dos alunos. Em sua maioria, os alunos não percebiam que Watson era um programa de computador.

Em paralelo, grandes progressos estão sendo feitos para trazer AM para o espaço educativo, mas esses esforços são muito menores em comparação com os avanços em outras áreas. Por outro lado, apesar dos progressos nas pesquisas e nas novas tecnologias de ensino, raramente ferramentas educacionais baseadas em AM são usadas nas instituições, por professores e alunos.

Nos últimos anos, tem havido um grande crescimento de uma nova linha que une AM ao ensino, chamada de Mineração de Dados Educacionais (MDE). A MDE faz uso dos avanços que ocorreram, e ainda ocorrem, nas áreas de MD e AM[5]. Este capítulo descreve como AM sido utilizado ao longo dos anos para o desenvolvimento de ferramentas de apoio ao ensino, buscando destacar os benefícios trazidos pelo uso de ferramentas baseadas em AM para a aprendizagem, as principais aplicações da IA na educação e as perspectivas futuras. Tem o propósito também de mostrar como a AM pode proporcionar grandes avanços no aprendizado de alunos; algumas das principais ferramentas existentes; e como essas ferramentas podem ser, e têm sido, utilizadas nos processos de ensino-aprendizagem.

Aprendizado de máquina

Uma das principais ferramentas da computação para extrair conhecimento de conjuntos de dados é inspirada no próprio conceito de aprendizado, o AM. AM é uma área de pesquisa que investiga como conhecimento pode ser adquirido automaticamente a partir de um conjunto de

Ciência para educação: uma ponte entre dois mundos

dados ou exemplos[6]. A capacidade de aprendizado permite induzir hipóteses ou funções a partir da experiência passada[7]. AM é uma área eminentemente interdisciplinar, sendo baseada em conceitos de Computação, Estatística, Matemática, Neurociências e Psicologia.

Vários avanços recentes têm contribuído para o crescimento da área de AM, como o desenvolvimento de algoritmos cada vez mais eficazes e eficientes e a crescente capacidade dos recursos computacionais decorrentes de avanços tecnológicos. Isso pode ser observado pela forte expansão das pesquisas em AM nas duas últimas décadas, com a abertura de novas linhas de pesquisa e a sua utilização bem-sucedida em vários problemas reais.

Quando queremos comparar o desempenho das máquinas inteligentes com o comportamento humano, AM pode ser avaliada em problemas restritos e bem definidos. Por exemplo, algumas dessas provas foram denominadas *testes de Turing*, que avaliam a capacidade de uma máquina exibir comportamento inteligente equivalente a um ser humano, ou indistinguível deste. No entanto, os problemas menos complexos fornecem metas mais atingíveis pelos computadores, havendo um número crescente de resultados positivos. No teste de Turing, um avaliador humano acompanha uma conversa entre um computador e outro ser humano, sem saber quem é quem. Se o avaliador, após acompanhar a conversa, não conseguir distinguir o computador do ser humano, o computador passou no teste.

PR2, um robô da Universidade de Cornell, nos Estados Unidos, aprendeu a executar várias pequenas tarefas, e depois "ensinou" a Baxter, outro robô da Universidade Brown, como realizar as mesmas tarefas em um ambiente alternativo[a]. Outro robô, ConceptNet 4, teve um teste de inteligência com tarefas em vocabulário, comparações e compreensão. Na pesquisa, foi concluído que ConceptNet 4 tinha a inteligência de uma criança de 4 anos de idade[8].

A **Figura 11.1** pode parecer a imagem de uma mulher comum, mas Yangyang é um sistema de computação baseado em AM que pode cumprimentar as pessoas. Yangyang não é o único robô com aparência humana. Nadine, outro robô, trabalha como recepcionista na Universidade Tecnológica Nanyang. Nadine também pode sorrir, conhecer e cumprimentar as pessoas, apertar as mãos e fazer contato visual. Ela também pode reconhecer convidados e falar com eles utilizando informações obtidas em conversas anteriores.

▶ **Figura 11.1**. O robô Yangyang (Fonte: http://www.bbc.co.uk/newsbeat/article/32535587/the-fembot-called-yangyang-who-can-talk-and-move)

---

[a] *http://www.robotsthatdream.eu/*

Capítulo 11 — Máquinas que Aprendem – O Que nos Ensinam?

AM tem atraído crescente atenção não apenas de pesquisadores, mas de indústrias, instituições públicas e organizações não governamentais. Algoritmos de AM são capazes de aprender a construir modelos a partir de um conjunto de dados obtidos de experiências passadas. Com isso, eles são capazes de encontrar grupos de dados com características semelhantes, descobrir associações escondidas em conjuntos de dados, recomendar produtos, serviços ou atividades e fazer previsões a partir de observações passadas. Para isso, algoritmos de AM conseguem aprender a construir modelos a partir de um conjunto de dados.

Algoritmos de AM podem induzir modelos descritivos ou preditivos. Um modelo descritivo, como o próprio nome sugere, busca explorar ou descrever um conjunto de dados. Um modelo preditivo (também chamado de função ou hipótese) é gerado a partir de um subconjunto de dados rotulados, denominado subconjunto de treinamento ou aprendizado[1,9]. Esse modelo deve ser capaz de, a partir da descrição de um novo objeto ou exemplo, prever, em um processo dedutivo, que rótulo, que pode ser uma classe, deve ser associado a esse objeto. Quando o modelo preditivo é utilizado para a predição da classe de um novo dado, o modelo é um *classificador*. Quando o modelo é utilizado para associar um valor, como um número real, ele é um *regressor*.

Algoritmos de AM têm sido empregados com sucesso em um grande número de aplicações, que incluem análise de redes sociais, extração de conhecimento, detecção de fraudes, extração de conhecimento de dados biológicos, diagnóstico médico a partir de dados clínicos, detecção de fraudes e projeto de sistemas de recomendação.[b]

A expansão do uso de AM em várias tarefas diárias ocorre sem que as pessoas percebam. Por exemplo, a recomendação de filmes e livros por empresas e sítios na internet utiliza algoritmos de AM. Algumas empresas, como a Amazon e a UPS têm usado AM em drones para entregar produtos aos clientes. A IBM criou o *software* Deep Blue, que em 1997 venceu uma partida de xadrez contra um dos maiores jogadores da história, Garry Kasparov. O *software* DeepMind da Google recentemente aprendeu por si próprio 49 jogos. Nesses jogos, DeepMind superava consistentemente os jogadores humanos. O *software* AlphaGo, do projeto DeepMind, venceu também o melhor jogador do mundo, Lee Sedo, em um antigo jogo de estratégia chamado Go. O jogo Go é considerado mais complexo do que o xadrez. É interessante que os programadores do AlphaGo não ensinaram o programa a jogar. Em vez disso, eles construíram uma rede neural[c] capaz de aprender sozinha a jogar Go. Uma grande parte dessas aplicações diz respeito a problemas de classificação.

Algoritmos de AM são capazes de extrair modelos a partir de dados estruturados (tabelas), bem como de dados não estruturados (textos, páginas da internet, troca de mensagens em *e-mails* e aplicativos de redes sociais, sequências de DNA e vídeos).

O processo de aprendizado busca criar modelos capazes de generalizar a partir do conhecimento adquirido, em vez de memorizar. Esse processo pode ser supervisionado por reforço, ou não supervisionado.

O aprendizado é *supervisionado* quando existe a figura de um professor externo que ensina ao modelo que saída deve ser gerada para cada entrada recebida. Um exemplo é o modelo induzido para reconhecimento de faces que, no processo de treinamento, aprende a associar uma face à identificação de uma pessoa. Esse modelo deve ser capaz de identificar essa pessoa a partir de seu rosto em diferentes ângulos e com possíveis alterações, como um novo corte de cabelo.

O processo de aprendizado *por reforço* utiliza o princípio de tentativa-e-erro, com punição e recompensa. Assim, durante o treinamento do modelo, em vez de associar cada entrada à res-

---

[b] *Um sistema de recomendação combina várias técnicas computacionais para selecionar itens personalizados com base nos interesses dos usuários e conforme o contexto no qual estão inseridos.*

[c] *As redes neurais artificiais são modelos computacionais inspirados pelo sistema nervoso central de um animal (em particular, o cérebro) que são capazes de realizar o aprendizado de máquina.*

Ciência para educação: uma ponte entre dois mundos

posta desejada, informa se a resposta dada pelo modelo está próxima, recompensando os valores atuais dos parâmetros do modelo, ou se está distante da resposta desejada, punindo. Esse processo é muito utilizado para ensinar um robô a navegar em um dado ambiente.

No aprendizado *não supervisionado*, os dados são organizados de acordo com a similaridade entre seus objetos, não existindo a figura de um professor externo. Aprendizado não supervisionado costuma ser utilizado quando os dados não possuem rótulos.

Existem muitos mais exemplos de avanços recentes na área do AM, como projetos inspirados no cérebro humano, as *redes profundas*, que aprendem várias tarefas de cognição e de percepção, com desempenho muitas vezes semelhante ou superior ao de seres humanos em jogos, raciocínio e conhecimento, movimento, manipulação de objetos, composição musical, pintura, e processamento de linguagem natural[d]

Como pode ser observado, é evidente que a evolução da IA, incluindo o AM, é significativa nos últimos anos, com um alto impacto prático em diversas áreas. Mas, é conveniente usar essas técnicas de IA no ensino? Quais são os benefícios diretos da IA na educação? Existem métodos e ferramentas dedicadas a tal propósito? As seguintes seções procuram responder essas perguntas.

Aplicações de aprendizado de máquina na educação

Segundo uma revisão recente[10], pesquisadores da área de mineração de dados educacionais estão abordando aspectos relacionados com cognição, metacognição, motivação, afeto, linguagem e discurso social, por sua influência no processo de aprendizado. Para isso, usam dados de sistemas tutores inteligentes, cursos *on-line* Abertos e Massivos (MOOC, do inglês *Massive Open Online Courses), jogos e simulações educacionais e fóruns de discussão. Pesquisadores da área de MDE em geral utilizam algoritmos de aprendizado supervisionado para aprender modelos capazes de representar o efeito desses aspectos no aprendizado.*

De acordo com os autores, aplicações educacionais de AM da última década focaram na análise automática do processo de aprendizado colaborativo, que foi mostrado ser mais eficiente que uma abordagem estática. Segundo os autores, a MDE vai ter um papel central em duas revoluções no aprendizado, o crescimento de cursos on-line acessíveis e o aumento no interesse na ciência do aprendizado.

Mais de duas décadas atrás, um grupo de pesquisadores em AM propôs alguns desafios da inteligência artificial na educação[11]:
- Oferecer suporte onipresente que integre modelagem de usuários, simulação social e representação de conhecimento.
- Ajudar os alunos com autodireção, autoavaliação e trabalho colaborativo.
- Analisar os grandes volumes de dados sobre aprendizagem individual, contextos sociais, contextos de aprendizagem e interesses pessoais.
- Aumentar a interconectividade e a acessibilidade das salas de aula em todo o mundo.

Os *softwares* educacionais podem se ajustar às características de cada aluno, considerando o histórico de atuações do aluno e não respostas isoladas. Os programas educacionais podem ser acessados de casa, fornecer suporte a qualquer hora, ou até oferecer tutoriais adicionais para os alunos. Também podem detectar onde os alunos se sobressaem e onde eles poderiam melhorar. Assim, o *software* pode fornecer *feedback* importante para o professor humano[10].

Um *software* educacional requer grupos multidisciplinares que incluam pelo menos educadores e cientistas da computação[12]. Esses programas abrangem uma grande variedade de finalidades, que podem variar da aquisição de conceitos até o desenvolvimento de competências

---

[d] *https://en.wikipedia.org/wiki/List_of_artificial_intelligence_projects*

Capítulo 11   Máquinas que Aprendem – O Que nos Ensinam?

básicas ou resolução de problemas. Existem diferentes tipos de *software* educacional que podem ser utilizados no processo de ensino-aprendizagem:

- Programas de exercitação.
- Tutoriais.
- Sistemas especialistas.
- Programas de demonstração.
- Simuladores.
- Repassadores.
- Jogos.
- Aplicativos.

Os computadores são meios complementares que o professor pode usar no processo de ensino-aprendizagem, mas esse meio de ensino deve superar as limitações dos meios pedagógicos convencionais. Na década de 1980, uma das áreas de aplicação da IA mais desenvolvida foi a esfera educacional, especificamente para sistemas de formação[13]. Além disso, os *sistemas especialistas*[14] foram incluídos como um dos tipos de sistemas de ensino assistidos por computador usando técnicas de IA. Por exemplo, um aluno pode se beneficiar quando observa como um sistema especialista resolve um problema difícil. O aluno também pode analisar as explicações oferecidas e os métodos de busca e solução aplicados pelo sistema[12].

Os sistemas especialistas têm um alto desempenho em termos de velocidade, precisão e exatidão. O conteúdo de conhecimento de um sistema especialista exige da experiência humana não apenas princípios e regras de alto nível, mas é capaz de encontrar e julgar soluções, explicar e justificar soluções escolhidas com o objetivo de convencer o usuário que o seu raciocínio está correto. Essa capacidade de raciocinar como um perito é o que faz com que esses sistemas sejam úteis para os alunos[15].

A dificuldade de extrair conhecimento de especialistas, associada à subjetividade inerente aos seres humanos que faz com que diferentes especialistas gerem conhecimentos diferentes, levaram a um grande declínio do uso desses sistemas.

Os sistemas especialistas não são as únicas técnicas de IA empregadas no ensino. Existem outros *softwares*, conhecidos como *Sistemas de Ensino-Aprendizagem Inteligentes* (SEAI). As bases teóricas dos SEAI estão ancoradas na *engenharia do conhecimento*[e], nas técnicas de IA, e na pedagogia. O sucesso desse tipo de sistema foi determinado pela sua habilidade de manipular características específicas e processos envolvidos na educação, incluindo a capacidade de estabelecer um diálogo próximo à linguagem natural[16].

Os SEAI devem ser capazes de analisar o comportamento dos alunos para caracterizar seus desempenhos e decidir qual é a estratégia mais adequada a aplicar, o que lhes explicar, como, com qual nível de detalhe, quando lhes interromper, como lhes corrigir. O objetivo é a conclusão bem-sucedida do processo de aprendizagem. As variantes metodológicas desses SEAI são:

- Tutores inteligentes.
- Treinamento inteligente.
- Sistemas inteligentes baseados em simulação.
- Jogos inteligentes.
- Avaliadores inteligentes.

Outras ferramentas pertencem à categoria dos *Sistemas Tutores Inteligentes* (STI). Os STI podem diagnosticar erros, estimar a compreensão do aluno sobre o domínio, fornecer orientação,

---

[e] *Engenheiro do conhecimento é o profissional da área de computação que codifica o conhecimento de um especialista humano na forma de regras. Essas regras são expressas em alguma linguagem de representação do conhecimento.*

243

Ciência para educação: uma ponte entre dois mundos

feedback e explicações. Assim, eles promovem a autorregulação, automonitoramento e autoexplicação. Além disso, os STI também podem prescrever atividades de aprendizado no nível de dificuldade e com o conteúdo mais apropriado para o aluno[17-19]. Esses sistemas também são capazes de imitar os benefícios da tutoria individual.

Alguns desses sistemas superam os tutores não treinados em tópicos específicos e podem abordar a eficácia de tutores especialistas[18]. Alguns exemplos notáveis destes sistemas são: Tabtor[20], Carnegie Learning[21] e Front Row[22]. Os resultados de alunos usando STI com os resultados obtidos por alunos usando outros métodos instrucionais foram comparados[23] e a conclusão foi que, em muitas situações, o aprendizado mediante STI levou a melhores resultados.

De modo geral, um STI está composto pelos seguintes módulos[24]:

- Especialistas no objeto de estudo: a sua função é resolver problemas e exercícios.
- Tutor: dirige o componente "especialista" com o objetivo de ensinar. Determina o que o aluno sabe e a próxima tarefa a ser realizada. Quando ocorrem erros, o tutor não só tem que detectar, mas também estabelecer um diagnóstico que permita ao aluno tomar as medidas adequadas para corrigi-los.
- Modelo do aluno: representa o estado atual dos conhecimentos e habilidades do aluno. Ele é usado para fazer previsões sobre o trabalho futuro.
- Bancos de dados sobre o aluno: inclui informações pessoais (nome, especialidade, etc.) e outras informações relativas à sua capacidade, suas limitações, abstrações e habilidades em relação ao tema a ser aprendido.
- Módulo de explicações: é responsável por fornecer uma explicação quando o aluno chega a uma determinada conclusão.
- Aquisição automática de conhecimento: este é o módulo que "aprende" e incorpora novas regras para o tutor com base na experiência de interação com o usuário.
- Interface: sua função é a comunicação do aluno com o sistema usando gráficos e notações especializadas.

Os *agentes inteligentes*[24-26] também estão sendo utilizados para implementar STI[27]. Nesse caso, cada componente do ambiente é implementado como um agente independente, podendo atuar em conjunto com os outros agentes.

Uma sociedade de agentes para aprender e ensinar pode ser a solução para a construção de ambientes de ensino e aprendizagem, se os agentes trabalham de uma maneira concorrente e autônoma para alcançar seus objetivos[28]. As características de comunicação oferecidas pelos agentes também podem ser exploradas para ambientes distribuídos, permitindo a criação de sistemas com maiores facilidades de colaboração, como o projeto GRACILE[29].

O grande número de sensores nos celulares atualmente comercializados permite várias novas aplicações da MDE. Por exemplo, é possível detectar a reação de alunos ao andamento de aulas em tempo real, informação que pode ser utilizada por professores para, dinamicamente, ajustar o conteúdo ministrado[30].

Diferenças entre sistemas inteligentes e convencionais

Os sistemas convencionais de ensino assistido por computador têm como objetivo melhorar a efetividade do ensino mediante o uso da computação e estratégias educacionais. No entanto, o uso de princípios didáticos nos sistemas convencionais tem sido limitado. Com a introdução de técnicas de IA, alguns sistemas inteligentes têm podido representar melhor o processo de cognição relativo às tarefas específicas do ensino. Assim, podem se utilizar métodos computacionais mais efetivos para realizar inferências com base no conhecimento do aluno. Os sistemas inteligentes também oferecem ferramentas para enfatizar o processo descritivo da aprendizagem

Capítulo 11 Máquinas que Aprendem – O Que nos Ensinam?

e os processos de diagnóstico. Isso permite conceder maior importância à aprendizagem do que ao ensino.

Por outro lado, a estrutura de um *software* educativo convencional é simples, em geral separando os componentes pedagógicos dos operacionais. Com essa estrutura, o estudante tem pouca participação no processo de aprendizagem. No entanto, muitos sistemas que usam técnicas de IA presentam uma base de conhecimento, dados dos alunos e uma estratégia educativa. Essa estrutura facilita a interação entre o aluno e o *software* educativo em relação ao tipo de perguntas e respostas que são permitidas.

Alguns sistemas inteligentes incorporam o processamento de linguagem natural, o que pode favorecer o diálogo e uma melhor compreensão por parte do aluno. Os sistemas inteligentes também podem diagnosticar o estado do conhecimento do aluno e mostrar conteúdos e perguntas novas de forma adequada ao aluno.

Diferentemente dos sistemas de *software* convencionais, os sistemas inteligentes podem aceitar respostas que não estão definidas explicitamente de antemão. Os sistemas baseados em IA contemplam situações em que o aluno aprende melhor enfrentando problemas de complexidade adequada e não explicações sistemáticas[31]. Nesse caso, o processamento de perguntas e respostas está focado em realizar inferências acerca da compreensão conceitual que o aluno possui do problema. Assim, o *software* pode determinar a estratégia instrutiva mais adequada ao aluno.

Novos métodos de ensino

O processo educacional atual precisa de novos métodos de ensino e aprendizagem em concordância com as novas tecnologias educacionais. Uma meta importante é diminuir a distância entre o conteúdo de um currículo tradicional e o conhecimento que os estudantes acreditam ser importante[32]. Os modelos pedagógicos utilizados pelos sistemas baseados em IA devem considerar as interações entre aluno e sistema.

Um método de ensino estudado nos últimos anos é baseado em ambientes de ensino interativos[31]. O objetivo é que os estudantes aprendam por meio da construção do seu próprio conhecimento. Assim, o estudante controla suas interações no processo de aprendizagem, e o sistema inteligente atua como um guia. O conhecimento adquirido depende das escolhas e ações do estudante no ambiente de ensino, e não como um discurso gerado pelo tutor. Esses *softwares* costumam incluir representações gráficas interativas que permitam aos estudantes investigar e aprender tópicos sem estarem restritos a algum tipo de controle externo.

As técnicas de IA também podem ser utilizadas nos métodos de ensino. Por exemplo, alguns autores[33] propõem aplicar técnicas de aprendizado baseadas em casos e outras baseadas em simulações, enquanto outros autores[34] defendem o uso do aprendizado por necessidade. No aprendizado baseado em casos, os estudantes podem adquirir novos conhecimentos a partir de experiências passadas. O propósito é aplicar soluções conhecidas a problemas novos buscando analogias, aplicar as analogias e tentar explicar as regras de decisão.

O princípio de simulação foca na criação de modelos dinâmicos e simplificados do mundo real, e permite que o estudante possa desenvolver hipóteses, testá-las e refinar conceitos. O aprendizado por necessidade faz com que o aprendizado seja relevante à tarefa em execução. Os métodos de colaboração também podem ser aplicados para oferecer novos métodos cooperativos para trabalho e aprendizado[32,33].

A crescente automação de atividades, associada a avanços recentes nas capacidades de armazenamento, processamento e transmissão de dados, tem levado à geração de uma grande quantidade de dados, e essa quantidade cresce a cada ano. Esse crescimento é acelerado pela expansão do uso de dispositivos móveis, como *smartphones* e *tablets*, que fizeram com que as pessoas deixassem de ser meros consumidores de dados para serem também produtores de dados. Um termo frequentemente associado a essa grande quantidade de dados é *Big Data*. A grande quantidade de dados gerados em qualquer atividade pode conter informações preciosas que, quando analisadas, podem trazer vários benefícios a quem gera e/ou possui esses dados.

Uma das áreas que mais tem se beneficiado do crescimento na quantidade de dados e no desenvolvimento de novas ferramentas, mais sofisticadas, é a Educação. A análise de dados educacionais por algoritmos de AM permite uma educação personalizada, acompanhando o passo e o perfil de cada aluno. Isso pode trazer importantes benefícios para a motivação e o rendimento dos alunos, além de permitir uma avaliação mais detalhada do desempenho deles.

Uma das formas de realizar essa análise é por meio da mineração de dados educacionais (MDE)[9]. MDE é uma área de pesquisa recente, que tem apresentado um forte crescimento, como pode ser atestado pelo número de publicações acadêmicas, eventos científicos e periódicos dedicados ao tema[35]. A mineração de dados educacionais tem por principal objetivo o desenvolvimento e a utilização de métodos para a exploração de conjuntos de dados coletados em ambientes utilizados para educação, com vistas à melhoria da qualidade da educação. Para isso, esses dados são geralmente coletados *on-line*.

Os métodos de MDE costumam ser empregados para uma melhor compreensão dos estudantes, de suas potencialidade e dificuldades, e o modo como aprendem em diferentes ambientes. Para isso, são utilizados dados provenientes de ambientes de aprendizado interativo, sequências de ações realizadas por estudantes no processo de aprendizado, resultados de exames realizados por estudantes e materiais didáticos disponíveis em ambientes computacionais.

Um dos propósitos da MDE é a oferta de um aprendizado personalizado. Para isso, utiliza conceitos provenientes das áreas de computação, psicologia e educação, procurando entender como o estudante aprende. Para isso, algoritmos de AM e de MD são utilizados para descobrir padrões nos dados.

A MDE pode trazer vários benefícios[36], que incluem a modelagem dos estudantes, englobando o que o estudante sabe, suas motivações, preferências e satisfação com a aprendizagem *on-line*, até o planejamento e melhoria das atividades de aprendizagem por parte de professores e gestores. Assim, o processo ocorre em vários níveis, que são brevemente descritos a seguir:

- *Nível do estudante*, que permite detectar se ele está deixando de prestar atenção, buscando trazê-lo de volta. Para isso, padrões de cliques são analisados para identificar a dispersão e redirecionar a atenção do estudante.
- *Nível do professor*, que recebe dados diários sobre o desempenho e aproveitamento do estudante, que podem ser utilizados para o planejamento do conteúdo a ser apresentado no dia seguinte.
- *Nível do diretor da instituição*, que a partir de dados mensais consegue julgar o progresso dos estudantes.
- *Nível dos gestores educacionais*, que de posse de dados anuais podem propor procedimentos e políticas que levem a uma melhora da aprendizagem.

Identificação de aspectos relacionados com o desempenho de alunos

No Brasil, alguns autores[37] descrevem como técnicas de MDE vêm sendo utilizadas para a melhoria da educação e apresentam várias oportunidades para o crescimento do uso dessas técnicas no país. A seguir, são brevemente discutidos trabalhos que surgiram após esse estudo.

Um grupo de pesquisadores brasileiros[38] utilizou técnicas de AM e MD para analisar dados provenientes da base de dados do Instituto Nacional de Estudos e Pesquisas Educacionais Anísio Teixeira (INEP). O objetivo foi analisar o ensino das escolas públicas brasileiras por meio do

Capítulo 11 Máquinas que Aprendem – O Que nos Ensinam?

Sistema de Avaliação da Educação Básica (Saeb). O estudo buscou identificar relações entre a aprendizagem de Matemática e dados de professores do Ensino Fundamental do Rio de Janeiro que poderiam influenciar o desempenho dos estudantes. Foram identificados vários aspectos que influenciam de forma positiva e negativa. Influenciaram positivamente aspectos como baixo número de faltas dos docentes e dos alunos, alta expectativa de que os alunos terão uma boa formação e cobertura de grande parte do conteúdo previsto. Influenciaram negativamente baixos salários de docentes, número elevado de faltas dos alunos e expectativa de docentes que poucos alunos chegarão a Universidade.

Técnicas de AM e MD têm sido utilizadas para analisar a relação entre comportamento de estudantes e seu aproveitamento em cursos *on-line*. Por exemplo, analisando possíveis relações entre o número de perguntas feitas por estudantes em dois cursos ministrados por videoaulas e as notas obtidas por esses estudantes, foi observado[39] que estudantes que fazem mais perguntas ao professor tiram notas mais altas.

Outros autores investigaram quais são os aspectos mais relevantes para prever o desempenho de um aluno ao final de seu curso de EaD[40]. Foram analisados aspectos, como quantidade de acessos dos alunos ao sistema de aprendizagem no semestre, taxa de participação de alunos nas atividades cadastradas, data do primeiro acesso dos alunos e data de cadastro dos alunos. A utilização de algoritmos de AM preditivos mostrou a importância da taxa de participação do aluno no seu aproveitamento ao final do curso.

A MDE foi utilizada para identificar as causas da evasão escolar em um curso de graduação ministrado por EaD[41]. Para isso, foi desenvolvido um sistema em colaboração com uma empresa de tecnologia para educação. Após descrever a arquitetura e as funcionalidades do sistema, os autores apresentam um estudo de caso, que tem por objetivo identificar previamente alunos com grande chance de evasão escolar e alunos com baixo desempenho em um curso de graduação ministrado na modalidade EaD. Um algoritmo de AM preditivo foi aplicado a uma base de dados com registros de aproximadamente 2.500 alunos, com seus dados históricos, suas iterações com o sistema de aprendizagem, desempenhos e a informação se houve ou não evasão. O modelo gerado pelo algoritmo foi capaz de prever evasão e rendimento acadêmico baixo com uma taxa de acerto próxima de 75%.

Conclusões

Sistemas inteligentes desenvolvidos para apoiar o processo de ensino-aprendizagem são um aspecto fundamental do desenvolvimento atual do ensino assistido por computador pelo uso de técnicas de IA. Por isso, é necessário reavaliar os resultados e experiências adquiridas com a aplicação dos sistemas de ensino convencionais, a fim de superar as suas deficiências com a ajuda de novas abordagens.

As pesquisas sobre os sistemas inteligentes de apoio ao processo de ensino-aprendizagem têm dedicado muito mais ênfase ao desenvolvimento da ciência da computação, mas não ao campo da pedagogia e da psicologia da educação, embora as tendências atuais passem a levar em conta esses aspectos fundamentais. Espera-se que novos desenvolvimentos nas teorias educacionais considerem a formulação explícita de processos de tutoria, explicação e diagnóstico inerentes aos sistemas de educação baseados em IA, particularmente em AM.

As pesquisas mostram que a aplicação de IA no ensino é um campo proeminente, com grande esforço na busca por novos métodos de ensino e aprendizagem. Avanços recentes têm se beneficiado de progressos na área de AM e do grande volume de dados educacionais disponibilizado em consequência dos mais recentes avanços tecnológicos.

Ciência para educação: uma ponte entre dois mundos

Referências Bibliográficas

1. Russell SJ, Norvig P (2002) *Artificial Intelligence: A Modern Approach.* New York: Prentice Hall, EUA.
2. Peña-Ayala A (2014) Educational data mining: A survey and a data mining-based analysis of recent works. Expert Syst. Appl. 41, 4 (March 2014), 1432-1462. DOI: http://dx.doi.org/10.1016/j.eswa.2013.08.042
3. Ferrucci DA (2011) IBM's Watson/DeepQA. In *Proceedings of the 38th Annual International Symposium on Computer Architecture* (ISCA '11). New York: ACM, EUA.
4. Korn M (2016) Imagine discovering that your teaching assistant really is a robot. *Wall Street Journal.*
5. Faceli K, Lorena AC, Gama J, Carvalho ACPLF (2011) *Inteligência Artificial - Uma Abordagem de Aprendizado de Máquina.* Livros Técnicos e Científicos, Grupogen.
6. Mitchell TM (1997) *Machine Learning* (1ª ed.)., New York: McGraw-Hill, EUA.
7. Alpaydin E (2010) *Introduction to Machine Learning* (2ª ed.). Cambridge: MIT Press.
8. Ohlsson S, Sloan R H, Turán G, Urasky A (2016) Measuring an artificial intelligence system's performance on a Verbal IQ test for young children. *Journal of Experimental and Theoretical Artificial Intelligence* 28: 1-15.
9. Romero C, Romero JR, Luna JM, Ventura S (2010) Mining rare association rules from e-learning data. *Third International Conference on Educational Data Mining.* Pittsburgh,EUA, pp 11-13.
10. Koedinger KR, D'Mello S, McLaughlin EA., Pardos ZA, Rosé CP (2015) Data mining and education. *WIREs Cognitive Science* 6: 333-353.
11. Woolf B, Lane H, Chaudhri V, Kolodner J (1993) AI grand challenges for Education. *AI Magazine* 60:51-92.
12. Shneiderman B (2006) *Diseño de interfaces de usuario. Estrategias para una interacción persona-computadora efectiva.* Mexico: Addison Wesley.
13. Tennyson R (1987) Introduction to special issue: Artificial Intelligence in Education. *Educational Technology* 27: 7-8.
14. Galvis A (1994) *Ingeniería de Software Educativo.* Bogotá, Colombia: Ediciones Uniandes.
15. Hayes-Roth F (1983) *Building expert systems.* New York, EUA: Addison-Wesley.
16. Garijo F (1985) Sistemas inteligentes de Enseñanza Asistida por Computador. *Mundo Electrónico* 154:77-82.
17. Azevedo R, Hadwin A (2005) Scaffolding self-regulated learning and metacognition—Implications for the design of computer-based scaffolds. Instructional Science 33:367-379.
18. Shute V, Psotka J (1996) Intelligent tutoring systems: Past, present, and future. In Jonassen D (ed.), *Handbook of Research for Educational Communications and Technology* (pp. 570-600). New York, EUA: Macmillan.
19. VanLehn K, Van de Sande B, Shelby R, Gershman S (2010) The Andes physics yutoring system: An experiment in freedom. *Studies in Computational Intelligence* 308: 421–443.
20. Chang K (2014) A Math App that offers an unusual human touch. *The New York Times.* https://www.nytimes.com/2014/05/20/science/tabtor-math-app-has-an-unusual-human-touch.html?_r=0
21. Cabalo JV, Vu MT (2007) *Comparative effectiveness of Carnegie learning's Cognitive Tutor Algebra I Curriculum: A report of a randomized experiment in the Maui School District.* Palo Alto, EUA: Empirical Education.
22. Taub A (2015) Front row education is changing the way math is taught in U.S. elementary and middle schools. Forbes. https://www.forbes.com/sites/alextaub/2015/03/26/front-row-education-is-changing-the-way-math-is-taught--in-us-elementary-middle-schools/#43a490713091
23. Ma W, Adesope O (2014) Intelligent tutoring systems and learning outcomes: A meta-analysis. *Journal of Educational Psychology* 106: 901–918.
24. Bradshaw J (1997) An introduction to software agents. In *Software Agents.* AAAI Press.
25. Marietto M, Omar N, Fernandes C (1997) Tendências nas áreas de sistemas de tutoria inteligente e modelagem do aprendiz. *Anais do VIII Simpósio Brasileiro de Informática na Educação.* São José dos Campos.
26. D'Amico C, Viccari R, Alvarez L (1997) A framework for teaching and learning environments. Anais do VIII Simpósio Brasileiro de Informática na Educação. São José dos Campos, Brasil.
27. Boy G (1997) Software agents for cooperative learning. In *Software Agents.* AAAI Press.
28. Rodriguez S, Gaud N, Galland S (2014) SARL: A General-Purpose Agent-Oriented Programming Language. IEEE/WIC/ACM International Joint Conferences on Web Intelligence (WI) and Intelligent Agent Technologies (IAT), Warsaw, pp. 103-110.
29. Ayala G, Yano Y (1995) Interacting with a mediator agent in a collaborative learning environment. In *Symbiosis of human and artifact: furniture computing and design for human-computer interaction* (pp. 895-900). Elsevier Science Publishers.
30. Zualkernan I, Aloul F, Shapsough S, Hesham A, El-Khorzaty Y (2017) Emotion recognition using mobile phones, Computers & Electrical Engineering, Available online 19 May 2017, ISSN 0045-7906.
31. Gupta U (1991) Validating and verifying knowledge-based systems. IEEE Computer Society Press.
32. McArthur D, Lewis M, Bishay M (2005) The roles of artificial intelligence in education: current progress and future prospects. *Journal of Educational Technology* 1: 42-80.
33. Schank R (1991) *Case-based teaching: four experiences in educational software design.* Institute for the Learning Sciences: Technical Report N. 7.
34. Fisher G (1991) Supporting learning on demand with design environments. *Proceedings of the International Conference on the Learning Sciences.* Association for the Advancement of Computing in Education, pp. 165-171.

Capítulo 11   Máquinas que Aprendem – O Que nos Ensinam?

35. Baker RSJ (2010) Data Mining for Education. In *International Encyclopedia of Education* (McGaw B, Peterson P, Baker E, eds.), 3ª ed., Elsevier, GB: Oxford.

36. Bienkowski M, Feng M, Means B (2012) Enhancing Teaching and Learning through Educational Data Mining and Learning Analytics. An Issue Brief. Retrieved from the U.S. Department of Education website: http://tech.ed.gov/wp-content/uploads/2014/03/edm-la-brief.pdf

37. Baker R, Isotani S, Carvalho AMJB (2011) Mineração de Dados Educacionais: Oportunidades para o Brasil. *Revista Brasileira de Informática na Educação* 19:3-13.

38. Fonseca S, Oggioni D, Namen AA (2016) Mineração em bases de dados do INEP: uma análise exploratória para nortear melhorias no sistema educacional brasileiro. *Educação em Revista* 32:133-157.

39. He W (2013) Examining students' online interaction in a live video streaming environment using data mining and text mining. In: *Computers in Human Behavior*, pp. 90-102, Elsevier.

40. Morais AM, Fechine J (2013) Mineração de Dados Educacionais no Apoio ao Processo de Tomada de Decisão do Docente. pp. 478–483. XXI Workshop sobre Educação em Informática, Maceió, Brasil.

41. Rigo SJ, Cambruzzi W, Barbosa JLV, Cazella SC (2014) Aplicações de mineração de dados educacionais e learning analytics com foco na evasão escolar: oportunidades e desafios. *Revista Brasileira de Informática na Educação* 22: 132.

Capítulo 12

Máquinas Que Ensinam

O Que Aprendemos Com Elas?

Edmundo de Souza e Silva[1], Gaspare Giuliano Elias Bruno[1] e Daniel Sadoc Menasché[2]

Resumo

Será possível a existência de "máquinas que ensinem", ou serão elas objetos de obras de ficção científica? Hoje, é provável que o leitor já tenha feito uso de alguma "máquina que ensine". O uso de videoaulas *on-line*, muito em voga na atualidade e de importância reconhecida como ferramenta de ensino, é um exemplo do início de uma era em que máquinas ajudam a educação. Nesta nova era, o "aprendizado ativo" tem se mostrado promissor no aprimoramento do ensino, tendo em vista estudos indicando sua superioridade com relação aos métodos tradicionais. Entretanto, o aprendizado ativo requer muita criatividade do professor, e implementá-lo com ajuda de máquinas é uma das inúmeras tarefas desafiadoras discutidas neste capítulo. Dentre os demais desafios abordados, destacamos a tutoria personalizada e a análise do aprendizado. Concluindo o capítulo, dissertamos sobre um caso brasileiro para exemplificar como as máquinas podem participar do aprendizado e o que podemos aprender com elas.

Afiliações:
[1]Instituto Alberto Luiz Coimbra (COPPE) e [2]Departamento de Ciência da Computação (DCC), Universidade Federal do Rio de Janeiro

Ciência para educação: uma ponte entre dois mundos

Introdução

Um Breve Histórico

O início

Máquinas que ensinam... Isso é possível? Há poucas décadas, talvez esse título pudesse estar encabeçando um texto de ficção científica. Entretanto, nos dias de hoje, formas rudimentares do que podemos chamar de *máquinas que ensinam* já fazem parte do cotidiano. Há cerca de 30 anos, o computador começou a ser utilizado nas salas de aula como forma de auxiliar o ensino, tendo suporte pioneiro de fabricantes, como a Apple. No final da década de 1990, nos EUA, o computador já era usado em larga escala nas escolas e universidades como ferramenta auxiliar indispensável nas salas de aula, por exemplo por meio de *softwares* para a produção de transparências, programas educacionais especializados, e acesso a material educacional complementar usando a Internet.

O início do novo milênio adicionou a essa tecnologia o chamado *material multimídia* formado por vídeo, voz e imagens, possibilitando a gravação de aulas para posterior acesso. Iniciava-se o conceito de videoaulas, mas ainda na forma de gravações em CD e posteriormente em DVD. Os primeiros cursos chamados de *cursos a distância* surgiram na sua maioria na forma textual com material multimídia de apoio, tais como fotos e vídeos de curta duração. O material didático era disponibilizado a alunos utilizando-se a tecnologia recém-inventada pelo cientista da computação britânico Tim Berners-Lee[1] em 1989, denominada *World Wide Web* (WWW)[2], que tornou-se central para o desenvolvimento da chamada *era da informação*.

Videoaulas

Com a evolução da Internet na década de 2000-2010, tornando comum o acesso a velocidades maiores pelo usuário final, e ainda com o avanço das tecnologias de armazenamento e transmissão de vídeo e voz (transmissão multimídia), as chamadas videoaulas passaram a ter um papel importante no ensino. Os últimos dez anos, testemunharam uma explosão de vídeos didáticos disponibilizados gratuitamente por universidades de renome, como o Instituto de Tecnologia de Massachusetts (MIT) e a Universidade Stanford, nos Estados Unidos, para citar apenas poucas instituições[3-6]. No Brasil, destaca-se o uso pioneiro de videoaulas desde 2005, utilizando-se tecnologia desenvolvida na COPPE/UFRJ, para um curso regular do CEDERJ[a] e posterior disponibilização das videoaulas ao público em geral[7,8] por meio do serviço oferecido pela Rede Nacional de Ensino e Pesquisa (RNP), denominado videoaula@RNP[9].

O uso de videoaulas tem gerado um enorme impacto na forma como o conhecimento é transferido, sobretudo em cursos de graduação e pós-graduação. Alunos jovens estão acostumados ao uso diário do computador, incluindo o celular, que não passa de um computador de pequeno porte. Para esses alunos, as aulas expositivas tradicionais estão se tornando cada vez menos atraentes. Para citar alguns comentários sobre esse assunto, um *blog* de 2012 da ACM[b] intitulado "*From 100 Students to 100.000*" escrito por uma professora da Universidade Stanford, afirma que muitos alunos daquela universidade ignoram as aulas tradicionais e assistem às videoaulas correspondentes, disponibilizadas *on-line*, em horários convenientes a cada um. O artigo termina advogando em favor de videoaulas abertas, pois, além do potencial alcance a milhares de alunos, libertam o jovem da sala de aula tradicional[10]. Por meio das videoaulas, é possível ter acesso a diferentes professores de forma completamente democrática, e ainda alcançar um núme-

---

[a] *CEDERJ (Centro de Educação a Distância do Estado do Rio de Janeiro) é um consórcio de universidades públicas do estado, que desenvolve projetos dirigidos ao ensino superior e à divulgação científica mais ampla.*

[b] *Association for Computing Machinery, Estados Unidos.*

Capítulo 12 — Máquinas Que Ensinam – O Que Aprendemos Com Elas?

ro praticamente ilimitado de alunos. Poderíamos, então, concluir que o emprego de videoaulas em sua forma mais simples, na qual os alunos passivamente assistam a uma aula tradicional, seria a maneira mais adequada de transmitir conhecimento? Discutiremos essa questão a seguir.

O uso de material didático *on-line*, como videoaulas, textos e programas educativos, são exemplos do início de uma era na qual máquinas ajudam na educação. Os sistemas computacionais já afetam a forma pela qual os alunos lidam com o aprendizado das várias disciplinas oferecidas. Tanto alunos de cursos "a distância" quanto alunos de cursos oferecidos na forma presencial tradicional buscam material disponível na Internet, incluindo videoaulas de diferentes universidades. Entretanto, há enormes desafios em aberto. Como será que os alunos aprendem o conteúdo usando as novas tecnologias disponíveis? Será que as aulas tradicionais em sala de aula são mais eficazes do que o aprendizado individual por meio do acesso *on-line*? O que o computador pode nos ensinar a esse respeito?

A massificação e a universalização do ensino usando as ferramentas didáticas disponíveis atualmente (videoaulas, etc.) permitem que os alunos tenham acesso aberto e ilimitado a grande quantidade de material didático, e possam seguir seu próprio passo. Entretanto, problemas desafiadores surgem: Como lidar com a *escalabilidade*? Em outras palavras, como lidar com as dúvidas de milhares de alunos *on-line* de cada curso? Como entender se o material disponibilizado está sendo absorvido adequadamente? Outro desafio importante consiste na incorporação, aos sistemas computacionais de ensino, dos resultados de pesquisa que avaliem o processo de aprendizado. Tais pesquisas devem indicar princípios sobre a escolha do que é ensinado, o material que será apresentado e a sequência adequada de apresentação[11].

Uma nova era

Estamos à beira de uma nova era de ensino em que as máquinas ajudarão a desvendar, por meio da análise automatizada de uma vasta gama de informações, como ocorre o processo de aprendizado. Consequentemente, será possível contribuir para o desenvolvimento desse processo de forma ampla e individualizada para cada aluno. Avanços em diversas áreas da ciência serão utilizados nessa empreitada. Na ciência da computação, técnicas de *Aprendizado de Máquina*[c] começam a ser empregadas com sucesso (leia mais sobre esse tema no Capítulo 11). Os três grandes temas abordados nesta seção são pilares dos sistemas adaptativos de aprendizado (**Figura 12.1**).

Tutoria personalizada

Em 2009, o então presidente norte-americano Barack Obama, em discurso para a Academia de Ciências dos Estados Unidos, lançou o desafio de "*desenvolver um* software *tão eficaz como um tutor personalizado*"[12]. Esse desafio aborda simultaneamente vários dos problemas citados aqui. Em resumo, como podemos fazer melhor uso do computador para aperfeiçoar o processo de aprendizado? Em paralelo com a revolução causada pela disponibilização livre e amplamente acessível de material didático, prosseguem a passos largos os avanços científicos e tecnológicos que impactam sobre a educação, em particular na ciência da computação. Tem ocorrido, para citar um exemplo, uma verdadeira revolução no *hardware* (equipamentos), fazendo com que um enorme número de *sensores*, dos mais diversos tipos, chegue ao mercado a um custo acessível ao cidadão comum. Ao mesmo tempo, tem havido avanços significativos nas técnicas computacionais, possibilitando o tratamento de enormes quantidades de dados. Esse tratamento leva à identificação automática de padrões existentes nesses dados, permitindo o reconhecimento de voz, imagens, e outros padrões que possam trazer informações úteis a partir de dados coletados,

---

[c] *Conhecido pela expressão em inglês machine-learning.*

Ciência para educação: uma ponte entre dois mundos

e que seriam impossíveis de perceber por inspeção humana. Como esses avanços podem ter um impacto positivo na educação? Divagar sobre esse assunto é o objetivo deste capítulo.

Como o tema é por demais vasto, limitaremos a apresentação de modo a abordar alguns dos sistemas computacionais que possam auxiliar no aprendizado por meio de videoaulas, e que possam trazer uma luz sobre o que podemos aprender com o uso desses sistemas e como melhor utilizá-los com a tecnologia recente.

Aprendizado ativo

Comecemos por uma investigação recente com alunos de áreas técnicas. O termo *aprendizado ativo* (*active learning*) tem chamado muita atenção recentemente, em particular após a publicação, em 2014, de um artigo nos Anais da Academia Nacional de Ciências dos EUA[13]. O artigo apresenta o resultado de uma ampla análise sobre dados de 225 estudos com alunos de ciências, engenharias, tecnologia e matemática, feito por um grupo liderado pelo biólogo Scott Freeman. Como conclusão, o artigo mostra que o desempenho desses estudantes pode ser significativamente melhorado pelo abandono de aulas tradicionais em favor do chamado *aprendizado ativo*.

E o que é *aprendizado ativo*? Não há receita de bolo para classificar uma aula como usando "*aprendizado ativo*". Na verdade, o aprendizado ativo emprega uma variedade de conceitos como solução de problemas por pequenos grupos de estudantes, uso de sistemas personalizados de perguntas/respostas, em particular perguntas que não possam ser respondidas com facilidade simplesmente após a leitura do material do curso. No aprendizado ativo, os alunos ganham controle da própria educação, organizando e integrando informação[14]. Os alunos podem, por si só, estudar a informação básica para estarem aptos posteriormente a solucionar problemas e se engajar em discussões com colegas. Ao professor, cabe a tarefa desafiadora de usar as ferramentas para construir uma aula diferente, na qual o aluno, já de posse de um conhecimento adquirido de forma individual, possa lidar com cenários de discussão sobre problemas reais visando elaborar soluções para os mesmos.

A reação a uma videoaula é também um exemplo de aprendizado ativo. É fato que os estudantes atuais gostam de, e estão acostumados a, assistir vídeos. Portanto, a experiência de aprender por meio de uma videoaula pode ser melhorada pelo uso de *interatividade*. A interatividade em uma videoaula pode ser conseguida pela inclusão de exercícios para desafiar a criatividade do aluno e ainda fornecer os incentivos adequados para que ele busque materiais adicionais de aprendizado. A ideia é que cada estudante possa estar ativamente engajado nesse processo de aprendizado. Uma pergunta-chave surge imediatamente: como o computador poderia auxiliar nesse processo, uma vez que o aprendizado se passa de modo diferente para cada aluno? Alguns pontos sobre essa pergunta serão abordados nas próximas seções.

Tomemos por base uma aula tradicional. Em geral, o instrutor consegue inferir quando um ou mais estudantes não compreendem a explanação de um assunto e pode adaptar a explicação de acordo com a reação dos estudantes. Entretanto, pela argumentação feita anteriormente, o ensino pelos métodos tradicionais em classe deve ser evitado e os alunos incentivados a aprender o material básico por conta própria, por exemplo por meio de videoaulas. Nesse caso, como o computador poderia inferir se o ouvinte da videoaula estaria ou não acompanhando o material ensinado?

As informações obtidas das perguntas feitas durante a aula e as expressões faciais dos alunos são importantes pistas que os professores usam para avaliar se o material explicado está sendo ou não bem absorvido. Esse processo de aprendizagem é uma área de estudo ativa em ciência cognitiva[15]. Entretanto, quando o aluno interage apenas com o computador, como seria possível a máquina "inferir" o que se passa com o aluno? Esse é um dos problemas a ser resolvido pelo "tutor personalizado", levantado pelo Presidente Obama em seu discurso.

Capítulo 12 — Máquinas Que Ensinam – O Que Aprendemos Com Elas?

Análise do aprendizado

Hoje, o termo "*data analytics*" (análise de dados) está em voga.. Significa, de modo geral, a análise de dados por meio de técnicas matemáticas, com o objetivo de obter informações úteis e ajudar na tomada de decisão. O avanço dos algoritmos computacionais na área de *aprendizado de máquina* tem proporcionado a aplicação desses algoritmos em inúmeras áreas do conhecimento, e por várias empresas, como Google, Amazon, Facebook, para citar apenas algumas bem conhecidas. Na área educacional, a coleta de dados sobre "aprendizado" tem crescido exponencialmente, mas os resultados obtidos ainda são incipientes. Surge, então, o conceito de "*learning analytics*" que tem obtido visibilidade[16] nos últimos anos. Como mencionado antes, nesta introdução, de modo geral, modelos obtidos a partir de dados coletados podem ajudar o entendimento sobre o processo de aprendizado e identificar estados ou eventos importantes durante esse processo, a fim de decidir quais seriam as ações mais apropriadas a serem tomadas visando auxiliar os alunos. Por exemplo, quais seriam as evidências sobre o comportamento de um estudante quando este fica em um estado de "confusão" ou "desatenção" ao executar uma atividade de aprendizado? Seria possível construir um modelo preditivo que permitisse ao computador identificar quando um aluno está "confuso" ou "desatento" e tomar as ações apropriadas em seu socorro? Na seção intitulada "Um Exemplo Brasileiro", ilustraremos essa questão.

Como comentado[16], estudos de laboratório podem apontar para alguns "marcadores" do comportamento de estudantes quando esses ficam no estado de "confusão" ao tentarem realizar uma tarefa de aprendizado. Esses estudos são importantes para a criação de modelos que ajudem a compreender como o processo de aprendizado ocorre. Por meio desses modelos e com os dados coletados, por exemplo de ambientes *on-line*, os mesmos marcadores podem se tornar evidentes, dando confiabilidade sobre o "estado de confusão" do aluno. Com a identificação desse "estado de confusão", ações automáticas podem ser tomadas. É importante enfatizar que, no processo de criação e aperfeiçoamento dos modelos, a experiência do professor é essencial. Na verdade, a experiência do especialista é vital para a criação de modelos preditivos confiáveis em quaisquer áreas.

Em resumo, a área emergente de *learning analytics* tem grande potencial para evidenciar padrões de comportamento durante o aprendizado pela análise de dados coletados empregando técnicas de Aprendizado de Máquina. Assim, pode servir como base para o desenvolvimento de poderosas ferramentas de monitoramento e suporte de alunos, tornando o ensinamento mais próximo do que tem sido proposto com *aprendizado ativo*.

Sistemas adaptativos de aprendizado

Façamos um paralelo entre *sistemas adaptativos de aprendizado* e os chamados *sistemas de recomendação* amplamente usados hoje em dia. Sistemas de recomendação são os que fazem inferência sobre o comportamento do usuário e não são mais novidade na Internet. Grandes corporações, como Google, Amazon e E-Bay, têm usado sistemas de recomendação para melhorar os serviços que oferecem. Por exemplo, um sistema de compras *on-line* pode tentar inferir as necessidades ou preferências individuais de um usuário para escolher que produto exibir do inventário disponível. A inferência pode ser baseada na sequência de cliques do *mouse*, na sequência de páginas visitadas e em um modelo matemático do comportamento do usuário. Outros sistemas podem inferir tendências da moda na *Web* e fazer ajustes ao sistema de acordo com essas tendências. O desafio é construir um modelo razoavelmente preciso que seja capaz de aprender o comportamento do usuário a partir de interações passadas e atuais a fim de otimizar alguma função de utilidade desejada.

Ciência para educação: uma ponte entre dois mundos

Apesar de já estarem bem desenvolvidos e terem uso corriqueiro em várias aplicações, sistemas de recomendação desenhados para auxiliar os alunos durante o processo educacional ainda estão em sua infância. Por outro lado, a pesquisa sobre sistemas de recomendação personalizados para educação tem chamado muita atenção nos últimos anos e caminha na direção de sistemas inteligentes de tutoria.

Um dos desafios fundamentais enfrentados por professores é o de tentar inferir quão bem seus alunos estão absorvendo um novo ensinamento. Um aluno pode estar satisfeito, confuso, entediado, ou animado com a lição em determinado instante. A percepção do aluno sobre uma aula não pode ser compartilhada por seus colegas. Embora sinais explícitos do aluno, como uma pergunta ou um pedido para repetir uma frase, sejam muito úteis ao professor, eles têm limitações. Por exemplo, um aluno confuso poderá se sentir constrangido para fazer uma pergunta. Um aluno que está entediado por ter rapidamente compreendido a lição não tem como solicitar que o professor acelere a aula.

Momentos de frustração, confusão ou tédio poderiam ser evitados se o professor pudesse capturar sinais subjetivos de cada aluno e ainda individualizar a explicação. Conseguir prever o *estado mental* de um aluno e tomar ações adequadas a cada caso é um dos desafios dos sistemas automatizados de tutoria.

Um dos objetivos de um Sistema de Tutoria Inteligente (ITS, do inglês *Intelligent Tutoring System*) é permitir com que a apresentação do material didático (por exemplo, uma videoaula) seja adaptada de acordo com as necessidades individuais dos usuários. Os sistemas precisam então inferir o "estado mental" dos alunos durante os diferentes estágios de aprendizagem de um tópico. Esses estados são percebidos pela análise das entradas capturadas pelo sistema enquanto o aluno interage com o mesmo. Ora, a interação com o sistema é uma característica essencial de um *aprendizado ativo*. As entradas são analisadas por um classificador ou preditor, que infere o estado mental mais provável do estudante.

Exemplos de possíveis entradas são: os sinais de um eletroencefalograma (EEG)[17]; expressões faciais[18]; e ações do usuário, tais como o número de solicitações por informações adicionais feitas ao sistema pelo aluno ou ainda "dicas" para se resolver um problema apresentado pelo sistema ao estudante[19]. Ações realizadas pelo aluno, tais como saltar de um ponto a outro de uma videoaula, ou clicar em uma transparência, também constituem exemplos de entradas que o sistema pode levar em consideração na avaliação[20]. O ponto principal a ser enfatizado é o uso do computador para aprender sobre o estudante a partir das suas interações com o sistema e, a partir dessas informações, criar modelos de comportamento que possam auxiliar no aprendizado.

E como desenvolver tais modelos? Coletando uma vasta gama de informações de alunos ao assistir uma aula (veja *Tutoria personalizada*, anteriormente), combinando experiência do professor e experimentação (*Aprendizado ativo*), e tomando proveito de técnicas modernas de análise de dados (*Análise do aprendizado*).

No restante deste capítulo, serão fornecidos mais detalhes sobre os pontos abordados nesta introdução. Na próxima seção, apresentaremos o estado da arte sobre ensino assistido por computador. Na seção seguinte, ilustraremos um experimento e o desenvolvimento de modelos com dados coletados em laboratório, e de videoaulas do CEDERJ.

O estado da arte

O estado da arte na área de ensino assistido por computadores reflete avanços sobre o entendimento do comportamento dos alunos e sobre os sistemas computacionais com os quais estes interagem.

Capítulo 12 Máquinas Que Ensinam – O Que Aprendemos Com Elas?

Apresentamos a seguir alguns estudos sobre o comportamento de alunos. Tais estudos apontam para o fato de que alunos ativos aprendem melhor e mais rápido, o que traz desafios no contexto do aprendizado assistido por computador. Tais desafios são cobertos na sequência. Finalmente, apresentamos tentativas de lidar com tais desafios, descrevendo alguns sistemas adaptativos de aprendizado.

Comportamento de alunos

Dentre os modelos de comportamento relevantes na área de educação, destaca-se aquele proposto pelo psicólogo húngaro Mihaly Csíkszentmihályi[24], que gira em torno da noção de *fluxo* (*flow*). O estado de *flow* é aquele em que o indivíduo está plenamente envolvido com uma tarefa, desfrutando de sentimentos de prazer e satisfação advindos da atividade que está realizando. No âmbito da educação, uma das estratégias para se atingir o estado de *flow* consiste em propor desafios graduais que aos poucos estendam as habilidades de um indivíduo.

Flow

Uma das primeiras tentativas de aplicar o conceito de *flow* no contexto de aprendizado auxiliado por computador ocorreu na década de 1950, quase 30 anos antes de Csíkszentmihályi ter publicado seu primeiro livro sobre o assunto. Em 1956, o cientista britânico Gordon Pask propôs uma máquina capaz de interagir com alunos e estimulá-los com desafios gradualmente mais complexos. Os desafios são escolhidos de forma a não serem nem simples demais, a ponto de causarem apatia, nem desafiadores demais a ponto de causarem ansiedade. Na patente da primeira máquina de aprendizado auxiliado por computador, conhecida como SAKI, Pask deixa clara a importância do balanço entre competência do aluno e desafio, que viriam a ser redescobertas no contexto de trabalhos sobre *flow*. A seguir, destacamos duas frases traduzidas livremente a partir da patente do SAKI:

- Se os dados oferecidos ao aluno indicam precisamente o que ele precisa fazer, a tarefa torna-se muito simples e o aluno tende a ficar entediado.
- Se o aluno recebe tarefas muito complexas, ou a uma taxa muito alta, o aluno torna-se incapaz de lidar com elas. Ele, então, torna-se desencorajado, e tende a perder interesse nas tarefas.

Embora os conceitos citados tenham surgido na década de 1950, quantificar os sinais que indiquem os sentimentos de tédio, atenção e desencorajamento é um importante desafio de pesquisa. Consequentemente, o desenvolvimento de sistemas computacionais de ensino visando *flow* abrange uma ativa área de pesquisa.

Estados mentais

Os estados mentais de um indivíduo podem ser classificados segundo uma abordagem afetiva ou cognitiva. Estados afetivos envolvem emoções, como tristeza, alegria, raiva e medo. Exemplos de estados cognitivos, por outro lado, são pensativo, concentrado e engajado (*engaged*)[18]. Emoções como frustração, tédio, ansiedade e surpresa tendem a ocorrer durante o processo de aprendizado. Nesses casos, o engajamento é um sinal de interesse do aluno pelo conteúdo sendo exposto. O estado de engajamento foi observado em mais de 45% do tempo em alguns experimentos[21], enquanto alunos interagiam com sistemas de tutoria inteligente. Entretanto, a definição do estado de engajamento não é óbvia, e a identificação de estados mentais representa um importante problema de pesquisa em aberto, que envolve diferentes teorias da psicologia.

257

Ciência para educação: uma ponte entre dois mundos

Uma das teorias sobre estados mentais, conhecida como teoria cognitiva do desequilíbrio, tem suas origens na teoria da dissonância cognitiva[22] e na teoria do equilíbrio formulada pelo psicólogo suíço Jean Piaget (1896-1980) [23]. Essas teorias têm sido utilizadas[21] para definir o estado de engajamento. A teoria cognitiva do desequilíbrio propõe que um aluno em equilíbrio, quando engajado no processo de aprendizado, pode ficar confuso por uma explicação ou exercício e entrar em um processo de desequilíbrio. O equilíbrio pode ser restaurado quando o aluno compreender o conteúdo ou conseguir resolver o exercício proposto. Segundo essa teoria, o estado de desequilíbrio favorece o aprendizado. Entretanto, o aprendizado pode ocorrer também em momentos puramente de equilíbrio, quando o aluno está profundamente engajado no processo de aprendizado[24].

Outro modelo sobre estados mentais é conhecido como o modelo valência-estimulação[25,26]. Enquanto a estimulação se refere ao nível de ativação cerebral, valência refere-se à direção na qual o estado mental aponta. A valência pode ser positiva ou negativa, refletindo alegria ou tristeza. Estimulação, por outro lado, reflete o nível de reação do corpo a um certo estímulo. Felicidade em geral está associada a alta estimulação. Um grupo de pesquisadores analisou como os estados mentais de aprendizado estão relacionados ao modelo valência-estimulação[26], concluindo que a dimensão de valência varia de estados mentais negativos para positivos (de prazer a desprazer), e a dimensão de estimulação varia de estados mentais de alta atividade para baixa atividade (de ativada a desativada). Por exemplo, a frustração corresponde a uma condição de valência negativa e alta estimulação.

Teoria da carga cognitiva

A carga cognitiva é o esforço cognitivo que um indivíduo emprega durante uma tarefa. No processo de aprendizado, ela está relacionada à quantidade de informação que um aluno recebe e o esforço necessário para absorver a informação. Ela é baseada na percepção de que seres humanos têm uma memória de trabalho (de curto prazo) limitada, mas uma memória de longo prazo possivelmente ilimitada[27]. De acordo com esse modelo, embora o aluno não possa reter muita informação a curto prazo devido à limitação da sua memória de trabalho, a quantidade de bagagem na memória de longo prazo pode reduzir a carga cognitiva, simplificando a tarefa de absorver novas informações. Assim sendo, a carga cognitiva é uma medida do nível de dificuldade em se absorver um novo tópico, tendo em vista o conhecimento prévio.

A carga cognitiva está também relacionada com a forma como um conteúdo é apresentado a um aluno[28,29]. Nesse aspecto, um efeito contraintuitivo é o chamado *efeito reverso da experiência*. Quanto maior a experiência de um indivíduo em um determinado assunto, menor deve ser a quantidade de orientação dedicada a esse indivíduo para que ele aprenda um novo conceito na área. Oferecer orientação demasiada pode aumentar os esforços cognitivos do aluno para integrar e conciliar memórias de curto e longo prazo, dificultando o aprendizado. Para alunos com pouca experiência no assunto, por outro lado, oferecer maior orientação reduz a carga cognitiva, tendo em vista que a memória de longo prazo não possui informações sobre o assunto.

A teoria da carga cognitiva exerce um importante papel no desenvolvimento de sistemas de *e-learning*. Um artigo importante[30] indicou que um sistema de aprendizado adaptativo precisa medir frequentemente a carga cognitiva imposta aos alunos, a fim de adaptar seus conteúdos para que correspondam às necessidades deles. Assim, procura-se manter o nível de engajamento nas aulas. Essas observações foram corroboradas por outros autores[26], e de certo modo já estavam refletidas nos trabalhos preliminares de Gordon Pask, em 1956. Um dos estudos experimentais descritos na literatura[30] indica que o nível de engajamento pode ser controlado em função da carga cognitiva à qual os alunos são expostos. Às vezes, mudar de atividade (por exemplo, chaveando entre leituras e exercícios) pode diminuir a carga cognitiva e manter o engajamento. Esse chaveamento é considerado uma forma de balanço entre carga cognitiva externa (gerada por exercícios) e carga cognitiva intrínseca (gerada pelo processamento de informações).

Tendências e desafios

As tendências e os desafios na educação são cada vez mais baseados na ciência e em dados estatísticos[13,16,29,31,32]. A seguir, indicamos três tendências recentes apontadas na literatura, e desafios a elas associados. Tais tendências correspondem aos três pilares dos sistemas adaptativos de aprendizado apresentados na **Figura 12.1**, e discutidos previamente.

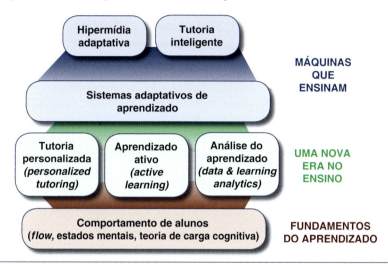

▶ **Figura 12.1.** Sistemas adaptativos de aprendizado baseiam-se em análise do aprendizado, aprendizado ativo e tutoria personalizada.

Tendência 1: Habilitar a tutoria personalizada medindo o engajamento do aluno

O engajamento (*engagement*) dos alunos em uma determinada disciplina é um dos melhores indicadores de qualidade do processo de aprendizado. Se o aluno está envolvido com a disciplina, seu processo de aprendizado é mantido de modo consistente. As chances de evasão diminuem, e o desempenho em avaliações tende a melhorar.

Dado que a evasão de alunos é um dos principais problemas enfrentados tanto em cursos presenciais (tradicionais) quanto em cursos a distância (p. ex., em *massive open on-line courses*, MOOCs), medir e aumentar o engajamento dos alunos é fundamental. De 2011 até janeiro de 2017, 58 milhões de alunos inscreveram-se em MOOCs[33]. Em 2011, no curso dos professores Sebastian Thrun e Peter Norvig sobre inteligência artificial, em Stanford, por exemplo, inscreveram-se mais de 160.000 alunos *on-line*, de vários países em todo o mundo. Tal popularidade motivou a fundação da empresa educacional Udacity[34], por parte de Thrun. Entretanto, os professores ficaram surpresos ao notar que menos de 6% dos alunos completaram o curso. A mediana da fração de alunos que completam MOOCs, no início de 2017, estava em torno de 12,6%. Dentre os vários motivos possíveis para explicar essa baixa taxa de conclusão, destaca-se o fato de a maior parte desses cursos não utilizar os recentes progressos na área de aprendizado ativo, conforme discutido na última seção. A grande maioria dos MOOCs segue o modelo tradicional de ensino, em que o professor apresenta as videoaulas e os alunos realizam pequenos testes ao

Ciência para educação: uma ponte entre dois mundos

longo ou ao final de cada aula. Medir o engajamento dos alunos de modo mais amplo, e conciliar aprendizado ativo com MOOCs é um dos grandes desafios em aberto.

Tendência 2: Promover o aprendizado ativo

A abordagem científico-analítica para aprimorar o aprendizado, discutida antes, aponta de modo quase unânime para a promoção do aprendizado ativo como uma maneira de promover a qualidade do ensino[13,31,35,36]. Como definimos antes, por aprendizado ativo entende-se o uso de técnicas que favoreçam a interação entre os alunos, e entre os alunos e os professores, durante as aulas. Cada estudante ativamente se envolve com o processo de aprendizado, seja por meio de discussões, filmes ou jogos. O uso de tecnologia e de multimídia ajuda a melhorar o ambiente da sala de aula.

De acordo com Clarissa Dirks, uma das líderes da Aliança para o Ensino da Ciência promovida pela Academia de Ciências dos Estados Unidos, dada a evidência que se tem hoje em dia sobre as vantagens do aprendizado ativo, "é antiético ensinar de outra forma". Entretanto, segundo Jeff Leips, geneticista da Universidade de Maryland, EUA, "adotar aprendizado ativo de forma inadequada pode ser pior do que uma aula convencional"[31].

Para uma aplicação bem-sucedida dos métodos de aprendizado ativo, uma das abordagens consiste na concepção das aulas do mesmo modo que se concebem experimentos científicos. Dado um objetivo, que precisa estar claro, realizam-se experimentos e interações com os alunos para alcançar tal objetivo, conjuntamente. O objetivo deve envolver os conceitos a serem aprendidos pelos alunos. O professor pode, de antemão, preparar-se para uma série de interações e experimentos com os alunos, e aplicar aqueles que o tempo permitir.

Combinando essas duas tendências, os autores de uma meta-análise recente[13] identificaram 225 estudos sobre o desempenho de estudantes, comparando a abordagem tradicional com o aprendizado ativo. Descobriram que, na média, a nota dos alunos aumentou 6% ao adotar-se a abordagem por aprendizado ativo, e que os alunos seguindo aulas tradicionais têm uma chance 1,5 vez maior de serem reprovados, quando comparados com alunos de cursos que adotam o aprendizado ativo. Quando o número de alunos por classe é pequeno (menor que 50), os autores observaram vantagens ainda mais pronunciadas para o aprendizado ativo. Dadas as evidências da superioridade do aprendizado ativo, deve-se questionar o uso de aulas tradicionais como referência de ensino, e encorajar o uso de aprendizado ativo em salas de aula[13].

Tendência 3: Avaliar o aprendizado usando uma abordagem científico--analítica

O uso da abordagem científica na educação envolve a coleta de dados, a criação de modelos, e testes de hipóteses. Conforme discutido antes, "*data analytics*" é um dos alicerces de tal abordagem. Alguns autores[35] apresentam uma série de estratégias para aprimoramento do ensino, com base em pesquisas recentes, muitas delas focadas em aprendizado ativo, discutido na próxima seção. Outros[29,37] resumem de modo concreto algumas das grandes perguntas na área de aprendizado, e de que maneira os recentes progressos nas ciências cognitivas pautam novas diretivas para professores e alunos: (*a*) como os alunos aprendem novas ideias? Transferindo conhecimento entre domínios, e entre memórias de curto e longo prazo; (*b*) como retêm novas informações? Fazem isso em função do significado que elas venham a ter para eles. Daí a importância da ênfase em aplicações e na motivação; (*c*) como os alunos resolvem problemas? Aprimorando-se a partir de avaliações e realimentação (*feedback*) constantes; (*d*) o que os motiva a aprender? Os alunos são motivados pela perspectiva de se aprimorar, ao vislumbrar que seu esforço será recompensando. Todas essas observações[37] são fruto de avanços científicos das últimas duas décadas. En-

Capítulo 12 Máquinas Que Ensinam – O Que Aprendemos Com Elas?

tretanto, o uso da ciência dos dados (*big data*) na área de educação não é trivial. Conforme já se disse[16], o uso de ferramentas analíticas para melhor compreender o processo de aprendizado (*learning analytics*) é uma área em rápido crescimento. O objetivo consiste em estudar dados colhidos sobre alunos para aprimorar o ambiente de ensino. Trata-se de uma área multidisciplinar, envolvendo psicologia, análise de dados, modelos de negócios e a ciência do aprendizado. Dentre as inúmeras ações que se pode tomar a partir da análise dos dados, destacam-se o aprimoramento do desenvolvimento de currículos e a automação do processo de *feedback* aos alunos.

Dentre as críticas sobre o uso da abordagem analítica para guiar o aprimoramento do ensino e aprendizado, uma delas refere-se à dificuldade de se estabelecer uma relação entre comportamento do aluno e qualidade do aprendizado. Um aluno que indica um comportamento de confusão, por exemplo, pode estar passando por uma etapa importante em seu processo de aprendizado, como já mencionamos. Uma intervenção no sentido de evitar confusão poderia não ser adequada. Para contornar tal dificuldade, pode-se focar em intervenções que auxiliem os alunos a planejar seus estudos, mesmo sabendo, por exemplo, que eventualmente passarão por momentos de confusão. Outra crítica refere-se ao fato de que, se levada ao extremo, a abordagem analítica para aprimoramento do aprendizado por meio do *big data* pode desvalorizar o papel do professor em detrimento dos dados automaticamente colhidos sobre os alunos em sala de aula. O contraponto a tal crítica consiste em observar que a abordagem analítica não visa a substituir o professor, mas sim a assessorá-lo com dados para que este possa, com sua visão crítica, construir novos experimentos e tomar decisões pedagógicas que aprimorem o aprendizado.

Desafios e soluções

Nesta seção, apresentamos dois dos desafios associados à concretização das tendências descritas antes, em ambientes assistidos por computador. Para cada desafio, introduzimos algumas das soluções, que são detalhadas de modo mais concreto na seção a seguir.

Desafio 1: Aprendizado ativo requer improvisação pelo professor

O aprendizado ativo é mais efetivo quando aplicado a turmas de até 50 alunos[13]. Isso porque requer improvisação e adaptação constantes pelo professor, para adequar-se às dúvidas e necessidades dos alunos. O uso de videoaulas em MOOCs é revolucionário, por trazer o conhecimento para milhões de estudantes que não teriam acesso ao mesmo antes do advento da Internet. Entretanto, se as aulas não contarem com alguma improvisação que lhes confira espontaneidade, andarão na contramão no que se refere aos mais recentes progressos em pedagogia e ciência do aprendizado. O desafio consiste em tornar o aprendizado ativo acessível em larga escala, e não apenas para os alunos que tenham o privilégio de poder contar com professores experientes ministrando aulas para turmas pequenas.

Solução: a máquina, por meio da inteligência artificial, surge como uma das soluções naturais para conciliar os aprendizados *on-line* e ativo. Vislumbra-se que métodos adaptativos de ensino, usando inteligência artificial, podem permitir o acesso de mais alunos ao aprendizado ativo.

Desafio 2: Medir engajamento requer experiência do professor

Acompanhar o engajamento dos alunos é uma tarefa desafiadora, sobretudo em turmas grandes. Um professor experiente consegue identificar formas de interromper a aula em momentos estratégicos e ativamente interagir com os alunos. As formas de medir engajamento em salas de aula tradicionais dividem-se basicamente em três grupos[38]: manifestações orais, atitudes observáveis e expressões faciais dos alunos. Um desafio consiste em obter tais medidas de forma automática, em um ambiente de aprendizado assistido pelo computador. Busca-se escalabilidade,

261

de tal modo que o sistema possa beneficiar milhões de alunos que não necessariamente teriam acesso a professores experientes.

Solução: uma solução para medir engajamento em sistemas de aprendizado adaptativo consiste no uso de sensores. Usando dispositivos como câmeras e microfones, em conjunto com técnicas de aprendizado por máquina, pode-se medir o engajamento segundo os três grupos tradicionais de métricas acima mencionadas. Além disso, pode-se também medir um quarto tipo de parâmetro, na categoria de sinais fisiológicos (batimento cardíaco e atividade eletrodérmica, por exemplo)[38]. No caso mais simples, tais informações podem auxiliar, por exemplo, na determinação do melhor instante em que o sistema computacional deve intervir em uma aula, apresentando uma explicação adicional a fim de manter o engajamento do aluno.

Sistemas adaptativos de aprendizado

Aqui apresentamos alguns dos modelos de sistemas computacionais que vêm sendo empregados na prática. Esses modelos buscam automatizar a implementação das tendências apontadas antes. Para tal, busca-se superar os desafios que mencionamos, levando em conta as soluções indicadas, bem como tirando proveito das teorias de aprendizado atualmente aceitas.

Os sistemas adaptativos de aprendizado (*adaptive learning systems*, ALS) dividem-se em duas categorias: sistemas hipermídia educacionais adaptativos (*adaptive educational hypermedia systems*, AEHS) e sistemas inteligentes de tutoria (*intelligent tutoring systems*, ITS). Os primeiros são primordialmente baseados em textos e videoaulas divididos em tópicos, enquanto os segundos são focados em exercícios e atividades interativas. Sistemas de recomendação podem ser usados para sugerir os próximos módulos indicados para os alunos em sistemas hipermídia, ou para sugerir as próximas tarefas a serem executadas em sistemas ITS.

Sistemas hipermídia adaptativos educacionais

Em sistemas hipermídia adaptativos[39,40], o aluno é exposto ao material na forma de textos e videoaulas, interagindo com o sistema por meio de ações, como avanço, pausa ou retrocesso em vídeos, e a resposta a perguntas. Nos casos mais simples, o sistema apresenta perguntas de múltipla-escolha, enquanto nos casos mais sofisticados o aluno pode responder a perguntas em linguagem natural[41].

A maioria dos sistemas de hipermídia adaptativos educacionais constrói o modelo do aluno baseando-se nos padrões de ação que o aluno apresenta interagindo com o sistema[42]. Esse mecanismo de construção do modelo do usuário é similar ao utilizado por sistemas de recomendação, no qual as interações do usuário com o sistema são usadas para a criação de modelos preditivos. Plataformas de gerência de aprendizado, como a Moodle[43], mantêm o registro de cada interação do aluno junto aos objetos de aprendizagem, sendo, assim, grandes fontes de informação para sistemas adaptativos.

A partir das ações dos alunos pode-se inferir seus estados mentais. Como já discutimos, o processo de aprendizado pode ser caracterizado a partir de uma sequência de estados mentais cognitivos[44]. Por exemplo, o aluno pode estar engajado em uma tarefa, ou confuso depois de ouvir uma explicação. Para detectar tais estados, é preciso de algum tipo de *feedback* por parte dos alunos que interagem com o sistema. Alguns autores[19], por exemplo, propuseram o uso de *feedback* indireto provido pelas ações dos alunos, para predizer estados mentais. Métricas, como o número de dicas que os alunos pedem ao sistema antes de responderem uma pergunta, ou o tempo que levam para solucionar um problema, estão correlacionadas com estados mentais de interesse e frustração.

Capítulo 12 — Máquinas Que Ensinam – O Que Aprendemos Com Elas?

Em sistemas baseados em videoaulas, as ações dos usuários estão relacionadas com possíveis comandos executados enquanto estes estão assistindo a um vídeo, como por exemplo tocar, pausar, avançar rápido, retroceder e passar para o próximo *slide*. Um modelo comportamental dos usuários foi criado[20] a partir do histórico coletado sobre esses cinco comandos executados por alunos que assistiram a videoaulas do consórcio CEDERJ[8]. A predição de estados cognitivos a partir de modelos sobre a interação entre usuários e vídeos[20] é uma área ainda pouco explorada na literatura.

Sistemas de tutoria inteligente

A seguir, focalizaremos dois sistemas de tutoria inteligente: o AutoTutor[44], desenvolvido por pesquisadores da Universidade de Memphis, EUA, e o sistema automatizado de ensino Wayang Outpost[19] desenvolvido pelo Centro para Comunicação do Conhecimento, da Universidade de Massachusetts, também nos EUA. Os sistemas são fruto de um trabalho multidisciplinar, ambos contando com contribuições na área de computação afetiva da pesquisadora Rosalind Picard, do Instituto de Tecnologia de Massachusetts (MIT)[15,45-47].

Sistemas de Tutoria Inteligente são sistemas de aprendizado baseados na solução de problemas. O aluno é desafiado com uma série de exercícios e tarefas e a adaptação do sistema é feita com base na resposta do aluno a estes exercícios. O Autotutor[44] e o Wayang Outpost[19] são exemplos de Sistemas de Tutoria Inteligente (ITS). Para lidar com os desafios presentes nestes sistemas, eles podem utilizar técnicas para detecção do estado mental do aluno de modo a ajudá-lo na resolução dos problemas apresentados, e recomendar problemas adequados para cada um.

No sistema Autotutor[21,44,46], a cada etapa o aluno responde uma questão sobre um determinado tópico, em um breve parágrafo. O sistema auxilia o aluno, comunicando-se com o mesmo por meio de uma caixa de diálogo interativa. O usuário interage com o sistema usando linguagem natural. O sistema conta também com uma câmera, que usa o *software blue eyes* da IBM, para inferir o estado do aluno a partir de expressões faciais, do olhar e da movimentação da cabeça. A postura corporal é medida por meio de uma cadeira de pressão. O sistema usa, então, uma árvore de decisão para classificar o estado do aluno em função dos dados recebidos a partir dos múltiplos sensores. Os estados considerados são tédio, confusão, engajamento e neutro[21,46].

No sistema Wayang Outpost[19], apresenta-se ao aluno perguntas com respostas no formato múltipla-escolha. O aluno pode receber dicas, se quiser, de acordo com sua necessidade. Para detectar estados mentais dos alunos, o sistema usa sensores que analisam expressões faciais a partir de uma câmera. Os sensores são uma adaptação daqueles implementados no *software* MindReader[18], que classifica expressões faciais em estados mentais usando modelos matemáticos (*Hidden Markov Models*, HMMs). Além da câmera, foram empregados também[19] sensores de pressão no *mouse*, pressão na cadeira e de atividade eletrodérmica (EDA).

Resumo e perspectivas

Em resumo, os sistemas adaptativos de aprendizado procuram contornar os desafios mencionados antes, usando técnicas de inteligência artificial, aprendizado por máquina e sensores. Tais sistemas geram dados automaticamente sobre o comportamento dos usuários, que podem ser empregados para avaliar, de modo objetivo, as estratégias mais bem-sucedidas (tendência 1 acima). Um dos objetivos é prover uma experiência cada vez mais próxima daquela vislumbrada com o aprendizado ativo, de forma escalável, e medindo constantemente o engajamento dos alunos (tendências 2 e 3).

Ciência para educação: uma ponte entre dois mundos

Um caso brasileiro

Nas seções anteriores, descrevemos vários desafios para a construção de sistemas inteligentes de auxílio ao processo de aprendizado. Duas perguntas-chave motivaram este capítulo: como as máquinas podem participar do aprendizado? E o que podemos aprender com elas? As respostas a essas perguntas serão abordadas nesta seção por meio de um experimento real.

O experimento teve como motivação o curso de Tecnologia em Sistemas de Computação do CEDERJ[7]. O curso, realizado em parceria entre a UFRJ e a UFF, recebeu sua primeira turma em 2005 e é todo baseado em videoaulas preparadas pelos professores de cada disciplina. A tecnologia de armazenamento e transmissão foi desenvolvida pela COPPE e transferida para a Rede Nacional de Ensino e Pesquisa (RNP) e, desde 2011, passou a ser um serviço da RNP disponível livremente para instituições públicas (serviço videoaula@RNP)[9].

O sistema videoaula@RNP é todo baseado na *Web*. A interface principal da plataforma é composta pela videoaula gravada pelo professor, uma lista de tópicos dessa aula, e as transparências da aula que podem conter animações ou outros vídeos. O sistema foi concebido na sua origem para permitir que o aluno possa interagir com a videoaula. Essa interação consiste atualmente: (a) na simples execução de operações de avanço, retrocesso e pulo para qualquer parte da videoaula (ou qualquer um dos tópicos que compõem a aula); (b) na utilização da área das transparências pelo aluno (a critério do professor), para resolver um exercício, iniciar animações, acessar páginas *Web* indicadas na transparência, etc. No sítio do sistema videoaula@RNP[48] são disponibilizadas várias informações para produzir uma aula, inclusive com videoaulas explicativas sobre o que é possível fazer. Promover a interação com o aluno é uma das características fundamentais dos ITSs e para o *aprendizado ativo* como já discutido aqui. *Interação* é o primeiro tópico a ser abordado no que se segue.

A máquina participando do aprendizado

Para descrever a potencialidade de uma videoaula, é interessante fazer um paralelo com o DNA. Assim como o DNA, que originalmente era associado a uma memória fixa e somente de leitura, videoaulas também estão classicamente associadas a conteúdos estáticos. Entretanto, as afirmações do geneticista Moshe Szyf, da Universidade McGill, no Canadá, relacionadas com a sua pesquisa sobre DNA indicam que, ao contrário do que se conhecia, o DNA não é estático, e afirma: "O DNA é um filme dinâmico dentro no qual nossas experiências estão sendo escritas"[49]. Do mesmo modo, uma videoaula não deve obedecer a um roteiro predefinido. Assim como o DNA, uma videoaula moderna pode ser um filme dinâmico onde as experiências do aluno vão alterando esse roteiro, por interações com o sistema computacional.

E como fazer com que o roteiro de uma videoaula possa ser modificado dinamicamente? Essa pergunta pode ser respondida pelos resultados de um trabalho recente[50] [d]. No sistema tipo ITS desenvolvido (em forma de protótipo), o computador, por meio do uso de sensores de baixo custo, infere com boa probabilidade o *"estado afetivo do aluno"*, em particular o seu *estado de atenção*. Em outras palavras, o sistema deve detectar automaticamente se um aluno está ou não atento ao assistir a uma videoaula e realizar ações em tempo real com base em um conjunto de alternativas que possam ajudar o seu processo de aprendizagem.

Um dos módulos mais importantes de sistemas ITS modernos é o modelo matemático responsável pela previsão do *estado afetivo do estudante*. Pela previsão feita pelo modelo, esses sistemas têm a capacidade de adaptar a videoaula de forma automática. Nos experimentos realizados

---

[d] *Esse trabalho foi realizado com suporte principalmente do "Google Brazil Focused Research Grant Program" e da FAPERJ.*

na COPPE, sensores como um EEG (eletroencefalograma) de baixo custo, sensores de câmera que coletam informações do olho, como a frequência do piscar e abertura da pupila, sensor de condutância da pele, e ainda informações do *mouse* são utilizadas para que o sistema computacional possa tomar as decisões apropriadas valendo-se do modelo matemático empregado.

A **Figura 12.2** ilustra como se comporta internamente o sistema desenvolvido.

A esquerda da **Figura 12.2** mostra um aluno assistindo à videoaula ilustrada no lado superior direito. Um sensor de câmera aparece conectado a um suporte em torno da cabeça do estudante. (Nesse caso, apenas um sensor é usado para efeito de ilustração.) O sensor de câmera captura as informações do olho do estudante, mostrado na imagem central. A partir dessa imagem, algoritmos computacionais extraem informações como a frequência do piscar do olho e o tamanho da pupila, repassadas para um módulo que processa essas informações. A parte inferior da **Figura 12.2** mostra um gráfico que registra o tamanho da pupila ao longo do tempo, processado pelo computador. Essa informação é combinada com informações de outros sensores para que o sistema calcule a probabilidade do aluno estar em um possível *estado afetivo*. A parte superior da **Figura 12.2** mostra o resultado do classificador, que é um modelo matemático construído com técnicas de *aprendizado de máquina*. Nesse exemplo, o modelo indica, ao longo do tempo, uma entre duas possibilidades: estudante *atento* (campo em vermelho) ou desatento (em verde), de acordo com a probabilidade calculada.

No caso deste exemplo, a videoaula ensina o aluno a resolver um quebra-cabeça chamado Torre de Hanói[51,52] (veja uma variante desse teste no Capítulo 1). A Torre de Hanói tem servido na psicologia e na psiquiatria como um paradigma de tarefa mental para avaliar o raciocínio, por exemplo. Além disso, aparece como um "problema livro-texto" na ciência da computação, usado para ensinar algoritmos computacionais. A videoaula desse quebra-cabeça ilustra bem vários dos pontos abordados neste capítulo.

Em linhas gerais, o quebra-cabeça é descrito da seguinte forma. Inicialmente existem três pinos e N discos de raios distintos espalhados pelos três pinos. (Ver a imagem da videoaula à direita da **Figura 12.2**, onde $N = 4$ neste exemplo.) O objetivo do quebra-cabeça é simples: empilhar os discos em um único pino e em ordem decrescente de diâmetro, com o maior disco localizado na

▶ **Figura 12.2.** O sistema de classificação.

Ciência para educação: uma ponte entre dois mundos

base da pilha. A cada passo para resolver o quebra-cabeça, o jogador deve escolher um disco que esteja localizado no topo de alguma das pilhas de discos presa a um dos três pinos e transferir o disco escolhido para outro pino. O jogador tem sucesso na solução do quebra-cabeça se atingir o objetivo *com o menor número de passos possível*.

A videoaula elaborada para esse exemplo é bastante interativa. O professor descreve o problema e solicita que o aluno resolva o quebra-cabeça realizando o menor número de transferências de discos. O aluno então utiliza o mouse para mover os discos que aparecem na área de transparências (ver **Figura 12.2**). O sistema computacional acompanha a informação de sensores ligados ao aluno e os movimentos que ele executa ao buscar uma solução. O vídeo pode fornecer diferentes instruções no decorrer da videoaula, dependendo da análise dos dados do aluno coletados durante a execução do quebra-cabeça.

Fica evidente que essa videoaula não possui apenas um único roteiro. Um roteiro original é alterado quando o computador percebe que o aluno está desatento ou quando comete um erro. Desse modo, cada aluno pode assistir a uma videoaula bem diferente da assistida por outro. Assim como o DNA que é moldado pelas nossas experiências individuais, a videoaula se adapta ao aluno durante o aprendizado.

A descrição acima objetivou ilustrar uma possível resposta à primeira pergunta feita no início desta seção: "como as máquinas podem participar do aprendizado?". A segunda pergunta: "o que podemos aprender com as máquinas?" será comentada a seguir, com a utilização do mesmo sistema de videoaulas.

Exemplos sobre o que podemos aprender com as máquinas

O sistema ilustrado na **Figura 12.2** serve também como uma ferramenta para que o professor possa avaliar o desempenho de alunos durante a videoaula e elaborar possíveis mudanças. O sistema, nesse caso, fornece para o professor informações dos trechos em que os alunos têm grande probabilidade de estar confusos, desatentos ou ainda trechos em que cometeram erros, por exemplo. É a máquina provendo informações ao professor sobre o aprendizado da sua aula.

Como discutimos, dados sobre aprendizado ainda são incipientes[16]. O sistema descrito antes pode também servir para a construção de um banco de dados contendo resultados de experimentos controlados com estudantes e avaliações de professores, contribuindo para a recente área de *data analytics*.

Qual seria uma outra maneira da máquina prover informações sobre o aprendizado? Obviamente, por meio da coleta de dados dos sensores. Entretanto, o uso de sensores é ainda limitado apesar do seu baixo custo, e o emprego massivo deste instrumento importante levará tempo. A câmera de vídeo, por outro lado, está presente quase universalmente nos dispositivos atuais (*laptops*, celulares, etc.), mas a extração de dados dos olhos pode ser prejudicada pela qualidade e posicionamento da câmera desses dispositivos, podendo exigir muito mais processamento e sofisticação dos algoritmos de análise. Mesmo com essas limitações atuais, ainda é possível obter informações relevantes.

O sistema de videoaulas usado no curso de computação do CEDERJ e disponibilizado pelo serviço videolecture@RNP foi também elaborado para coletar informações básicas sobre cada aula. Em maiores detalhes, cada acesso de um aluno a uma videoaula é considerado como uma *sessão* única. Os comandos do mouse de cada sessão são armazenados até que ela seja encerrada. Para tornar possível a análise dos resultados, foi construído um banco de dados com registro das interações de cada sessão do conjunto de vídeos do curso de Computação do CEDERJ. (Neste banco não são armazenadas quaisquer informações que permitam a identificação do aluno.) Al-

Capítulo 12   Máquinas Que Ensinam – O Que Aprendemos Com Elas?

guns resultados que comentaremos foram obtidos da análise de cerca de 700 mil sessões de mais de 400 videoaulas, coletados durante mais de dois anos.

E o que se pode aprender apenas com a coleta de dados descrita no parágrafo anterior? Bastante coisa! Mas, antes de responder a essa pergunta, é necessário fornecer alguma informação sobre as videoaulas analisadas.

O tempo médio das videoaulas é de 45 minutos, sendo que algumas são mais longas, com duas horas de duração ou mais. Uma métrica simples para análise, usada pelo Youtube e, portanto, familiar para a maioria das pessoas, é o número de acessos a cada vídeo. Essa métrica é comumente chamada de *popularidade* de um vídeo. Assim como o que ocorre nos vídeos do Youtube, as popularidades das diversas videoaulas variam muito, e algumas aulas são dezenas de vezes mais "populares" que outras. Entretanto, a "popularidade" medida pelo número de acessos não é um bom indicador para afirmar que uma videoaula é mais popular que outra, pois um "acesso" a uma aula não necessariamente significa que o aluno assistiu uma boa parte dela. Além disso, uma aula deve ensinar algum tópico. Mesmo que o aluno tenha assistido uma boa parte da aula, teria aprendido alguma coisa sobre o assunto ensinado?

Uma métrica que fornece informações interessantes para o professor é a fração da videoaula assistida pelo aluno em relação à duração desta videoaula. Essa fração constitui uma dentre as conhecidas como métricas de engajamento. Métricas de engajamento do usuário têm sido usadas na análise de vídeos comuns na Internet[53,54].

Uma videoaula pode ter muitos acessos, mas pode ser que apenas uma pequena fração deles tenha duração longa (isto é, tempo de engajamento longo) em relação ao tempo da videoaula. Nesse caso, pode ser que somente um tópico (ou parte de um tópico) dentre os vários da videoaula tenha sido efetivamente assistido. Assim como a presença em aulas tradicionais é considerada importante, a princípio o que se busca em uma videoaula é que uma boa parte dela seja assistida pelos alunos. A métrica de *engajamento* aqui usada não considera o tempo no qual um aluno assistiu repetidamente partes da aula, mas apenas o tempo total dos diferentes intervalos assistidos pelo menos uma vez.

A análise do experimento aqui descrito evidencia que há subconjuntos das videoaulas em que a fração do tempo de engajamento é alta, média ou relativamente baixa. Essa análise permite criar modelos matemáticos para que o computador possa classificar cada videoaula de acordo com o engajamento e popularidade da aula. A partir do modelo, assim que dados suficientes são coletados para uma nova videoaula, é possível fazer uma classificação automática de acordo com as métricas desejadas. O professor pode, então, analisar o *engajamento* dos alunos nas suas aulas, verificar as partes mais ou menos assistidas e, a partir dessas informações, avaliar os motivos do baixo ou alto engajamento e popularidade.

Uma outra observação obtida pela análise dos dados de dois anos de curso: a vasta maioria dos alunos não assiste a uma videoaula continuamente do início ao fim. A maioria assiste um ou mais tópicos em uma única sessão, mas não todos os abordados na aula. Em muitas das sessões, os alunos avançam para um tópico adiante do tópico atual ou retornam para tópicos anteriores, assistindo várias vezes determinadas partes da videoaula. Essas informações são importantes para que o professor possa identificar os assuntos potencialmente problemáticos e melhor avaliar os tópicos de maior dificuldade, de modo a reorganizar a aula e incluir material adicional de estudo. Os dados também indicam que as aulas devem ser organizadas em torno de tópicos autocontidos e relativamente de curta duração em relação a uma aula tradicional de 100 minutos.

Os dados são claros em mostrar que aulas mais populares não são necessariamente aquelas cuja maior parte é assistida pelos alunos. Popularidade pode ser um bom indicador de que um assunto é popular ou que a expectativa do aluno para com o assunto é alta. Uma aula com alta popularidade mas baixo engajamento pode indicar a existência de problemas na apresentação do assunto.

Ciência para educação: uma ponte entre dois mundos

Devido à grande quantidade de dados analisados, é possível criar modelos que forneçam a probabilidade de um aluno continuar ou não engajado na aula em um determinado instante. É possível, então, prever se um aluno está prestes a deixar de assistir a videoaula em um dado instante. Em consequência, o computador poderia intervir mudando o curso da aula, propondo novos exercícios ou ainda criando marcadores úteis para o professor avaliar sua aula.

O exemplo descrito nesta seção deixa evidente alguns dos possíveis temas em que o computador pode nos ensinar. A área de *learning analytics* pode ajudar na experiência de aprendizado do aluno. Pode também trazer inúmeras informações sobre quais assuntos de uma aula merecem atenção especial do professor.

As máquinas e a transmissão do conhecimento

O ensino a distância, ou *e-learning*, tornou-se cada vez mais popular nos últimos anos. Exemplos incluem: o consórcio OpenCourseWare liderado pelo MIT[5]; cursos Open Yale[55]; VideoLectures.net[6] e, mais recentemente, COURSERA de Stanford[56] e iniciativas como a Khan Academy[4].

No Brasil, apenas uma fração muito pequena da população jovem tem acesso a educação de alto nível. Existem várias razões para esse fato, tais como: o número insuficiente de vagas nas universidades públicas, as grandes distâncias entre os centros culturais e a população carente de educação, e a falta de infraestrutura necessária para facilitar a mobilidade dos estudantes.

O treino necessário para a formação de professores de boa qualidade para o ensino superior é um processo de longo prazo, facilmente levando mais de 20 anos. O ensino a distância tem sido proposto como uma solução para mitigar a diferença entre as necessidades do país em termos de mão de obra altamente qualificada e o número de graduados que as universidades podem oferecer. Pensando na formação de professores para o ensino básico e na carência de profissionais qualificados da área técnica, há alguns anos foi criada a Universidade Aberta do Brasil[57] (UAB). A UAB foi inspirada no Consórcio CEDERJ, iniciativa de educação a distância do Estado do Rio de Janeiro, envolvendo as universidades públicas estaduais e federais localizadas no estado[7].

Sistemas assíncronos de ensino a distância permitem que os alunos tenham acesso onipresente às aulas. Em algumas iniciativas, um ambiente de apoio também está disponível para os alunos. Por exemplo, alunos podem ter acesso a material adicional, tais como trabalhos de casa, ponteiros para textos relevantes na *Web* e acesso a tutores via videoconferência, *e-mail* ou telefone. Embora a tutoria seja certamente uma parte importante do processo educacional, é, por outro lado, difícil de escalar. Esse é um dos motivos do surgimento dos sistemas ITSs.

Em paralelo a esse cenário de carência educacional, explosão de cursos a distância e os questionamentos atuais sobre as formas tradicionais de transmissão de conhecimento, as *máquinas que ensinam* não são mais uma ficção. Elas cada vez mais farão parte do ambiente educacional, dando suporte ao ensino presencial ou a distância.

Estamos no início de uma era na qual o chamado *aprendizado ativo* terá cada vez mais espaço. Nesse ambiente, aulas interativas presenciais e a distância atuarão conjuntamente para melhorar a experiência do aluno. Os computadores serão empregados como tutores individualizados, e para fornecer informações úteis para que o professor possa avaliar as suas aulas e adaptá-las continuamente. Tanto no estágio atual do conhecimento quanto em um futuro previsível, não existe a menor possibilidade das máquinas substituírem o professor. Bem empregadas, tornar-se-ão um componente indispensável para diminuir o abismo educacional existente no Brasil e no mundo, fornecendo um ferramental indispensável para professores e alunos, conjuntamente, com elas aprenderem.

Capítulo 12 — Máquinas Que Ensinam – O Que Aprendemos Com Elas?

Sugestões de Leitura

Um dos primeiros usos de máquinas como ferramenta de auxílio ao ensino se deu por meio de video-aulas. O impacto de videoaulas no ensino em Stanford é discutido no blog de Jennifer Widom[10]. A Universidade de Stanford, nos EUA, foi uma das precursoras na implementação de MOOCs, e o livro de Taylor Walsh[58] sobre o tema é um dos primeiros sobre o assunto. Como toda tecnologia disruptiva, os MOOCs enfrentaram desafios, sobretudo em relação à evasão de alunos, conforme apontado, por exemplo, em interessante crítica[33] publicada por Robert Ubell na revista *IEEE Spectrum*, em 2017.

Abordagens modernas para aumentar o engajamento dos alunos e reduzir a evasão envolvem aprendizado ativo e a sua automatização, fazendo uso de sensores e computação afetiva. O trabalho seminal sobre aprendizado ativo foi publicado em 1991 por Bonwell e Eison[59], e discute "atividades envolvendo alunos fazendo tarefas e pensando sobre o que estão fazendo." O livro de Rosalind Picard[38], do MIT, sobre computação afetiva, cobre vários dos pontos discutidos neste capítulo sobre o uso de sensores para estimar o estado de engajamento dos alunos.

Os sistemas de tutoria inteligente procuram tirar proveito dos avanços recentes nas áreas de análise do aprendizado e estados mentais dos alunos para adaptar as aulas de acordo com os anseios e necessidades dos alunos. Teorias sobre os estados mentais de um estudante podem ser encontradas na literatura de psicologia, sendo o livro de Mihály Csíkszentmihályi, intitulado *Flow*[60], uma acessível e influente contribuição ao tema. A abordagem científico-analítica para aprimorar o ensino é discutida, de forma crítica em artigo publicado na revista *Nature*[61]. O experimento brasileiro sobre a modificação dinâmica das videoaulas é fruto de uma recente tese de doutorado[50].

Referências Bibliográficas

1. Wikipedia (2017) *Tim Berners-Lee*. https://en.wikipedia.org/wiki/Tim_Berners-Lee, 2017.
2. Staff C (2011) Man who invented the world wide web gives it new definition, *Computer Magazine*, Fevereiro 2011.
3. edX (2015) https://www.edx.org/.
4. Khan Academy (2015) https://www.khanacademy.org/.
5. OpenCourseware (2011) *Open courseware consortium*. https://ocw.mit.edu/.
6. Knowledge for all (2017) *Videolectures*. http://videolectures.net/k4a/.
7. CEDERJ, Centro de Educação Superior a Distância do Estado do Rio de Janeiro (2015) http://cederj.edu.br.
8. CEDERJ (2016) Videoaulas do curso de Tecnologia em Sistemas de Computação. http://www.cederj.edu.br/video-aulas/.
9. RNP (2016) Serviço videoaula@RNP. https://www.rnp.br/.
10. Widom J (2009) *From 100 students to 100,000*. http://wp.sigmod.org/?p=165.
11. Novikoff TP, Kleinberg JM, Strogatz SH (2012) Education of a model student, *Proceedings of the National Academy of Sciences USA* 109:1868–1873.
12. Obama B (2009) Texto do discurso do presidente Obama na Academia Nacional de Ciências dos EUA." http://www.sciencemag.org/news/2009/04/obama-academy-iv-speech-text.
13. Freeman S *et al.* (2014) Active learning increases student performance in science, engineering, and mathematics. *Proceedings of the National Academy of Sciences USA* 111:8410–8415.
14. Kober N (2015) *Reaching students: What Research Says About Effective Instruction in Undergraduate Science and Engineering*. The National Academy Press.
15. Kort B, Reilly R, Picard RW (2001) An affective model of interplay between emotions and learning: Reengineering educational pedagogy - building a learning companion. *International conference on advanced learning technologies – ICALT'01*, pp. 43–48.
16. Lodge JM, Corrin L (2017) What data and analytics can and do say about effective learning. *Nature Partner Journals, Science of Learning* 2:4-5.
17. NeuroSky (2009) *NeuroSky's eSense meters and detection of mental state*. NeuroSky Inc.
18. el Kaliouby RA (2005) *Mind-reading machines: Automated inference of complex mental states*. PhD thesis, University of Cambridge.
19. Cooper DG (2011) *Computational affect detection for education and health*. PhD thesis, University of Massachusetts Amherst.

Ciência para educação: uma ponte entre dois mundos

20. de Vielmond CCLB, Leão RMM, de Souza e Silva E (2007) Um modelo HMM hierárquico para usuários interativos acessando um servidor multimídia," in *Simpósio brasileiro de redes de computadores*, pp. 469–482.

21. D'Mello S, Picard RW, Graesser A (2007) Toward an affect-sensitive autotutor. *IEEE Intelligent Systems* 22:53–61.

22. Festinger L (1962) *A Theory of Cognitive Dissonance*, vol. 2. Stanford University Press.

23. Inhelder B, Chipman H, Zwingmann C (Eds.) (1976) *Piaget and his School*, 1st ed. Springer-Verlag Berlin Heidelberg.

24. Nakamura J, Csikszentmihalyi M (2002) The concept of flow, em *Handbook of Positive Psychology*, Oxford University Press, pp. 89–105.

25. Lang PJ (1995) The emotion probe: Studies of motivation and attention. *American Psychologist* 50:372.

26. Baker RS, D'Mello SK, Rodrigo MMT, Graesser AC (2010) Better to be frustrated than bored: The incidence, persistence, and impact of learners' cognitive–affective states during interactions with three different computer-based learning environments. *International Journal of Human-Computer Studies* 68:223–241.

27. Antonenko P, Paas F, Grabner R, van Gog T (2010) Using electroencephalography to measure cognitive load. *Educational Psychology Review* 22:425–438.

28. Sweller J (2010) Element interactivity and intrinsic, extraneous, and germane cognitive load. *Educational Psychology Review* 22:123–138.

29. Morrissey C, Boula J, Morgan K (2017) Application of the 'Deans for Impact' Report. The Science of Learning: How Do Students Understand New Ideas? *Journal of Applied Educational and Policy Research* 3:15-20.

30. Van Merrienboer JJ, Sweller J (2005) Cognitive load theory and complex learning: Recent developments and future directions. *Educational Psychology Review* 17:147–177.

31. Waldrop MM (2015) Why we are teaching science wrong, and how to make it right. *Nature* 523:272-274.

32. D'Mello S, Graesser A (2012) Dynamics of affective states during complex learning. *Learning and Instruction* 22:145–157.

33. Ubell R (2017) How the Pioneers of the MOOC Got It Wrong. *IEEE Spectrum Tech Talk*. http://spectrum.ieee.org/tech-talk/at-work/education/how-the-pioneers-of-the-mooc-got-it-wrong

34. Udacity (2017) Udacity - Free Online Classes & Nanodegrees. https://br.udacity.com/.

35. Kober L (2014) *Reaching Students*. American National Research Council.

36. Bradforth SE, Miller ER, Dichtel WR, Leibovich AK, Feig AL, Martin JD, Bjorkman KS, Schultz ZD, Smith TL (2015) University learning: Improve undergraduate science education. *Nature* 523:282–284.

37. Deans for Impact (2015) The science of learning. https://deansforimpact.org/resources/the-science-of-learning/.

38. Picard RW (1997) *Affective computing*. Cambridge, USA: MIT Press.

39. De Bra P, Aerts A, Berden B, Lange B, Rousseau B, Santic T, Smits D, Stash N (2003) AHA! The adaptive hypermedia architecture, in *Proceedings of the Fourteenth ACM Conference on Hypertext and Hypermedia*, pp. 81–84.

40. Freitas V, Marçal VP, Gasparini I, Amaral MA, Proença M, Brunetto MAC (2002) AdaptWeb: An adaptive web-based courseware, *ICTE, Badajoz, Espanha*.

41. Graesser A, Chipman P, Haynes B, Olney A (2005) AutoTutor: An intelligent tutoring system with mixed-initiative dialogue, *IEEE Transactions on Education* 48:612–618.

42. Kobsa A (2001) Generic user modeling systems. *User Modeling and User-adapted Interaction* 11:49–63.

43. Dougiamas M, Taylor P (2003) Moodle: Using learning communities to create an open source course management system. World Conference on Educational Multimedia, Hypermedia and Telecommunications (EDMEDIA), Chesapeake, USA, pp 171-178.

44. Craig S, Graesser A, Sullins J, Gholson B (2004) Affect and learning: An exploratory look into the role of affect in learning with autotutor. *Journal of Educational Media* 29:241–250.

45. Picard RW (2004) Affective learning — a manifesto, *BT Technology Journal* 22:253–269.

46. D'Mello SK, Graesser A, Picard RW (2007) Toward an affect-sensitive autotutor, *Intelligent Systems, IEEE* 22:53–61.

47. Woolf B, Burleson W, Arroyo I, Dragon T, Cooper D, Picard RW (2009) Affect-aware tutors: Recognising and responding to student affect. *International Journal of Learning Technology* 4:129–164.

48. RNP (2016) *Quer produzir videoaulas?* http://www.videoaula.rnp.br/portal/create-videoaulas.action.

49. Szyf M (2017) How early life experience is written into DNA. https://www.ted.com/talks/moshe_szyf_how_early_life_experience_is_written_into_dna?language=en.

50. Bruno GGE (2016) *Um sistema de recomendação inteligente baseado em videoaulas para educação a distância*, Tese de Doutorado, COPPE - Universidade Federal do Rio de Janeiro. http://www.cos.ufrj.br/index.php/pt-BR/publicacoes-pesquisa/details/15/2588

51. Wikipedia (2017) Torre de Hanói. https://pt.wikipedia.org/wiki/Torre_de_Han%C3%B3i.

52. Friesen N (2007) The tower of Hanoi and the experience of lived number. https://blogs.ubc.ca/nfriesen/2007/08/08/the-tower-of-hanoi-and-the-experience-of-lived-number/.

53. Balachandran A, Sekar V, Akella A, Seshan S, Stoica I, Zhang H (2013) Developing a predictive model of quality of experience for internet video, in *Proceedings of the ACM Sigcomm Conference*, pp. 339–350.

54. Dobrian F, Sekar V, Stoica I, Zhang H (2011) Understanding the impact of video quality on user engagement. *Proceedings of the ACM Sigcomm Conference*, pp. 362–373.

55. Yale University (2016), Open Yale Courses. http://oyc.yale.edu/.

56. Coursera (2016) Coursera: Online Courses From Top Universities. https://www.coursera.org/.

57. CAPES (2016) Universidade Aberta do Brasil. http://uab.capes.gov.br/.
58. Walsh T (2010) *Unlocking the gates: How and Why Leading Universities are Opening up Access to their Courses*. Princeton University Press.
59. Bonwell CC, Eison JA (1991) Active learning: Creating Excitement in the Classroom. *Ashe-eric Higher Education Reports*. (ED340272) School of Education, George Washington University (USA).
60. Csikszentmihalyi M (1997) *Finding Flow: The Psychology of Engagement with Everyday Life*. Basic Books: NY, USA.
61. Lodge JM, Corrin L (2017) What data and analytics can and do say about effective learning. *Science of Learning* 2:4-5.